21世纪高职高专精品规划教材

市场营销原理与实训

Principle and Practice of Marketing

主　编　宋建萍　冯贵宗

副主编　吴光宇　陈崇帝

天津大学出版社
TIANJIN UNIVERSITY PRESS

内容简介

本书是为了满足高职高专院校经济管理类专业教学的需要而编写的。

本书共分12章。第1章市场营销总述；第2章市场营销环境；第3章顾客购买行为分析；第4章市场营销调研；第5章目标市场营销策略；第6章市场营销战略；第7、8、9、10章是市场营销组合4Ps内容；第11章是客户关系管理策略；第12章市场营销管理。

本书可作为高职高专院校财经类、工商管理类专业市场营销课程的教学用书，还可以作为继续教育学院市场营销专业类用书，也是从事市场营销工作的人员学习市场营销基础知识及操作技巧的入门书和不可多得的参考书。

图书在版编目(CIP)数据

市场营销原理与实训/宋建萍主编.—天津：天津大学出版社，2008.4（2011.1）

21世纪高职高专精品规划教材

ISBN 978-7-5618-2663-8

Ⅰ.市… Ⅱ.宋… Ⅲ.市场营销学 Ⅳ.F713.50

中国版本图书馆CIP数据核字（2008）第050356号

出版发行 天津大学出版社
出 版 人 杨欢
地　　址 天津市卫津路92号天津大学内（邮编：300072）
电　　话 发行部：022-27403647　邮购部：022-27402742
印　　刷 廊坊市长虹印刷有限公司
经　　销 全国各地新华书店
开　　本 169mm×239mm
印　　张 25.75
字　　数 549千
版　　次 2008年4月第1版
印　　次 2011年1月第2次
印　　数 5001-8000
定　　价 40.00元

凡购本书，如有缺页、倒页、脱页等质量问题，烦请向我社发行部门联系调换

版权所有　侵权必究

前　言

市场营销学作为市场经济发展的产物，越来越受到现代企业的高度重视并作为其基本职能之一。随着国内外市场竞争的加剧，更凸显了市场营销管理工作的重要。市场营销学也因此成为高等院校财经类、管理类专业发展最快的学科之一。

为了适应高职高专教学方向的改革，充分体现高职高专教育的特色，尽快完成紧缺人才的培养，以满足高等职业技术院校经济管理专业及其他专业学生学习市场营销学的需要，结合国情，以“突出特色、注重实用、培养高技能应用型人才”为宗旨，编写了这本教材。

与其他教材相比，本教材突出以下特点。

(1) 结构新颖。每章前面有学习目标与要求，每章内容采用精练、短小的案例形式讲解基本理论；每章后有小结、主要概念、基本训练能力和实训及答案。

(2) 突出基本理论体系的合理性和完善性。本教材借鉴了国内外营销学者的最新研究成果和国内外相关优秀教材的精华。

(3) 注重案例教学，加强读者实践技能的培养。

此次参编的各院校教师都是教学第一线的具有多年教学经验的市场营销专业教师，他们积累了丰富的市场营销案例，通过精选出的有一定代表性的营销事例和案例来引发读者的兴趣，使读者了解和走近企业营销实践，强化师生互动性，启发和培养读者的创造性思维能力。

通过本书的阅读，希望能提高读者的触类旁通的实践能力、应用能力和解决实际问题的能力，从而给读者以明确的启示。

为了帮助教师更好地备课，按照教学计划顺利完成教学任务，对选用本书作为教材的任课教师免费赠送教学光盘一套，从而为读者提供全方位的教学资源增值服务。光盘内容包括电子教案、教学大纲、教学计划、教学课件，本门课程的电子习题库、电子模拟试卷及其答案等教学辅助资源。（索取教师专用版光盘的联系电话：022－85977234。电子信箱：zhaohongzhi1958@126．com）

本书由宋建萍、冯贵宗担任主编，吴光宇、陈崇帝担任副主编。参加编写的教师有内蒙古科技大学高等职业技术学院宋建萍（第7章、第8章）；内蒙古农业大学职业技术学院冯贵宗（第10章）、吴光宇（第5章）；内蒙古呼和浩特市职业技术学院陈崇帝（修改第6章和第9章）、王冬冰（第6章）、孙瑞萍（第9章）；内蒙古包头市包钢职业技术学院田永华（第4章、第12章）、何丽（第2章、第11

章)；内蒙古包头市职业技术学院张冰（第1章、第3章)。拟订和编写提纲、总纂统稿由宋建萍老师独立完成，第二主编和副主编协助主编做了大量服务性工作并提出许多建议。

在这里感谢天津大学出版社在本书编写过程中给予的大力帮助和指导。

由于编者水平有限，书中难免有不足之处，恳请专家、同行和读者批评指正。

编　者

2008年3月

目　　录

1　市场营销总述 …………………………………………………………（1）
1.1　市场与市场营销的含义 ……………………………………………（1）
1.2　市场营销观念的演变 ………………………………………………（5）
1.3　市场营销理论的新发展 ……………………………………………（8）
本章小结 …………………………………………………………………（21）
主要概念 …………………………………………………………………（22）
基本训练和能力实训 ……………………………………………………（22）
2　市场营销环境……………………………………………………………（30）
2.1　市场营销环境概述……………………………………………………（31）
2.2　宏观市场营销环境……………………………………………………（36）
2.3　微观市场营销环境……………………………………………………（45）
本章小结 …………………………………………………………………（50）
主要概念 …………………………………………………………………（50）
基本训练和能力实训 ……………………………………………………（50）
3　购买者行为分析…………………………………………………………（56）
3.1　消费者市场购买行为分析……………………………………………（56）
3.2　组织市场购买行为分析………………………………………………（63）
本章小结 …………………………………………………………………（68）
主要概念 …………………………………………………………………（69）
基本实训与能力实训 ……………………………………………………（69）
4　市场营销调研与预测……………………………………………………（77）
4.1　市场营销信息系统……………………………………………………（78）
4.2　市场营销调研…………………………………………………………（82）
4.3　市场需求的预测………………………………………………………（93）
本章小结…………………………………………………………………（101）
主要概念…………………………………………………………………（102）
基本实训和能力实训……………………………………………………（103）
5　目标市场营销策略 ……………………………………………………（110）
5.1　市场细分 ……………………………………………………………（111）
5.2　目标市场细分的标准与方法 ………………………………………（115）
5.3　目标市场选择 ………………………………………………………（126）

5.4 市场定位 …… (133)
本章小结…… (141)
主要概念…… (142)
基本实训和能力实训…… (142)
6 市场营销战略 …… (152)
6.1 战略规划与营销战略概述 …… (153)
6.2 营销战略实施法 …… (163)
6.3 市场营销组合策略 …… (171)
6.4 竞争者分析 …… (178)
6.5 不同竞争者的竞争战略 …… (182)
本章小结…… (187)
主要概念…… (188)
基本实训和能力实训…… (188)
7 产品策略 …… (200)
7.1 产品整体概念 …… (201)
7.2 产品的组合策略 …… (204)
7.3 产品生命周期策略 …… (212)
7.4 新产品开发策略 …… (217)
7.5 品牌的基本概念 …… (224)
7.6 品牌与商标策略 …… (230)
7.7 包装策略 …… (237)
本章小结…… (240)
主要概念…… (241)
基本实训和能力实训…… (241)
8 定价策略 …… (252)
8.1 影响定价的主要因素 …… (253)
8.2 定价的一般方法 …… (256)
8.3 产品定价策略 …… (260)
8.4 价格调整策略 …… (267)
本章小结…… (272)
主要概念…… (272)
基本实训和能力实训…… (272)
9 促销策略 …… (281)
9.1 促销与促销组合 …… (282)
9.2 人员推销 …… (286)
9.3 广告宣传 …… (291)

9.4 公共关系 …………………………………………………………（296）
9.5 营业推广 …………………………………………………………（302）
本章小结……………………………………………………………（304）
主要概念……………………………………………………………（305）
基本实训和能力实训………………………………………………（305）
10 **营销渠道策略**……………………………………………………（314）
10.1 分销渠道的概述 ………………………………………………（315）
10.2 中间商 …………………………………………………………（322）
10.3 渠道选择与评估 ………………………………………………（329）
10.4 物流管理 ………………………………………………………（336）
本章小结……………………………………………………………（341）
主要概念……………………………………………………………（341）
基本实训和能力实训………………………………………………（342）
11 **客户关系管理策略**………………………………………………（350）
11.1 客户关系管理概述 ……………………………………………（350）
11.2 培养顾客忠诚度 ………………………………………………（358）
11.3 客户投诉的处理 ………………………………………………（360）
11.4 客户流失管理 …………………………………………………（366）
本章小结……………………………………………………………（370）
主要概念……………………………………………………………（370）
基本实训和能力实训………………………………………………（370）
12 **市场营销管理**……………………………………………………（376）
12.1 市场营销计划 …………………………………………………（376）
12.2 市场营销组织 …………………………………………………（382）
12.3 市场营销控制 …………………………………………………（388）
本章小结……………………………………………………………（394）
主要概念……………………………………………………………（395）
基本实训和能力实训………………………………………………（395）
参考文献……………………………………………………………（402）

1

市场营销总述

学习目标与要求

- 了解市场与市场营销的含义
- 掌握市场营销的核心概念
- 理解市场营销观念的演变过程和五种市场营销观念的差别
- 了解市场营销理论的新发展

1.1 市场与市场营销的含义

1.1.1 市场的含义

市场是商品经济的范畴。在市场营销学中,市场是指由一切具有特定的欲望和需求,并且愿意和能够以交换来满足此欲望和需求的潜在顾客构成的。

由此定义可知,市场包含三个主要因素:有某种需要的人、为满足这种需要的购买能力和购买欲望。用公式表示就是:

市场 = 人口 + 购买力 + 购买欲望

其中,人口是构成市场的最基本要素,人口的多少是决定市场大小的基本前提;购买力是指消费者用货币购买商品或服务的能力,一般情况下是由消费者的收入水平决定的;购买欲望是指消费者购买商品的动机、愿望和需求。

市场的这三个因素是相互制约、缺一不可的,只有三者结合起来才能构成现实的市场,才能决定市场的规模和容量。如一个国家或地区人口众多,但收入很低,购买力有限,则不能构成容量很大的市场;又如,购买力虽然很大,但人口很少,也不能成为很大的市场。只有人口既多,购买力又高,才能成为一个有潜力的大市场。但是,如果产品不适合需要,不能引起人们的购买欲望,对销售者来说,仍然不能成为现实的市场。

所以,市场是上述三个因素的统一。市场的大小取决于那些有某种需要,并拥有使别人感兴趣的资源,同时愿意以这种资源来换取其需要的东西的人数。

1.1.2 市场营销的含义

1.1.2.1 市场营销的定义

“市场营销”是由英文“Marketing”一词翻译而来的,是指企业的一种经营活动,也可以指一门学科,即市场营销学,属于管理学的一个分支。

市场营销学的发展是一个过程,在学科发展过程的不同阶段,市场营销定义的内涵是不同的,而最新、最具有代表性的定义是以下两种。

1985 年,美国市场营销协会(AMA,The American Marketing Association)将市场营销定义为对思想、产品及劳务进行设计、定价、促销及分销的计划和实施的过程,从而实现个人和组织目标的交换”。

这一定义更完整和全面,主要表现在:①产品概念扩大了,它不仅包括产品或劳务,还包括思想;②市场营销概念扩大了,市场营销活动不仅包括赢利性的经营活动,还包括非赢利组织的活动;③强调了交换过程;④突出了市场营销计划的制定与实施。

当前另一种为大家普遍接受的定义是由美国市场营销学家菲利普·科特勒 1996 年在《营销管理——分析、计划、执行和控制》一书中提出的,即“市场营销是以满足人类各种需要为目的,通过变潜在交换为现实交换的一系列活动”。

1.1.2.2 市场营销的核心概念

市场营销作为一种复杂、连续、综合的社会和管理过程,它基于以下几个核心概念,只有准确认识和理解市场营销的核心概念及其相互之间的关系,才能认识并理解市场营销的本质。

1. 需要、欲望和需求

需要存在于人本身的生理和心理的自然状态之中,是人们感到某种要求尚未被满足或者被剥夺的一种状态。人为了生存和发展需要衣、食、住、行等基本生活必需品,并通过消费这些生活必需品来满足相应的生理和心理需要。消费者的需要是市场营销活动的起点,但是消费者的需要并非市场营销活动所创造,它是人的内在基本构成。

欲望是指人特别迫切地希望实现某种需要的一种心理状态。欲望来源于需要,欲望生成行为动机和行为过程。一般来说,欲望越强烈,越能激励人们为实现欲望而采取主动、积极和创造性的行为。尽管人们的需要是有限的,但欲望却是无止境的。人类欲望的不断形成要受到家庭、学校、单位和社会的影响。市场营销者能够影响消费者的欲望,如建议消费者购买某种产品。

需求是指有支付能力和愿意购买某种物品的欲望。可见,需要转化为需求必须具备两个条件:一是愿意购买,二是要有一定的支付能力。如想拥有宝马汽车的人很多,但只有具有支付能力的人才能购买。

因此,市场营销者不仅要了解有多少消费者需要其产品,还要了解他们是否有能力购买。

将需要、欲望和需求加以区分,其重要意义就在于阐明这样一个事实,即:市场营销者并不创造需要;需要早就存在于市场营销活动出现之前;市场营销者连同社会上的其他因素,只是影响了人们的欲望,并试图向人们指出何种特定产品可以满足其特定需要,进而通过使产品富有吸引力,适应消费者的支付能力且使之容易得到,来影响需求。

2. 产品

产品是指我们提供的各种商品和劳务,也就是任何能够满足人类某种需要或欲望的东西。

产品包括有形与无形的、可触摸与不可触摸的。有形产品是为顾客提供服务的载体。无形产品或服务是通过其他载体,诸如人员、地方、活动、组织和观念等来提供的。如当我们感到疲劳时,可以到音乐厅欣赏演奏家的音乐会(人),可以到公园去游玩(地方),可以到室外散步(活动),可以参加俱乐部活动(组织),或者接受一种新的意识(观念)。

有些产品的重要性并不在于拥有产品本身,而在于得到它们所提供的价值。如一个木匠购买电钻时,他购买的是钻的“孔”。人们购买小汽车不是为了观赏,而是因为汽车可以提供一种叫做交通的服务。

所以,有形产品实际上是向我们传送服务的工具。如果生产者关心产品甚于关心产品所提供的服务,那就会陷入困境。市场营销人员的任务,不仅是描述其产品的物理特征,而且是向市场展示产品实体中所包含的利益或服务。

产品必须要与购买者的欲望相吻合。一个企业的产品越是与消费者的欲望相吻合,其在市场竞争中取胜的机会就越大。如美国通用电器公司在20世纪60年代将其在欧美非常畅销的家用面包烤箱推向日本市场,并大做促销广告,结果日本消费者反应非常冷淡。这是因为虽然日本人与美国人一样饥饿了需要吃东西,可是日本人饥饿时的欲望是吃米饭而不是吃面包,而面包烤箱是不能烤大米的。

3. 效用

一个消费者是怎样在众多的产品中做出选择,来满足自己的需要呢?这里我们首先要理解两个概念——产品系列和需求系列。产品系列是为了满足某种需要可供选择的各类产品(或服务),而需求系列是促使消费者产生某种欲望的各类需求。

在对能够满足某一特定需要的一组产品进行选择时,人们所依据的标准是各种产品的效用和价值。效用是消费者对满足其需要的产品的全部效能的估价,是指产品满足人们欲望的能力。效用实际上是一个人的自我心理感受,它来自人的主观评价。如某消费者到某地去使用的交通工具,可以是自行车、汽车、火车、飞机等,这些构成一个产品系列。又假设某消费者有各种需要,即速度、安全、舒适及节约成本,这些构成了一个需求系列。这样,每种产品有不同能力来满足其不同需要,如自行车省钱,但速度慢,欠安全;飞机速度快,但成本高。消费者要选择一种最能满足其需要的产品。为此,将产品按最能满足其需要到最不能满足其需要进行排列,从中选择出最接近理想的产品,它对顾客效用最大。如顾客到某目的地所选择理想产品的标准是安全、速度、成本较低,他可能会选择火车。

4. 价格

顾客选择所需的产品除效用因素外,产品价格高低亦是决定因素之一。如果顾客追求效用最大化,他就不会简单地只看产品价格的高低,而会看每一元钱能产生的最大效用。如一部好汽车价格比自行车昂贵,但由于速度快、修理费少、相对于自行车更安全,其效用可能大,从而更能满足顾客需求。这就涉及价值的概念。

5. 价值

价值是一个很复杂的概念,也是一个在经济思想中有着很长历史的概念。马克思认为,价值是凝结在商品中的无差别的人类劳动,商品价值量的多少由社会必要劳动时间来决定,而"社会必要劳动时间是在现有的社会正常的生产条件下,在社会平均的劳动熟练程度和劳动强度下制造某种使用价值所需要的劳动时间"(《马克思恩格斯全集》第23卷,第52页)。而边际效用学派则认为,消费者根据不同产品满足其需要的能力来决定这些产品的价值,并据此选择购买效用最大的产品。他所愿意支付的价格(即需求价格)取决于产品的边际效用。由于消费者收入是有限的,为了从有限的花费中取得最大的效用,消费者必须使其花费在每一种物品上的最后一个单位货币所产生的效用相等。

6. 交换和交易

人们有需要和欲望以及能够评定产品效用的事实并不足以定义营销。当人们决定以交换方式来满足需要或欲望时,就存在市场营销了。一个人可以通过四种方式获得自己所需要的产品,交换是其中之一。

所谓交换,是以提供某物作为回报,而与他人换取所需要的产品的行为。交换的发生,必须具备五个条件:①至少有两方;②每一方都有被对方认为有价值的东西;③每一方都能沟通信息和传送物品;④每一方都可以自由接受或拒绝对方的产品;⑤每一方都认为与另一方进行交换是适当的或称心如意的。具备了上述条件,就有可能发生交换行为。但交换能否真正发生,取决于双方能否找到交换条件,即交换以后双方都比交换以前好(至少不比以前差)。

交换是一个过程,而不是一种事件。如果双方正在洽谈并逐渐达成协议,称为在交换中。如果双方通过谈判并达成协议,交易便发生。交易是交换的基本组成部分。交易是指买卖双方价值的交换,它是以货币为媒介的;而交换不一定以货币为媒介,它可以是物物交换。交易涉及几个方面,即两件有价值的物品,双方同意的条件、时间、地点,还有来维护和迫使交易双方执行承诺的法律制度。

7. 市场营销者

由上述分析可知,我们可以将市场营销理解为与市场有关的人类活动,即以满足人类各种需要和欲望为目的,通过市场变潜在交换为现实交换的活动。在交换双方中,如果一方比另一方更主动、更积极地寻求交换,则前者称为市场营销者,后者称为潜在顾客。所谓市场营销者,是指希望从别人那里取得资源并愿意以某种有价之物作为交换的人。市场营销者可以是卖主,也可以是买主。假如有几个人同时想买正在市场上出售的某种稀缺产品,每个准备购买的人都尽力使自己被卖主选中,这些购买者就都在进行市场营销活动。在另一种场合,买卖双方都在积极寻求交换,那么,我们就把双方都称为市场营销者,并把这种情况称为相互市场营销。

1.2 市场营销观念的演变

企业经营观念(哲学)是企业经营活动的指导思想,是企业如何看待顾客和社会的利益,即如何处理企业、顾客和社会三者利益之间比重的关键。无论是西方国家企业或我国企业经营观念都经历了由“以生产为中心”转变为“以顾客为中心”,从“以产定销”变为“以销定产”的演变过程。企业经营观念的演变过程,既反映了社会生产力及市场趋势的发展,也反映了企业领导者对市场营销发展客观规律认识的深化结果。

现代企业的市场营销观念可归纳为五种,即生产观念、产品观念、推销观念、市场营销观念和社会市场营销观念。

1.2.1 生产观念

生产观念是指导销售者行为的最古老的观念之一。从第二次工业革命到1920年间,西方经济处于一种卖方市场,商品市场处于一种供不应求的状态,即只要价格合理,消费者就会购买。市场营销的重心在于大量生产,解决供不应求的问题,其口号是“我生产什么,消费者就买什么”。生产观念认为,消费者喜欢那些可以随处买得到而且价格低廉的产品,企业应致力于提高生产效率和分销效率,扩大生产,降低成本以扩展市场。如美国皮尔斯堡面粉公司,从1869年至20世纪20年代,一直运用生产观念指导企业的经营,当时这家公司提出的口号是“本公司旨在制造面粉”。又如1908年初,美国汽车大王亨利·福特致力于生产统一规格、价格低廉的“T型车”,并且在实施标准化的基础上组织大规模生产。亨利·福特的经营哲学就是千方百计地增加T型车的产量,降低汽车的生产成本和销售价格,以便更多地占领汽车市场,而对于消费者在汽车的颜色、性价比等方面的要求和偏好,则一律不予考虑。福特公司的T型车只有黑色的,没有其他颜色。亨利·福特的口号是"无论你喜欢什么颜色,我只有黑色的"。到1925年10月,福特汽车公司一天就能造出9 109辆"T型车",平均10秒钟生产一辆。在20世纪20年代前期的几年中,福特汽车公司的纯收入高达5亿美元,成为当时世界上最大的汽车生产商。

显然,生产观念是一种重生产、轻市场营销的商业哲学。突出的特点就是"以产定销"、"以量取胜",强调的是有效地利用资源,提高劳动生产率,降低成本,企业追求的是最低的成本、最大的产量、最大的销售额及最高的利润。

1.2.2 产品观念

随着供不应求的市场现象在西方社会得到一定缓和,卖方的市场竞争逐步激烈,产品观念应运而生。产品观念认为,消费者愿意选择高质量的产品,企业应致力于提高产品质量,增加产品功能,并不断加以改进。此时,企业常常陷入对自己产品的迷恋之中不能自拔,最容易导致"市场营销近视",即不适当地把注意力放在产品上,而不是放在市场需要上,在市场营销管理中缺乏远见,只看到自己的产品质量好,看不到市场需求在变化,致使企业经营陷入困境。如美国爱尔琴钟表公司自1869年创立到20世纪50年代,一直被公认为是美国最好的钟表制造商之一。该公司在市场营销管理中强调生产优质产品,并通过由著名珠宝商店、大百货公司等构成的市场营销网络分销产品。1958年之前,公司销售额始终呈上升趋势。但此后其销售额和市场占有率开始下降。造成这种状况的主要原因是市场形势发生了变化:这一时期的许多消费者对名贵手表已经不感兴趣,而趋于购买那些经济、方便、新颖的手表;而且,许多制造商迎合消费者需要,已经开始生产低档产品,并通过廉价商店、超级市场等大众分销渠道积极推销,从而夺走了爱尔琴钟表公司的大部分市场份额。爱尔琴钟表公司竟没有注意到市场形势的变化,依然迷恋于生产精美的传统样式手表,仍旧借助传统渠道销售,认为自己的产品质量好,顾客必然会找上门。结果,企业经营遭受重大挫折。

产品观念与生产观念略有不同,产品观念强调"物美",而生产观念强调"价廉";但是两种观念在本质上没有差别,都是以生产为中心,消费者需求是被动的,需求的满足也是被动的。

1.2.3 推销观念

推销观念(或称销售观念)产生于20世纪20年代末至50年代前。当时由于科学技术的进步,科学管理和大规模生产的推广,产品产量迅速增加,逐渐出现了市场产品供过于求,卖主之间竞争激烈的新形势。在激烈的市场竞争中,许多企业的管理思想开始从生产观念或产品观念转变为推销观念。

推销观念是以销售或推销产品为中心,企业经营的重点是千方百计把产品卖出去,它的口号是"我们卖什么,顾客就买什么"。如美国皮尔斯堡面粉公司在此经营观念导向下,当时提出"本公司旨在推销面粉"的口号。这一时期企业重视推销与广告宣传,经营者认为没有卖不出去的产品,只有口才不好的推销员。

这种经营观念是供过于求的产物,由于企业在竞争的压力下急于将产品卖出去,因而以各种各样的强化或者高压推销手段来销售产品,甚至出现了许多欺骗和强行推销的现象,招致消费者的反感,在某些社区甚至出现了"推销员与狗不得入内"这样让人哭笑不得的警告提示牌。

这种观念虽然比前两种观念前进了一步,开始重视广告及推销,但其实质仍然是以生产为中心的,从现代市场营销学的角度分析,仍属于旧观念。生产经营企业无视消费者的利益,甚至固守"商品售出,概不负责"的信条,这样的营销观念将为企业的可持续发展埋下巨大的风险。

1.2.4 市场营销观念

市场营销观念产生于20世纪50年代。第二次世界大战后,由于战争期间停产的企业逐渐恢复生产,军工企业转向民用,加上一些新建的企业加入竞争,工业品和消费品的生产总量剧增,西方国家很快形成买方市场,企业间竞争异常激烈。同时,消费者也逐渐成熟和理智。因此,许多企业开始认识到:传统的市场营销观念已经难以适应市场发展的需要,必须寻求一种充分考虑消费者需求的全新观念,这样,市场营销观念应运而生。

市场营销观念是以满足顾客需求为出发点的,即"顾客需要什么,就生产什么"。市场营销观念认为,实现企业各项目标的关键,在于正确确定目标市场的需要和欲望,并且比竞争者更有效地传送目标市场所期望的物品或服务,进而比竞争者更有效地满足目标市场的需要和欲望。

市场营销观念同推销观念相比有很大的区别。美国市场营销专家西奥多·莱维特曾对推销观念和市场营销观念作过深刻的比较,他指出:推销观念注重卖方需要,市场营销观念则注重买方需要。推销观念以卖主需要为出发点,考虑如何把产品变成现金;而市场营销观念则考虑如何通过制造、传送产品以及与最终消费产品有关的所有事物来满足顾客的需要。从本质上说,市场营销观念是一种以顾客需要和欲望为导向的哲学,是消费者主权论在企业市场营销管理中的体现。

市场营销观念的出现,被视为企业经营思想的大变革,被称作"营销革命",企业开始从以生产者为重心转向以消费者为重心,从此结束了以产定销的局面。

1.2.5 社会市场营销观念

社会市场营销观念是对市场营销观念的修改和补充。它产生于20世纪70年代西方资本主义出现能源短缺、通货膨胀、失业增加、环境污染严重、消费者保护运动盛行的新形势下。1971年,杰拉尔德·蔡尔曼和菲利普·科特勒最早提出了"社会市场营销"的概念,促使人们将市场营销原理运用于保护环境、改善营养、使用安全等具有重大推广意义的社会目标方面。

社会市场营销观念认为,企业的任务是确定各个目标市场的需要、欲望和利益,并以保护或提高消费者和社会福利的方式，比竞争者更有效、更有力地向目标市场提供能够满足其需要、欲望和利益的物品或服务。

社会市场营销观念是在市场营销观念的基础上，强调要兼顾消费者、企业和社会三个方面的利益，要求企业在追求经济效益的同时，应兼顾社会效益和生态效益，因而符合社会可持续发展要求的营销观念，应当大力提倡。

上述五种企业经营观念的产生和存在都有其历史背景和必然性，都是与一定的条件相联系、相适应的。当前，外国企业正在从生产型向经营型或经营服务型转变，企业为了求得生存和发展，必须树立具有现代意识的市场营销观念、社会市场营销观念。

目前我国仍处于社会主义市场经济初级阶段，由于社会生产力发展程度及市场发展趋势、经济体制改革的状况及广大居民收入状况等因素的制约，我国企业经营观念仍处于以推销观念为主、多种观念并存的阶段。

1.3 市场营销理论的新发展

1.3.1 顾客让渡价值与顾客满意

1.3.1.1 顾客让渡价值

在现代市场营销观念指导下，企业应致力于为顾客服务和使顾客满意。因为，消费者看重的不仅是价格，真正看重的是“顾客让渡价值”。

菲利普·科特勒在 1994 年出版的《市场营销管理——分析、规划、执行和控制》(第 8 版)中，新增了“通过质量、服务和价值建立顾客满意”一章，提出了“顾客让渡价值”(Customer Delivered Value)的新概念。这一概念的提出，是对市场营销理论的新发展。

“顾客让渡价值”是指顾客总价值(Total Customer Value)与顾客总成本(Total Customer Cost)之间的差额。顾客总价值是指顾客期望从某一特定产品或服务中获得的一组利益，它包括产品价值、服务价值、人员价值和形象价值等。顾客总成本是指顾客为购买某一产品所耗费的时间、精神、体力以及所支付的货币资金等，它包括货币成本、时间成本、精神成本和体力成本等。

由于顾客在购买产品时，总希望把有关成本(包括货币、时间、精神和体力等)降到最低限度，而同时又希望从中获得更多的实际利益，以使自己的需要得到最大限度的满足，因此，顾客往往从价值与成本两个方面进行比较分析，从中选择出价值最高、成本最低，即“顾客让渡价值”最大的产品作为优先选购的对象。

企业以满足顾客的需要为出发点，深入了解、把握顾客的需要和利益，同时还要分析竞争者给顾客提供的价值和利益，并进行对比分析，或增加顾客总价值，或减少顾客总成本，或双管齐下，通过向顾客提供比竞争对手具有更多“顾客让渡价值”的产品，这样才能使消费者注意自己的产品，进而购买本企业的产品。

1.3.1.2 顾客满意

现代营销理论认为，创造顾客价值和顾客满意是其核心。菲利浦·科特勒甚至认为："市场营销是指在可赢利的情况下提供给顾客满意。"据摩托罗拉公司的调查，多一个满意的顾客，有可能带来 8 个新顾客；多一个不满意的顾客，可能减少 25 个顾客。

"顾客满意"(CS, Customer Satisfaction)产生于 20 世纪 80 年代初，当时的美国市场竞争环境日趋恶劣，美国电话电报公司(AT&T)为了使自己具有竞争优势，开始尝试性地了解顾客对目前企业所提供服务的满意情况，并以此作为服务质量改进的依据，取得了一定的效果。与此同时，日本本田汽车公司也开始应用顾客满意作为自己了解情况的一种手段，并且更加完善了这种经营战略。

顾客满意度反映的是顾客的一种心理状态，它来源于顾客对企业的某种产品、服务消费所产生的感受与自己的期望所进行的对比，是顾客对企业、产品、服务和员工的认可。从企业的角度来说，顾客服务的目标并不仅仅止于使顾客满意，使顾客感到满意只是营销管理的第一步。美国维持化学品公司总裁威廉姆·泰勒认为："我们的兴趣不仅仅在于让顾客获得满意感，我们要挖掘那些被顾客认为能增进我们之间关系的有价值的东西。"在企业与顾客建立长期的伙伴关系的过程中，企业向顾客提供超过其期望的"顾客价值"，使顾客在每一次的购买过程和购后体验中都能获得满意。每一次的满意都会增强顾客对企业的信任，并将他们的消费感受通过口碑传播给其他的顾客，扩大产品的知名度，提高企业的形象，为企业的长远发展不断地注入新的动力。

1.3.2 关系营销

企业在经营过程中发现，不能仅仅将注意力放在企业自身以及与顾客的一次交易上。为了持续地发展，企业需要将自己放在一个开放的系统中，从上游的供应商到下游的消费者，企业需要与他们建立起长期的良好关系。在这种思想的指导下，产生了关系营销理论。

1.3.2.1 关系营销的含义

关系营销这个概念最先由巴巴拉·本德·杰克逊于 1985 年提出。他认为，关系营销将使企业获得较之其在交易营销中所得到的更多。精明的市场营销者总是试图与其顾客、分销商、经销商、供应商等建立起长期的互信互利关系。这就需要以公平的价格、优质的产品、良好的服务与对方交易；同时，双方的成员之间还需加强经济、技术及社会等各方面的联系与交往。双方越是增进相互信任和了解，便越有利于互相帮助。关系营销还可节省交易成本和时间，并由过去逐项逐次的谈判交易发展成为例行的程序化交易。

关系营销是指企业与其顾客、分销商、经销商、供应商等建立、保持并加强关系，通过互利交换及共同履行诺言，使有关各方实现各自目的。企业与顾客之间的长期关系是关系营销的核心概念。交易营销能使企业获利，但企业更应着眼于长远利益，因而保持并发展与顾客的长期关系是关系营销的重要内容。

关系营销与交易营销的区别主要表现在以下几方面。

(1)交易营销的核心是交易,企业通过诱使对方发生交易活动而从中获利;关系营销的核心是关系,企业通过建立双方良好的合作关系而从中获利。

(2)交易营销把其视野局限于目标市场上,即各种顾客群;关系营销所涉及的范围比较广泛,包括顾客、供应商、分销商、竞争对手、银行、政府及内部员工等。

(3)交易营销强调获得顾客,关系营销强调保持顾客。在交易营销下,除产品和企业的市场形象之外,企业很难采取其他有效措施,来与顾客保持持久的关系。如果竞争者用较低的价格向顾客出售产品或服务,用类似的技术解决顾客的问题,则企业与顾客的关系就会终止。而在关系营销下,企业与顾客保持广泛、密切的联系,价格不再是最主要的竞争手段,竞争者很难破坏企业与顾客的关系。

(4)交易营销强调市场占有率。在任何时刻,管理人员都必须花费大量费用,吸引潜在顾客购买,取代不再购买本企业产品或服务的老顾客。关系营销则强调顾客忠诚度,保持老顾客比吸引新顾客更重要。企业的回头客越多,市场营销费用越低。关系营销最终将为企业带来一种独特的资产,即市场营销网络。

1.3.2.2 4R 理论

20 世纪 90 年代,美国学者唐·舒尔茨将关系营销思想简单总结为 4Rs,从而阐述了一个全新的营销四要素。

(1)关联(Relevancy)——与顾客建立关联。企业与顾客是一个命运共同体,在经济利益上是相关的、联系在一起的,建立、保持并发展与顾客之间的长期关系是企业经营中的核心理念和最重要的内容。因此,企业应当同顾客在平等的基础上建立互利互惠的伙伴关系,保持与顾客的密切联系,认真听取他们提出的各种建议,关心他们的命运,了解他们存在的问题和面临的机会,通过提高产品价值、服务价值、人员价值及形象价值,降低顾客在购买和消费中的货币成本、时间成本、精神成本及体力成本,从而更大程度地满足顾客的价值需求,让顾客在购买和消费中得到更多的享受和满意。特别是企业对企业的营销与消费市场营销完全不同,更需要靠关联、关系来维系。

(2)反应(Respond)——提高市场反应速度。在今天的相互影响的市场中,对经营者来说最现实的问题不在于如何控制、制定和实施计划,而在于如何站在顾客的角度及时地倾听顾客的希望、渴望和需求,并及时答复和迅速做出反应,满足顾客的需求。目前多数公司多倾向于说给顾客听,而不是听顾客说,反应迟钝,这是不利于市场发展的。

当代先进企业已从过去推测性商业模式,转移到高度回应需求的商业模式。面对迅速变化的市场,要满足顾客的需求,建立关联关系,企业必须建立快速反应机制,提高反应速度和回应力。这样可最大限度地减少抱怨,稳定客户群,减少客户转移的概率。网络的神奇在于迅速,企业必须把网络作为快速反应的重要工具和手段。

(3)关系(Relation)——关系营销越来越重要了。根据菲利普·科特勒的研究证明,顾客关系营销是不可缺少的。顾客关系营销是通过不断改进企业与消费者的关系,实现顾客固定化的一种重要营销手段,但这并不表示对每一位顾客都要实施关系营销。因此,必须对不同顾客(从一次性顾客到终生顾客之间的每一种顾客类型)的关系营销的深度、层次加以甄别,才不至于分散营销力量。

(4)回报(Return)——由于营销目标必须注重产出,注重企业在营销活动中的回报,所以企业要满足客户需求,为客户提供价值,不能做无用的事情。一方面,回报是维持市场关系的必要条件;另一方面,追求回报是营销发展的动力,营销的最终价值在于其是否给企业带来短期或长期的收入能力。

综上所述,关系营销的4R理论以竞争为导向,在新的哲学层次上概括了营销的新框架。将企业的营销活动提高到宏观和社会层面上来考虑,更进一步提出企业是整个社会大系统中不可分割的一部分,企业与顾客及其他的利益相关者之间是一种互相依存、互相支持、互惠互利的互动关系,企业的营销活动应该是以人类生活水平的提高、以整个社会的发展和进步为目的,企业利润的获得只是结果而不是目的,更不是唯一目的,因此,该理论提出企业与顾客及其他利益相关者应建立起事业和命运共同体,建立、巩固和发展长期的合作协调关系,强调关系管理而不是市场交易。

1.3.3 文化营销

1.3.3.1 文化营销的含义

文化营销是指企业成员共同默认并在行动上付诸实施,从而使企业营销活动形成文化氛围的一种营销观念,它反映的是现代企业营销活动中,经济与文化的不可分割性。企业的营销活动不可避免地包含着文化因素,企业应善于运用文化因素来实现市场制胜。

在企业的整个营销活动过程中,文化渗透于其始终。

一是商品中蕴涵着文化。商品不仅仅是有某种使用价值的物品,它还凝聚着审美价值、知识价值、社会价值等文化价值的内容。如"孔府家酒"之所以能誉满海外,倍受海外华人的青睐,不仅在于它的酒味香醇,更在于它满足了海外华人思乡恋祖的文化需要。

二是经营中凝聚着文化。营销活动中尊重人的价值、重视文化建设、重视管理哲学及求新、求变精神,已成为当今企业经营发展的趋势。如美国IBM公司"尊重个人,顾客至上,追求卓越"三位一体的价值观体系,日本松下公司"造物之前先造人"的理念,瑞士劳力士手表"仁心待人,严格待事"的座右铭,充分说明了企业文化的因素是把企业各类人员凝集在一起的精神支柱,是企业在市场竞争中赢得优势的源泉和保证。

1.3.3.2 文化营销的实施

1. 适应文化环境,创造文化需求

企业面临的市场营销环境变幻莫测,机遇与风险并存。在实际市场营销活动中,尤其是跨国市场营销活动中,目标市场存在的特殊文化因素和文化背景与企业投资、人事、财务相比,往往易被营销者忽略。但这些文化因素往往会对企业营销活动能否正常开展产生深远影响。如果这些文化因素处理不当,就可能导致企业与顾客之间的沟通纽带彻底断裂,构成对企业的威胁,甚至给双方国家政治经济关系造成不良影响。相反,如应用得当,则转化为企业商机。因此,企业营销部门及营销人员应全面认真分析目标市场特有的文化特征及文化背景,避免与当地传统文化、风俗习惯、宗教禁忌等发生抵触或冲突;应因势利导,将本国文化与东道国文化巧妙融合,利用本国文化魅力创造消费需求。

以往我国企业在开拓国际市场时,由于对文化环境因素缺乏认真分析而痛失良机的实例并不少见。如中国的"山羊"牌闹钟,虽然物美价廉,但出口英国,却无人问津,就是因为"山羊"在英国是被喻为"不正经的男子"。还有中国的"芳芳"牙膏在英国的销路也不好,因为"芳芳"在英语中的意思是"毒蛇"和"狼牙"。

2. 强化文化营销观念

一个强大的企业不一定有深厚的文化积淀,文化是企业的伴生物,只有当企业文化渗透到员工的内心,形成企业内部的伦理和一种企业内部大多数成员所共识的理念,员工真正明白企业追求的价值标准,才能自觉维护企业的根本利益。当这种文化渗透到营销及与营销相关人员的意识中,与其营销专业知识相结合,定会产生意想不到的效果,为企业带来源源不断的经济利益。

3. 塑造良好的文化营销形象

现代市场经济条件下,由于产品质量和技术的普遍提高以及商品种类的日益繁多,只靠质量和技术很难具有市场优势。在众多企业和商品形成汪洋大海之时,只有那些营销形象好的企业才有长久的生命力,才会受到消费者和社会公众的青睐。

1.3.4 网络营销

随着电子信息技术的不断发展,互联网作为新的信息沟通渠道和媒体,改变了传统营销的手段和方式,开创了划时代的革命性营销新纪元——网络营销时代。

1.3.4.1 网络营销的含义

网络营销是企业整体营销战略的一个重要组成部分,是指以现代营销理论为基础,为实现企业总体经营目标所进行的,以互联网为基本手段营造网上经营环境的各种活动。但网络营销并不等同于电子商务,它只是电子商务的一部分,是企业整个业务流程中与消费者关系最密切的部分,是市场营销手段的创新。

1.3.4.2 网络营销的特点

1. 全球性

营销的最终目的是占有市场份额,由于互联网具有超越时间约束和空间限制进行信息交换的特点，因此使脱离时空限制达成交易成为可能，企业能有更多的时间和更大的空间进行营销，可随时随地提供全球性营销服务。

2. 交互性

互联网可以展示商品目录、连接资料库、提供有关商品信息的查询，可以收集市场情报，可以进行产品测试与消费者满意调查，可以与顾客进行沟通和互动，这种互动的沟通方式不仅提高了消费者的参与性和积极性，更重要的是它能使企业的营销决策有的放矢，从根本上提高消费者的满意度和企业对市场的应变能力。

3. 整合性

互联网上的营销可以完成从信息发布、交易磋商和售后服务的全过程，实现了营销过程各环节的有效衔接和整合。另一方面，企业可以借助互联网络将不同的营销活动进行统一设计规划和协调实施，以统一的传播咨讯向消费者传达信息，避免不同渠道中信息的不一致带来的消极影响。

4. 高效性

网络营销站点可储存大量的信息，帮助消费者进行查询，可传送的信息数量与精确度远远超过其他媒体，并能适应市场需求，及时更新相关资料，因此能及时、有效地了解并满足顾客的需求。

5. 经济性

通过互联网进行信息交换，节约了消费者的时间成本和精力成本；同时企业也减少了印刷、邮递成本，可以无店面销售，免交租金，节约水电与人工成本，减少了企业的运行成本。

6. 便利性

网络营销给消费者的购物带来了很大的方便。网络提供一天 24 小时，一年 365 天的持续营业，不受节假日、营业时间的限制。同时，消费者可随时查询所需资料或购物，查询和购物时间极短，程序简便快捷，尤其方便购买本地区没有的商品。

7. 技术性

网络营销是建立在以高技术作为支撑的互联网的基础上，企业实施网络营销必须有一定的技术投入和技术支持，改变传统的组织形态，提升信息管理部分的功能，引进懂营销与电脑技术的复合型人才，在未来能具备市场竞争优势。

8. 成长性

互联网使用数量快速成长并遍及全球，使用者多半为年轻人，属于中产阶级，具有高教育水平。由于这部分群体购买力强而且具有很强的市场影响力，因此，网络营销是一个具有高成长性的极具开发潜力的市场渠道。

1.3.4.3 网络营销的职能

1. 网络品牌

网络营销的重要任务之一就是在互联网上建立并推广企业的品牌以及让企业的网下品牌在网上得以延伸和拓展。网络营销为企业利用互联网建立品牌形象提供了有利的条件，无论是大型企业还是中小企业都可以用适合自己企业的方式展现品牌形象。网络品牌建设以企业网站建设为基础，通过一系列的推广措施，达到顾客和公众对企业的认知和认可。网络品牌价值是网络营销效果的表现形式之一，通过网络品牌的价值转化实现持久的顾客关系和更多的直接收益。

2. 网址推广

这是网络营销最基本的职能之一，在几年前，甚至认为网络营销就是网址推广。相对于其他功能来说，网址推广显得更为迫切和重要，网站所有功能的发挥都要以一定的访问量为基础，所以，网址推广是网络营销的核心工作之一。

3. 信息发布

网络营销的基本思想就是通过各种互联网手段，将企业营销信息以高效的手段向目标用户、合作伙伴、公众等群体传递，因此信息发布就成为网络营销的基本职能之一。互联网为企业发布信息创造了优越的条件，不仅可以利用各种网络营销工具和网络服务商的信息发布渠道向更大的范围传播信息，而且可以根据需要不断进行刷新。

4. 网上销售

网上销售不仅面向上网者个体，也包含企业间的网上交易，是一种高效率、低成本的交易方式。网上销售是企业销售渠道在网上的延伸，一个具备网上交易功能的企业网站本身就是一个网上交易场所。网上销售渠道建设并不限于企业网站本身，还包括建立在专业电子商务平台上的网上商店以及与其他电子商务网站不同形式的合作等。

5. 销售促进

企业营销的根本目的是为了扩大产品的销售，网络营销也不例外。网络营销的种种方法实际上也都直接或间接与促进销售有关，但促进销售并不限于促进网上销售，事实上，网络营销在很多情况下对于促进网下销售也十分有价值。

6. 顾客服务

互联网提供了更加方便的在线顾客服务手段，从形式最简单的FAQ(常见问题解答)，到邮件列表以及BBS、聊天室等各种即时信息服务，顾客服务质量对于网络营销效果具有重要影响。

7. 顾客关系

顾客关系对于开发顾客的长期价值具有至关重要的作用，以顾客关系为核心的营销方式成为企业创造和保持竞争优势的重要策略，网络营销为建立顾客关系、提高顾客满意度和顾客忠诚度提供了更为有效的手段，通过网络营销的交互性和良好的顾客服务手段，增进顾客关系成为网络营销取得长期效果的必要条件。

8. 网上调研

企业可以通过网络来收集市场调查中需要的一些资料，可以通过在线调查表或者电子邮件等方式，完成网上市场调研。相对传统市场调研，网上调研具有高效率、低成本的特点,因此,网上调研成为网络营销的主要职能之一。

网络营销的各种职能之间并非相互独立的,而是相互联系、相互促进的,开展网络营销的意义就在于充分发挥各种职能,让网上经营的整体效益最大化。网络营销的职能是通过各种网络营销方法来实现的,同一个职能可能需要多种网络营销方法的共同作用,而同一种网络营销方法也可能适用于多个网络营销职能。

1.3.5 绿色营销

绿色营销观念是在当今社会环境破坏、污染加剧、生态失衡、自然灾害威胁人类生存和发展的背景下提出来的新观念。20 世纪 80 年代以来,伴随着各国消费者环保意识的日益增强,世界范围内掀起了一股绿色浪潮,绿色工程、绿色工厂、绿色商店、绿色商品、绿色消费等新概念应运而生,不少专家认为,我们正走向绿色时代,21 世纪将是绿色世纪。在这股浪潮冲击下,绿色营销观念也就自然而然地相应产生。

1.3.5.1 绿色营销的含义

绿色营销是企业以环境保护观念作为其经营哲学思想,以绿色文化为其价值观念,以消费者的绿色消费为中心和出发点,力求满足消费者绿色消费需求的营销策略。

绿色营销观要求企业在营销活动中,要以可持续发展战略为目标,注重地球生态环境保护,注重经济与生态的协调发展,注重可再生资源的开发利用,减少资源浪费,防止环境污染。绿色营销强调企业利益、消费者利益、社会利益和生态环境利益四者的统一;而传统的社会营销观念在消费者利益、企业利益与社会利益三者有机结合的基础上,进一步强调生态环境利益,将生态环境利益的保证看作是前三者利益持久得以保证的关键所在。

1.3.5.2 绿色营销策略

1. 培养"绿色意识"

我国是发展中国家,环境形势非常严峻,目前很多消费者和企业对绿色产品还不够了解,必须大力宣传,提高消费者和企业的环境知识水平,树立环境观念,增强"绿色意识"。企业营销决策的制定必须建立在有利于节约能源、资源和保护自然环境的基础上,促使企业市场营销的立足点发生新的转移。对消费者需求的研究,是在传统需求理论基础上,着眼于绿色需求的研究,并且认为这种绿色需求不仅要考虑现实需求,更要放眼于潜在需求。通过全国范围推广绿色营销,从而建立起绿色市场,将政策、企业和个人纳入市场之中,通过市场调节他们的绿色行为,保证自然、社会和个人的和谐发展。

2. 制定绿色计划

实施绿色营销战略和生产真正绿色产品的先决条件是要有一个适宜的绿色计划。在企业绿色计划中,应该详细表述绿色产品的生命周期、绿色品牌实施计划、绿色产品研发计划、绿色营销推广计划、绿色营销服务通道计划、绿色商流物流价值流计划、绿色营销管理方案等绿色计划。此外,企业绿色计划还必须与企业长期战略计划相结合，保证资源的充分利用。

3. 绿色产品策略

产品策略是市场营销的首要策略。企业实施绿色营销必须以绿色产品为载体，为社会和消费者提供满足绿色需求的绿色产品。所谓绿色产品，是指对消费者、对社会、对环境改善有利的产品，或称无公害产品。

开发绿色产品要从产品设计开始，从材料的选购、产品结构、功能性能、设计理念、制造过程开始层层把关，加强生态、环保、节能、资源利用等方面的控制与遴选，确保绿色消费的达成。绿色产品的生产过程应该是一种"清洁生产"，这是一种物料和能耗最少的人类生产活动的规划和管理，将废物减量化、资源化和无害化，或消灭于生产过程之中。而且绿色包装也是一个极其重要的组成部分，应选择纸料等可分解、无毒性的材料来包装，并使包装材料单纯化，避免过度包装等。企业在产品或劳务满足绿色消费的同时，要考虑废弃物的再生利用性、可分解性，并搞好包装品及其废弃物的回收服务，以免给环境带来污染。

4. 绿色价格策略

价格是市场的敏感因素，定价是市场营销的重要策略，实施绿色营销不能不研究绿色产品价格的制定。根据"污染者付费"原则，企业用于环保方面的支出应计入成本，从而成为价格构成的一部分。但是，绿色产品价格上扬的幅度不仅取决于绿色产品品质提高的幅度和环保费用支出的多少，而且还取决于消费者对绿色产品价格的理解。在工业发达国家，绿色产品价格上扬幅度较大，消费者也乐于接受。在我国，由于消费者的绿色意识较弱，绿色产品价格上扬幅度不宜过大，在大中城市市场价格可略高些。但是，产品价格的上升会是暂时的，随着科学技术的发展和各种环保措施的完善，绿色产品的制造成本会逐步下降，趋向稳定。

5. 绿色营销的渠道策略

绿色营销渠道是绿色产品从生产者转移到消费者所经过的通道。企业只有充分保障绿色产品物流、商流、价值流、信息流在渠道中畅通无阻，才能最终实现绿色消费。企业实施绿色营销必须建立稳定的绿色营销渠道，策略上可从以下几方面努力。

(1)启发和引导中间商的绿色意识，要求其在日常经营过程中了解绿色环保的重要性，并从绿色经营中获取相当可观的绿色收益。中间商在日常经营过程中愿意接受企业相关的绿色指导，采取正当可行的绿色竞争手段，实施可持续发展的绿色健康竞争秩序。

(2)注重营销渠道有关环节的工作。为了真正实施绿色营销，从绿色交通工具的选择，绿色仓库的建立，到绿色装卸、运输、贮存、管理办法的制定与实施，都要认真做好绿色营销渠道的一系列基础工作。

(3)企业可以开设一些绿色专营店，确保专营店"纯绿色经营"，对于建立产品良好的绿色信誉，确保消费者对于绿色产品的认知，都将发挥较大作用。

6. 绿色促销策略

绿色促销是指围绕绿色产品而开展的各项促销活动的总称。其核心是通过相关活动,达到树立企业绿色健康形象,丰富企业绿色营销内涵,促进绿色产品推广和消费。这样,企业可以巩固其绿色产品市场地位,开拓绿色市场容量。

1)绿色广告

通过广告对产品的绿色功能进行定位,引导消费者理解并接受广告诉求。在绿色产品的市场投入期和成长期,通过大量的绿色广告,营造市场营销的绿色氛围,激发消费者的购买欲望。

2)绿色推广

通过营销人员的绿色推销,直接向消费者宣传、推广产品绿色信息,讲解、示范产品的绿色功能,回答消费者绿色咨询,宣讲绿色营销的各种环境现状和发展趋势,激励消费者的消费欲望。

3)绿色公关

通过企业的公关人员参与一系列公关活动,诸如社交联谊、环保公益活动、赞助等,广泛与社会公众进行接触,增强公众的绿色意识,树立企业的绿色形象,为绿色营销建立广泛的社会基础,促进绿色营销业的发展。如上海华联根据统计数据,全国每年生产衬衫约12亿件,其中8亿件要用包装盒,相当于每年要耗用168万棵碗口粗的大树。为此,上海华联打出"少用一个包装,多留一片森林"的公益广告,鼓励大家购买无盒衬衫。在华联商厦销售衬衫的20多家企业,已经表示赞同这一"绿色消费理念";而许多消费者也明确表示,自己穿的衬衫,原本并不需要豪华的包装。为了鼓励更多的消费者购买无包装的"环保衬衫",华联商厦还规定,每购买一件无盒衬衫,即送一瓶"衣领净"。如果将这项公益活动进行延伸,联合全国范围内的大型商场和著名品牌企业,共同倡议"少用一个包装,多留一片森林",便能增强大众的绿色环保意识,推动全社会的绿色消费潮流向前发展。前人栽树,后人乘凉,当大多数消费者习惯于购买无盒衬衫时,这项公益活动效应更是功德无量了。

1.3.6 体验营销

体验营销是建立在现代营销理论基础上的一种新的营销思想和营销方法,它是现代营销理论和营销技术的延伸和扩展。

伯德·施密特博士(Bernd H. Schmitt)在他所写的《体验式营销》(*Experiential Marketing*)一书中指出,体验式营销在消费者的感官(Sense)、情感(Feel)、思考(Think)、行动(Act)、关联(Relate)五个方面,重新定义、设计营销的思考方式。此种思考方式突破传统上"理性消费者"的假设,认为消费者消费时是理性与感性兼具的,消费者在消费前、消费时、消费后的体验,才是研究消费者行为与企业品牌经营的关键。

体验营销是人性化的营销过程。它强调经济资源、文化资源和艺术资源的整合与交融,使营销活动由生硬的、赤裸裸的金钱交易过程转变为温馨的、互动的人性化过程。在体验营销中,"以人为本"绝不再是一句空洞的口号,而是具有了更为深刻的内涵和广阔的实践空间。

体验营销是基于顾客精神享受和心灵体验的营销活动。它以满足顾客精神体验为出发点和归宿点，通过一系列的营销调研、策划、传播、执行等实践活动，在顾客身心愉悦的同时，以教育的、审美的、道德的、文化的力量，创造顾客体验，并在不断创新营销效果的过程中，强化顾客体验，实现顾客品牌忠诚的营销目标。

随着市场竞争的日趋激烈，顾客满意成为商战的新王牌。如今的市场竞争，产品差异性正在逐步缩小，价格战成为众商家短兵相接时纷纷拿起的利器，结果却是两败俱伤。体验营销为企业提供了一种全新的营销模式，它以顾客体验(感受)为核心，认为顾客购买的不只是产品和服务，更是一种心理体验过程。增加顾客购物时的体验价值，使他们在情感上得到一种前所未有的体验，顾客一旦获得了满意，他们往往会为这种满意支付很高的价格。如 21 世纪初，贝丽卡的女儿过生日时，把整个生日聚会交给“迪斯尼俱乐部”公司来举办。在一个叫纽帮德的旧式农场，贝丽卡的女儿和她的 14 个小朋友一起体验了旧式的农家生活。他们用水洗刷牛的身体、放羊、喂鸡，自己制造苹果酒，还要背着干柴爬过小山，穿过树林。贝丽卡为此付给公司一张 146 美元的支票。贝丽卡女儿的生日祝词上写着：“生日最美妙的东西并非物品。”

1.3.7 服务营销

我们正处在“服务经济”时代，服务并不是服务行业特有的，其他行业中也存在着服务；市场营销并不仅仅局限于产品营销，服务营销也越来越重要。随着市场竞争的加剧，服务的重要性日益突出，它不仅是服务企业经营的核心，也是所有企业在市场竞争中取胜的关键。21 世纪的竞争是服务竞争，因此，服务营销开创了 21 世纪中国市场营销的新格局。

1.3.7.1 服务的定义与特征

1. 服务的定义

关于服务的定义，有过许多不同的表述。

1960 年，美国市场营销协会(AMA)最先给服务下定义为：“用于出售或者是同产品连在一起进行出售的活动、利益或满足感。”这一定义在此后的很多年里一直被人们广泛采用。

菲利普·科特勒把服务定义为：“一方提供给另一方的不可感知且不会导致任何所有权转移的活动或利益，并且不导致任何所有权的转移。它的生产可能与某种有形产品联系在一起，也可能毫无关联。”

可以看出，服务有两层含义，其一是指专门出售服务产品(劳务)的企业，其二是产品销售过程中卖者提供的服务。应该看到服务市场营销的提出一方面是随着社会经济的不断增长和繁荣，人们的需要和企业经营业务日益复杂使服务需求不断增长，从而使服务业发展到与工业生产并重的时代；另一方面，由于顾客需求认识的深化，人们对商品的消费是一种整体性消费，在购买时总是希望商品能给他带来整体性的满足，包括优质产品和满意的服务。

2. 服务的特征

1)无形性

无形性是指服务的不可感知性。服务不是实物产品,服务是无形的,顾客在购买服务之前,看不见、尝不到、摸不着、听不见、嗅不到。如想要整容的人在购买之前是看不到整容效果的。

即使同一种服务,不同的顾客或同一顾客在不同的时间、地点,往往会有不同的感受和评价。如对于同一部影视作品,不同的人有不同的感受,同一个人因为时间、地点不同,心情不同,也会有不同的感受。顾客只能从看到的服务设备、资料、人员上对服务质量做出评价。

一般而言,顾客只有充分信任服务的提供者才会购买或消费。因此,企业应注意创造和传播有形证据来化无形为有形,增强顾客对产品形象的感知和信赖。

2)同步性

同步性是指服务的不可分离性,即服务的生产过程与消费过程同时进行,没有一定的时间间隔。

有形的实物产品的生产与消费是分离的,先生产,再销售,最后消费;而服务是先销售,然后生产和消费同时进行,服务人员在向顾客提供服务的过程,也正是消费者消费、享受服务的过程,二者在时间上不可分离。如一位旅客乘火车从北京到上海,车上司机开车之时正是旅客消费服务的时刻,车到上海,司机停车,旅客消费结束,这种服务的产生和消费是同时进行的。服务一开始消费就开始,服务一结束消费也就结束。

3)差异性

差异性是指服务的构成成分及其质量水平经常变化,很难统一界定。因为服务是以人为中心的产品,一方面由于服务人员的气质、修养、文化与技术水平存在差异,不同的服务人员提供的服务不同,即使同一服务人员,因时间、地点、环境与心态变化的不同,所提供的服务也可能会有不同的质量;另一方面,由于顾客直接参与服务的生产和消费过程,顾客本身因素也直接影响服务的质量和效果。因此,服务的产品设计必须注意保持应有的品质,维持高水准,建立顾客信心,树立优质服务形象。

4)不可储存性

由于服务的生产与消费是同一过程,所以服务是不可储存的。一个厂家可以先生产一个产品(如电脑、手机、电视机等),然后贮藏在仓库里等待销售和消费,但服务却不可能把它储存起来等待消费。如理发、旅游、酒店住宿等,都无法在此时生产并储存,然后在彼时进行销售或消费。

这一特征要求企业必须确定合理的经营规模,并采取有效措施解决供求不平衡问题及灵活处理被动服务需求问题。

5)缺乏所有权

缺乏所有权是指在服务的生产和消费过程中不涉及任何东西的所有权转移,服务在交易完成后即消失,消费者并没有“实质性”地拥有服务。缺乏所有权会使顾客在购买服务时承受较大风险。

以上服务的五个特征中,最根本的特征是服务的无形性,其他特征都是由此派生的。

1.3.7.2 服务营销组合

传统的4Ps营销组合主要适用于有形产品的营销。20世纪80年代初,布恩斯(Booms)和毕纳(Bitner)将服务营销组合扩充为7个要素,即产品(Product)、定价(Price)、地点或渠道(Place)、促销(Promotion)、人员(People)、有形展示(Physical Evidence)、过程(Process),简称7Ps。

1. 产品

服务产品的构成要素是推销服务的范围、服务质量、服务水平、品牌、保证以及售后服务。服务产品中,这些要素的组合变化相当大。如一家供应数样菜的小餐馆和供应特色大餐的星级饭店的产品要素组合就存在着明显的差异。

2. 价格

定价要考虑的因素包括:价格水平、折让和佣金、付款方式和信用、价格与质量的相互关系。在区别一项服务和另一项服务时,价格是一种识别方式,顾客可以从一项服务的价格感受到其价值的高低。

3. 渠道

服务渠道的构成因素包括:服务所在地、地缘的可达性。地缘的可达性不仅是指实物上的,还包括传导和接触的其他方式,所以分销渠道的形式及其涵盖的地区范围都与服务可达性有密切关系。

4. 促销

服务促销主要有广告、人员推销、销售促进、宣传、公关等沟通方式。

5. 人员

人员包括直接担任企业服务生产、服务销售以及服务工作的人员。营销管理者必须和作业管理者协调配合,并重视雇佣人员的筛选、训练、激励和控制。此外顾客间的相互关系也应引起重视。因为,一位顾客对一项服务产品质量的认知,很可能是受到其他顾客的影响。这些都是影响服务质量的重要因素。

6. 有形展示

有形展示会影响消费者和客户对于一定服务企业的评价。它包括:实体环境(装潢、颜色、陈设、声音)、服务所需的装备(如汽车租赁公司所需要的汽车)以及其他实体性线索(如干洗店将洗好衣物加上的"包装")。

7. 过程

过程指服务的传递过程。表情愉悦、专注和关切的工作人员,可以减轻顾客必须排队等待服务的不耐烦的感觉,或者平息顾客在技术上出现问题时的怨言或不满。系统的运作政策和程序方法的采用、服务的机械化程度、员工决断权的适用范围、顾客参与服务操作过程的程度等,都是市场营销管理者要特别关注的事情。如人们过生日时，往往打电话给超市或当地的面包房订生日蛋糕，这种定制服务将支付一定费用，服务人员就将生日蛋糕在生日那天送到顾客手中。而顾客可以集中于计划和举行画龙点睛的生日聚会。

本章小结

• 在市场营销学中，市场是由一切具有特定的欲望和需求，并且愿意和能够以交换来满足此欲望和需求的潜在顾客构成。由此定义可知，市场包含三个主要因素：有某种需要的人、为满足这种需要的购买能力和购买欲望。

• 美国市场营销学家菲利普·科特勒的市场营销定义："市场营销是以满足人类各种需要为目的，通过变潜在交换为现实交换的一系列活动。"

• 市场营销作为一种复杂、连续、综合的社会和管理过程，它基于几个核心概念(包括需要、欲望和需求，产品，效用，价格，价值，交换和交易，市场营销者)之上，只有准确认识和理解市场营销的核心概念及其相互之间的关系，才能认识并理解市场营销的本质。

• 企业经营观念(哲学)是企业经营活动的指导思想，是企业如何看待顾客和社会的利益，即如何处理企业、顾客和社会三者利益之间比重的关键。无论是西方国家企业或我国企业经营观念演变都经历了由"以生产为中心"转变为"以顾客为中心"，从"以产定销"变为"以销定产"的过程。企业经营观念的演变过程，既反映了社会生产力及市场趋势的发展，也反映了企业领导者对市场营销发展客观规律认识的深化结果。

现代企业的市场营销观念可归纳为五种，即生产观念、产品观念、推销观念、市场营销观念和社会市场营销观念。

• 在现代市场营销观念指导下，企业应致力于顾客服务和顾客满意。因为，消费者看重的不仅是价格，更看重的是"顾客让渡价值"。现代营销理论认为，创造顾客价值和顾客满意是其核心。菲利浦·科特勒甚至认为，"市场营销是指在可赢利的情况下提供给顾客满意。"

• 企业在经营过程中发现，不能仅仅将注意力放在企业自身以及与顾客的一次交易上。为了持续地发展，企业需要将自己放在一个开放的系统中，从上游的供应商到下游的消费者，企业需要与他们建立起长期的良好关系。在这种思想的指导下，产生了关系营销理论。

• 文化营销是指企业成员共同默认并在行动上付诸实施，从而使企业营销活动形成文化氛围的一种营销观念，它反映的是现代企业营销活动中，经济与文化的不可分割性。企业的营销活动不可避免地包含着文化因素，企业应善于运用文化因素来实现市场制胜。

• 随着电子信息技术的不断发展，互联网作为新的信息沟通渠道和媒体，改变了传统营销的手段和方式，开创了划时代的革命性营销新纪元——网络营销时代。

● 绿色营销观念是在当今社会环境破坏、污染加剧、生态失衡、自然灾害威胁人类生存和发展的背景下提出来的新观念。绿色营销是指企业以环境保护观念作为其经营哲学思想，以绿色文化为其价值观念，以消费者的绿色消费为中心和出发点，力求满足消费者绿色消费需求的营销策略。

● 体验营销是建立在现代营销理论基础上的一种新的营销思想和营销方法，它是现代营销理论和营销技术的延伸和扩展。

● 我们正处在"服务经济"时代，服务并不是服务行业特有的，其他行业中也存在着服务；市场营销并不仅仅局限于产品营销，服务营销也越来越重要。随着市场竞争的加剧，服务的重要性日益突出，它不仅是服务企业经营的核心，也是所有企业在市场竞争中取胜的关键。21世纪的竞争是服务竞争，因此，服务营销开创了21世纪中国市场营销的新格局。

主要概念

市场　市场营销　市场营销观念　需求　顾客让渡价值　体验营销　服务营销　绿色营销　文化营销　关系营销　网络营销

基本训练和能力实训

一、判断题

1. 需要是指有支付能力和愿意购买某种物品的欲望。（　）

2. 产品是指我们提供的各种商品和劳务，也就是任何能够满足人类某种需要或欲望的东西。（　）

3. 效用实际上是一个人的自我心理感受，它来自他人的评价。（　）

4. 马克思认为，价格是凝结在商品中的无差别的人类劳动。（　）

5. 交换是一个过程，而不是一种事件，交易是交换的基本组成部分。（　）

6. 生产观念是一种重生产、轻市场营销的商业哲学。（　）

7. 推销观念以满足顾客需求为出发点，即"顾客需要什么，就生产什么"。（　）

8. 现代营销理论认为，创造顾客价值和顾客满意是其核心。（　）

9. 关系营销的核心是关系，企业通过建立双方良好的合作关系而从中获利。（　）

10. 理念营销是指企业成员共同默认并在行动上付诸实施，从而使企业营销活动形成文化氛围的一种营销观念。（　）

11. 网上销售仅仅面向上网者个体。（　）

12. 绿色营销强调消费者利益、企业利益与社会利益三者的有机结合。（　　）

13. 服务营销是基于顾客精神享受和心灵体验的营销活动，它以满足顾客精神体验为出发点和归宿点。（　　）

14. 同一种服务，不同的顾客或同一顾客在不同的时间、地点，往往会有不同的感受和评价。（　　）

15. 有形的实物产品的生产与消费是分离的，先生产，再销售，最后消费；而服务是先销售，然后生产和消费同时进行。（　　）

二、单项选择题

1.（　　）的口号是"我生产什么，消费者就买什么"。

A. 生产观念　B. 产品观念　C. 推销观念　D. 市场营销观念

2.（　　）认为，消费者愿意选择高质量的产品，企业应致力于提高产品质量，增加产品功能，并不断加以改进。

A. 生产观念　B. 产品观念　C. 推销观念　D. 市场营销观念

3."好酒不怕巷子深"是一种（　　）。

A. 生产观念　B. 产品观念　C. 推销观念　D. 市场营销观念

4.（　　）是以销售或推销产品为中心，企业经营的重点是千方百计把产品卖出去，它的口号是"我们卖什么，顾客就买什么"。

A. 生产观念　B. 产品观念　C. 推销观念　D. 市场营销观念

5.（　　）强调要兼顾消费者、企业和社会三个方面的利益。

A. 生产观念　B. 产品观念

C. 推销观念　D. 社会市场营销观念

6. 关系营销这个概念最先由（　　）提出。

A. 泰罗　B. 赫杰特齐

C. 菲利普·科特勒　D. 巴巴拉·本德·杰克逊

7.（　　）不是网络营销的特点。

A. 直接性　B. 全球性　C. 交互性　D. 整合性

8.（　　）是网络营销最基本的职能之一。

A. 网络品牌　B. 网址推广　C. 信息发布　D. 网上销售

9. 网络营销的基本思想就是通过各种互联网手段，将企业营销信息以高效的手段向目标用户、合作伙伴、公众等群体传递。这体现的是网络营销的（　　）职能。

A. 网络品牌　B. 网址推广　C. 信息发布　D. 网上销售

10. 服务的五个特征中，最根本的特征是服务的（　　）。

A. 无形性　B. 同步性　C. 差异性　D. 不可贮存性

三、多项选择题

1. 市场的构成要素包括（　　）。

A. 人口　B. 需要　C. 购买欲望　D. 购买力

2. 顾客总价值包括(　　)。

A. 环境价值　　B. 服务价值　　C. 人员价值　　D. 形象价值

3. 顾客总成本包括(　　)。

A. 货币成本　　B. 时间成本　　C. 精神成本　　D. 交易成本

4. 美国学者唐·舒尔茨将关系营销思想简单总结为4Rs,具体包括(　　)。

A. 关联　　B. 反应　　C. 关系　　D. 回报

5. 网络营销的特点包括(　　)。

A. 直接性　　B. 高效性　　C. 经济性　　D. 成长性

6. 网络营销的职能包括(　　)。

A. 网络品牌　　B. 网址推广　　C. 信息发布　　D. 网上销售

7. 服务的特征包括(　　)。

A. 无形性　　B. 同步性　　C. 经济性　　D. 差异性

8. 服务营销组合的要素包括(　　)。

A. 产品　　B. 过程　　C. 人员　　D. 有形展示

四、简述题

1. 谈谈你对市场营销的理解和认识。
2. 需要、欲望和需求之间的联系与区别是什么?
3. 交换发生的条件是什么?
4. 五种市场营销观念的差别是什么?
5. 营销观念的不同对企业经营有何影响? 请结合实例说明。
6. 理发店如何提高顾客让渡价值?
7. 绿色营销包括哪些策略?
8. 试分析服务营销组合。

五、综合训练

案例分析1　麦当劳"百分百顾客满意"的服务理念

从2007年3月15日起,在长三角地区,每位走进麦当劳餐厅的顾客,都会发现一个令人惊喜的新变化——在餐厅的大堂里,多了一块醒目的麦当劳800顾客免费服务热线标识牌,同时还从店内播音中不断听到一个800-8800-980的免费顾客服务号码,这就是麦当劳于消费者权益日当天又一次为顾客满意的服务理念,注入新的重要内容。

从这一天开始,麦当劳800顾客免费服务热线将同时在长三角地区的浙江省、江苏省、安徽省、上海市三省一市开通,所有麦当劳的消费者,都可通过直接拨打这个免费服务热线得到帮助。麦当劳选择这样一个特殊的日子开通服务热线,就是为了更好地服务于顾客,及时了解顾客的需求,向广大消费者再次证明麦当劳要为顾客营造百分之百满意用餐体验的努力。

早在2005年的3.15消费者权益日，麦当劳已经在湖北、湖南、河南、陕西及四川等地推出麦当劳华中地区800顾客免费服务热线，这一举措得到广大顾客的积极支持与肯定。为了更好地服务于更多的顾客，麦当劳又于今年将800顾客免费服务热线推广至麦当劳中区架构下的全部八省二市——湖北省、浙江省、上海市、江苏省、安徽省、四川省、重庆市、陕西省、湖南省、河南省，为整个地区的288家麦当劳餐厅的顾客提供免费电话热线服务。麦当劳800顾客免费服务热线是在麦当劳餐厅不断发展壮大中应运而生的，其设立的宗旨非常明确，即提高顾客的满意度。对于那些愿意给麦当劳提出意见或建议的顾客，通过麦当劳热线建立沟通渠道。

麦当劳能够成为世界零售食品服务业的领先者，主要源于麦当劳始终如一的经营哲学：Q、S、V & C，即品质、服务、清洁和物超所值。此次麦当劳800顾客服务热线的开通，就是希望可以通过与顾客的沟通，提供更好的服务水准，让更多的人了解并喜欢麦当劳，延续“我就喜欢”的品牌精髓，从而让顾客真正感受到优质的食品和麦当劳“百分之百顾客满意”的用餐体验。

案例思考：分析麦当劳的顾客满意战略。

案例分析2　宜家——以顾客为导向的营销

IKEA是创立于1943年的一家瑞典家居用品企业，IKEA的创始人是瑞典人坎普拉德，创立之初主要经营文具邮购、杂货等业务，后转向以家具为主业，在不断扩张过程中，产品范围扩展到涵盖各种家居用品。

IKEA发展稳健而迅速，在60年的时间里，发展到在全球共有180家连锁商店，分布在43个国家，雇佣员工7万多名。2003财政年度IKEA获取了110亿欧元的销售收入和超过11亿欧元的净利润，成为全球最大的家居用品零售商。

宜家一直是以顾客为中心来进行营销，这一点，在低价格策略中表现得已经很明显，当然，宜家的顾客导向还表现在很多方面。

1. 产品设计重视顾客需求

宜家进行新产品开发设计时，十分注重让市场一线人员参与到设计过程中来，因为只有他们才更了解顾客的需求；另外，宜家的产品开发员有很大一部分直接来自零售部门，有直接和顾客打交道的经验，比较了解顾客的需要。

2. 卖场的人性化布局

宜家的商场布置显示着其对顾客的重视。IKEA的卖场设计有其标准规范，进入商场后，地板上有箭头指引顾客按最佳顺序逛完整个商场。主通道旁边为展示区，展示区的深度不会超过4米，以保证顾客不会走太长的距离。展示区按照客厅、饭厅、工作室、卧室、厨房、儿童用品和餐厅的顺序排列。这种顺序是从顾客习惯出发制定的，客厅最为重要，饭厅是人们处理日常事物的地方，家庭办公室紧随其后，卧室是最后一个大型家具区。这种展示方法有利于向客户展示一个整体的装饰效果，同时还有利于连带购买，买很多东西。

3. 对顾客的人性化关怀

在宜家购物，顾客可以通过自己动手来省钱——自己选购、自己运送回家和自己组装家具。也可以预约宜家的室内装饰建筑师和设计师、优秀的厨房设计人员等，请他们帮助设计新房，或提出改造旧居的建议。

轻松、自在的购物氛围是全球180多家宜家商场的共同特征。宜家鼓励顾客在卖场“拉开抽屉，打开柜门，在地毯上走走，或者试一试床和沙发是否坚固。这样，你会发现在宜家沙发上休息有多么舒服”。如果你需要帮助，可以向店员说一声，但除非你要求店员帮助，否则宜家店员不会打扰你，以便让你静心浏览，轻松、自在地逛商场和做出购物决定。

跟国内家具店动辄在沙发、席梦思床上标出“样品勿坐”的警告相反，在宜家，所有能坐的商品，顾客无一不可坐上去试试感觉。周末客流量大的时候，宜家沙发区的长沙发上几乎坐满了人。宜家出售的“桑德伯”沙发、“高利可斯达”餐椅的展示处还特意提示顾客：“请坐上去！感觉一下它是多么的舒服！”

宜家总是提醒顾客“多看一眼标签：在标签上您会看到购买指南、保养方法、价格”。如宜家出售的“四季被”的标签上，就这样写着：

“四季被，三被合一，一层是温凉舒适的夏季被，一层是中暖度的春秋被，你也可以把两层放在一起，那就是温暖的冬季被。被芯填料：65%鸭绒，35%鸭毛，被芯外套为100%棉。四季被可在60度温水中清洗，也可以用干衣机甩干。”

宜家的《商场指南》里写着：“请放心，您有14天的时间可以考虑是否退换。”14天以内，如果你对已购货品不满意，还可以到宜家办理更换等值货品或退款手续。

如果你不懂怎样挑选地毯，宜家会用漫画的形式告诉你：“用这样简单的方法来挑选我们的地毯”：一是把地毯翻开来看它的背面；二是把地毯展开来看它的里面；三是把地毯折起看它鼓起来的样子；四是把地毯卷起看它团起来的样子。

每个顾客在做出购物决定之前，如果对所购商品的特性一无所知，那么他肯定就会感到手足无措。反之，他所掌握的商品信息越全面，越真实，他就越容易做出购买决定。宜家的做法，实在高明。

4. DIY(Do It Yourself)的方式

宜家最为人所津津乐道的特点还有DIY，宜家的所有家具都需要顾客自行组装。宜家为所有家具都配有十分具体的安装说明书，顾客可以根据说明书轻松地把家具组装起来，在节省搬运费的同时，也增加了动手的乐趣。另外，平板包装对于宜家来说节省了成本，对于顾客来说则方便了购买运输和搬家时的搬运。

案例思考：请简要分析宜家的以顾客为导向的策略。

案例分析3　海尔的文化营销形象

海尔在市场上屡屡能攻城掠地，与其独特的营销形象是分不开的。它体现了给消费者以润物细无声的、无微不至的关怀。

1. 产品形象

不管怎么说，能够在1995年就挥锤砸烂76台不合格冰箱的商家也只有海尔。另外，海尔的高质量内涵还可以用“6δ”来量化。所谓“6δ”就是指100万次操作中只允许少于3.4次的失误出现。而且，海尔的质量观念“有缺陷的产品就是废品”，也已深入消费者心中。质量是产品形象的基础，更是文化营销成功的关键。

2. 广告形象

众所周知，海尔以其电视广告著称，一开始就以其巧妙的构思抓住了观众的心。海尔无氟冰箱一问世，就打出了“世界多一个海尔，地球多一份安全”的口号。还有海尔创造出了一系列的全新概念，如抗菌冰箱、变温冰箱、变频冰箱和整体带画冰箱等等，再后来海尔“真诚到永远”的广告传遍全国大地。从中可以看出海尔广告成长历程实际上是一个由实到虚、由功能诉求到形象诉求的过程。

海尔广告形象的塑造无疑是成功的，通过广告这种传播媒介，不断给观众以视觉刺激过渡到意识的渗透，升华为对产品进而对企业的好感，甚至形成对这一品牌的依赖。

3. 服务质量

服务质量的好坏已成为拥有顾客多少的重要因素，因此海尔把“用户的烦恼减少到零”作为服务目标，为此，海尔制定了星级服务标准，其中包括：

①售前服务，介绍产品特性和功能，为顾客答疑解惑；

②售中服务，在有条件的地方实行“无搬动服务”，一次性安装到位；

③售后服务，通过各种手段与用户保持联系，出现问题及时解决。

难能可贵的是，海尔把星级服务落到实处。因为他们明白，服务形象的深入人心，是良好的营销形象塑造的保证，更是文化营销取得成功的精神基础。

案例思考：海尔的文化营销有什么特点？

参考答案要点

一、判断题

1. × 2. √ 3. × 4. × 5. √ 6. √ 7. × 8. √ 9. √ 10. × 11. × 12. × 13. × 14. √ 15. √

二、单项选择题

1. A 2. B 3. B 4. C 5. D 6. D 7. A 8. B 9. C 10. A

三、多项选择题

1. ACD 2. BCD 3. ABC 4. ABCD 5. BCD 6. ABCD 7. ABD 8. ABCD

四、简述题

1.“市场营销”是指企业的一种经营活动，也可以指一门学科，即市场营销学，属于管理学的一个分支。

市场营销学的发展是一个过程，在学科发展过程的不同阶段，市场营销定义的内涵是不同的，美国市场营销协会将市场营销定义为：市场营销“是对思想、产品及劳务进行设计、定价、促销及分销的计划和实施的过程，从而实现个人和组织目标的交换。”

这一定义更完整和全面，主要表现在：①产品概念扩大了，它不仅包括产品或劳务，还包括思想；②市场营销概念扩大了，市场营销活动不仅包括赢利性的经营活动，还包括非赢利组织的活动；③强调了交换过程；④突出了市场营销计划的制定与实施。

美国市场营销学家菲利普·科特勒对市场营销定义：“市场营销是以满足人类各种需要为目的，通过变潜在交换为现实交换的一系列活动。”

2. 需要存在于人本身的生理和心理的自然状态之中，是人们感到某种要求尚未被满足或者被剥夺的一种状态。消费者的需要是市场营销活动的起点，但是消费者的需要并非市场营销活动所创造，它是人的内在基本构成。

欲望是指人特别迫切地希望实现某种需要的一种心理状态。欲望来源于需要，欲望生成行为动机和行为过程。一般来说，欲望越强烈，越能激励人们为实现欲望而采取主动、积极和创造性的行为。

需求是指有支付能力和愿意购买某种物品的欲望。可见，需要转化为需求必须具备两个条件：一是愿意购买；二是要有一定的支付能力。

3. 交换的发生，必须具备五个条件：①至少有两方；②每一方都有被对方认为有价值的东西；③每一方都能沟通信息和传送物品；④每一方都可以自由接受或拒绝对方的产品；⑤一方都认为与另一方进行交换是适当的或称心如意的。具备了上述条件，就有可能发生交换行为。但交换能否真正发生，取决于双方能否找到交换条件，即交换以后双方都比交换以前好(至少不比以前差)。

4. 生产观念是一种重生产、轻市场营销的商业哲学。突出的特点就是“以产定销”，“以量取胜”，强调的是有效地利用资源，提高劳动生产率，降低成本。

产品观念是以生产为中心，消费者需求是被动的，需求的满足也是被动的。

推销观念是以销售或推销产品为中心。口号是“我们卖什么，顾客就买什么”。

市场营销观念是以满足顾客需求为出发点的，即“顾客需要什么，就生产什么”。

社会市场营销观念强调要兼顾消费者、企业和社会三个方面的利益。

5. 生产观念，企业追求的是最低的成本、最大的产量、最大的销售额及最高的利润。产品观念，企业致力于提高产品质量，增加产品功能，并不断加以改进。

推销观念，企业经营的重点是千方百计把产品卖出去。市场营销观念，企业实现其各项目标的关键，在于正确确定目标市场的需要和欲望，并且比竞争者更有效地传送目标市场所期望的物品或服务，进而比竞争者更有效地满足目标市场的需要和欲望。社会市场营销观念,企业在追求经济效益的同时,应兼顾社会效益、生态效益。

6. 培养“绿色意识”,制定绿色计划,绿色产品策略,绿色价格策略,绿色渠道策略,绿色促销策略。

7. 服务营销组合包括产品、定价、地点或渠道、促销、人员、有形展示、过程,简称7Ps。

2

市场营销环境

学习目标

- 准确理解市场营销环境的概念、研究营销环境的意义
- 掌握企业市场营销环境的特点
- 掌握研究营销环境的方法以及不同营销环境下企业的相应策略
- 了解研究微观市场环境、宏观市场环境的内容

企业的市场营销活动是在一定的外界条件下进行的。为了实现营销目标，企业必须认真研究和分析市场营销环境，并努力谋求企业外部市场环境与企业内部条件和营销策略之间的动态平衡。研究市场营销环境，是企业制定营销策略的前提。营销企业必须适应营销环境，如同任何生物都必须适应其生存环境一样。任何企业都是在不断变化着的社会经济环境中运行的，识别由于环境变动而造成的机会和威胁，是营销人员的主要职责之一。本章是对市场营销环境的概括性介绍，内容主要包括市场营销环境的特点；研究营销环境的方法及企业针对不同环境可采取的营销对策；宏观市场营销环境、微观市场营销环境的内容。本章的目的是通过了解市场环境对企业营销活动的影响，提高企业适应环境变化的能力。

2.1 市场营销环境概述

2.1.1 市场营销环境的概念

市场营销环境是相对于营销主体而言的,本书的主体主要指企业,因此市场营销环境就是指影响企业市场营销活动和营销目标实现的各种因素和条件。这里所说的因素和条件,不是指企业整个的外界事物,而是指那些与企业营销活动有关联的因素的集合,可分为宏观市场营销环境和微观市场营销环境。宏观环境是指一个国家或地区的自然、政治、法律、人口、经济、社会文化、科学技术等影响企业营销活动的宏观因素。微观环境是指与企业紧密相联,直接影响企业营销能力的各种参与者,包括企业本身、市场营销渠道、顾客、竞争者以及社会公众。宏观环境与微观环境是市场环境系统中的不同层次。宏观环境一般以微观环境为媒介去影响和制约企业的营销活动,被称作间接营销环境,在特定场合,也直接影响企业的营销活动。微观环境直接影响与制约企业的营销活动,多半与企业具有或多或少的经济联系,也称直接环境,所有的微观环境因素都受到宏观环境因素的制约,而微观环境因素对宏观因素也有影响。宏观环境因素与微观环境因素共同构成多因素、多层次、多变的企业市场营销环境的综合体。市场营销环境如图 2.1 所示。

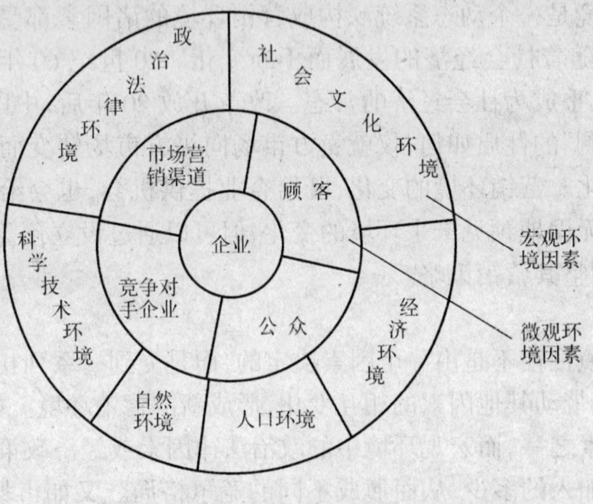

图 2.1 市场营销环境

企业面对的外部环境随着历史、社会的变化而变化,因此,市场营销环境是一个不断发展和变化的动态概念。在 19 世纪,西方工商企业仅将市场当作销售环境。到 20 世纪 30 年代,又把政府、工会、投资者等与企业有利害关系的关系者也看作是环境。进入 20 世纪 60 年代后,自然生态、科学技术、社会文化等环境因素列入企业市场营销所必须考虑的范畴。从 20 世纪 70 年代起,企业开始重视对政治、法律的研究。20 世纪 80 年代后,世界各国对环境保护、生态平衡的重视程度日益提高,通过立法、制定标准等各种途径保护人类的生存环境。这个环境不断扩大的过程,国外称之为“企业的外界环境化”。

2.1.2 市场营销环境的特点

市场营销环境是一个多因素、多层次而且不断变化的综合体,对市场营销环境的研究是一项很复杂的工作。由于生产力水平的不断提高和科学进步,当代企业外部环境的变化远远超过企业内部因素变化的速度,企业的生存和发展越来越决定于适应外界环境变化的能力。如何创造与之相适应的外部环境,对企业开展营销活动至关重要。企业要搞好市场营销环境的研究,首先必须了解市场营销环境的特点。

2.1.2.1 差异性

不同的国家或地区之间,宏观环境存在着广泛的差异,不同的企业,微观环境也千差万别。因而,市场营销环境的差异性不仅表现在不同企业受不同环境的影响,而且,同样一种环境因素的变化对不同企业的影响也不相同。由于外界环境因素对企业作用的差异性,从而导致企业为应付环境的变化所采取的营销策略各有特点。如中国加入世界贸易组织,意味着大多数中国企业进入国际市场,进行“国际性较量”,而这一经济环境的变化,对不同行业所造成的冲击是不同的。企业应根据环境变化的趋势和行业的特点,采取相应的营销策略。

2.1.2.2 多变性

市场营销环境是一个动态系统。构成营销环境的诸因素都受众多因素的影响,每一环境因素都随着社会经济的发展而不断变化。20 世纪 60 年代,中国处于短缺经济状态,短缺几乎成为社会经济的常态。改革开放 20 年后,中国已遭遇“过剩”经济,不论这种“过剩”的性质如何,仅就卖方市场向买方市场转变而言,市场营销环境已产生了重大变化。营销环境的变化,既给企业提供机会,也会给企业带来威胁,虽然企业难以准确无误地预见未来环境的变化,但可以通过设立预警系统,追踪不断变化的环境,及时调整其营销策略。

2.1.2.3 相关性

市场营销环境往往不是由一个因素决定的,而是受到一系列相关因素的影响,某一因素的变化,会带动其他因素的相互变化,形成新的营销环境。如竞争者是企业重要的微观环境因素之一,而宏观环境中的政治法律因素或经济政策的变动,均能影响一个行业竞争者加入的多少,从而形成不同的竞争格局。又如市场需求不仅受消费者收入水平、爱好以及社会文化等方面因素的影响,政治法律因素的变化,往往也会产生决定性的影响。如 1977 年,洛杉矶的斯坦福·布卢姆以 25 万美元买下西半球公司一项专利,生产一种名叫“米沙”的小玩具熊,用作 1980 年莫斯科奥运会的吉祥物。此后的两年时间里,布卢姆先生和他的伊美治体育用品公司致力于“米沙”的推销工作,并把“米沙”商标的使用权出让给 58 家公司。成千上万的“米沙”被制造出来,分销到全国的玩具商店和百货商店,十几家杂志上出现了这种带 4 种色彩的小熊形象。开始,“米沙”的销路很好,布卢姆预计这项业务的营业收入可达 5 000 万到 1 亿美元。

不料在奥运会开幕前，由于前苏联拒绝从阿富汗撤军，美国总统宣布不参加在莫斯科举行的奥运会。骤然间，“米沙”变成了被人深恶痛绝的象征，布卢姆的赢利计划成了泡影。

2.1.2.4 客观性

环境作为营销部门外在的不以营销者的意志为转移的因素，对企业营销活动的影响具有强制性和不可控性的特点。一般说来，营销部门无法摆脱和控制营销环境，特别是宏观环境，企业难以按自身的要求和意愿随意改变它。如企业不能改变人口因素、政治法律因素、社会文化因素等。但企业可以主动适应环境的变化和要求，制定并不断调整市场营销策略。企业研究市场营销环境的目的，就是为了使企业适应不同的环境，从而求得生存和发展。由于企业市场营销环境不等于企业的整个内外界事物，因此，企业所要求适应的只是对企业营销活动有影响的环境因素。对这些因素，企业不但要主动去适应，而且要不断创造和开拓对自己营销有利的环境。

2.1.3 市场营销环境的研究方法与对策

企业的营销活动都是在一定环境中进行的，而营销环境的变化不仅给企业带来威胁，同时也带来市场机会。分析市场营销环境，其意义就在于使企业能了解所处的环境和预见环境的发展趋势。辨别所处环境给企业带来的各种各样的威胁和可能的营销机会，从而制定、实施相应的营销战略与策略，避开和消除环境威胁，充分利用营销机会。

环境威胁是指环境中一些不利的发展趋势所形成的挑战，如果不采取相应果断的市场营销行动，这种不利趋势将损害企业的市场地位。营销机会是指市场上出现的对企业营销管理富有吸引力的动向和趋势。在顺应市场趋势、迎合市场需求方面，企业拥有竞争者优势。这些机会可以按其吸引力以及每一个机会可能获得成功的概率来加以分类。企业在每一特定机会中成功的概率，取决于其业务实力是否与该行业所需要的成功条件相符合。如某烟草公司通过其市场营销信息系统和市场营销研究了解到以下因素足以影响其业务经营的动向：

①有些国家政府颁布了法令，规定所有的香烟广告包装上都必须印上关于吸烟危害健康的警示语，否则将受到严惩；

②有些国家的地方政府禁止在公共场所吸烟；

③许多发达国家吸烟人数下降；

④本企业的研究实验室即将发明用莴苣叶制造无害烟叶的方法；

⑤发展中国家的吸烟人数迅速增加，据估计，我国目前有 3 亿多人吸烟，占总人口的近 1/4，青年人中吸烟者所占比例最高。

显然，上述动向① ~ ③给这家烟草公司造成了环境威胁；④ ~ ⑤造成了使公司可能享有差别利益的市场机会。

2.1.3.1 市场营销环境的研究方法

如上所述，任何企业都面临着若干环境威胁和市场机会。然而，并不是所有的环境威胁都一样大，也不是所有的市场机会都有同样的吸引力。找出主要环境因素后，还必须确定其重要程度。因此，企业要建立分析评估系统，采用正规分析方法（如打分法）对各影响因素对企业造成的机会和威胁进行分析，也可以用“环境威胁矩阵图”和“市场机会矩阵图”来加以分析、评价，如图 2.2、图 2.3 所示。

潜在严重性 \ 出现威胁的可能性	大	小
大	2	1
小	3	4

图 2.2　环境威胁矩阵图

潜在吸引力 \ 成功的可能性	大	小
大	2	1
小	3	4

图 2.3　市场机会矩阵图

“环境威胁矩阵图”的横轴代表“出现威胁的可能性”，纵轴代表“潜在严重性”，即表示企业赢利减少程度。根据上述烟草公司的事例，在“环境威胁矩阵图”上有 3 个“环境威胁”，其中威胁 2 是“潜在严重性”大，“出现威胁的可能性”也大；威胁 3 虽处在“潜在严重性”小的区域，但却在“出现威胁的可能性”大的区域，所以这两个“环境威胁”都是主要威胁，公司对这两个威胁应加以重视；威胁 1，“潜在严重性”大，但“出现威胁的可能性”小，即吸烟者看了警告后在目前水平下并不会接受警告而戒烟，所以这个威胁不是主要威胁。

“市场机会矩阵图”的横轴代表“成功的可能性”，纵轴代表“潜在吸引力”，表示潜在赢利能力。根据上述某烟草公司的事例，在“市场机会矩阵图”上有两个“市场机会”。其中最好的市场机会是 2，其“潜在吸引力”和“成功的可能性”都大，市场机会 1 的“潜在吸引力”虽然大，但其“成功的可能性”小，可能不会被消费者所接受。

从上面的分析和评价可以看出，这家烟草公司共有两个主要威胁（即 2 和 3）和一个最好的主要机会（即 2），这就是说，这家烟草公司属于高机会和高风险的冒险企业。

用上述方法来分析和评价，可能会出现四种不同的结果：

(1)理想型企业，即高机会和低威胁的企业；
(2)冒险型企业，即高机会和高威胁的企业；
(3)成熟型企业，即低机会和低威胁的企业；
(4)困难型企业，即低机会和高威胁的企业。

这四种企业，我们可用图 2.4 表示：

机会程度 \ 威胁程度	高	低
高	(2)冒险型	(1)理想型
低	(3)困难型	(4)成熟型

图 2.4　企业类型

2.1.3.2　企业应对市场营销环境的对策

对企业所面临的主要威胁和最好机会，企业应做出什么反应或采取何种对策呢？

1. 对机会的反应

针对企业所面临的市场机会，必须慎重地评价其质量。美国著名市场营销学家西奥多·莱维特曾警告企业家们：要小心地评价市场机会。他说：“这里可能是一种需要，但是没市场；或者这里可能是一个市场，但是没有顾客；或者这里可能有顾客，但目前实在不是一个市场。如这里对新技术培训是一个市场,但是没有那么多的顾客购买这种产品。那些不懂得这种道理的市场预测者对于某些领域(如闲暇产品、住房建筑等)表面上的机会曾做出惊人的错误估计。"

2. 对威胁的反应

企业对所面临的主要威胁有三种可能选择的对策。

①反抗。即试图限制或扭转不利因素的发展。如西方国家的烟草公司可以疏通议员通过一个法令,允许人们在公共场所随意吸烟。又如长期以来,日本的汽车、家用电器等工业产品源源不断地流入美国市场,而美国的农产品却遭到日本贸易保护政策的威胁。美国政府为了对付这一严重的环境威胁,一方面,在舆论上提出美国的消费者愿意购买日本优质的汽车、电视、电子产品,为何不让日本的消费者购买便宜的美国产品？另一方面,美国向有关国际组织提起诉讼,要求仲裁。同时提出,如果日本政府不改变农产品贸易保护政策,美国对日本工业品的进口也采取相应的措施。结果是美国扭转了不利的环境因素。

②减轻。即通过调整市场营销组合等来改善环境,以减轻环境威胁的严重性。如烟草公司大力宣传在公共场所设立单独的吸烟区。又如当可口可乐的年销售量达300亿瓶时,在美国的饮料市场上突然杀出了百事可乐。它不仅在广告费用的增长速度上紧跟可口可乐,而且在广告方式上也针锋相对:"百事可乐是年轻人的恩赐物,青年人无不喝百事可乐"。其潜台词很清楚,即"可口可乐是老年人的,是旧时代的东西"。可口可乐面对这种环境威胁,及时调整市场营销组合,减轻环境威胁的严重性:一方面,聘请社会上的名人(如心理学家、精神分析家、应用社会学家、社会人类学家等)对市场购买行为新趋势进行分析,采用更加灵活的宣传方式,向百事可乐展开了宣传攻势;另一方面,花费比百事可乐多50%的广告费用,与之展开了一场广告战,力求将广大消费者吸引过来。这些努力收到了一定的效果。

③转移。即决定转移到其他赢利更多的行业或市场。如烟草公司可以适当减少香烟业务,增加食品和饮料等业务,实行多元化经营。又如嘉陵公司原是个生产单一兵器产品的军事工业企业,由于国际形势渐趋缓和,1980年末出现了亏损990多万元的局面。面对这种不利的市场营销环境,嘉陵人清醒地认识到,军品任务的减少已成不可逆转的趋势,只有抓住"保军转民"的历史机遇,大力发展民品,才是唯一出路。20世纪80年代初,全国摩托车产量还不到3万辆,在生产水平极为低下、市场几乎呈无需求状态的情况下,嘉陵就提出高起点地发展摩托车,并敢与世界摩托车王牌本田进行技术合作,从而较快地在国内占领了摩托车生产技术的制高点,1985年登上了我国最大摩托车生产企业的宝座,1995年11月18日揭晓的500家综合最优工业企业中,嘉陵跃居全国第二。截至2003年6月,中国嘉陵集团已成为中国摩托车行业最大的企业集团,集团在全国各地建立了30多个营销服务中心,近3 000个营销终端。"嘉陵"牌摩托车出口50多个国家和地区,集团总资产超过40亿元。

2.2 宏观市场营销环境

宏观市场营销环境是指那些给企业造成市场机会和环境威胁进而能够影响企业运作和绩效的自然及社会力量的总和，包括人口环境、经济环境、自然环境、技术环境、政治和法律环境以及社会文化环境，如图2.5。企业及微观环境的参与者，无不处于宏观环境之中。

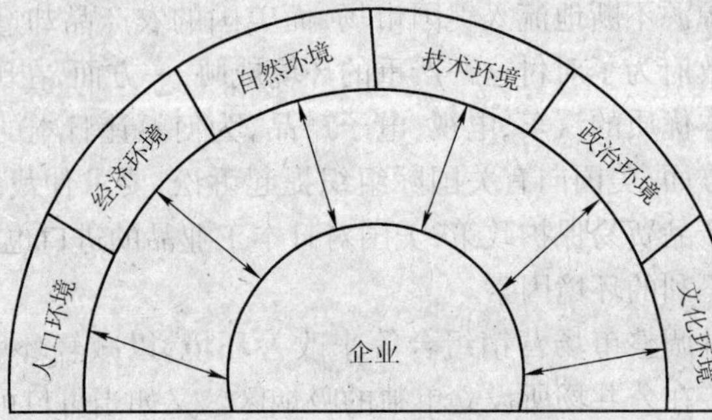

图2.5 宏观市场营销环境

2.2.1 人口环境

人口是构成市场的第一位因素。哪里有人，哪里就有衣、食、住、行等各种消费需求。市场是由购买欲望同时又有支付能力的人构成的，人口的多少直接影响市场的潜在容量。在收入水平一定的条件下，一个国家总人口的多少，决定市场容量的大小。但任何企业的产品都不可能面向所有的人，因此，除了分析一国或地区的人口总量以外，还要研究人口的地理分布、年龄结构、性别、家庭单位与人数等因素。

2.2.1.1 人口总量

一个国家或地区的人口数量多少，是衡量市场潜在容量的重要因素。中国现有人口相当于欧洲和北美洲人口的总和。随着社会主义市场经济的发展，人民收入不断提高，中国已被视作世界最大的潜在市场。

目前，世界人口环境发生明显的变化，主要趋势如下。

(1)全球人口持续增长，据最新统计，2006年世界人口达到67亿(其中80%的人口属于发展中国家)。人口增长首先意味着人民生活必需品的需求增加。

(2)美国等发达国家人口出生率下降，而发展中国家出生率上升，90%的新增人口在发展中国家，使得这些国家人均所得的增加以及需求层次的升级受到影响。

2.2.1.2 人口的地理分布

人口在地区上的分布，与市场消费需求有密切关系。居住在不同地区的人群，由于地理环境、气候条件、自然资源、风俗习惯的不同，消费需求的种类和数量也不尽相同，购买习惯与行为也存在差别。

如农村居民与城市居民生活习惯就有所不同。不同地区的居民，在服装、饮食上也都有不同的爱好。

2.2.1.3 年龄结构

随着社会经济的发展，科学技术的进步，生活条件和医疗条件的改善，人的平均寿命大大延长。人口年龄结构发生变化，主要趋势如下。

(1)许多国家人口老龄化加速，人类寿命延长，死亡率下降，人口老龄化是当今世界发展的必然趋势。我国2005年抽样调查数据表明，65岁以上人口占总人口的比重为7.7%。随着老年人口的绝对数和相对数的增加，银色市场日渐形成并扩大。

(2)出生率下降引起市场需求变化，美国等发达国家人口出生率下降，出生婴儿数和学龄儿童减少，给儿童食品、童装、玩具等生产经营者带来威胁，但同时也使年轻夫妇有更多的闲暇时间用于旅游、娱乐和外出用餐等。

2.2.1.4 人口性别

性别差异给消费需求带来差异，购买习惯与购买行为也有差别。一般来说，在一个国家或地区，男、女人口的总数相差并不大。但在一个较小的地区，如矿区、林区、较大的工地，往往是男性占较大比重，而在某些女职工占极大比重的行业集中区，则女性人口又可能较多。由于女性多操持家务，大多数日用消费品由女性采购，因此，不仅妇女用品可设专门商店销售，很多家庭用品和儿童用品也都纳入妇女市场。

2.2.1.5 家庭单位与人数

家庭是社会的细胞，也是商品采购的基本单位。一个市场拥有多少家庭单位以及家庭平均成员的多少，对市场营销有很大影响。如家庭单位增加，炊具、家具和家用电器等需求量就会增加；家庭人数减少，要求市场营销商品要适应小家庭的需要。

2.2.2 经济环境

市场营销学认为，市场是由那些想购买物品或服务并且有购买力的人构成的。这就是说，购买力是构成市场和影响市场规模大小的一个重要因素。而整个购买力即社会购买力又直接或间接地受消费者收入、价格水平、储蓄、信贷等经济因素的影响。社会购买力是一些经济因素的函数。正因为如此，企业的市场营销不仅受其人口环境影响，而且受其经济环境影响。所以，企业还必须密切注意其经济环境方面的动向。进行经济环境分析，要着重分析以下主要经济因素。

2.2.2.1 消费者收入的变化

消费者收入包括消费者个人工资、红利、租金、退休金、馈赠等收入。消费者的购买力来自消费者收入，所以消费者收入是影响社会购买力、市场规模大小以及消费者支出规模和支出模式的一个重要因素。

消费者并不是将其全部收入都用来购买商品或服务。消费者的购买力只是其收入的一部分。因此，要区别可支配个人收入和可随意支配个人收入。可支配个人收入是指扣除消费者个人缴纳的各种税款和交给政府的非商业性开支后可用于个人消费和储蓄的那部分个人收入。可支配收入是影响消费者购买力和消费者支出的决定性因素。可随意支配个人收入是指可支配的个人收入减去消费者用于购买生活必需品的固定支出(如房租、保险费、分期付款、抵押借款)所剩下的那部分收入。可随意支配个人收入一般都用来购买奢侈品、汽车、大型器具及度假等,所以这种消费者个人收入是影响奢侈品、汽车、旅游等商品销售的主要因素。

进行经济环境分析时,还要区别货币收入和实际收入,因为实际收入会影响实际购买力。假设消费者的货币收入不变,如果物价下跌,消费者的实际收入便增加;相反,如果物价上涨,消费者的实际收入便减少。即使消费者的货币收入随着物价上涨而增长,但是,如果通货膨胀率超过了货币收入的增长率,消费者的实际收入也会减少。

2.2.2.2 消费者支出模式的变化

消费者支出模式主要受消费者收入的影响。随着消费者收入的变化,消费者支出模式就会发生相应变化。

德国统计学家恩斯特·恩格尔1857年根据他对英国、法国、德国、比利时许多工人家庭收支预算的调查研究,发现了关于工人家庭收入变化与各方面支出变化之间比例关系的规律性,称为恩格尔定律。其表述如下。

(1)随着家庭收入增加,用于购买食品的支出占家庭收入的比重(即恩格尔系数)就会下降。

(2)随着家庭收入增加,用于住宅建筑和家务经营的支出占家庭收入的比重大体不变(燃料、照明、冷藏等支出占家庭收入的比重会下降)。

(3)随着家庭收入增加,用于其他方面的支出(如服装、交通、娱乐、卫生保健、教育的支出)和储蓄占家庭收入的比重就会上升。

消费者支出模式除了主要受消费者收入影响外,还受以下因素的影响。

(1)家庭生命周期的阶段。家庭生命周期是指一个以家长为代表的家庭生活的全过程。包括七个阶段:未婚期、新婚期、满巢期一、满巢期二、满巢期三、空巢期、孤独期。有孩子与没有孩子的年轻人家庭的支出情况有所不同。没有孩子的年轻人家庭负担较轻,往往把更多的收入用于购买电冰箱、家具、陈设品等耐用消费品。而有孩子的家庭收支预算会发生变化。十几岁的孩子不仅吃得多,而且爱漂亮,用于娱乐、运动、教育方面的支出也比较多,所以在家庭生命周期的这个阶段,家庭用于购买耐用消费品的支出便会减少,而用于食品、服装、文娱、教育等方面的支出则会增加。等到孩子独立生活以后,父母就有大量可随意支配的收入,有可能把更多的收入用于医疗保健、旅游、购置奢侈品或储蓄,因此这个阶段的家庭收支预算又会发生变化。

(2)消费者家庭所在地点。所在地点不同的家庭用于住宅建筑、交通、食品等方面的支出情况也有所不同。如住在中心城市的消费者和住在农村的消费者相比,前者用于交通方面的支出较少,用于住宅建筑方面的支出较多;后者用于食品方面的支出较多。

2.2.2.3 消费者储蓄和信贷情况的变化

进行经济环境分析时还应看到,社会购买力、消费者支出不仅直接受消费者收入的影响,而且直接受消费者储蓄和信贷情况的影响。

大多数家庭都有一些流动资产,即货币及其他能迅速变现的资产,包括银行储蓄存款、债券、股票等。储蓄来源于消费者的货币收入,其最终目的还是为了消费。但是在一定时期内,储蓄多少不能不影响消费者的购买力和消费支出。在一定时期内货币收入不变的情况下,如果储蓄增加,购买力和消费支出便减少;反之,如果储蓄减少,购买力和消费支出便增加。

消费者不仅以其货币收入购买他们需要的商品,而且可以用贷款来购买商品。所谓消费者信贷是指消费者先凭信用取得商品使用权,然后再分期归还贷款的购买方式。消费者信贷会增加购买力,在西方发达国家应用广泛,主要有四种方式:日常用品的短期赊销、购买住宅时的分期付款、较昂贵耐用品的分期付款和信用卡信贷。在我国近几年,它的发展势头也很强劲。如在房地产市场,购买商品房的银行资金按揭就较为典型。按揭即是指购买者支付一定数额的购买资金,而对其余不足以支付房款的部分,再以所购住房向银行抵押,进而取得贷款支付给售楼一方。之后,消费者按照与银行签订的按揭合同,分期偿还本息。消费者信贷受借款利率、预期收入、借贷方便性、对物价上涨情况的估计以及生活消费观念、社会文化风气等因素的影响。如1996年我国的商品房空置量已达到5 031万平方米,如何在这种环境下生存,对许多房地产发展商来说,便演绎成了一门深奥的生存艺术。1997年初,深房商业大厦推出了“10年分期付款”的销售策略。深房商业大厦明珠楼属四星级公寓,每平方米12 800元起价,10年分期付款意味着:首付40%,其余60%分10年付清,每月均分。与此同时,他们还承诺利率低于同期银行利率,送20万元款额家庭财产保险,以及深圳东方新世界百货公司提供的10万元购物额度的八折优惠卡。这种方式推入市场后,市场反应热烈。

2.2.3 自然环境

在生态平衡不断遭到破坏、自然资源日渐枯竭、污染问题日趋严重的今天,环境问题已成为涉及各个国家、各个领域的重大问题,环保呼声越来越高。从市场营销学角度看,自然环境的发展变化已给企业带来严重威胁,同时也创造了市场机会,使得机遇与挑战同在。目前,这个方面有以下几个发展趋势。

(1)某些自然资源短缺或即将短缺。地球上三大类自然资源都不同程度地存在着短缺或趋于短缺。①取之不尽、用之不竭的资源,如空气、水等;②有限但可以更新的资源,如森林、粮食等;③有限但不能更新的资源,如煤、铀、锡、锌和石油等矿物。

(2)环境污染日益严重。在许多国家,随着工业化和城市化的发展,环境污染程度日益增加,公众对此越来越关心,纷纷指责环境污染的危害性。这种趋势对那些造成污染的行业和企业是一种环境威胁,它们在社会舆论的压力和政府的干预下,不得不采取措施控制污染;另一方面,这种趋势也给控制和消除污染的包装行业和企业带来了新的市场机会。如日本横滨本田汽车公司汽车大王青木勤社长别出心裁地想出了一个为推销汽车而绿化街道的“本田妙案”。这一方案一推出,即收到意想不到的效果,使得本田汽车独领风骚。

“本田妙案”是怎样产生的呢?青木勤社长在每天外出和上下班的途中发现,汽车在飞跑过程中排出大量废气直接污染城市的环境,不但乌烟瘴气,而且还造成街道旁绿树的枯萎。青木勤社长看到自己的产品给环境带来的不利影响,心情非常沉重。他决心解决这个问题,恢复大自然的本来面目。于是,青木勤社长亲自制定以“今后每卖一辆车,就要在街道两侧种一颗纪念树”的经营方针。随后本田公司又将卖车所得的利润一部分转为植树的费用,以减轻越来越多的汽车排气对城市环境的污染。“本田妙案”实施后,汽车一辆辆地开出厂门,街上的树木也一棵棵栽上,绿化地带也一块块铺开。消费者心中自然产生了一种强烈的需求愿望,同样是买汽车,为什么不买绿化街道的本田汽车呢?既可买到需要的产品,还可以美化生活环境。这种别出心裁的“我为你植树”的营销策略,使本田汽车的营销量与“绿”俱增,在汽车行业激烈的市场竞争中,一直立于不败之地。

(3)政府对自然资源管理的干预日益加强。政府从整体利益和长远利益出发,对自然资源的管理逐步加强。但有时出于经济增长的压力,又不得不把环保问题移后考虑。营销管理人员必须重视物质环境,在获取所需资源时要主动注意物质环境,树立环保意识,对来自政府方面的规定,更应积极遵守,不应抱有反感和抵触情绪,或者是阳奉阴违。

既要保证企业可获利发展,又要保护资源与环境,企业可实行可持续发展战略,达成社会与自然的协调。当前社会上的绿色产业、绿色消费、绿色营销以及生态营销的蓬勃发展,即是顺应了这种要求。企业营销人员在面临环境威胁的同时,应努力寻找、创造、把握市场机会。如麦当劳通过使用由可回收利用材料制成的包装物使它产生的环境污染物减少了60%。所有麦当劳快餐店中使用的餐巾与盘子衬垫都是用可回收利用的纸制成的,一次性的饮料杯子,甚至包括其总部使用的文具用品都是如此。通过使其饮料管减轻20%的重量,麦当劳每年便少产生数百万磅的废弃物。除了在其产品上运用绿色营销之外,麦当劳还用可回收利用的材料改造或新建它的餐馆。麦当劳还敦促它的供应商们使用可回收利用的产品与材料。由于成功地运用了绿色营销,麦当劳公司使公众意识到麦当劳是一家真正关心环境的公司。这不仅得到了消费者的认同,同时也使其获得了额外的销量。

2.2.4 科学技术环境

科学技术是很重要和有长远影响的环境因素。科学技术是人类在生产和科学实践中,认识自然和改造自然而积累起来的经验、知识的总和以及体现这些知识经验的劳动资料。科学技术的发展决定社会生产水平,而生产力水平又决定消费水平,决定需要的满足程度。一种新的科学技术的出现,必然导致新的产业部门的出现,使消费对象的品种不断增加,范围不断扩大,又必然使消费结构发生变化。

在研究科学技术环境时,要特别注意新技术革命对市场营销的影响。新技术革命也称第四次产业革命。由于以电子、生物工程等新兴科学为代表的工业技术的迅速发展,带来了社会生产方式、人们的思维方式以及消费习惯等发生的某些历史性转变。这种新技术革命,必然对市场带来深刻的影响。

2.2.4.1 新技术革命是一种"创造性的毁灭力量"

每一种新技术都会给某些企业造成新的市场机会,因而会产生新的行业,同时,还会给某个行业的企业造成环境威胁,使这个旧行业受到冲击甚至被淘汰。如激光唱盘技术的出现,无疑会夺走磁带的市场,给磁带制造商以"毁灭性的打击"。据美国《设计新闻》报道,由于大量启用自动化设备和采用新技术,将出现许多新行业,包括新技术培训、新工具维修、电脑教育、信息处理、自动化控制、光纤通信、遗传工程、海洋技术等。如果企业能够对技术环境保持着高度的敏感性,及时采用新技术,或从旧行业转入新行业,就更有可能求得生存和发展。

2.2.4.2 新技术革命有利于企业改善经营管理

第二次世界大战结束以来,现代科学技术发展迅速,一场以微电子为中心的新技术革命正在蓬勃兴起。目前发达国家的许多企业在经营管理中都普遍使用电脑、管理软件及其他现代办公设备,这对于改善企业经营管理、提高经营效益起了很大作用。如零售商店已普遍使用 POS 机,其主要结构是一只笔型感光器和记忆装置,营业员点货时只需用感光器扫描商品条形码,再记下商品的货号和进、销、存等资料,一同储存在记忆装置中;然后拨通总公司与电话公司间的特定号码,通过电脑电话连接器,将资料传送到总公司管理部门的电脑库中,以便进行发货处理。

2.2.4.3 新技术革命会影响零售商业结构和消费者购物习惯

新技术革命会影响零售商业结构和消费者的购物习惯。在许多国家,由于新技术革命的迅速发展,出现了电视购物、网上购物这样的在家购物方式。如消费者如果想买东西,可以在家里打开连接各商店的终端机,各种商品的信息就会在电视荧光屏上显示出来。消费者可以通过电话订购电视上所显示出来的任何商品,然后按一下自己的银行存款户头号码,即把货款自动传给有关商店,于是订购的商品很快就送到消费者的家里。此外,人们还可以在家里通过电脑电话系统订购车票、飞机票和影剧票。企业也可以利用这种系统来进行广告宣传、市场营销研究和推销商品。

2.2.5 政治和法律环境

在任何社会制度下,企业的营销活动都必然要受到政治与法律环境的约束。政治与法律环境显示出政府与企业的关系,一方面反映在国家的方针政策上,它不仅规定了国民经济的发展方向和速度,也直接关系到社会购买力的提高和市场消费需求的增长。另一方面,反映在国家的法规上,特别是有关经济的立法,它不仅规范企业的行为,而且会使消费需求的数量、质量和结构发生变化,能鼓励或限制某些产品的生产和消费。

对企业而言,政治、法律环境主要包含三个层次。

2.2.5.1 政府的有关经济方针政策

政府的经济方针政策一般具有动态的特点，随政治经济形势的变化而变化，国家在不同的阶段和不同时期，依据不同的经济目标制定和调整方针、政策，这必然对企业的营销产生直接或间接的影响。国家的宏观经济政策主要体现在人口政策、产业政策、能源政策和财政、金融货币政策四个方面。所有这些是企业研究经济环境、调整自身的营销目标和产品结构的前提和依据。

2.2.5.2 政府颁布的各项经济法令、法规

相对于政策而言，法令、法规具有相对的稳定性。各项经济法令、法规的颁布，其目的可以是多方面的。有的意在维护市场运行秩序，保护正当竞争，防止不正当竞争；有的则是维护消费者利益，保护消费者免受不公平商业行为的损害；有的是维护社会利益，保护生态平衡，防止环境污染等等。

我国的经济立法起步较晚，各项法令、法规也亟待进一步完善，已经颁布的法令、法规主要有《中外合资经营企业法》、《中外合作经营企业法》、《经济法》、《专利法》、《商标法》、《标准计量法》、《广告管理条例》、《物价管理条例》、《进出口货物许可证制度暂行条例》、《法人登记条例》、《外汇管理条例》等。企业必须了解、遵守这些法律、法规，维护企业的合法权益，开展公平竞争，在法律允许的范围内进行营销活动。

2.2.5.3 群众团体

群众团体是为了维护某一部分社会成员的利益而组织起来的，旨在影响立法、政策和舆论的各种社会团体。这一团体也被称为“压力集团”，对政府立法、执法和舆论导向有很大的影响力。近年来，来自保护消费者协会和保护环境方面的团体力量在迅速壮大。如1985年，经国务院批准成立的中国消费者协会，在维护消费者权益方面做了大量的工作，得到广大消费者的信任。社会公众团体的活动，会对企业的营销活动产生一定的压力和影响。企业的营销者既要善于应付消费者保护运动的挑战，又要善于捕捉消费者运动所提供的机会。

2.2.6 社会文化环境

每个人都生长在一定的社会文化环境中，并在一定的社会文化环境中生活和工作，他的思想和行为必定要受到这种社会文化环境的影响和制约。市场营销学中所说的社会和文化因素，一般泛指在一种社会形态下已经形成的信念、价值观念、宗教信仰、道德规范、审美观念以及世代相传的风俗习惯等被社会所公认的各种行为规范。社会文化作为人们一种适合本民族、本地区、本阶层的是非观念，强烈影响消费者的购买行为，使生活在同一社会文化范围内的各成员的个性具有相同的方面，它是购买行为的习惯性和相对稳定性的重要成因。企业的市场营销人员必须注意分析、研究和了解社会文化环境。如人们常说，“用户是上帝”，不能设想“上帝”能在紧张、呆板的环境里产生购买欲望。因此，创造良好的销售环境既可以吸引“上帝”的降临，也是对“上帝”的一种敬意。消费者购买商品，总是愿意在新奇、愉快、欢乐的环境中进行，从这个意义上说，消费者这个“上帝”是看中环境的。美国乳品大王斯图·伦纳

德的成功,很大程度上在于他创造了著名的“四步曲”环境销售法。第一步,伦纳德独出心裁地在超级市场门口放上一头活奶牛。奶牛打扮得漂漂亮亮,不时地向顾客摇头摆尾,好似向顾客表示欢迎。这情境使刚要进店的顾客不由自主地由奶牛想到了乳制品。走进市场大门,映入眼帘的是耸立在前厅的一头活灵活现的塑料奶牛。奶牛旁边还站着一位哼着民谣的牧牛机器人。顾客仿佛置身于牛羊成群的海洋中,对奶制品产生了强烈的兴趣,希望从乳产品上得到一种快乐的享受,这是第二步。好戏还在后头呢!第三步,穿过前厅走入售货大厅里,两只活泼可爱的机器狗,每隔6分钟唱一首“什么什么真好吃”,“好吃不过乳制品”的逗人歌曲,使顾客产生了强烈的购买欲望。三步巧妙的递进安排,使顾客每一步都得到不同的感受,购买欲望被初步激发了起来,但要真正产生购买行动,还有第四步。当顾客在各式各样的商品中间穿行时,扑鼻而来的是烤面包的阵阵清香和各色果味的奶香,令人垂涎欲滴,这正是伦纳德用味觉进一步激化顾客的购买欲望。在这样的环境中,有谁能不倾囊相购,一尝为快呢?

社会文化环境具体包括以下五个方面。

2.2.6.1 宗教信仰

不同的宗教信仰有不同的文化倾向和戒律,从而影响人们认识事物的方式、价值观念和行为准则,影响着人们的消费行为,带来特殊的市场需求。特别是在一些信奉宗教的国家和地区,宗教信仰对市场营销的影响力更大。据统计,全世界基督教的信徒有10亿多人,伊斯兰教的教徒有8亿人,印度教徒6亿人,佛教徒28亿人。教徒信教不一样,信仰和禁忌也不一样。这些信仰和禁忌限制了教徒的消费行为。某些国家和地区的宗教组织在教徒的购买决策中有重大影响。一种新产品出现,宗教组织有时会提出限制和禁止使用,认为该商品与该宗教信仰相冲突。相反,有的新产品出现,得到宗教组织的赞同和支持,就会号召教徒购买、使用,起一种特殊的促销作用。因此,企业应充分了解不同地区、不同民族、不同消费者的宗教信仰,提供适合其要求的产品,制定适合其特点的营销策略。否则,会触犯宗教禁忌,失去市场机会。这说明,了解和尊重消费者的宗教信仰,对企业营销活动具有重要意义。如1984年,比利时有一家地毯商在滞销的小地毯上嵌入一个特制的“指南针”,当穆斯林跪在地毯上祈祷时,“指南针”能自动指向伊斯兰教第一圣地、穆罕默得诞生地——沙特阿拉伯的麦加城,确保他们在任何时间、地点祷告时都能正对麦加方向。这种经小小改进的地毯在短短两年中就卖掉2.5万块。

日本精工钟表公司推出一种多功能的穆斯林手表,它可随时把世界114个城市的时间自动转换成麦加时间,每天自动鸣叫五次提醒戴表者按时祈祷。这种表一面世就赢得了几亿穆斯林的喜爱。

2.2.6.2 价值观念

价值观念是人们对社会生活中各种事物的态度、评价和看法。不同的文化背景下,人们的价值观念差别是很大的,而消费者对商品的需求和购买行为深受其价值观念的影响。如在发达的资本主义国家,大多数人比较追求生活上的享受,超前消费突出也是司空见惯的事情。一些人为了生活上的享受,采用分期付款、赊销等形式,甚至大举借债。在我国,勤俭节约是民族的传统美德,借钱买东西这种消费行为往往被看成是不会过日子,人们大多数攒钱购买商品,而且大多局限在货币的支付能力范围内,量入为出。

可见,不同的价值观念在很大程度上决定人们的生活方式,从而也决定着人们的消费行为。因此,对于不同的价值观念,企业营销人员应采取不同的策略。对于乐于变化、喜欢猎奇、富有冒险精神、较激进的消费者,应重点强调产品的新颖和奇特;而对一些注重传统、喜欢沿袭传统消费习惯的消费者,企业在制定促销策略时应把产品与目标市场的文化传统联系起来。如东方人将群体、团结放在首位,所以广告宣传往往突出人们对产品的共性认识;而西方人则注重个体和个人的创造精神,所以其产品包装也显示出醒目或标新立异的特点。我国人民重人情,求同步,消费偏于大众化,这些东方人的传统习俗,也对企业营销产生广泛的影响。

2.2.6.3 风俗习惯

风俗习惯是人们根据自己的生活内容、生活方式和自然环境,在一定的社会物质生产条件下长期形成,并世代相袭的风尚和由于重复、练习而巩固下来并变成需要的行动方式等的总称。它在饮食、服饰、居住、婚丧、信仰、节日、人际关系等方面,都表现出独特的心理特征、伦理道德、行为方式和生活习惯。不同的国家、不同的民族有不同的风俗习惯,它对消费者的消费偏好、消费模式、消费行为等具有重要的影响。如不同的国家、民族对图案、颜色、数字、动植物等都有不同的喜好和不同的使用习惯,像中东地区严禁带六角形的包装;英国忌用大象、山羊做商品装潢图案即是如此。再如中国、日本、美国等国家对熊猫特别喜爱,但一些阿拉伯人却对熊猫很反感;墨西哥人视黄花为死亡、红花为晦气,认为白花可驱邪;日本人忌荷花、梅花图案,也忌用绿色,认为不吉祥;法国人特别厌恶墨绿色,这是基于对第二次世界大战的痛苦回忆。企业应了解和注意不同国家、民族的消费习惯和爱好,做到入境问俗。可以说,这是企业做好市场营销尤其是国际营销的重要条件,如果不重视各个国家、各个民族之间文化和风俗习惯的差异,就很有可能造成难以挽回的损失。

2.2.6.4 审美观念

人们的消费行为归根到底不外乎维护每个社会成员的身心健康和不断追求生活的日趋完美。人们在市场上挑选、购买商品的过程,实际上也就是一次审美活动。这个审美活动的全过程完全由消费者的审美观念来支配。消费者个人的审美活动,表面上看起来纯属个人的行为,但实质上它却反映了一个时代、一个社会人们共同的审美观念和审美趋势。不同的国家、民族、宗教、阶层和个人,往往因社会文化背景不同,其审美标准也不尽一致。有的以"胖"为美,有的以"瘦"为美,有的以"高"为美,有的以"矮"为美,不一而足。如缅甸的巴洞人以妇女脖子长为美;而非洲的一些民族则以纹身为美等。因审美观的不同而形成的消费差异更是多种多样。如在欧美,妇女结婚时喜欢穿白色的婚礼服，因为他们认为白色象征着纯洁、美丽；在我国，妇女结婚时喜欢穿红色的婚礼服，因为红色象征吉祥如意、幸福美满。又如中国妇女喜欢把饰物佩戴在耳朵、脖子、手指上，而印度妇女却喜欢在鼻子上、脚踝上配以各种饰物。

2.2.6.5 教育水平

教育水平是指消费者受教育的程度。一个国家、一个地区的教育水平与经济发展水平往往是一致的。不同的文化修养表现出不同的审美观，购买商品的选择原则和方式也不同。一般来讲，教育水平高的地区，消费者对商品的鉴别力强，容易接受广告宣传和接受新产品，购买的理性程度高。因此，教育水平高低影响着消费者心理、消费结构，影响着企业营销组织策略的选取以及销售推广方式方法的差别。如在文盲率高的地区，用文字形式做广告，难以收到好效果，而用电视、广播和当场示范表演形式，才容易为人们所接受。又如在教育水平低的地区，适合采用操作使用、维修保养都较简单的产品，而教育水平高的地区，则需要先进、精密、功能多、品质好的产品。

因此，在产品设计和制定产品策略时，应考虑当地的教育水平，使产品的复杂程度、技术性能与之相适应。另外，企业的分销机构和分销人员受教育程度等，也对企业的市场营销产生一定的影响。

2.3 微观市场营销环境

企业的微观市场营销环境是指对企业服务其顾客的能力直接影响的各种力量，包括企业本身、供应商、营销中介机构、顾客、竞争者和社会公众，如图 2.6 所示。营销活动能否成功，除营销部门本身的因素外，还要受这些因素的影响。

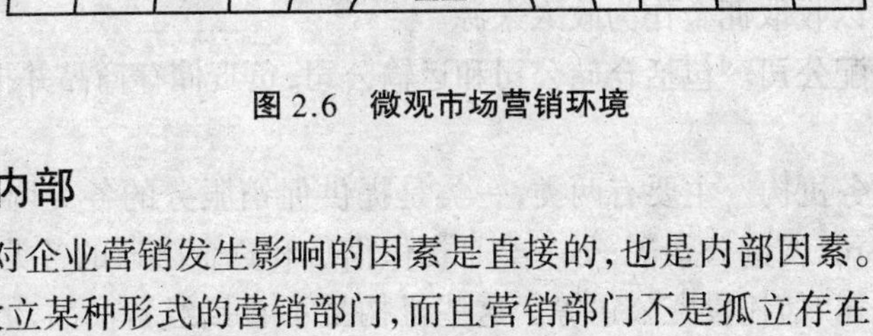

图 2.6 微观市场营销环境

2.3.1 企业内部

企业本身对企业营销发生影响的因素是直接的，也是内部因素。企业为开展营销活动，必须设立某种形式的营销部门，而且营销部门不是孤立存在的，它还面对着其他职能部门以及高层管理部门。企业营销部门与财务、采购、制造、研究与开发等部门之间既有着多方面的合作，也存在争取资源方面的矛盾。这些部门的业务状况如何，它们与营销部门的合作以及它们之间是否协调发展，对营销决策的制定与实施影响极大。高层管理部门由董事会、总经理及其办事机构组成，负责确定企业的任务、目标、方针政策和发展战略。营销部门在高层管理部门规定的职责范围内做出营销决策，市场营销目标是从属于企业总目标，并为总目标服务的次级目标，营销部门所制定的计划也必须在高层管理部门批准后实施。

市场营销部门一般由市场营销副总裁、销售经理、推销人员、广告经理、营销研究及定价专家等组成。营销部门在制定和实施营销目标与计划时，不仅要考虑企业外部环境力量，而且要充分考虑企业内部环境力量，争取高层管理部门和其他职能部门的理解和支持。

2.3.2 供应商

供应商是向企业提供生产经营所需资源的企业或个人，包括提供原材料、零配件、设备、能源、劳务及其他用品等。供应商对企业营销业务有实质性的影响，其所供应的原材料数量和质量将直接影响产品的数量和质量；所提供的资源价格会直接影响产品成本、价格和利润。在物资供应紧张时，供应商起着决定性的作用。如企业开发新产品，若无开发新产品所需的原材料或设备的及时供应，就不可能成功；有些比较特殊的原材料和生产设备，还需供应商为其单独研制和生产。企业对供应商的影响力要有足够的认识，尽可能与其保持良好的关系，开拓更多的供货渠道，甚至采取逆向发展战略，兼并或收购供应者企业。为保持与供应商的良好合作关系，企业必须和供货人保持密切联系，及时了解供货商的变化与动态，使货源供应在时间上和连续性上能得到切实保证；除了保证商品本身的内在质量外，还要有各种售前和售后服务；对主要原材料和零部件的价格水平及变化趋势，要做到心中有数，应变自如。

2.3.3 营销中介机构

营销中介机构是指为企业融通资金、推销产品、提供各种便利营销服务的企业和个人。从各自不同的职能出发，营销中间商可分为以下四种类型。

(1)经销中间商。如批发商、零售商，他们购销商品，对其经营的商品拥有所有权。

(2)代理中间商。如经纪人、代理商等，他们是买卖双方之间的交易中介，不拥有商品的所有权，以收取佣金作为收入来源。

(3)实体分配公司。包括仓储公司和运输公司，负责储存商品并把货物从生产地运送至目的地。

(4)营销服务机构。主要有两类，一类是提供促销服务的各类调研公司、广告公司、传播媒介公司、咨询公司等；另一类是提供信贷和资金融通的各类金融中介机构，如银行、保险公司、信托投资公司等。这些机构虽不直接经营商品，但对促进批发和零售商品流通发挥着举足轻重的作用。企业应与这些力量建立稳定、有效的协作关系。

2.3.4 顾客

顾客是指购买或可能购买营销企业的产品和服务的组织和个人。

凡是那些已经购买了企业产品的组织或个人,就是一个企业的现实顾客;而那些现在还没有但有可能购买企业产品的组织或个人,为潜在顾客。

顾客是一个营销企业重要的环境力量,任何企业的产品或服务,如果未被顾客认可或接受,就不能销售出去。所以,企业营销经理人员需要经常分析顾客的需要,了解顾客对企业所提供的产品和服务的看法与态度以及顾客对竞争对手产品的看法和态度,这是企业营销管理最重要的内容之一。

过去,在营销中非常强调发现新顾客,这是一种"发展中的短视"行为。因为保持已有顾客和开发新顾客相比,保持已有顾客不仅成本更低,而且更重要的是,保持已有顾客实际上是培育企业市场声誉和品牌信誉的重要途径。如果企业的产品和服务不能建立起良好的口碑,那么争取新顾客也将是十分困难的事。

营销企业的顾客一般来自以下五个市场。

2.3.4.1 消费市场

为了个人和家庭的消费需要进行购买的顾客构成消费者市场。在经济社会中,消费者市场的需求是最终需求,最终需求是因消费需要而产生的需求,因此在经济学上称为真实需求。最终需求对其他中间产品的市场需求发生的变化有根本性的影响。如消费者对住房的需求是最终需求,对住房需求的大小,不仅决定了房地产业产品市场的需求规模,而且也对钢铁、建筑材料、装饰装修材料等中间市场需求最终起决定性作用。

2.3.4.2 产业市场

凡是为了生产和销售其产品或服务的组织或个人,构成产业市场。产业市场对任何产品或服务的需求,都是为满足再生产或销售其他产品或服务的,因此也称为中间需求。中间需求如果转化为最终需求或者是为最终需求所真正要求的,也是真实需求。但是,如果因为对最终需求预测出现偏差,或者因为大量商业投机活动的干扰,会导致许多没有最终需求支持的中间需求出现。这些最后不能实现的中间需求就是虚假需求。如日本20世纪80年代中期出现对房地产的过度投机,导致在90年代后期爆发金融危机等。如果将这些虚假的需求看成是营销机会,盲目投资的话,企业将陷入投资陷阱并遭受巨大损失。我国珠海市的"巨人集团"的兴衰,就是这方面的典型案例。

因此,对于从事中间产品营销的企业,要能辨析真实需求和虚假需求,把握正确的营销发展方向。

2.3.4.3 再售商市场

为了将产品或服务再次售出而进行购买的组织或个人,构成再售商市场。再售商所进行的购买,都是为了将产品或服务再次出售,从买卖的价差中获取赢利。再售商在买卖过程中,也要向顾客提供相应的服务,完成相应营销职能。同时,再售商也是顾客让渡价值系统中的重要环节。

2.3.4.4 政府市场

政府机构购买产品或服务，构成政府市场。政府机构采购产品或服务，是为了向其他的社会组织和个人提供公共产品和服务。如政府的军火采购，是为了加强国家的武装或国防力量，以抵御外敌的侵略；政府为搞好社会治安，兴办教育和组织救灾、扶贫、防疫等活动进行各种物品的采购。

政府购买商品或服务，在市场经济中，通用的方式是进行招标，由企业参加投标竞争，中标企业即获得了向政府机构销售产品的机会。我国政府在 1998 年 7 月，由国务院宣布，今后中国各级政府办公用品的购买，均通过市场公开招标方式完成。一般来说，在政府采购过程中，声誉高、质量好、定价合理的企业，往往能够获得很多政府市场营销的机会。

2.3.4.5 国际市场

对于一个营销企业来说，凡是买主在国外，就是企业的国际市场，包括在国外的消费者、生产商、再售商和外国政府。

2.3.5 竞争者

企业不能独占市场，都会面对形形色色的竞争对手。企业要成功，必须在满足消费者需要和欲望方面比竞争对手做得更好。企业的营销系统总是被一群竞争者包围和影响着，必须识别和战胜竞争对手，才能在顾客心目中强有力地确定其所提供产品的地位，以获取战略优势。

从顾客做出购买决策的过程分析，企业在市场上所面对的竞争者，大体上可分为以下四种类型。

(1)愿望竞争者。指提供不同产品以满足不同需求的竞争者。消费者的需要是多方面的，但很难同时满足，在某一时刻可能只能满足其中的一个需要。消费者都经过慎重考虑做出购买决策，往往是提供不同产品的厂商为争取该消费者成为现实顾客竞相努力的结果。

(2)属类竞争者。指提供不同产品以满足同一种需求的竞争者。属类竞争者是决定需要类型之后的同一级竞争，也称平等竞争。如消费者为锻炼身体准备购买体育用品，他要根据年龄、身体状况和爱好选择一种锻炼的方法，是买羽毛球拍和羽毛球，还是买钓鱼竿，这些产品的生产经营者的竞争，将影响消费者的选择。

(3)产品形式竞争者。是指满足同一需要的产品的各种形式间的竞争。同一产品，规格、型号不同，性能、质量、价格各异，消费者将在充分收集信息后做出选择。如购买彩电的消费者，要对规格、性能、质量、价格等进行比较后再做出决策。

(4)品牌竞争者。指满足同一需要的同种形式产品不同品牌之间的竞争。如购买彩电的顾客，可在同一规格进口各品牌彩电以及国产的长虹、海尔、康佳、TCL 等品牌之间做出选择。

在竞争性的市场上，除来自本行业的竞争外，还有来自代用品生产者、潜在加入者、原材料供应者和购买者等多种力量。加强对竞争者的研究,了解对本企业形成威胁的主要竞争对手及其策略,力量对比如何,知己知彼,扬长避短,才能立于不败之地。

2.3.6 公众

公众指对企业实现营销目标的能力有实际或潜在利害关系和影响力的团体或个人。企业面对广大公众的态度,会协助或妨碍企业营销活动的正常开展。所有的企业都必须采取积极措施,树立良好的企业形象,力求保持和主要公众之间的良好关系。企业所面临的公众主要有以下几种。

(1)融资公众。指影响企业融资能力的金融机构,如银行、投资公司、证券经纪公司、保险公司等。企业可以通过发布乐观的年度财务报告,回答关于财务问题的询问,稳健地运用资金,在融资公众中树立信誉。

(2)媒介公众。主要是报纸、杂志、广播电台和电视台等大众传播媒体。企业必须与媒体组织建立友善关系,争取有更多更好的有利于本企业的新闻、特写以至社论。

(3)政府公众。指负责管理企业营销业务的有关政府机构。企业的发展战略与营销计划,必须和政府的发展计划、产业政策、法律法规保持一致,注意咨询有关产品安全卫生、广告真实性等法律问题,倡导同行业遵纪守法,向有关部门反映行业的实情,争取立法有利于产业的发展。

(4)社团公众。包括保护消费者权益的组织、环保组织及其他群众团体等。企业营销活动关系到社会各方面的切身利益,必须密切注意来自社团公众的批评和意见。

(5)社区公众。指企业所在地邻近的居民和社区组织。企业必须重视保持与当地公众的良好关系,积极支持社区的重大活动,为社区的发展贡献力量,争取社区公众理解和支持企业的营销活动。

(6)一般公众。指上述各种关系公众以外的社会公众。一般公众虽未有组织地对企业采取行动,但企业形象会影响他们的惠顾。

(7)内部公众。企业的员工,包括高层管理人员和一般员工,都属于内部公众。企业的营销计划,需要全体员工的充分理解、支持和具体执行。经常向员工通报有关情况,介绍企业发展计划,发动员工出谋献策,关心员工福利,奖励有功人员,增强内部凝聚力。员工的责任感和满意度,必然传播并影响外部公众,从而有利于塑造良好的企业形象。

总之,营销企业需要通过不断发展与各种社会公众团体的关系,协调好与它们的利益,以求得或保持一个最有利的营销环境。因此,公共关系已成为企业一项重要的营销管理内容。

本章小结

●市场营销环境就是指影响企业市场营销活动和营销目标实现的各种因素和条件。它具有以下特点:差异性、多变性、相关性、客观性。

●市场营销环境可分为宏观市场营销环境和微观市场营销环境。市场营销环境的发展趋势基本上可分为两大类:一类是环境威胁;另一类是市场营销机会。分析环境威胁与市场机会,通常是利用“环境威胁矩阵图”和“市场机会矩阵图”。企业对所面临的市场机会,必须认真评价其质量,采取相应行动;对所面临的主要威胁,对策有三种:反抗、减轻、转移。

●宏观环境是指那些给企业造成市场机会和环境威胁进而能够影响企业运作和绩效的自然及社会力量的总和,包括人口环境、经济环境、自然环境、技术环境、政治和法律环境以及社会和文化环境。这些主要社会力量代表企业不可控制的变量。

●企业的微观环境是指对企业服务其顾客的能力直接影响的各种力量,包括企业本身、供应商、营销中介机构、顾客、竞争者和社会公众。微观环境中所有的因素都要受宏观环境中各种力量的影响。

主要概念

市场营销环境　环境威胁　市场机会　消费者个人收入　恩格尔法则　亚文化群　消费者支出方式　个人可任意支配收入

基本训练和能力实训

一、判断题

1. 市场营销环境,是企业整个内外界事物的集合。（　）

2. 宏观环境与微观环境是市场环境系统中的不同层次,所有微观环境因素都受宏观环境因素制约,而微观环境因素对宏观环境也有影响。（　）

3. 消费者收入是影响社会购买力、市场规模大小以及消费支出多少和支出模式的重要因素,形成真正购买力的是消费者收入。（　）

4. 消费者储蓄,虽然减少了消费者的现实购买力,但是作为一种家庭的“流动资产”,是可以较顺利、迅速地转换成现实购买力,从而影响消费者的购买支出的。（　）

5. 企业的竞争对手,除了本行业的现有竞争者外,还包括代用品生产者、潜在加入者、原材料供应者和购买者。（　）

6. 企业面对的外部环境随着历史、社会的变化而变化,因此,市场营销环境是一

个不断发展和变化的动态概念。 ( )

7. 市场是由那些想购买物品或服务并且有购买力的人构成的。因此,市场和市场规模是由人口因素决定的。 ( )

8. 属类竞争者是指提供不同产品以满足同一种需求的竞争者。 ( )

9. 企业的员工,包括高层管理人员和一般员工,都属于一般公众。 ( )

10. 对于一个营销企业来说,企业的国际市场包括在国外的消费者、生产商、经售商和外国政府。 ( )

二、单项选择题

1."长虹"彩电的率先降价,虽然在整个彩电行业掀起一阵价格风暴,但对各彩电生产厂家的影响还是不尽相同的,这体现了市场营销环境的( )

A. 差异性 B. 变性 C. 相关性 D. 客观性

2. 按照"环境威胁矩阵图"和"市场机会矩阵图",成熟企业是指( )

A. 高机会、低威胁企业 B. 高机会、高威胁企业

C. 低机会、低威胁企业 D. 低机会、高威胁企业

3. 某一跨国公司拟用非价格竞争方式推销其产品,一般来说,在( )最容易生效。

A. 中国 B. 印度 C. 日本 D. 朝鲜

4. 影响消费者需求变化最活跃的因素,同时也是消费者市场要重点研究的收入是指( )。

A. 消费者收入 B. 实际收入

C. 个人可支配收入 D. 个人可任意支配收入

5. 在我国现阶段,对于较昂贵的耐用品来说,其具有现实意义的购买力主要形成于( )

A. 当期的货币持有量 B. 储蓄

C. 信贷 D. 消费者个人收入

6. 为了生产和销售其产品或服务的组织或个人,构成( )。

A. 消费市场 B. 产业市场 C. 再售商市场 D. 政府市场

7. 扣除消费者个人缴纳的各种税款和交给政府的非商业性开支后可用于个人消费和储蓄的那部分个人收入,称之为( )。

A. 可支配个人收入 B. 可随意支配个人收入

C. 货币收入 D. 实际收入

8. 消费者信贷会增加购买力,一般日常用品采用的信贷方式为( )。

A. 分期付款 B. 信用卡信贷

C. 短期赊销 D. 银行资金按揭

9. 宗教信仰属于( )的一个方面。

A. 政治和法律环境 B. 社会文化环境 C. 科学技术环境 D. 自然环境

10. 那些给企业造成市场机会和环境威胁进而能够影响企业运作和绩效的自然及社会力量的总和统称为(　　)。

A. 微观环境　B. 经济环境　C. 政治和法律环境　D. 宏观环境

三、多项选择题

1. 人口是构成市场的基本因素,人口环境主要指(　　)。

A. 总人口　B. 人口的地理分布

C. 人口的年龄结构　D. 人口的性别

E. 家庭单位与人数

2. 消费者信贷会增加购买力,它的主要形式有(　　)。

A. 日用品的短期赊销　B. 购买房屋时的分期付款

C. 昂贵耐用品的分期付款　D. 信用卡信贷

E. 出售有价证券获得现金购买

3. 影响消费者支出方式的较为重要的因素有(　　)

A. 家庭收入　B. 家庭生命周期

C. 家庭所在地　D. 家庭人口总数

E. 宗教信仰与价值观念

4. 市场营销环境就是指影响企业市场营销活动和营销目标实现的各种因素和条件。可分为(　　)。

A. 宏观环境　B. 企业本身　C. 微观环境　D. 顾客

5. 市场营销环境的特点有(　　)。

A. 差异性　B. 多变性　C. 相关性　D. 客观性

6. 美国等发达国家人口出生率下降,给(　　)等生产经营者带来威胁。

A. 旅游　B. 娱乐　C. 童装　D. 玩具

7. 政治法律环境主要包含三个层次(　　)。

A. 宪法　B. 政府的有关经济方针政策

C. 政府颁布的各项经济法令法规　D. 群众团体

8. 国家的宏观经济政策主要体现在(　　)。

A. 人口政策　B. 产业政策

C. 能源政策　D. 财政、金融货币政策

9. 企业的微观环境包括(　　)。

A. 企业本身　B. 竞争者　C. 顾客　D. 供应商

10. 营销中间商可分为以下几种类型(　　)。

A. 经销中间商　B. 代理中间商

C. 实体分配公司　D. 营销服务机构

四、简述题

1. 谈谈市场营销环境有哪些特点?

2. 有人说,“营销机会有时恰恰是营销陷阱”,而“营销威胁有时即可以采取有利措施加以规避”。利用“环境威胁矩阵”与“市场机会矩阵”,分析企业可能陷入的四种境遇,谈谈企业应如何面对市场机会和环境威胁?

3. 企业的宏观市场营销环境包括哪些内容?

4. 在营销环境中,人口因素包括哪些?

5. 对于市场机会和威胁,应如何进行评估?

6. 分析企业宏观环境内容,并调查一个企业,做出宏观环境分析。

7. 企业面临的公众包括哪些?

8. 微观营销环境构成因素有哪些?

五、综合实训

案例分析 1

在习惯了多年的紧张工作之后,面对突然出现的长假,仿佛一夜之间,“休假”成了人们谈论最多的话题,而“假日经济”这一新名词也频频出现在大大小小的传媒上,成了注意力最旺的“新宠”。2000 年“五一”,假日消费像一个风火轮,转到哪里,火了哪里,犹如天上掉下的馅饼,让商家个个喜笑颜开。只是手忙脚乱的商家在蜂拥而至的消费者面前显得力不从心,不但屡屡与众多商机擦肩而过,还惹得消费者怨声不断。于是,商家们为下一个长假憋足了劲。然而,当“十一”如约而至之后,现实的境况却与商家的期望相去甚远,尽管商场依然人声鼎沸,却未见购物狂潮;尽管旅游点车来车往,却未见人潮涌动。从“五一”的火爆到“十一”的几分凉意,不但让不少商家大失所望,也让跟着感觉走的商家们着实猜不透,假日经济“真经”何在?

从最具代表性的旅游市场看,铁路部门“十一”期间发送旅客和客票收入分别比“五一”下降 10.6% 和 9%,民航飞行航班和运输旅客比“五一”下降 19%。而国家统计局、国家旅游局的联合调查统计则显示,“十一”假期期间国内旅游者达 5 982 万人次,实现国内旅游收入 230 亿元,反比“五一”期间的 4 600 万人次和 181 亿元有不小的增长,这与许多旅游企业的冷清形成鲜明反差。消费者的消费行为发生了变化,而面对这些变化,许多企业又落在了后面。

案例思考:

1.“长假”给企业营销环境带来什么样的变化?

2. 针对“长假”,应采取什么样的营销策略?

案例分析 2

某烟草公司的宇宙牌香烟基本上处于无库存状态,销路畅通,但近年来形势发生变化,不容乐观,首先市场部经过市场调查和市场试验得到如下信息:①越来越多的城市禁止在公共场所吸烟;②发达地区吸烟人数在减少,落后地区吸烟人数在增加;③实验表明,高档香烟由每包 10 元升至每包 12 元,销量变化不大,而低档香烟由 5

元降至4元，销量能提高18%。据此其市场部提出如下应对策略：①将高档香烟过滤嘴加长，同时由10元调至12元；②低档香烟价格不变；③研制利用莴苣叶制造无害烟叶；④推出不同档次的产品，将价格低廉产品重点推向不发达地区。

案例思考：

1. 该公司市场部需要考虑的环境因素主要有哪些?

2. 试分析评价市场部提出这四项应对策略的基本依据。

案例分析3

汽车行业的"生态环境"是由燃料供应、价格水平、道路状况、人均收入、居民的消费观念、政府的环保政策等因素构成的。20世纪70年代，这些因素发生了重要变化。然而，领先于世界长达半个世纪的美国通用、福特、克莱斯勒等大汽车制造商对这些变化一度未予以重视，他们坚信美国的轿车是世界上最好的轿车，美国消费者喜欢大马力、宽车体、豪华、舒适(但高油耗)的大型轿车。结果，适应环境变化的小型、省油、便利、经济，而且比德国大众同类车"甲克虫"性能更好、造型和装饰更适合美国人口味、维修更方便的丰田等日本轿车迅速成功地进入了美国市场，不出几年就后来居上，销量超过德国车而占据美国进口车的首位，到80年代达数百万辆，占美国汽车市场的1/3。1980年日本汽车产量就超过1 000万辆，超过美国而居世界之首。

案例思考：

此案例说明了企业营销同环境是怎样的关系?

参考答案要点

一、判断题

1. × 2. √ 3. × 4. √ 5. √ 6. √ 7. × 8. √ 9. × 10. √

二、单项选择题

1. A 2. C 3. C 4. D 5. B 6. B 7. A 8. C 9. B 10. D

三、多项选择题

1. ABCDE 2. ABCDE 3. ABCD 4. AC 5. ABCD 6. CD 7. BCD 8. ABCD 9. ABCD 10. ABCD

四、简述题

1. 市场营销环境的特点：差异性、多变性、相关性、客观性。

2. 针对企业所面临的市场机会，必须慎重地评价其质量。企业对所面临的主要威胁有三种可能选择的对策：①反抗。即试图限制或扭转不利因素的发展。②减轻。即通过调整市场营销组合等来改善环境，以减轻环境威胁的严重性。③转移。即决定转移到其他赢利更多的行业或市场。

3. 宏观环境是指那些给企业造成市场机会和环境威胁进而能够影响企业运作和绩效的自然及社会力量的总和，包括人口环境、经济环境、自然环境、技术环境、政治和法律环境以及社会和文化环境。

4. 人口环境因素除了分析一国或地区的人口总量以外，还要研究人口的地理分布、年龄结构、性别、家庭单位与人数等因素。

5. 任何企业都面临着若干环境威胁和市场机会。然而，并不是所有的环境威胁都一样大，也不是所有的市场机会都有同样的吸引力。找出主要环境因素后，还必须确定其重要程度。因此，企业要建立分析评估系统，采用正规分析方法（如打分法）对各影响因素对企业造成的机会和威胁进行分析，也可以用“环境威胁矩阵图”和“市场机会矩阵图”来加以分析、评价。

6. 分析企业环境内容，企业可能会出现四种不同的结果：(1)理想型企业，即高机会和低威胁的企业；(2)冒险型企业，即高机会和高威胁的企业；(3)成熟型企业，即低机会和低威胁的企业；(4)困难型企业，即低机会和高威胁的企业。

7. 企业所面临的公众主要有以下几种：融资公众、媒介公众、政府公众、社团公众、社区公众、一般公众、内部公众。

8. 企业的微观环境是指对企业服务其顾客的能力直接影响的各种力量，包括企业本身、供应商、营销中介机构、顾客、竞争者和社会公众。

3

购买者行为分析

学习目标与要求

- 了解消费者购买行为类型
- 掌握影响消费者购买行为的因素
- 理解消费者购买决策过程
- 对比消费者市场和组织市场的特点
- 掌握影响生产者购买行为的因素
- 理解生产者购买决策过程

3.1 消费者市场购买行为分析

根据购买者的特点及其购买商品的目的,可以把市场划分为消费者市场和组织市场两大类。消费者市场是指个人和家庭为了满足个人生活需要而购买商品和服务的市场,它是组织市场乃至整个经济活动为之服务的最终市场,也是为个人提供最后的直接消费品市场;而组织市场是指以某种组织为购买单位的购买者所构成的市场,该市场购买者的购买目的是为了生产、销售或维持组织的正常运作及组织基本职能的正常发挥。

3.1.1 消费者市场的特点

3.1.1.1 广泛性

消费者市场上，不仅购买者人数众多，而且购买者地域分布广，从城市到乡村，从国内到国外，消费者市场无处不在。

3.1.1.2 分散性

个人消费一般以家庭为单位，由于家庭收入和储存能力的限制，消费者购买数量有限，而消费者的生活消费是持续不断的，日常消费量也是较小的，这就决定了消费者对一般消费品的购买是少量的，但是购买频繁。

3.1.1.3 层次性

由于消费者的收入水平不同，所处社会阶层不同，消费者的需求会表现出一定的层次性。一般来说，消费者总是先满足最基本的生存需要和安全需要，购买衣、食、住、行等生活必需品，而后才能视情况逐步满足较高层次的需要，购买享受型和发展型商品。

3.1.1.4 替代性

在功能和用途上能满足消费者相同需求的产品，称为替代品。消费品品种繁多，许多产品往往可以相互替代。因此，消费者市场中的商品有较强的替代性。

3.1.1.5 季节性

商品的生产和销售呈现出季节性变化，可分为三种情况：

(1)季节性气候变化所引起的季节性消费。如服装，因季节改变而改变。

(2)季节性生产所引起的季节性消费。如农作物，就是季节性生产的商品。

(3)由风俗习惯和传统节日所引起的季节性消费。如端午节的粽子、中秋节的月饼、元宵节的元宵，都是由传统节日所引起的季节性消费。

3.1.1.6 伸缩性

消费需求受消费者收入和商品价格等因素的影响。一般说来，消费需求与消费者收入成正比，即收入增加，需求增加；反之，收入减少，需求减少。消费需求与商品价格成反比，价格提高，需求减少；反之，价格下降，需求增加。这就表明消费者的需求具有伸缩性。

3.1.1.7 非专业性

消费者一般缺乏专门的商品知识和市场知识。消费者在购买商品时，往往容易受厂家、商家广告宣传，促销方式，商品包装和服务态度的影响。

3.1.2 消费者购买行为类型

根据消费者购买行为的不同态度，可以把购买行为分为以下几种类型。

3.1.2.1 习惯型

消费者对某种商品的态度，常取决于对商品的信念。信念可以建立在知识的基础上，也可以建立在信任的基础上。如保护身体安全的信念、满足情感需要的信念、值得信赖的信念，都能加深对某种商品的印象，形成一种习惯性态度，使之在需要时会不加思索地去购买，这就形成了购买行为的习惯性。

属于习惯型的消费者，往往根据过去的经验和使用习惯进行购买活动，或长期逛某商店，或长期使用某个厂家、某个商标的商品，而很少受时尚风气的影响。

3.1.2.2 理智型

理智型消费者头脑比较冷静，主观性强，购买经验丰富，对商品的品质、用途、价格等有自己的见解，不易受外界因素的影响。在购买活动中，挑选、评价商品以做出购买决策，都受理智控制，很少感情用事。他们能够广泛收集商品信息，了解市场行情，对所需商品进行认真分析与评价，权衡各种因素，才做出决策。

3.1.2.3 经济型

经济型消费者选购产品多从经济角度考虑，对商品的价格非常敏感。如有的消费者从价格的昂贵确认产品的质优，从而选购高价商品；有的消费者从价格的低廉评定产品的便宜，而选购廉价商品。

3.1.2.4 冲动型

冲动型消费者，个性心理反应敏捷，客观刺激物容易引起心理的指向性，其心理反应与心理过程的速度比较快。这种个性特征反映到购买的实施时便呈冲动型。此类行为，易受商品外观质量和广告宣传的影响，以直观感觉为主，新产品、时尚产品对其吸引力较大。他们一般对所接触到的第一件合适产品就想买下，而不愿作反复选择比较，因而能快捷地完成购买活动。

3.1.2.5 想象型

想象型消费者性情活泼、思想活跃、兴趣广泛、想象力和联想力特别丰富，审美观强，常以自己丰富的想象力去衡量商品的好坏。对感观刺激强的新型产品、功能齐全的产品都很感兴趣，在整个购买活动中，对所要购买商品都有种种丰富的想象和设计，但注意力容易转移，兴趣也容易变换。

3.1.2.6 疑虑型

疑虑型消费者具有内向性，善于观察细小事物，行动谨慎、迟缓，体验深而疑心大。他们选购产品从不冒失仓促地做出决定，在听取营业员介绍和检查产品时，也往往小心谨慎和疑虑重重；挑选商品动作缓慢费时，还可能因犹豫不决而中断；购买时常常“三思而后行”，购买后还会疑心是否上当受骗。

3.1.2.7 不定型

不定型消费者常常是那些没有明确购买目的的消费者，表现形式常常是三五成群，步履蹒跚，哪儿有卖的东西往哪儿看，问的多，看的多，选的多，买的少。他们往往是一些年轻的、刚开始独立购物的消费者，易于接受新的东西，消费习惯和消费心理正在形成之中，尚不稳定，缺乏主见，没有固定的偏好。这类消费者，一般都渴望得到商品介绍的帮助，且容易受外界的影响。

3.1.3 影响消费者购买行为的因素

消费者行为的发生通常会受到来自文化、社会、个人和心理等方面因素的综合作用,具体表现如下。

3.1.3.1 文化因素

文化、亚文化和社会阶层等文化因素对消费者的行为具有最广泛和深远的影响。

1. 文化

文化是在人们社会实践中逐渐形成的,它包括人们的价值观念、伦理道德、风俗习惯、宗教信仰、语言文字等。每个人都生活在一定的文化氛围中,并深受这一文化所含价值观念、行为准则和风俗习惯的影响,这一影响也延伸到了他们的购买行为。如中国的文化传统崇尚忠孝、礼貌、谦让和仁爱等,而美国的文化传统崇尚冒险、刺激、个性化。

2. 亚文化

亚文化是指在不同文化之间,甚至是同一种文化内部,由于各种因素的影响,使人们的价值观念、风俗习惯和审美观等表现出不同的特征。主要包括民族、宗教、种族和地理等方面的亚文化。如由于地理位置、气候、经济发展水平等因素的差异,我国可明显地分出南方、北方。不同地区人们的生活习惯有差异,消费行为自然有区别,在中国的传统节日——春节,北方人习惯吃饺子,南方人却习惯吃元宵和糯米年糕。

3. 社会阶层

社会阶层就是在一个社会中,具有相对的同质性和持久性的群体,它们是按等级排列的,通常与家庭背景、受教育程度、职业和收入等有关,每一阶层成员具有类似的价值观、兴趣爱好和行为方式。如白领阶层往往追求时尚和新潮,而不过多考虑经济、耐用。

3.1.3.2 社会因素

消费者的购买行为同样也受到一系列社会因素的影响,包括消费者的相关群体、家庭和社会角色与地位等。

1. 相关群体

相关群体是指能直接(面对面)或间接影响消费者看法和行为的群体。按照对消费者的影响程度,可以把相关群体分为主要群体、次要群体和渴望群体。

主要群体是指与消费者经常接触且关系密切的群体,这种群体对消费者的影响最大,包括家庭、朋友、邻居和同事等。主要群体的影响倾向于非正式的。

次要群体是指较为正式但日常接触较少的群体,主要包括各种宗教组织、各类专业协会和各种工会。次要群体的影响倾向于正式的,但相互影响较少。

渴望群体是指消费者所崇拜的那些人组成的群体,如影视明星、体育明星、社会名流等。他们对消费者的影响很大,影响程度有时超过前两者。

相关群体影响消费者购买行为的表现，包括为消费者提供一定的消费行为模式和生活模式；使消费者改变原来的购买方式或产生新的购买行为；影响人们对某种事物或商品的态度，导致消费者价值观和审美观的变化；通过潜移默化，影响消费者对商品品种、商标品牌和使用方式的选择，引起人们的仿效和购买行为的一致化等。

2. 家庭

家庭是由彼此有血缘、婚姻或抚养关系的人群组成。家庭成员对消费者购买行为的影响最大。现在大多数市场营销人员都很注意研究家庭不同成员，如丈夫、妻子、子女在商品购买中所起的作用和影响。一般来说，夫妻购买的参与程度大都因产品的不同而有所区别。家庭主妇通常是一家的采购者，特别是在食物、服装和日用品方面的购买，传统上更主要由妻子承担。但随着知识女性事业心的增强，男子参与家庭和家务劳动风气的逐步兴起，现在生产基本生活消费品的企业如果仍然认为妇女是他们产品唯一的或主要的购买者，那将在市场营销决策中造成很大的失误。当然在家庭的购买活动中，其决策并不总是由丈夫或妻子单方面做出的，实际上有些价值昂贵或是不经常购买的产品，往往是由夫妻双方包括已长大的孩子共同做出购买决定的。

3. 角色与地位

一个人在一生中会参加许多群体——家庭、学校、公司俱乐部以及各类组织。然而，每个人在各种群体中的位置可用角色和地位来确定。每一角色都伴随着一种地位，这一地位反映了社会对他的总评价。如企业的 CEO 这个角色要比中层管理人员角色地位高；而企业中层管理人员的地位比一般职员地位高。

不同身份和地位的消费者有不同的需求，人们在购买商品时往往结合自己在社会中所处的地位和角色来考虑。营销人员应该意识到，商品和服务已经成为身份和地位的象征，应该注意商品和服务的价值取向，以此来吸引特定的目标群体。

3.1.3.3 个人因素

消费者的购买行为也受其个人特性的影响，特别是受其年龄所处的生命周期阶段、性别、职业、经济状况、个性及生活方式等因素的影响。随着年龄的增长，消费者对产品和服务的需求不断地发生变化。如在幼年期，需要婴儿食品、玩具等；而在老年期，则需要更多保健和延年益寿产品。

不同性别的消费者，其购买行为也有很大差异。如烟酒类产品较多为男性消费者购买，而女性消费者则喜欢购买时装、首饰和化妆品等。

不同职业的消费者，对于商品的需求与爱好往往不相同。如一个从事教师职业的消费者，一般会较多地购买书报杂志等文化商品；而对于时装模特儿来说，漂亮的服饰和高雅的化妆品则更为需要。

个人的经济状况如可支配收入、储蓄和借贷能力等在很大程度上影响消费者对产品的选择。个性是一个人所特有的心理特征，它导致一个人对其所处环境的相对一致和持续不断的反应。生活方式是一个人在世界观上所表现的有关其活动、兴趣和看法的生活模式。

3.1.3.4 心理因素

消费者的购买行为也受到四种心理因素的影响,即动机、知觉、学习以及信念和态度。动机是一种需要,它能够及时引导人们去探求满足需要的目标。而知觉取决于物质刺激物的特征,同时还依赖于刺激物与周围环境的关系(形态观念)以及个人所处的状况。人们通过行为和学习,获得自己的信念和态度。而消费者的信念和态度反过来又会影响其购买行为。

综上所述,影响消费者购买行为的因素很多,同时受到文化、社会、个人和心理因素之间复杂的影响和作用,其中很多因素是营销人员无法改变的。但是,这些因素在识别那些对产品有兴趣的购买者方面颇有用处,它提示营销人员如何开发产品、制定价格、选择地点和促销,以便引发消费者的强烈反应。

3.1.4 消费者市场参与购买的角色

购买决策在许多情况下并不是由一个人单独做出的,而是许多成员共同参与,是一个群体决策的过程。如购买家用汽车时,也许购买汽车的提议由子女提出,购买何种类型的汽车来自朋友的推荐,汽车的结构由丈夫提供选择,妻子则对汽车的外表有明确的要求。在妻子的赞同下,也许由丈夫做出购车的最终决定。然而,汽车的最终使用者可能是妻子而不是丈夫。

因此了解哪些人参与了购买决策,他们各自在购买决策过程中扮演了什么角色,对于企业的市场营销活动非常重要。

在消费者以家庭为单位的购买活动中,可以分为五种主要角色:

(1)发起者,即首先提出或有意想购买某一产品或服务的人;

(2)影响者,即对发起者的建议表示支持或者反对的人,这些人不能对购买行为本身进行最终决策,但是他们的看法或建议对最终决策具有一定的影响;

(3)决策者,即对是否购买、如何购买以及在哪里购买等方面做出完全或部分最后决定的人;

(4)购买者,即具体执行和完成实际采购的人;

(5)使用者,即实际消费或使用产品或服务的人,他决定了对产品的满意程度,会影响购后的行为和再次购买的决策。

这五种角色相辅相成,共同促成了购买行为的发生。每一个购买角色,在购买过程中都会发挥各自的作用,对企业的产品设计、广告宣传、营销活动都有一定的影响。营销人员应分析、研究每一个购买角色的特点,有的放矢地采取各种诱导措施。

3.1.5 消费者购买决策过程

消费者的购买决策过程可以明显地分为五个阶段,它们是:认识需要、信息搜索、评估选择、购买决定与购后评估。

3.1.5.1 认识需要

认识需要是消费者购买决策过程的起点，这种需要，可能源于内在刺激，也可能源于外部刺激。如消费者生理上感到饥饿、口渴、寒冷等，就会刺激消费者想要食物、饮料和衣服；又如消费者看到亲戚、朋友购买了某一商品，自己也想购买，或者消费者看到一则商品推销广告，唤起了购买的欲望等。

因此企业营销应注重唤起消费者的需要，这是促使消费者购买商品的前提，可在商品的花色、品种、式样、包装等方面刺激消费者，从而引起购买需要。如速溶咖啡在1950年的美国，受到了冷落。问津者寥寥无几，厂商对此大惑不解。厂商只考虑饮用方便，没有调查了解在美国煮咖啡是家庭主妇们的一种乐趣，有的人以此打发时间，或向客人显示自己煮咖啡的手艺；更多的人则喜欢煮咖啡时飘出来的香味。由于这些因素存在，就制约了速溶咖啡的销售。厂商经过反思后，通过广告反复引导，才渐渐使一些人认为速溶咖啡有它可取之处，逐步地被越来越多的人所接受。

3.1.5.2 搜集信息

消费者认识到自己的需要以后，便会自动地进入购买决策过程中的另一个阶段——搜集信息。当然，对于反复购买的商品，消费者会越过搜集信息阶段，因为所需信息已被消费者通过过去的搜集而掌握。另外对于一个消费者来说，越贵的商品越能使消费者重视搜集信息。信息的外部来源主要有：

(1)个人来源，来自家庭、朋友、邻居、同事等；

(2)商业来源，来自广告、推销员、经销商、商品包装、展销会等；

(3)公共来源，来自大众传播媒介、消费者团体组织等；

(4)经验来源，来自购买、使用、维护产品的经验等。

以上这些信息来源对消费者的影响，随着产品的类别和购买者特征而变化。一般来说，就某一产品而言，消费者最多的信息来源是商业来源，这也是营销人员能够控制的来源。另一方面，最有效的信息来源是个人来源。营销人员应该对消费者使用的信息来源仔细加以识别，并评价它作为信息来源的各自重要性。

3.1.5.3 对比评价

在搜集到足够的商品信息之后，消费者就要根据个人收入的多少、兴趣爱好等对所有可供选择的商品进行认真的分析和评价，比较它们的优缺点，从而缩小挑选的范围。对商品的评价是以消费者自己的选择标准为基础的。如有的消费者追求“经久耐用”，有的消费者追求“时尚新潮”。

3.1.5.4 购买决策

消费者在进行了充分的对比评价之后，要考虑决定购买什么商品，商品的规格、型号、品牌、数量，购买时间、地点及付款方式等相互联系的问题，然后采取购买行动。在这一决策过程中，消费者要受到许多因素的影响和制约，其中最重要的是对产品型号、品牌的选择。因此，企业应生产出优于其他企业的产品，并把自己产品的特性、功能及时提供给潜在消费者。

3.1.5.5 购后评价

这是购买决策过程的最后一个阶段，它是指消费者在购买和使用商品后，对商品各方面的感受和评价的过程。消费者在购买了商品之后，会进一步与市场上的同类商品在品质、价格、款式和售后服务等方面做出横向比较，也会通过相关群体对商品的态度、对自己的购买决策做出满意或不满意的评价。评价的结果将会对确立商品的信誉、树立品牌形象、促成下次购买和带动相关群体的购买产生十分重要的影响。因此，市场营销学认为，消费者支付货款实际购买了商品，并不是整个营销过程的最后终结，而是下一个营销过程的开始。

3.2 组织市场购买行为分析

3.2.1 组织市场概述

3.2.1.1 组织市场的含义

组织市场是指工商企业为从事生产、销售等业务活动以及政府部门和非盈利性组织为履行职责而购买产品和服务所构成的市场。组织市场是由那些为维持经营活动，对产品进行再加工、转售，或向社会提供服务的工商企业、政府机构及各种社会团体组成。

3.2.1.2 组织市场的分类

组织是社会的基本元素，组织的类型多种多样。因而，组织市场是一个广义的概念。按组织的性质和购买动机，可以将组织市场划分为生产者市场、中间商市场和政府市场。

1. 生产者市场

生产者市场又称产业市场，或企业市场。它是指一切购买产品和服务并将之用于生产其他产品或劳务，以供销售、出租或供应给他人的个人和组织。通常由以下产业所组成：工业、农业、林业、水产业、采矿业、建筑业、通信业、运输业、公用事业、银行业、金融业、保险业和服务业等。

2. 中间商市场

中间商市场又称转卖者市场。它是指那些通过购买商品和劳务以转售或出租给他人获取利润为目的的个人和组织。转卖者不提供形式效用，而是提供时间效用、地点效用和占有效用。转卖者市场由各种批发商和零售商组成。批发商购买商品和劳务并将之转卖给零售商和其他商人以及产业用户、公共机关用户和商业用户等，但它不把商品大量卖给最终消费者；而零售商的主要业务则是把商品或劳务直接卖给消费者。

3. 政府市场

政府市场是指为了执行政府职能而购买或租用产品的各级政府和下属部门。由于各国政府通过税收、财政预算等，掌握了相当大一部分国民收入，所以形成了一个很大的政府市场。

3.2.1.3 组织市场的特点

组织市场的购买动机、影响购买的因素以及购买过程，与消费者市场有相同之处，但在不同程度上又有所区别。这些区别就构成了组织市场的主要特点。

1. 购买目的复杂多样

组织市场的购买者不是代表个人，而是代表各自的组织。其购买目的，或是为了制造产品，创造利润；或是为了再销售产品，获取差价；或是为了执行政府、组织的职能，服务社会。因此，购买目的复杂多样。

2. 购买人数较少

在消费者市场上，商品供应者面对广大的为满足一家一户一个人需要的众多购买者，而组织市场的购买者是一个组织或团体，购买者数目比较少。如在号称汽车王国的美国，汽车轮胎供应主要是固特异轮胎公司，它的购买者主要是通用汽车公司、福特汽车公司、克莱斯勒汽车公司；而在消费者市场上，它的购买者是1亿多汽车拥有者。

3. 购买数量大

组织市场的单笔订货金额从量上讲比单笔消费品的购买金额大，由于生产上的要求，交易频率低，但每次的购买数量大。

4. 购买决策参与者多

影响组织市场购买的人比消费者市场要多，大多数组织设有专门的采购部门，其他部门的人也直接或间接地参与决策过程，共同形成“采购中心”，重要的决策由技术专家和高层领导共同做出。

5. 购买者地理位置集中

由于受自然资源的分布和生产力布局等因素的影响，某些行业往往密布于一定的地理位置上，从而使某一类组织市场的购买者集中于少数地区。如我国的皮鞋主要集中在浙江省的温州市生产，那么皮革、鞋料、鞋机的购买者主要集中在温州市，其他城市这类生产资料的需求就显得相对较少。

6. 供需双方关系密切

因为组织市场上购买者人数较少，买卖双方成交的数额较大，而且直接关系到生产的命运，加之买主选择供应商有一个时间过程，大宗买主对供应商来讲更具有权威性和重要性。这使供购双方互相依赖。

7. 专业采购

由于对生产资料（特别是主要设备）的购买有技术方面的特殊要求，组织市场一般是由经过专门训练、具备专业知识和采购经验的专职采购人员来采购的，他们必须遵守组织的采购政策、结构和要求。

8. 直接采购

组织市场的购买者经常直接从生产厂商那里购买产品，而非经过中间商环节，尤其是那些技术复杂和价格昂贵的产品更是如此。如大型计算机或飞机。

9. 售后服务要求较高

组织市场对所购产品的售后服务要求较高,要求销售企业能提供技术咨询、设备安装与调试、专业操作人员的培训、零配件供应、跟踪维修等方面的服务,要求严格按期交货,在付款方式等方面也希望提供方便。

10. 需求具有派生性

组织机构购买产品是为了满足其顾客的需要,也就是说,组织机构对产品的需求,归根结底是从消费者对消费品的需求中派生出来的。如皮鞋制造商之所以购买皮革,是因为消费者要到鞋店去买鞋的缘故。

11. 需求弹性小

组织市场上,购买者对产品和劳务的需求受价格变动的影响不大。如铜和硅钢片价格下跌,变压器生产企业未必会多买入铜和硅钢片;同样,铜和硅钢片价格上涨,变压器生产企业也未必会减少铜和硅钢片的购买,这是因为企业不可能在生产工艺上做出迅速的变动。因此,这类需求是缺乏弹性的。

12. 需求波动性大

组织市场上对新增设备、原材料等的需求波动很大。这是因为消费者市场需求的小量波动会引起集团市场需求的巨大波动,这种现象在经济学中称为"加速原理"。如个人购买住房的需求上升 10%,就可能导致房地产投资规模扩大 200%,从而导致房地产开发与建设所需的设备、建筑材料的需求急剧增加,还会导致由此而引起的建筑设计、评估、公证等方面的需求也大幅度增加。

3.2.2 生产者市场

3.2.2.1 生产者购买行为的类型

由于企业采购的目标和需要不同,生产资料购买行为可分为三种类型。

1. 直接重购

直接重购是指采购部门根据以前的采购情况,向原供应商订购同类产品。它是利用现有的供货关系,是一种程序化的购买决策。一旦供应商的供货能满足采购方的需求,能使采购方满意,这种交易关系就可能持续下去。对原供应商来说,关键是要以高质量的产品和服务保住现有客户。新的供应商想夺取这个市场比较困难。直接重购是最简单的一种购买方式。

2. 修正重购

修正重购是指企业希望改变原来所购买产品的规格、价格或其他交易条件的采购。企业会与原供应商就供货协议重新进行协商,签订新的协议,或要更换供应商,因而需要买卖双方投入较直接续购更多的时间和精力。这种情况给原供应商造成威胁,也给其他供应商提供了机会。

3. 新购

企业购买以前从未采购过的生产用品,是为了完成新的生产任务、更新设备、拓宽产品领域、扩大营销范围而采取的新的购买决策。这是一种最为复杂的购买类型，需要参与决策的人员和需要搜集的信息都比较多。

3.2.2.2 生产者购买决策的参与者

在任何一个企业中，除了专职的采购人员之外，还有一些其他人员也参与购买决策过程。所有参与购买决策过程的人员构成采购组织的决策单位，市场营销学称之为采购中心。企业采购中心通常包括5种成员。

1. 使用者

使用者是指组织中直接使用所采购产品的人员。这些人员一般会提出购买建议，他们在计划购买产品的规格、性能中起着重要作用。

2. 影响者

影响者是指在企业外部和内部直接或间接影响购买决策的人员。他们通常协助企业的决策者决定购买产品的品种、规格等。企业技术人员是最主要的影响者。

3. 决策者

决策者是指企业中批准购买产品的人。在常规产品的例行采购中，决策者往往就是采购者；而在较复杂的采购中，决策者往往是企业领导人。

4. 采购者

采购者是指按采购方案实行具体采购行动的人。采购者在采购行动中有时具有较大的灵活性，供应商应该把握好机会，处理好与采购员的关系。

5. 信息控制者

信息控制者是指在企业外部和内部能控制市场信息传递到决策者、使用者的人员。如企业的购买代理商、技术人员等。

任何企业的采购部门，其规模、人员组成及机构设置都会因企业类型的不同而不同。因此，营销人员必须分析购买决策参与者的情况，弄清谁是主要的决策参与者，他们影响哪些决策环节，他们的影响程度有多大，他们在决策时所使用的评价标准又是什么，这样才能确定推销的具体对象，并针对不同购买决策参与者的地位和权力以及其个人特征，制定出具体的推销方案。

3.2.2.3 影响生产购买决策的因素

菲利普·科特勒把影响生产资料采购者行为的主要因素归纳为四大类：即环境因素、组织因素、人际因素和个人因素。

1. 环境因素

环境因素是指企业外部环境的因素。它包括政治法律环境、经济环境、技术环境和竞争环境等。这些因素中，最主要的是经济环境。如当经济前景看好、市场需求水平上升时，生产者的购买量会增加；当经济萧条时，生产者的购买量就会减少。无论买者和卖者都无法控制和改变这些环境，而只能适应和利用它。

2. 组织因素

组织因素是指企业内部的因素。它包括企业的目标、政策、组织机构和制度等。这些因素中，最主要的是机构设置和采购制度。营销人员必须了解企业的机构是如何设置的，决策的审批程序是如何进行的，企业对采购人员的活动有何约束等情况，才能采取相应的营销措施。企业对生产资料的采购必须服从于企业的营销目标，有利于营销策略的实施，遵守采购政策和程序。

3. 人际因素

人际因素是指企业采购决策中心内部人际关系及各成员的影响力，采购中心包括使用者、影响者、决策者、采购者和信息控制者五种成员，他们都是购买决策的参与者，由于各自在企业中的地位、职权、威望不同，购买期望不同，因此，对购买决策均有不同程度的影响。营销人员必须分析各类参与者的影响力，找对主要决策者，做到有的放矢。

4. 个人因素

个人因素是指每个参与者的个人动机、感受和偏好，这些个人感情因素又受年龄、收入、教育程度、职位、个性以及对风险的态度等因素的影响。不同的购买者会有不同的购买风格。生产资料的营销人员应该努力了解采购人员的个人情况，采取人性化的营销策略，以有利于开展经营业务。

3.2.2.4 生产者购买决策过程

1. 认识需要

认识需要是指企业在某些内部或外部因素的刺激下，认识到需要购买某种产品或服务，以解决某一问题或满足某一需求。内部刺激源于企业生产需要，如开发新产品、更新设备、增购生产用品等；外部刺激主要是指供应商的广告宣传、上门推销等。营销人员一方面要及时了解买方内部存在哪些问题，有哪些购买需求；另一方面要通过广告或上门访问等方法来刺激买方认识需要。

2. 确定需要

确定需要是指确定所需产品的特征和数量。对标准化的产品比较容易确定，但对复杂的产品，往往要由技术人员、使用者和采购者等相关人员来共同研究，确定产品的可靠性、耐用度、价格及其他属性。营销人员要在此阶段帮助采购单位的采购人员确定产品的特征和数量。

3. 说明需要

说明需要是指企业确定所需产品的特征和数量之后，对拟购产品进行分析，并详细拟定需购产品的种类、规格、型号、技术质量标准、数量、交货日期等具体内容。

4. 寻找供应商

寻找供应商是指寻找可能提供所需产品的供应商。这可通过工商企业名录、电话黄页簿、广告和展销会等各种途径来寻找。营销人员应通过各种途径宣传介绍本企业和本企业的产品，扩大企业的知名度，与用户建立良好的关系，从而增加被客户选中的机会，并要注意发现正在寻找供应商的买方。

5. 征求建议

征求建议是指企业邀请准供应商对企业的采购决策提出建议，并对他们的建议进行分析和评价。如果采购复杂的、价值高的品种，采购经理应要求每个潜在的供应商都提交详细的书面建议，以便通过建议书的检查和比较，选出合格的供应商。因此，营销人员必须善于提出与众不同的建议书，提高顾客的信任度，争取成交。

6. 选择供应商

采购中心将向有意愿的供应商规定某些属性并指出它们之间的重要性。采购中心针对这些属性对供应商加以评分，找出最具吸引力的供应商。营销人员应主动配合买方的考察，在谈判中灵活运用营销策略，并做出有诚意的承诺，使自己成为最具吸引力的供应商。

7. 进行采购

选定供应商之后，采购者开出订货单，在订货单上列举技术质量要求、品种、规格、购买数量、交货日期、保险单及产品保证等，供应商保证按订单供应。营销人员可与买方签订长期供货合同，建立起稳定的供货关系，防止竞争者加入其中。

8. 绩效评价

绩效评价是指对所购产品的使用情况和供应商履行合同情况进行检查和评估。评估的结果会导致买方是继续重购还是重新选择供应商。营销人员要密切注视采购者和使用者的评价，并了解两者的评价标准是否一致，以确保本企业提供的产品能使买方更满意。

上述八个阶段中，新购每一个阶段都会经历，直接重购和修正重购则会省去其中的某些步骤。

本章小结

• 根据购买者的特点及其购买商品的目的，可以把市场划分为消费者市场和组织市场两大类。消费者市场是指个人和家庭为了满足个人生活需要而购买商品和服务的市场；而组织市场是指以某种组织为购买单位的购买者所构成的市场。

• 消费者市场具有以下几方面特点：广泛性、分散性、层次性、替代性、季节性、伸缩性、非专业性。

• 根据消费者购买行为的不同态度，可以把购买行为分为以下几种类型：习惯型、理智型、经济型、冲动型、想象型、疑虑型、不定型。

• 消费者行为的发生通常会受到来自文化、社会、个人和心理等方面因素的综合作用。文化、亚文化和社会阶层等文化因素对消费者的行为具有最广泛和深远的影响；消费者的相关群体、家庭和社会角色与地位等一系列社会因素以及其个人特性包括其年龄所处的生命周期阶段、性别、职业、经济状况、个性及生活方式等因素和消费者的心理因素即动机、知觉、学习以及信念和态度等都会影响到消费者购买行为。

• 购买决策在许多情况下并不是由一个人单独做出的,而是许多成员共同参与,是一个群体决策的过程。可以分为五种主要角色:发起者、影响者、决策者、购买者和使用者。

• 消费者的购买决策过程可以明显地分为五个阶段:认识需要、信息搜索、评估选择、购买决定与购后评估。

• 组织是社会的基本元素,组织的类型多种多样。组织市场是一个广义的概念。按组织的性质和购买动机,可以将组织市场划分为生产者市场、中间商市场和政府市场。

• 组织市场的购买动机、影响购买的因素以及购买过程,与消费者市场有相同之处,但在不同程度上又有所区别。这些区别就构成了组织市场的主要特点。

• 由于企业采购的目标和需要不同,生产资料购买行为可分为三种类型:直接重购、修正重购、新购。

• 在任何一个企业中,除了专职的采购人员之外,还有一些其他人员也参与购买决策过程。所有参与购买决策过程的人员构成采购组织的决策单位,市场营销学称之为采购中心。采购中心包括:使用者、影响者、决策者、采购者、信息控制者。

• 美国的市场营销学家菲利普·科特勒把影响生产资料采购者行为的主要因素归纳为四大类:即环境因素、组织因素、人际因素和个人因素。环境因素包括政治法律环境、经济环境、技术环境和竞争环境等。组织因素包括企业的目标、政策、组织机构和制度等。人际因素是指企业采购决策中心内部人际关系及各成员的影响力。个人因素是指每个参与者的个人动机、感受和偏好,这些个人感情因素又受年龄、收入、教育程度、职位、个性以及对风险的态度等因素的影响。

• 生产者购买决策过程包括:认识需要、确定需要、说明需要、寻找供应商、征求建议、选择供应商、进行采购、绩效评价。

主要概念

消费者市场　组织市场　亚文化　相关群体　购买角色

基本实训和能力实训

一、判断题

1. 由于消费者的收入水平不同、所处社会阶层不同,消费者的需求会表现出一定的层次性。（　）

2. 消费者市场中的商品替代性不强。（　）

3. 一般说来,消费需求与消费者的收入成正比,与商品价格成反比。（　）

4. 消费者在购买商品时，往往容易受厂家、商家广告宣传、促销方式、商品包装和服务态度的影响。（ ）

5. 理智型消费者选购产品多从经济角度考虑，对商品的价格非常敏感。（ ）

6. 冲动型消费者易受商品外观质量和广告宣传的影响，以直观感觉为主，新产品、时尚产品对其吸引力较大。（ ）

7. 主要群体的影响倾向于正式的，但相互影响较少。（ ）

8. 家庭成员对消费者购买行为的影响最大。（ ）

9. 发起者不能对购买行为本身进行最终决策，但是他们的看法或建议对最终决策具有一定的影响。（ ）

10. 购买决策是购买决策过程的最后一个阶段。（ ）

11. 中间商市场中，转卖者不提供形式效用，而是提供时间效用、地点效用和占有效用。（ ）

12. 组织机构对产品的需求，归根结底是从消费者对消费品的需求中派生出来的。（ ）

13. 组织市场上，购买者对产品和劳务的需求受价格变动的影响较大。（ ）

14. 修正重购是最简单的一种购买方式。（ ）

15. 影响生产资料采购者行为的组织因素中，最主要的是机构设置和采购制度。（ ）

16. 生产者购买决策过程的八个阶段中，直接重购每一个阶段都会经历。（ ）

二、选择填空题

1. 消费需求受消费者收入和商品价格等因素的影响，这就表明消费者的需求具有（ ）。

A. 分散性　B. 层次性　C. 替代性　D. 伸缩性

2.（ ）消费者具有内向性，善于观察细小事物。

A. 习惯型　B. 经济型　C. 疑虑型　D. 想象型

3.（ ）消费者常常是那些没有明确购买目的的消费者，表现形式常常是三五成群，步履蹒跚，看的多，选的多，买的少。

A. 习惯型　B. 经济型　C. 疑虑型　D. 不定型

4.（ ）是指在不同文化之间，甚至是同一种文化内部，由于各种因素的影响，使人们的价值观念、风俗习惯和审美观等表现出不同的特征。

A. 文化　B. 亚文化　C. 社会阶层　D. 相关群体

5. 对消费者影响最大的群体是（ ）。

A. 主要群体　B. 次要群体　C. 渴望群体　D. 社会阶层

6.（ ）是实际消费或使用产品或服务的人，他决定了对产品的满意程度，会影响购后的行为和再次购买的决策。

A. 发起者　　B. 影响者　　C. 购买者　　D. 使用者

7. 就某一产品而言,消费者最多的信息来源是(　　)。

A. 个人来源　　B. 商业来源　　C. 公共来源　　D. 经验来源

8. 一般来说,最有效的信息来源是(　　)。

A. 个人来源　　B. 商业来源　　C. 公共来源　　D. 经验来源

9.(　　)是指那些通过购买商品和劳务以转售或出租给他人获取利润为目的的个人和组织。

A. 生产者市场　　B. 中间商市场　　C. 政府市场　　D. 消费者市场

10.(　　)是最简单的一种购买方式。

A. 直接重购　　B. 修正重购　　C. 新购　　D. 互惠购买

11.(　　)是一种最为复杂的购买类型,需要参与决策的人员和需要搜集的信息都比较多。

A. 直接续购　　B. 修正重购　　C. 新购　　D. 互惠购买

12.(　　)是指在企业外部和内部能控制市场信息传递到决策者、使用者的人员。

A. 使用者　　B. 影响者　　C. 决策者　　D. 信息控制者

13. 影响生产资料采购者行为的环境因素中,最主要的是(　　)。

A. 政治法律环境　　B. 经济环境　　C. 技术环境　　D. 竞争环境

三、多项选择题

1. 消费者市场的特点包括(　　)。

A. 广泛性　　B. 替代性　　C. 季节性　　D. 直接性

2. 影响消费者购买行为的文化因素包括(　　)。

A. 相关群体　　B. 文化　　C. 亚文化　　D. 社会阶层

3. 影响消费者购买行为的社会因素包括(　　)。

A. 相关群体　　B. 家庭　　C. 社会阶层　　D. 社会角色和地位

4. 影响消费者购买行为的相关群体包括(　　)。

A. 主要群体　　B. 非正式群体　　C. 次要群体　　D. 渴望群体

5. 消费者市场参与购买的角色包括(　　)。

A. 发起者　　B. 决策者　　C. 购买者　　D. 使用者

6. 信息的外部来源包括(　　)。

A. 家庭来源　　B. 商业来源　　C. 公共来源　　D. 经验来源

7. 组织市场可以划分为(　　)。

A. 生产者市场　　B. 中间商市场　　C. 政府市场　　D. 消费者市场

8. 生产资料购买行为可以分为(　　)。

A. 直接重购　　B. 互惠购买　　C. 新购　　D. 修正重购

9. 菲利普·科特勒把影响生产资料采购者行为的主要因素归纳为(　　)。

A. 环境因素　　　B. 组织因素　　C. 人际因素　　D. 个人因素

10. 影响生产资料采购者行为的环境因素包括(　　)。

A. 政治法律环境　B. 经济环境　　C. 技术环境　　D. 竞争环境

四、简述题

1. 消费者市场和组织市场的特点分别是什么?

2. 影响消费者购买行为的因素有哪些?

3. 结合实际说明文化、亚文化、社会阶层等因素是如何影响消费者行为的?

4. 消费者购买行为的步骤是什么? 以自己的一次购买经历阐释消费者购买行为的主要步骤。

5. 组织市场包括哪些类型?

6. 有哪些主要因素影响生产者购买行为?

7. 生产者购买决策过程是什么?

五、综合训练

案例分析 1　可口可乐的"堪萨斯工程"

上个世纪 70 年代末,可口可乐公司为了扭转产品占有率不断下滑的局面,决定推出新口味可乐,在 1982 年实施了"堪萨斯工程"。"堪萨斯工程"是可口可乐公司秘密进行的市场调查行动的代号,调查发现,只有 10%~12%的顾客对新口味可口可乐表示不安,而且其中一半的人认为以后会适应新可口可乐,这表明顾客们愿意尝试新口味的可口可乐。可口可乐公司技术部门决意开发出一种全新口感的、更惬意的可口可乐。可口可乐公司组织了品尝测试,在不告知品尝者饮料品牌的情况下,请他们说出哪一种饮料更令人满意。测试结果令可口可乐公司兴奋不已,顾客对新可口可乐的满意度超过了百事可乐。而以前的历次品尝测试中,总是百事可乐打败可口可乐。可口可乐公司的市场调查人员认为,这种新配方的可口可乐至少可以将公司在饮料市场所占的份额向上推动一个百分点,这意味着多增加 2 亿美元的销售额。可口可乐公司决策层认为,新增加生产线肯定会遭到遍布世界各地的瓶装商们的反对,因为那样会加大瓶装商的成本。经过反复权衡后,可口可乐公司决定新可乐取代传统可乐,停止传统可乐的生产和销售。消息闪电般传遍美国。在 24 小时之内,81%的美国人都知道了可口可乐改变配方的消息,这个比例比 1969 年 7 月阿波罗登月时的 24 小时内公众获悉比例还要高。新可乐上市初期,市场反应非常好。1.5 亿人在新可乐问世的当天品尝了它,历史上没有任何一种新产品会在面世当天拥有这么多买主。发给各地瓶装商的可乐数量也达到 5 年来的最高点。

然而好景不长,风云突变。虽然可口可乐公司事先预计会有一些人对新可乐取代传统可乐有意见,但却没想到反对的声势如此浩大。有的顾客称可口可乐是美国的象征、是美国人的老朋友,可如今却突然被抛弃了。还有的顾客威胁说将改喝茶水,永不再买可口可乐公司的产品。在西雅图,一群忠诚于传统可口可乐的人们组成了美国老可乐饮者组织,准备在全国范围内发动抵制新可乐的运动。许多人开始寻找已停产的传统可口可乐,这些老可乐的价格一涨再涨。到6月中旬,新可乐的销售量远低于可口可乐公司的预期值,不少瓶装商强烈要求改回销售传统可口可乐。愤怒的情绪继续在美国蔓延,传媒还在煽风点火,对99年历史的传统配方的热爱被传媒形容成为爱国的象征。于是,可口可乐公司决定恢复传统配方的生产,其商标定名为 Coco - Cola Classic(可口可乐古典)。同时继续保留和生产新可乐,其商标为 New Coke(新可乐)。7月11日,戈伊朱埃塔率领可口可乐公司的高层管理者站在可口可乐标志下向公众道歉,并宣布立即恢复传统配方的可口可乐的生产。消息传来,美国上下一片沸腾。ABC 电视网中断了周三下午正在播出的节目,马上插播了可口可乐公司的新闻。所有传媒都以头条新闻报道了老可乐归来的喜讯。华尔街也为可口可乐公司的决定欢欣鼓舞,老可乐的回归使可口可乐公司的股价攀升到12年来的最高点。

案例思考:

1. 试分析什么原因导致可口可乐公司在推出新产品时造成了巨大的决策失误?

2. 可口可乐公司应该如何满足不同年龄的消费者需要?

案例分析2　卖酒不如卖水

康泉啤酒厂成立于20世纪80年代初期。建厂伊始,厂领导通过对消费者购买力的调查,决定开发中低档啤酒。在以质量创名牌的观念指导下,着重抓了设备、人才、管理等3个方面。设法筹措资金,购进先进的生产设备,为提高产品质量提供强有力的物质保证;集中本厂科技人才,到外地知名科研院所寻访和聘请有专长的科研人员,组织专门的科研班子攻克质量难关,使啤酒的有关理化检验指标符合国家标准,达到国内先进水平;严格生产管理,制定了一系列科学的操作规程和规章制度并严格执行,提出了"质量就是企业的生命","谁砸康泉名牌,就砸谁的饭碗",使质量意识在全厂蔚然成风。在保证产品质量的前提下,厂领导打破当时还较为普遍存在的"好酒不怕巷子深"的传统观念,投入大量资金,开展大规模的广告宣传以提高产品知名度。适应中低档产品的特点和消费者购买习惯,以靠近居民住宅区的食品店和方便商店为主要销售渠道。一系列有效的措施使该厂啤酒迅速地在本省和周边省份成为名牌产品,销售量直线上升。数年间,该厂就从一个几十人的小厂发展为数千人的集团公司。

20世纪90年代以来,啤酒市场发生了显著变化。许多竞争者盲目投资啤酒业,使全国范围内啤酒的供应量在短短数年间翻了数倍,出现严重供大于求的局面,卖方市场完全转变为买方市场。在现代科学技术和生产力高度发达的情况下,先进设备的引进,新技术的普及,管理经验的传播和人才的流动都极其迅速,不同企业的啤酒在质量方面的差距缩小乃至消除,单依靠质量已不能吸引顾客购买。为了增加销售,各企业纷纷降价,价格大战愈演愈烈,甚至出现了卖酒不如卖水,一瓶啤酒抵不上一瓶矿泉水的现象。进口品牌也大举入侵,除垄断高档酒市场外还向中档酒市场渗透。在国内和国外品牌的双重夹击之下,该厂啤酒的价格一降再降,销售日渐萎缩。无奈之中,该厂加大了新产品开发的力度,跟随国内外潮流,开发了干啤、冰啤、红啤、黑啤和高档箱装啤酒,易拉罐啤酒等,档次不同,品种繁多。出乎意料之外的是,该厂的苦心并未得到市场的回报,新产品上马一大批,落马一大片。根据以往广告塑造名牌的经验,该厂在资金紧缺的情况下,借用大量贷款为多种新产品作广告,依然不见起色,产品卖的钱还抵不上广告支出,只得再次采用降价销售的办法,重新陷入价格大战之中。该厂领导感到十分困惑:出路何在?

案例思考:

1.20 世纪 90 年代以来,随着经济发展和市场供求形势变化,消费者购买行为会发生哪些变化?

2. 运用消费者购买动机和消费者购买行为影响因素的有关知识,分析怎样才能使新产品符合消费需求。

3. 分析消费者购买习惯和影响消费者购买行为的因素,指出该厂的渠道策略、广告策略和价格策略应作哪些改进?

案例分析 3 非处方药市场消费者行为分析

非处方药(Over-the-Counter,OTC)是指由国务院药品监督管理部门公布的,不需要凭执业医师和执业助理医师处方,消费者可以自行判断、购买和使用的药品。

随着新的医疗保险办法的实施,药品分类管理办法的出台,非处方药品目录的公布,病人自主治疗意愿的增加,大量零售药店出现了,消费者从公开渠道及充足货源里购买非处方药物的机会大大增加,药品零售额快速增长,非处方药市场充满机遇。

越来越多的制药企业进入零售市场,希望通过广告和促销,建立自己的非处方药品牌,获得经济效益。在这一领域获得成功的关键是公司直接向消费者进行营销的能力,即制定有效的非处方药市场营销策略并付诸实施的能力。

非处方药市场购买者行为受哪些因素影响?

1. 文化因素

随着消费者文化水平的提高,保健意识增强,对于预防疾病和身体保健逐渐的重视起来,特别是高收入阶层和中老年人对补充维生素、增强免疫功能、防病强身、改善生活质量的 OTC 药品的消费支出增加了。现在的中青年女性更舍得购买减肥和养颜的 OTC 产品。

2. 社会因素

消费者 OTC 购买行为受到一系列社会因素的影响,如消费者的相关群体、家庭和社会角色与地位。一些消费者会因为角色和地位因素,在选择非处方药时考虑品牌和药品档次。

儿童和青少年的 OTC 药品消费主要受家庭中父母的影响,因为父母更有经验,他们在OTC产品的购买和消费方面父母起着决定性作用，一般来说，父母是决策者。他们从父母身上可以学习到一些常见病的诊断和治疗方法。这将影响子女在成人后的OTC消费观念。

白领阶层在选购OTC药品时，更倾向于知名品牌和声誉好的公司的产品，如合资药品，更倾向于价位高的药品。

3. 个人因素

消费者OTC购买决策也受其个人特征的影响，比如消费者对自己的病情变化的感知、对品牌特征的感知、对其他备选品牌的态度，特别是受其年龄所处的生命周期阶段、职业、经济环境、生活方式、个性和自我概念的影响。

成年人、对病情判断力强的人，购买OTC药的可能性更大些；自我保健和自我药疗意识强的人、工作节奏快的人、不享受医疗费用报销的人，去药店购药的次数更多。

许多慢性病患者如高血压、慢性胃炎、糖尿病病人等需要长期服药，这些患者在经过几次医生诊治和处方后，知道了自己的病情，知道该用什么药，这些患者可能会直接去社会零售药店买药。

4. 心理因素

我国消费者的认识中，受传统中医药文化的影响，普遍认为中药的毒副作用小，许多中药在预防和保健方面作用显著，比西药更安全；中药在一些慢性病的治疗方面可能比西药更有效；中药的作用也全面，可以从根本上治疗疾病。一般的家庭中都会备有三七伤药片、红花油、健胃消食片等一些中成药。而在起效速度方面，普遍认为西药比中药见效快。

案例思考：

结合自己体会你认为文化、社会、个人和心理因素是如何影响消费者购买OTC的？

参考答案要点

一、判断题

1. √　2. ×　3. √　4. √　5. ×　6. √　7. ×　8. √　9. ×
10. ×　11. √　12. √　13. ×　14. ×　15. √　16. ×

二、单项选择题

1. D　2. C　3. D　4. B　5. A　6. D　7. B　8. A　9. B
10. A　11. C　12. D　13. B

三、多项选择题

1. ABC　2. BCD　3. ABD　4. ACD　5. ABCD　6. BCD　7. ABC
8. ACD　9. ABCD　10. ABCD

四、简述题

1. 消费者市场的特点是：广泛性、分散性、层次性、替代性、季节性、伸缩性、非专业性。

组织市场的特点是:购买目的复杂多样、购买人数较少、购买数量大、购买决策参与者多、购买者地理位置集中、供需双方关系密切、专业采购、直接采购、售后服务要求较高、需求具有派生性、需求弹性小、需求波动性大。

2. 影响消费者购买行为的因素有:文化因素、社会因素、个人因素和心理因素等。

3. 文化是在人们社会实践中逐渐形成的,它包括人们的价值观念、伦理道德、风俗习惯、宗教信仰、语言文字等。每个人都生活在一定的文化氛围中,并深受这一文化所含价值观念、行为准则和风俗习惯的影响,这一影响也延伸到了他们的购买行为。如中国的文化传统崇尚忠孝、礼貌、谦让和仁爱等,而美国的文化传统崇尚冒险、刺激、个性化。

亚文化是指在不同文化之间,甚至是同一种文化内部,由于各种因素的影响,使人们的价值观念、风俗习惯和审美观等表现出不同的特征。主要包括民族、宗教、种族和地理等方面的亚文化。如由于地理位置、气候、经济发展水平等因素的差异,我国可明显地分出南方、北方。不同地区人们的生活习惯有差异,消费行为自然有区别,在中国的传统节日——春节,北方人习惯吃饺子,南方人却习惯吃元宵和糯米年糕。

社会阶层就是在一个社会中,具有相对的同质性和持久性的群体,它们是按等级排列的,通常与家庭背景、受教育程度、职业和收入等有关,每一阶层成员具有类似的价值观、兴趣爱好和行为方式。如白领阶层往往追求时尚和新潮,而不过多考虑经济、耐用。

4. 消费者购买行为的步骤是:认识需要、信息搜索、评估选择、购买决定与购后评估。

5. 组织市场的类型有:生产者市场、中间商市场和政府市场。

6. 影响生产资料采购者行为的主要因素有:环境因素、组织因素、人际因素和个人因素。

7. 生产者购买决策过程包括:认识需要、确定需要、说明需要、寻找供应商、征求建议、选择供应商、进行采购、绩效评价。

4 市场营销调研与预测

学习目标与要求

- 了解市场营销信息系统的内涵和构成及其对企业营销决策活动的作用
- 理解市场营销调研的定义与分类,熟悉市场营销调研的内容与程序
- 能灵活运用市场营销调研方法,独立设计市场调研问卷
- 了解市场预测的概念及内容,掌握市场预测的分类与程序
- 能够运用市场预测的方法对企业将来营销活动进行预测

市场营销调研与市场预测都是以市场为客体的市场研究活动,是企业必不可少的工作,是企业获取市场信息、科学认识市场的重要手段,更是企业把握市场机会,制定各项营销决策的基础和依据。营销大师菲利普·科特勒曾说过:"要管理好一个企业,必须管理它的未来,而管理未来就是管理信息。"在现代市场营销观念的指引下,企业要想在市场中获得竞争优势,取得合理的利润,就必须从研究市场出发,掌握及时、准确、可靠的市场信息,建立快速反应的营销信息系统,并对信息进行科学有效的处理和运用,对市场进行各种各样的定性与定量分析,预测现在和未来市场需求规模的大小。

4.1 市场营销信息系统

4.1.1 市场营销信息

信息是各种事物的存在方式和它们的运动状态的反映,即指客观世界一切事物存在和运动所能发出的各种信号和消息。信息是与物质、能量相并列的客观世界的三大要素之一,是为管理和决策提供依据的有效数据;信息是存在于意识之外的东西,它存在于自然界的万事万物中,无所不在,可以感知;但它不是事件和物质本身,信息是客观事物的存在方式或运动状态以及关于客观事物存在方式或运动状态的陈述。它是事物发生发展而发出的信号,它帮助我们了解事物的特点和动向。如我们通过各种渠道所收集到的文件、数据、图表、新闻、图像、声音等都是信息。

市场信息是一种特定信息,是企业所处的宏观环境和微观环境的各种要素发展变化和特征的真实反应,是反映它们的实际状况、特性、相关关系的各种消息、资料、数据、情报等的统称。市场信息是社会信息的重要组成部分,它反映市场动态,表现市场供求、消费心理、竞争及市场营销活动,它是企业了解市场、掌握市场供求发展趋势,了解用户、为用户提供产品和服务的重要资源。如石油价格上涨、某企业推出新产品、中国加入世界贸易组织等。

市场信息除了具有一般社会信息所具有的可扩充性、可转换性、、可存贮性和共享性等特征之外,还具有其本身的特性。

1. 目的性

市场信息的产生没有固定的时间和地点,而是随时随地发生和传播着,内容又十分广泛庞杂,这就要求企业必须广泛开辟信息渠道,并从中筛选出对自己有用的与营销活动相关联的信息,继而有目的地进行深入的调查研究。如 20 世纪 80 年代日本电视机厂商得知中国改革开放的消息,首先分析了中国市场需求特点。可是中国刚开放,由于历史原因,他们不可能很快地深入了解中国的实际情况。于是他们把在中国的遗孤请回去,高薪聘请为 Sony、Toshiba 等公司的高级顾问,通过这种人及其他途径了解到当时中国约有 10 亿人口 ,平均 1 家 4 口,即为 2.5 亿户家庭。其中约有 10%,即 2 500 万户家庭比较富裕,改革开放后想了解世界,有购买动机;人均收入虽较低,但中国人有储蓄的习惯(储蓄额约 750 亿元 RMB,户均存款 300 元),已形成了一定的购买力,中国消费者有着对电视的需求。由此得出结论:中国存在一个很有潜力的黑白电视机市场,并制定了相应的市场营销策略,终于成功进入中国市场。

2. 时效性较强

信息总是不断地随着环境的变化而老化、更新,任何信息所表明的都是一定时间内所发生的事情,企业只有在某一时间内获得了所需要的某种信息,这一信息才有所值。一条及时的信息可能价值连城,使濒临倒闭的企业起死回生;一条过时的信息可能分文不值,甚至使企业丧失难得的发展机遇,造成严重后果。因此,谁能最先掌握某种信息，谁就最有可能取得经营上的成功。如有一年春天刚结束，某罐头材料厂与往年一样，大量生产做易拉罐的特制铝皮。这一年雨季特别长，已是7月初了，天不但没有晴的趋向，反而连续不断地下起了暴雨。这时，厂长果断下令，将特制铝皮的生产减少2/3。原来，厂长根据气象信息预测，这年夏天热的时间短，气温不会太高，易拉罐饮料销量将大大减少，因而特制铝皮将要大降价，后来果不出所料积压，于是下令减产，最终该厂减少了损失。第二年初夏，雨水仍然很多，但气象专家预测这年夏季气候天气将异常热，于是厂长下令大量生产。果然，这一年7月到8月中旬持续高温，清凉饮料销量猛增，易拉罐特制铝皮成了紧俏货，价格上涨两倍，该厂获得可观效益。

3. 双向流动性

一般社会信息具有较强的单向的传递性，而市场营销信息的流动则不然，即它带有普遍的双向性——信息的传达与信息的反馈。市场营销信息不仅有从国家、企业、竞争者、公众等方面的信息源流向市场的信息，而且有市场反馈到国家、企业、竞争者、公众等方面的反馈信息。对于企业而言后者更为重要。

4. 系统性

由于企业在营销活动中要受到众多因素的影响和制约，为此，企业必须连续地、大量地、多方面地收集、加工有关信息，而这种收集不是零星的单个的分散的信息的汇总，而是将这些信息按照一定的标准进行分类、整理、统计、摘要、计算、存储、检索，分析它们之间的内在联系，提高它们的有序化程度，形成企业的一个有效的营销信息系统，为企业开展市场营销活动提供重要的依据。如日本三菱商社，拥有世界一流的情报收集和传递系统，每年在情报搜集上的花费达到6 000万美元。其情报人员以“旅游者”“摄影家”“投资商”等身份遍布全球，他们对各自周围的一切，甚至一张报纸、一本杂志、一幅广告都要详细研究，并能在5分钟内将世界各地的相关情报传至公司总部。

4.1.2 市场营销信息系统

当前，竞争环境不确定性的加强以及企业内部对协同性要求的提高使得信息犹如空气中的氧，企业的生产经营及营销活动离开信息就寸步难行。企业要在市场中求生存、谋发展，就必须掌握营销信息，而为了更好地利用信息，就必须建立健全快速反应的信息管理系统，加强市场营销信息管理。

菲利普·科特勒所下的定义是：市场营销信息系统(MIS)是由人员、设备和程序所构成的一种相互作用的连续复合体。其基本任务是及时、准确地收集、分类、分析、评价和提供有用的信息，供市场营销决策者用于制定或修改市场营销计划，执行和控制市场营销活动。

一个完整的营销信息系统包括四个方面的内容：内部报告系统、营销情报系统、营销调研系统、营销决策支持分析系统。市场营销管理人员通过这4个子系统收集所需要的信息，适时分配信息，对营销环境及其各组成要素加以监视和分析，帮助营销人员和决策者实现营销决策、营销规划，进行营销活动，提高其理解、适应乃至控制营销环境的能力。市场营销信息系统结构如图 4.1 所示。

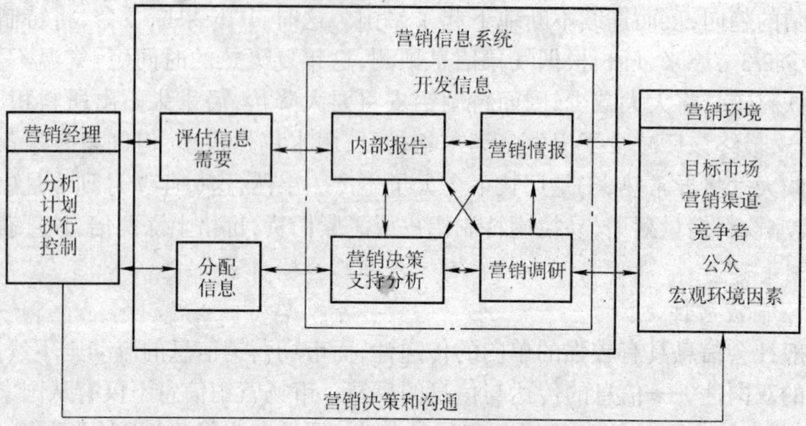

图 4.1 市场营销信息系统

4.1.2.1 内部报告系统

内部报告系统是决策者们利用的最基本的系统，主要提供的是企业内部信息及销售信息。如订货、库存、销售费用、现金流量、应收款、应付款等方面的数据资料，为企业内部有关部门掌握产品输出、资金收支等服务，并使公司能够及时了解有关信息，从而把分散在各部门的软件系统整合起来，使各种信息数据能共享使用，从中发现一些新的问题和新的机会，及时比较实际业绩与预测的目标的差异，进而采取切实可行的改进措施。

4.1.2.2 营销情报系统

市场情报是反映市场动态的各种信息资料。包括市场经济信息和产品技术信息等。营销情报系统的主要作用则是向营销部门及时提供外部环境发展变化的有关情报。现代市场变化多端，不掌握市场动向情报，难以做出正确的决策。而企业的经营决策是企业成败的关键。一个企业，只能在调查自己经营产品的特点、质量、价格、消费季节及其在市场上的地位、比重以及和竞争产品的区别，并确定了目标市场和销售渠道之后，才能做出正确的经营决策。把企业引向成功的情报的来源是十分广泛的，如政府机构、竞争者、顾客、大众传播媒介及其他机构等。除此之外，企业可以训练和激励自己的推销员可积极发现市场的新情况；鼓励分销商、零售商、中间商和其他伙伴把重要的信息报告公司，委托专业机构和专业人员收集营销情报，或者建立自己的信息中心以收集和传递营销情报。营销情报的质量和数量决定着企业营销决策的灵活性和科学性，进而影响企业的竞争力，为扩大营销信息的数量和提高营销信息的质量，企业可采取更多的方式和方法来改进其营销信息的收集。如 1991 年至 1993 年间，IBM 公司累计亏损超过 140 亿美元，其全球电脑市场的销售排名下降到第三位。总裁 Gerstner 认为其行业地位“受到了竞争对手的实质性侵害”。为此，他提出

"建立一个协调统一的竞争情报运行机制",并将可操作的竞争情报运用于公司战略、市场计划及销售策略中"。IBM公司确定了12个主要竞争对手,对每一个竞争对手,公司都指派一名高级经理作为专门负责该对手的"专家",组建虚拟的竞争情报组。通过这个高效健全、反应灵敏的竞争情报系统,IBM重新独傲江湖。

4.1.2.3 营销调研系统

营销调研系统是指系统地设计、收集、分析和提出数据资料以及提出跟公司所面临的特殊的营销环境有关的调查研究结果的系统。营销调研系统的主要任务是:针对企业面临的明确的具体的问题,对有关信息进行系统的收集、分析和评价,并对研究结果提出正式报告,供决策部门用于解决某一特定问题。它是营销信息系统中最重要的部分。这是因为,研究所需要的信息正确与否,关系到企业经营决策的正确与否,关系到企业的兴衰成败。当然这需要由营销部、企划部、市场部、商务部、学术部等多个部门协同作业。

4.1.2.4 营销决策支持分析系统

营销决策支持分析系统是由统计步骤和统计模型所构成的,主要采用一些先进的技术或技巧来分析市场营销信息,以帮助更好地进行经营决策。它包括两组工具,即统计工具库和模型库。统计工具由相关分析、因果分析、趋势分析等分析方法组成。这些方法是分析和预测未来经营状况和销售趋势的有效工具。模型库是由企业高层管理人员针对某些特定营销问题建立的一组数学模型。如当一位营销经理需要分析一个具体问题并进行决策时 ,他可把问题输入相应的系统模型,该模型就能给出有分析及结果的标准化数据。

那么,企业在掌握营销信息和建立营销信息系统过程中应注意哪些问题呢?

1. 信息工作的长期性

营销信息的获得是需要成本的,而营销信息系统的建立更非一朝一夕所能完成。为此,企业的领导人员必须具有高瞻远瞩的远见和智慧,树立信息就是企业的生命的思想,广泛地搜集完整有效的信息,并通过营销信息系统的处理,使之成为准确可靠的信息。在这里,搜集和掌握营销信息只是企业信息化的初步阶段,最重要的是建立快速反应的营销信息系统。

2. 企业的销售人员的综合素质和能力的培养

企业的销售人员无疑是企业与外部联系的纽带和桥梁,他们担当着为企业销售产品,与代理商建立长期稳定的合作关系,争取为企业带来长期的利益和获得外部信息的重任。实际上获得信息并初步地处理信息是销售人员的重要工作内容之一。这就要求销售人员具有良好的个人素质和工作能力,具有整体观念、全局观念。企业必须充分重视对销售人员业务能力的培养和提高,经常开展业务培训活动,使销售人员不断增长工作能力,成为销售产品、收集信息和初步处理信息的行家能手。

3. 企业营销信息系统的可靠性和可操作性

目前一些企业虽然也建立了诸如MIS、CRM、ERP等系统,但总体说来可靠性差,缺乏可操作性。电脑、数据库、网络等相关技术系统都只是一种工具，一个企业能否应用信息技术提高自身的竞争力，在很大程度上取决于如何应用这些技术。

掌握营销信息特别是营销信息系统的建立与应用是一项非常复杂的工程，需要细致的工作与长期的努力，需要多个不同职能部门的通力合作。但只要充分重视营销信息的作用，运用科学的方法建立起快速反应的营销信息系统，企业就会“运筹帷幄，决胜千里”。如全球零售大王美国沃尔玛的成功除了得益于其准确的市场定位和深入人心的低价位外，更重要的是具有涵盖监控采购、管理、服务等成本在内的信息系统。在阿肯色州本特维拉市的沃尔玛总部有高速电脑与配送中心及商店相连。通过商店付款柜台扫描器售出的每一件商品，都会自动记入电脑。当某种商品数量降低到一定程度时，电脑就会发出信号，向总部要求进货。总部安排货源后，由离商店最近的配送中心安排送货。这一高效的自动化控制系统使公司能够全面掌握销售情况，合理安排进货结构、及时补充库存的不足，降低存货水平，减少资金成本和库存费用。20 世纪 80 年代沃尔玛耗资 4 亿美元由休斯公司发射了一颗商用卫星实现了全球联网，在全球 3 000 多家门店通过全球网络可以在一小时内对各种商品的库存、上架、销量全部盘点一遍。对于需要与各门店沟通的信息也可借助这一网络的视屏通话功能进行。沃尔玛建立销售和客户的信息系统，汇集客户电子数据库交换系统中各个销售点的销售数据和交易资料，甚至要与客户保持良好的电子联系。正是对需求进行准确地预测，才能及时地将货架上的信息和消费者的意愿反馈回来，并迅速地传递给制造商等其他生产企业。并将装货时间与需求、减少存货的可能性相联系，使定单的不稳定性降低，盈利能力大大地提高了。

4 .2 市场营销调研

4.2.1 市场营销调研的概念与作用

市场营销是以市场、顾客需求为基础而开展的经营活动。市场营销调研是指运用科学的方法，有目的、有计划、有系统地收集、整理和分析研究有关市场营销方面的信息，并提出调研报告，以便帮助管理者了解营销环境，发现问题及机会，作为市场预测和营销决策的依据。通过市场调研可以发现一些新的机会和新的需求，企业可以开发新的产品去满足这些需求。市场营销调研在现代企业经营管理中的重要性主要表现在以下几个方面。

(1)市场是不断发展变化的，顾客的需求也是各不相同，通过市场调研可以发现一些新的机会和新的需求，企业可以开发新的产品去满足这些需求。如雪佛隆公司是美国一家食品企业。该公司在 20 世纪 80 年代初曾投入大量资金，聘请美国亚利桑那大学人类学系的威廉·雷兹教授对垃圾进行研究。教授和他的助手在每个的垃圾收集日收集的垃圾堆中，挑选出数袋，然后把垃圾的内容依照其原产品的名称、重量、数量、包装形式等予以分类。如此反复地进行了近一年的分析和考察，获得了有关当地食品消费情况的信息。第一,劳动者阶层所喝的进口啤酒比收入高的阶层多。这一调查结果大大出乎一般人的想象,如果不进行调查,生产和销售后果不堪设想。得知这一信息后,调查专家又进一步分析研究,知道了所喝啤酒中各品牌的比率。第二,中等阶层人士比其他阶层所消费的食物更多,因为双职工都要上班而太匆忙了,以致没有时间处理剩余的食物。第三,了解到人们消耗各种食物的情况,得知减肥清凉饮料与压榨的橘子汁属高层收入人士的良好消费品。

公司根据这些信息进行决策,组织人力物力投入生产和销售,最终获得成功。

(2)通过市场营销调研可以发现企业产品的不足及经营中的缺点,便于企业及时加以纠正,修改企业的经营策略,使企业在竞争中保持清醒的头脑,永远立于不败之地。如美国可口可乐公司在进入中东市场时,仍然采用一贯的红色包装,然而却遭到阿拉伯国家人民的一致反对。后经过缜密调查,才知道红色与伊斯兰的教义相违背,犯了忌讳。得知这一情况后,可口可乐公司马上换了包装,变红色为绿色,同时又进行了一系列公关活动,终于成功地进入了中东市场。

(3)市场营销调研是不断提高企业经营活力,增强竞争能力,克敌制胜的重要手段。“知己知彼,百战不殆”,企业只有经常分析竞争对手状况和经营决策,才能使自己的决策不失去竞争机会,才能在强手如林的竞争中处于优势。如 20 世纪 80 年代中期,日本胶片市场被“富士”所垄断,为此美国“柯达”公司进行了细心调查研究,发现日本人对商品普遍存在重质不重价的心理倾向,于是制定高价政策打响牌子,保护名誉,进而实施与“富士”竞争的策略,专门以高出“富士”二分之一的价格推销“柯达”胶片。经过五年努力与竞争,“柯达”终于被日本人接受,走进了日本市场,并成为与“富士”平起平坐的企业。

(4)通过市场调查研究,可以了解整个经济环境对企业发展的影响,了解国家的经济政策法律法规变化,预测未来市场可能发生的变化。并对可能发生的情况及时采取应变措施,以减少企业的损失。如一日,三星派驻洛杉矶的员工看到美国报纸刊登一条消息:“由于廉价的韩国产品的进口,美国最后一家吉他工厂将要关闭。”几分钟后,这条消息传到了汉城三星公司总部竞争情报部门。吉他是美国独立和自由精神的象征,它的消失就像牛仔的消失一样,让美国人难以接受。情报分析师推断:美国国会有可能对吉他进口采取限制,通过提高关税保护这一具有象征意义的产业。根据情报师的分析,三星总部打时间差,尽可能地抢先将更多的吉他运往美国,存入仓库。果如所料:不久,美国国会提高了吉他进口的关税,但三星备货在先,获利颇丰。

4.2.2 市场营销调研的类型与内容

4.2.2.1 市场营销调研的类型

市场营销调研可根据不同的标准,划分为不同的类型。如按调查内容分:宏观环境调查、微观环境调查和企业自身活动调查;按调查方式分:普查、重点调查、典型调查和随机抽样调查;按研究性质分:探索性、描述性、因果关系和预测性调查。下面就研究性质分类加以详细叙述。

1. 探测性调研

探测性调研是指情况不明时,为了找出问题的症结和明确进一步深入调查的具体内容而进行的初步调查。如某企业某一产品近几个月以来销售量大幅度下降,营销经理对原因尚不清楚,为找出可能的原因而进行调查。

2. 描述性调研

描述性调研是指通过详细的调查和分析,对市场营销活动的某个方面进行客观的描述。大多数的市场营销调研都属于描述性调研。如市场占有率的调查、产品的消费群结构的调查、竞争企业状况的调查。

3. 因果关系调研

因果关系调研是指通过逻辑推理和统计分析方法找出关联现象或变量之间的因果关系。描述性调研可以说明某些现象或变量之间相互关联,但要说明某个变量是否引起或决定着其他变量的变化,就要用到因果关系调研。因果关系调研的目的就是寻找足够的证据来验证某一假设。如为公司去年的广告效果做出分析和评价而进行的调查。

4. 预测性调研

预测性调研就是企业在收集了历史的和现在的数据的基础上,通过统计分析,从而对事物未来发展的趋势做出科学预测。如某企业对电子商务未来的发展趋势的调查、销售员对预测销售趋势的看法的调查。

4.2.2.2 市场营销调研的内容

市场营销调研所涉及的领域非常广泛,需要调研的内容也很丰富,可以说几乎包括了市场营销可能涉及的所有领域和市场营销活动有关的所有内容。但不是每项市场营销调研都必须全面涉及,而是应根据不同的调研目的确定拟调研的对象和内容,设计具体的调研事项。但一般市场营销调研主要包括以下几个方面的内容,如表4.1所示。

表4.1 市场营销调研的内容

宏观环境调研	政治法律环境	国家和地方的有关方针政策、制度调整、体制变化,国家和地方颁布的法规、法令
	经济状况	工农业生产、财政、金融、商业发展情况,基础设施完善程度,国民生产总值和人均收入水平,产业结构及其调整,人口结构的变化,储蓄与投资变化、私人消费构成、政府消费结构等
	社会文化	社会生活方式、风俗习惯、宗教信仰、价值观念、娱乐活动、教育水平、职业状况等
	地理自然状况	地理位置、自然资源、气候变化、交通、人口分布、人口数量、人口结构等
	科技情况	科技研究的新发展、新发明、新成果等情况,新技术、新工艺、新材料等的研究开发、应用状况和发展趋势等,新产品的开发和上市情况以及利用新技术开发新产品的未来趋势等

续表

<table>
<tr><td rowspan="3">市场情况调研</td><td>市场调研</td><td>市场特性、市场规模、可能销量的预测、市场动向和发展性、市场对产品销售的接受程度和抵抗程度、市场增长率、产品的市场占有率</td></tr>
<tr><td>竞争者调研</td><td>谁是竞争者、竞争范围、规模实力、竞争手段和激烈程度等。具体要调研以下内容：竞争者属性(即属哪类竞争因素)，竞争企业各类产品销售额，各地域的所占比例，顾客的评价，产品特性和产品竞争力及其产品的优劣情况，按地域类别的销售网点数和销售额，交易条件及其变化，对销售网点的援助和指导情况，广告、宣传的方法、频率、投入金额和渗透程度等，推销方法和推销活动的特性，营业推广的方法，营业人员的数量及素质，售后服务的方法及质量</td></tr>
<tr><td>消费者调研</td><td>消费者结构、消费者的需求特点、数量和种类、消费者的购买动机和购买习惯，消费者的购买能力和购买行为</td></tr>
<tr><td rowspan="4">市场营销策略调研</td><td>产品调研</td><td>使用者的特征和需求，潜在购买者的态度和嗜好，各产品的行情好坏及其原因，产品的知名度，对各产品的购买动机，顾客对产品的不满、牢骚和抱怨等，不同产品的购买习惯及变化，新产品的机会，新产品的开发和试销，消费者对现有产品的态度和对现有产品的评价</td></tr>
<tr><td>分销渠道调研</td><td>店铺的地址选择、分销渠道的选择和变更、代理商(批发商)的了解和选择、零售商的了解和选择</td></tr>
<tr><td>价格调研</td><td>价格设定、折扣策略的制定、按价格划分市场</td></tr>
<tr><td>促销调研</td><td>推销人员的地域分配、推销策略的决定、推销任务的设定、对推销人员的激励政策、推销活动的分工、广告媒体的选择、广告信息的决定、广告效果的测定、广告策略的变更、广告费用的预算、营业推广策略的选定、公共关系时机的选择和策略的决定</td></tr>
</table>

4.2.2.3 市场营销调研的要求

市场营销调研是一项重要又复杂的工作。市场调研的质量，关系到最终获得信息的可靠性，进而影响到营销决策与营销活动的成功与否。这就对市场调研提出了一定的要求。①科学的方法。市场调研工作的复杂性决定了它需要一整套科学的调查方法作为成功的保证。调研者必须贯彻实事求是的科学精神，保证调研结果的客观性，不能主观臆断。调研者还必须能够透过纷繁复杂的市场现象探求事物的原因和本质。②复合的方法。调查者切忌过分地信赖某一种为自己所偏爱的调查方法。对同一问题采用不同的方法进行调查研究，可以将通过不同方法获得的调研结果互相验证和补充，提高调研结果的可靠性。③信息的价值和成本。市场调研所获信息可以给企业带来价值，但是进行市场营销调研也必须费时费力，投入相当可观的成本。因此企业在从事市场调研时要注意所获信息的价值——成本分析。④创造性的调研。市场调研是一种创造性的工作，它需要调研者具有强烈的创新精神。在进行市场营销调研时，调查者应当善于不断地发现新问题，研究新问题，还应该从人们司空见惯的市场现象中发掘出对市场营销决策有积极意义的新因素。例如，四川的农民喜欢用洗衣机洗土豆、地瓜、甘薯，导致他们的洗衣机经常出故障。当海尔公司得知这一消息后，没有取笑他们，而是马上组织人员进行技术攻关，在最短的时间内，生产出专门用于洗土豆、地瓜、甘薯的新产品“大地瓜”洗衣机，不仅满足了农民的特殊需求，更进一步体现了海尔公司的创新理念。

4.2.3 市场营销调研步骤

市场营销调研是一项十分复杂的工作，要顺利地完成调研任务，必须有计划有组织有步骤地进行。但是，市场营销调研并没有一个固定的程序可循。一般而言，根据调研活动中各项工作的自然顺序和逻辑关系，市场营销调研可分为以下三个阶段：调查准备阶段、正式调查和结果处理阶段。这三个阶段又可进一步分为五步。如图4.2所示。

图4.2 市场营销调研步骤

4.2.3.1 确定调查课题(确定问题和研究目标)

市场调查的第一步是确定调查项目，也就是要明确问题的范围和内容。为了有针对性地进行市场调查，避免盲目行动所造成的人力、财力的浪费，在市场调查之前，企业必须对调查有足够的了解，必须明白通过市场调查要解决什么问题，并把要解决的问题准确地传达给市场调查的承担者，以便企业准确地做出经营战略和营销决策。如开封锦绣堂工艺品有限公司在对消费者调查时确定如下一些问题：

①你购买汴绣产品的目的是什么？

②你通常在哪里购买汴绣产品？

③你一年购买几次汴绣产品？

④你获得汴绣产品信息的途径有哪些？

⑤你选择汴绣产品最先考虑的因素是什么？

⑥你知道的汴绣产品的品牌有哪些？

4.2.3.2 制定调研计划

市场调研计划主要包括如下内容。

1. 确定资料来源

资料来源分为第一手资料和第二手资料。第一手资料是指当前为某种特定目的而收集的资料，又称原始资料，需进行实地调查，它是市场调查工作的重点，收集的方法极其多样。第二手资料是指某处已存放的信息资料或为某一目的已收集的信息(包括内部来源、政府刊物、报纸书籍和商业资料等)，获得较为容易。企业必须根据所需资料的性质选择合适的方法。一般市场调查工作是两者兼而有之，但不同的调查侧重点有所不同。资料无论来自哪里，要注意资料的有效性和准确性。

2. 选择调查方法。

可供企业选择的调查方法有询问法、观察法、实验法。

询问法是由调查人员以询问的方式进行调查,从被调查者的回答中获取所需资料。按调查人员与被调查者之间的接触方式的不同,询问法可分为访谈调查、信函调查、电话调查和网上调查四种形式。访谈调查是指调查人员通过走访被调查者,用事先拟定的调查提纲或调查问卷,当面向被调查者询问有关问题,以获得所需资料,适用于调查范围较小而调查项目较复杂的调查。信函调查是指调查人员将所拟定的调查问卷邮寄给被调查者,请被调查者填妥问卷后寄回,从而获取调查资料,适用于较大范围和较复杂问题的调查。电话调查是调查人员依照调查提纲或调查问卷,用电话与选定的被调查者交谈,从而获取调查资料,适用于调查项目单一,问题相对简单,并需要及时得到结果的调查。网上调查是调查人员将调查问卷放在网页上,由上网者自己填写,从而获取调查资料,适用于对一些较为流行的、热门的、敏感的问题的调查。如开封锦绣堂工艺品有限公司委托郑州云峰营销策划企业专门设计市场调查问卷,通过走访当面获得所需信息。除此之外,还可以把调查对象请过来,或推出免费电话向消费者征询意见,也可以在报纸广告中附上调查表格说明填表要求与方法,注明按要求答卷的读者均有获奖机会。

观察法是调查人员用自己的眼睛或借助于器材,在调查现场直接观察和记录被调查者的行动,以获取所需调查资料。因是调查人员直接或间接借助于器材观察或记录被调查者的有关事实,因此所获取的调查资料较为可靠和直观。观察调查一般不与被调查者直接接触,可以排除人际交往和语言交流中可能发生的各种干扰。但观察法一般只能获取被调查者的外部特征,无法观察到被调查者的态度、动机、成因等内在因素。如开封锦绣堂工艺品有限公司可以在工艺品商店的不同部位安装各种摄像系统,借助仪器设备进行现场观察和记录,来了解消费者的构成、购买频率、购买习惯、购买规律、成交率等,从而获得多方面的信息资料。

实验法是调查人员根据调查的目的,选择一两个实验因素,将它们置于一定的市场条件下进行小规模的实验,通过对实验结果的分析来获取调查资料。如选择对商品销售量有明显影响的价格和包装两个因素作为实验因素,在其他因素不变的情况下,进行销售实验,从销售量的变化中,便可表明价格和包装对销售量的影响。像一些企业早已采用的商品试销、试用、展销等都属于实验法。实验法的应用范围很广,当某种商品的品种、设计、价格、包装、商标、广告、陈列方式及某种营销活动等因素改变时,都可以用实验法。实验调查方法较为科学,实验数据能真实地反映情况。但因市场上不可控因素太多,且有些变动因素难以把握,实验数据会受当地、当时市场条件的影响,实验结果缺乏纵向可比性。如开封锦绣堂工艺品有限公司为扩大销售,准备改进某产品的图案花色,如果对改进后的效果没有太大把握,他们可以选定某商场作为实验单位,先后测量实验前(改变图案花色前)后(改变图案花色后)一个月的销售量,假设分别为250件、290件,则得到试验变量效果为290-250=40件,表明改进图案花色使销售量增加40件。若经分析无其他因素影响,便可做出采用新图案花色的决定。

上述三种市场调查方法,在应用时应视调查的问题和调查目标而定。一般要调查消费者的态度,可采用询问法;要调查消费者的注意点,可采用观察法;要调查某一营销因素对消费者的影响力度,可采用实验法。

3. 设计调研工具

在确定了调研方法之后,就要进行调研工具的设计。如采用询问法进行调查,就需事先设计调查问卷,若用观察法和实验法则需设计记录观察结果的记录表和登记表,还需考虑使用何种设备仪器。一般可供选择的调研工具主要有调查表和仪器。而调查表是用于搜集第一手资料的最普遍的工具。因此调查表的设计显得尤为重要。

一份问卷通常由三部分组成:问卷的开头、主体内容和结束语。问卷的开头主要是对调查目的、意义及填表要求等的说明,这部分文字需简明易懂,能激发被调查者的兴趣。问卷主体是市场调查所要搜集的主要信息,它是由一个个问题及相应的选择项目组成,通过这部分内容可以充分了解被调查者的个人基本情况和对某一特定事物的态度、意见、倾向以及行为。结束语主要用以记录被调查者的意见感受或是记录调查情况,也可以是感谢语和其他补充说明,结束语要求简单明了,有的问卷也可以省略。

问卷的外观也是调查问卷设计中不可忽视的一个重要因素。外观影响到访问者是否愿意顺畅容易地答题,诸如问卷所用的纸张品种、颜色,问卷的编排,字体样式等,都会影响到访问者回答问卷的质量水平。因此,调查问卷外观的设计应注意以下几点:小张纸比大张纸好,四小张比两大张使应答人感到有压力的可能性小;外观庄重、正式的问卷可使应答者感觉到这是一份有价值的问卷;问卷应当只印在纸张的一面,而且必须为答案留出足够的空白,关键词应当画线或用醒目字体;问卷的每一页应当印有供识别用的顺序号,以免在整理时各页分散。

在利用调查问卷调查时,能否达到预期目的,问卷设计是关键,它直接关系到调查的效果和资料的准确性。由于调查方式、内容不同调查表的设计也不同。一般的要求是:问题要明白易懂,要决定问题的先后顺序,问题不能带有倾向性和诱导性,不要涉及调查客体的隐私问题,问题要客观,符合人的正常思维,避免使用过于专业的词汇,问题的排列应该先易后难,先是封闭式问题,后是开放式问题。问题的类型如表 4.2 所示。

4. 决定抽样计划

一般而言,普遍调查能够提供全面的资料,使调查单位了解市场的全貌,但是普查耗资费时,对于一个较大的市场不适宜。大规模的市场调查应以抽样调查为主要方式。抽样调查就是从需要调查的对象的总体中,抽取样本进行调查,并根据调查的情况推断总体特征。抽样计划就是根据调研的目的确定抽样单位、样本数量以及抽样方法。抽样单位即向什么人调查问题,样本数量即对多少人调查,抽样方法即采取什么样的抽样技术。

表 4.2 封闭式问题的设置

名称	说明	例子
单项选择	一个问题提供两个答案供选择	请问你了解汴绣产品吗?"□知道 □不知道 在近期内,你打算购买开封锦绣堂的汴绣工艺产品吗? □是 □否
多项选择	一个问题提供三个或更多的答案供选择	"你购买汴绣产品主要是为了______?" □收藏 □送礼 □装饰 □纪念 □显示品位 "在购买汴绣产品过程中,能引起您购买兴趣的花色图案是______" □花鸟 □山水 □人物 □名人字画 □自己提供的照片 □其他

表 4.3 开放式问题的设置

名称	说明	例子
自由格式	一个被调查者可以用几乎不受任何限制的方法回答问题	"你对企业的产品销售有什么意见?"
词汇联想法	列出一些词汇,每次一个由被调查者提出他头脑中涌现的每一个词	"当你听到下列文字时,你脑海中涌现的一个词是什么?" 工艺品:______ 汴 绣:______ 锦绣堂:______
语句完成法	提出一些不完整语句,每次一个由被调查者完成	当我选择购买汴绣产品时,在我的决定中最重要的考虑因素是: ______
故事完成法	提出一个未完成的故事,由被调查者完成	"几天前我购买了一幅锦绣堂的汴绣工艺品,我发现产品的工艺更加细腻了,这使我产生了下列联想和感慨。"现在请完成这一故事______ ______
图画完成法	提出一幅有两个人的图画,一个人正在发表意见,要求被调查者也发表意见,并写入图中的空框中	

抽样技术按照是否遵循随机原则分为随机抽样和非随机抽样。随机抽样就是调查总体中每一个个体被抽到的可能性都是一样的,非随机抽样就是调查总体中每一个个体被抽到的可能性是不一样的。具体类型如表 4.5 所示。

表 4.4 量表式问题的设置

名称	说明	例子
利克特量表	被调查人可以在同意和不同意的量度之间选择	"大的汴绣企业营业人员的服务态度要比小的汴绣企业营业人员的服务态度好。" □很不同意 □不同意 □不同意也不反对 □很同意 □非常同意
语意差别法	在两个意义相反的词之间列上一些标度，由被调查者选择代表他意愿方向和程度的某一点	在下面每组词中，画出最能反映你对锦绣堂印象的线条 价格高____ ____ ____ ____ ____价格低 位置方便____ ____ ____ ____ ____位置不便 产品丰富____ ____ ____ ____ ____产品单调
重要性量表	对某些属性从"根本不重要"到"极重要"进行重要性分等	汴绣产品服务对我是 □极重要 □很重要 □比较重要 □很不重要 □根本不重要
排序量表	对某些属性从"贬义的极端"到"褒义的极端"进行分等	开封锦绣堂的店面条件：□极好 □很好 □好 □尚可 □质劣

表 4.5 抽样的类型

大类别	小类别	含义
随机抽样	简单随机抽样	总体中每个单位被抽中的机会相等，如掷硬币、抽签等
	分层随机抽样	将总体按某一属性分成 k 个部分，然后在层内分别抽选
	分群随机抽样	将总体分为若干群体，从中抽一个样本群，再从抽中的样本群作全面调查
非随机抽样	任意抽样	调查者以自己方便的形式抽取偶然遇到的人作为样本
	判断抽样	根据调查者对总体的了解和经验从中抽取样本
	配额抽样	将总体按某一特征分类，根据每一类样本配额抽取样本

5. 调查经费预算及日程安排

调查经费包括资料收集复印费、问卷设计印刷费、实地调查劳务费、数据输入统计劳务费、计算机数据处理费、报告撰稿费、组织管理费等。一般情况下调查日程是既定的，只是根据调查范围的大小，时间有长有短，但一般为 1～2 个月，而国家的全面性调查则可能需要 1～2 年。

4.2.3.3 组织实施计划

这一阶段的主要任务是组织调查人员，按照调查计划的要求，系统地收集资料和数据，听取被调查者的意见。这个阶段大体可以分为以下几个步骤。

(1)确定调研人员数量。开展一项调研活动，最重要的投入是人力。如何确定调研人员的数量是首先面临的一个问题。一般来讲，可以根据收集资料的数量要求、难易和时间范围,来确定所需人员的数量。

(2)调研人员培训。培训的内容主要包括明确调查计划,掌握调查技术以及了解同调查目标有关的经济知识与业务技术知识,以保证调查质量。

(3)对调查人员进行分工。在调研人员数量较多、调研任务较大的情况下,对调研队伍予以适当分工,以便有效利用人力、物力、快速圆满地完成调研任务。

(4)调研质量管理。调研质量管理是指明确规定调研人员的工作质量,建立质量管理制度,加强监督,搞好质量评估和实施奖惩等活动。

4.2.3.4 整理分析资料

资料的整理与分析主要是对调研所获得的原始资料进行分类、校编、统计、分析。分类要详细科学。校编是对调查的文字资料和数字资料进行全面审核,区分真假和精粗,消除资料中的错误和不准确因素,以保证资料的真实和完整,并使之条理化、系统化。统计分析是运用统计学的原理和方法来研究市场现象的数量关系,揭示事物的发展规模、水平、结构和比例,说明事物的发展方向和本质变化规律,为进一步开展理论研究提供准确而系统的数据。常用的统计分析软件有 SPSS(Statistical Package for Social Science,即社会科学统计软件包、SAS(Statisticai Analysis System,统计分析系统,TSP(Time Series Proce,时间序列处理系统)。

4.2.3.5 提出研究报告

市场调研的最后阶段是根据比较、分析结果写出书面调研报告,它是整个调查工作包括计划实施、收集、整理等一系列过程的总结,是调研人员劳动与智慧的结晶。它是一种沟通交流形式,其目的是将调查结果、战略性的建议以及其他结果传递给管理人员或其他担任专门职务的人员。一份完整的市场调查报告应包括如下三个部分。

(1)问卷开头,主要包括标题页、目录表、委托信和摘要/工作小结。

标题页,写明调研题目、委托单位、调查单位和日期,如图 4.3 所示。

> 开封汴绣市场调研分析报告
>
> 委托单位:开封锦绣堂工艺品有限公司
> 调查单位:郑州云峰营销策划公司
> 报告日期:2004 年 8 月 1 日

图 4.3 标题页格式

目录表,列出报告的所有主要部分及其所在页数,以便阅读者查找。

委托信,它是委托人在调研项目开始之前写给调研者的,表明对调研承担者的要求。

摘要/工作小结,它是整个营销调研报告的“骨架”,以简明扼要的话陈述有关结果及建议，以便企业的决策者迅速了解调研的内容及结果。

(2)主体部分，包括调研目的、调研内容、调研方式、调研对象、调研结果分析及调研建议，如图 4.4 所示。

开封汴绣市场调研分析报告

一、调研目的

1. 充分挖掘汴绣文化，为开封汴绣堂文化战略的制定提供资料。

2. 通过调查，了解市场的主要群体，消费者的购物习惯和心理动机，为开封汴绣堂的营销策略提供真实有效的依据，并为开拓全国市场提供科学指导。

二、调研内容

1. 汴绣历史文化调查。

2. 汴绣零售店面调查。

3. 汴绣产品购买者调查。

三、调研方式

由于此次活动时间紧任务重，故采用了以询问法为主、观察法为辅的调查方法。

四、调研对象

1. 汴绣企业领导及行内专家。

2. 汴绣销售店铺经营者。

3. 汴绣购买者。

五、调研结果及分析

1. 汴绣的形成及历史演变。

开封汴绣是解放后在继承古宋绣的基础上发展起来的。我国刺绣工艺起源很早，约在公元前 1 000 多年已有“衣画而裳绣”的记载。唐代刺绣已发展到相当高的水平。北宋建都开封，刺绣成了手工业 的一个重要行业……20 世纪 90 年代以来，汴绣生产经营者已发展到二三十家，其产品销售也遍及全世界 20 多个国家，并作为国家礼品广为赠送，不仅创造了客观的经济效益，而且也促进了各国人民的友谊和文化交流。

2. 汴绣零售经营者的调查。

经营者的性质：

分析：个体私营者在市场上占主导地位，国有集体企业经营者所占比例较小。

经营者的规模：

营业面积(m^2)	15	30 ~ 60	200 以上
户数比例(%)	26.7	53.3	20

分析：15 m^2 左右的多是个体经营者，一般不具备生产能力，多以代销为主；30 ~ 60 m^2 的中型及大型个体私营者及少量国有企业，他们有固定的绣品来源。

3. 消费者的状况调查。

消费者的职业调查：政府人员占 45%，企业占 40%，游客 10%，其他 5%。

分析：汴绣已得到政府人员和企业高层成人士的认可，但其知名度和宣传力度还未影响到游客。收藏者与外国游客未得到较好开发。

购买目的调查：

80%用于送礼或社交活动，15%作为纪念品，其他用途占5%。

购买习惯调查：

60%的购买者在汴绣专营店或厂家直接购买，17%的购买者在旅游景区购买，在工艺品店购买的占20%，其他地点购买为3%。

分析：购买者对生产厂家及专营店信任度较高，易产生购买行为；而工艺品店与景区的习惯性购买几率较低。

购买价格调查……

购买时考虑的因素调查……

服务满意度调查……

图4.4 营销调研报告格式

(3)结尾部分主要由附录组成(表格、图形、附加读物、统计资料、原稿等)，还包括阅读者进一步研读所需要的附加信息。

4.3 市场需求的预测

市场预测同市场调研和营销决策紧密联系，是一个发展过程的不同阶段。市场调研是市场预测的依据，市场预测是营销决策的基础，调研和预测的目的是为了实现营销决策的精确性和科学性。

4.3.1 市场预测的含义和作用

市场预测是指在市场调查的基础上，利用各种信息资料，采用科学的方法进行分析研究，以推测未来一定时期内市场需求情况及发展趋势，为企业确定营销目标和制定营销策略提供依据。市场预测的作用主要表现以下三方面。

1. 有利于更好地满足消费需要

随着人们的物质、文化消费需求变化迅速，这些变化促使企业树立市场营销观念，企业只有通过预测才能及时掌握市场需求变化趋势和可能达到的需求水平，并根据企业的自身条件，选择和确定企业目标市场。如以生产牛仔裤闻名世界的李维公司，在市场调查中了解到美国女青年喜欢穿男裤，进而推断出妇女购买牛仔裤更多是关注它的舒适与方便，于是公司经过精心的研究与设计，推出了适合妇女需要的牛仔裤和便装裤，大大提高了妇女服装的销售额。

2. 有利于企业制定正确的营销计划和决策

通过市场预测，企业能够掌握市场需求水平和结构，从而为企业制定营销计划和策略提供依据，帮助企业做出正确的决策，减少失误和盲目性，提高经济效益。如20世纪80年代，世界商界曾被一个消息震动了：三菱商社已在伊朗解禁前一个月，拿走了伊朗数十亿美元的建设项目"蛋糕"。原来,三菱商社的情报专家根据综合情报做出预测:西方国家将在近期内全面解除对伊朗的严厉制裁。据此,三菱商社总裁率领代表团秘密飞往伊朗,与伊朗商业、工程、运输、机械等部门秘密谈判贸易或投资合作。伊朗人欣喜若狂,提供了各种优惠条件,仅一个星期,双方就签署了数十亿美元项目的协议。

3. 有利于提高企业的竞争能力

在激烈的市场竞争中,通过市场预测,可提高企业对信息的利用率,便于企业较早地掌握市场的主动权。如20世纪60年代,日本企业在某画报上看到铁人王进喜的照片,判定出大庆就在东北地区,并根据某报关于工人从火车站将设备人拉肩扛运到钻井现场和王进喜在马家窑的言论的报道推测出大庆油田的确切位置。从王进喜出席人大会议判定大庆出油了,之后又根据某某日报上一幅钻塔的照片,推算出油田的产油能力。在此基础上,日本人又估算出随后的几年内中国将继续进口大量设备,于是按照中国的特点设计了有关设备,从而在谈判中一举击败了欧美各国的竞争对手,使其设备顺利地进入了中国市场。

4.3.2 市场预测的类型及步骤

市场预测的内容包括市场需求预测、市场供给预测、市场物价与竞争形势预测、科学技术发展预测、企业生产经营能力预测、企业财务及环境意外事件预测等。对企业来说,最主要的是需求预测。

需求预测可以在产品范围、市场空间和时间维度上分层次展开。菲利普·科特勒指出,如果把产品范围分为6个层次,空间范围分为5个层次,时间分为3个层次,则共有90种需求预测的类别,如图4.5所示。

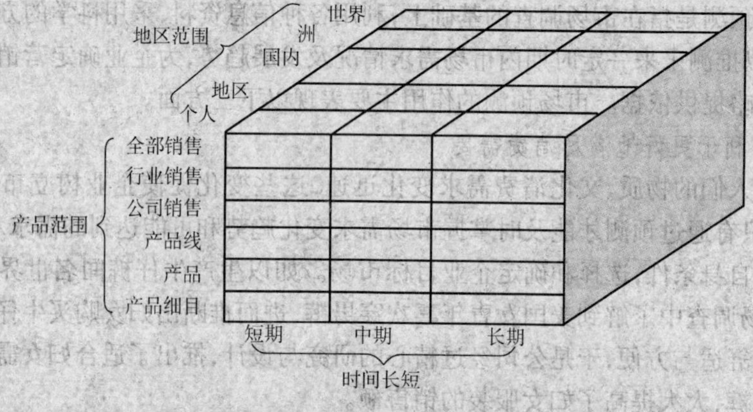

图4.5 需求预测的不同类型

4.3.2.1 按市场预测的时间长短分

(1)短期预测,指一年之内的预测,主要用于制定年度、季度和月度工作计划。

(2)中期预测,指一年至四年之内的预测,主要用于安排跨年度工作和修订长期计划。

(3)长期预测,指五年或五年以上的预测,主要用于长期规划工作。

4.3.2.2 按市场预测的地区范围分

(1)个人预测,指预测某个人市场需求的变化趋势。

(2)地区性预测,指预测某一范围内市场需求的变化趋势。

(3)国内预测,指预测整个国内市场需求的变化趋势。

(4)洲别预测,指分析和判断各洲市场的变动趋势。

(5)世界性预测,指分析和判断国外市场的变动趋势。

4.3.2.3 按产品范围分

(1)产品细目预测,指对某种品牌、质量、规格、花色等具体商品销售水平的预测。

(2)产品预测,指对某一类商品按其不同特征进行市场销售水平的预测。

(3)产品线预测,指对企业不同产品线提供的不同商品销售水平的预测。

(4)公司销售预测,指对企业销售水平的预测。

(5)行业销售预测,指对行业产品总销售水平的预测。

(6)全部销售预测,指对全社会市场总销售水平的预测。

企业确定市场预测的内容之后,就要开展相应的预测活动。市场预测应遵循一定的工作程序,有计划有步骤地进行,这样既可以保证预测工作有条不紊地进行,又便于对质量进行检查监督,提高预测结果的准确性。市场预测大致要经历如图 4.6 所示的步骤。

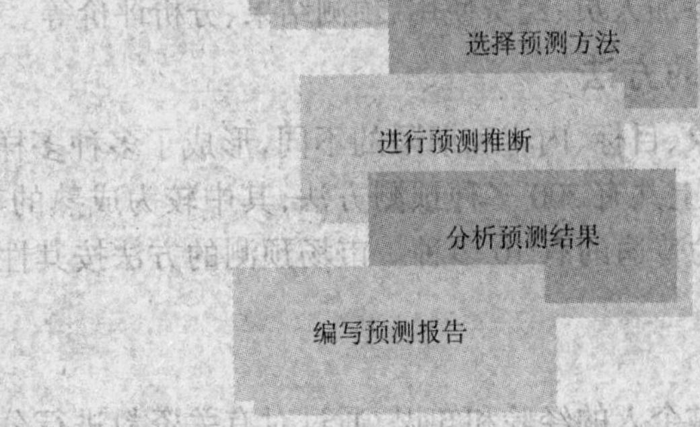

图 4.6 市场预测的步骤

1. 明确预测目标

明确预测目标即确定预测的内容、范围、期限和要求等。预测目标不同,所需的预测资料和采取的预测方法也不同,所以确定正确的预测目标是预测取得成功的关键。

2. 拟定预测方案

拟定预测方案即拟定预测的时间安排、阶段要求、人员和经费保障等,为全面展开预测工作做好组织上、行动上的准备。

3. 收集整理资料

围绕预测目标,收集相关资料。对收集的资料须进行审核、整理和分析,使预测所需的资料具有针对性、准确性、系统性和可比性,从而尽量减少因资料引起的预测误差。

4. 选择预测方法

根据预测资料的内容和性质,选择合适的预测方法。同时,在分析数据变化趋势的基础上,建立与之相应的预测模型。预测方法选择是否恰当,预测模型建立是否科学,对预测结果影响很大。

5. 进行预测推断

在大量预测资料和数据的基础上,根据建立的预测模型,采用相应的预测方法,即可进行定性和定量预测,推断未来市场的发展方向和趋势。

6. 分析预测结果

初步预测完成后,须对预测结果进行分析,是否达到预测目标的要求,预测误差是否在允许的范围之内,预测结果是否合理。如果预测分析达不到上述要求,需要回到前面的步骤,重新进行预测。

7. 编写预测报告

对预测结果进行评估、修正之后,确定最终的预测值,以书面报告的形式提交预测结果,供相关部门决策时参考。预测报告的主要内容包括预测目标、预测范围、资料来源、预测方法、参加人员、经费使用、预测结果、分析评价等。

4.3.3 市场预测的方法

由于预测的对象、目标、内容和期限的不同,形成了多种多样的预测方法。据不完全统计,目前世界上共有 300 多种预测方法,其中较为成熟的有 150 多种,常用的有 30 多种,用得最为普遍的有 10 多种。市场预测的方法按其性质可分为定性预测和定量预测。

4.3.3.1 定性预测

定性预测是依靠个人的经验和知识,通过对有关资料进行分析研究以判断未来市场的发展趋势和状态。定性预测方法适用于预测对象受不可控因素影响较大,而又缺乏详细可靠的统计数据的情况下所需进行的预测。常用的定性预测方法有以下几种。

1. 销售人员意见调查法

销售人员意见调查法是指邀请一些有经验的销售人员和销售经理，对企业某一产品的未来销售量及其概率做出判断，然后由预测人员对他们的预测结果进行统计分析，最后得出综合的预测结果。企业的销售人员长期从事产品的销售工作，经常直接接触消费者，对产品销售情况和消费者的需求非常了解。因此，凭借销售人员的经验，可以对企业产品未来的需求做出比较准确的预测。如某企业三位销售人员和两位销售经理对企业明年销售量的相关预测。三位销售人员的平均预测值为(61 + 72 + 68)/3 = 67，两位销售经理的平均预测值为(69 + 67)/2 = 68，若考虑到销售经理的预测能力要强于销售人员，给予销售人员的权数为1，给予销售经理的权数为2，求加权平均值，可得出两类人员的综合预测值为(67 × 1 + 68 × 2)/3 = 67.7。

2. 消费者购买意向调查法

消费者购买意向调查法是指通过抽样调查，掌握某类产品的社会拥有量情况、消费者的购买意向以及某一品牌的喜爱程度等资料，在对调查资料整理分析的基础上，推算出某一品牌未来的购买情况。这种调查结果比较准确可靠，因为市场需求是由消费者购买引起的，只有购买者自己才知道将来会买什么和买多少。如荷兰食品工业公司在推出新产品“色拉米斯”前，公司选择700名消费者作为调查对象，询问是喜欢公司的“色拉色斯”(一种老产品)，还是喜欢新的色拉调料。消费者对新产品提出了各种期望，公司综合消费者的希望，几个月后一种新的色拉调料研制出来了，并向被调查者征求新产品的名字，最后确定为“色拉米斯”。公司将白色和粉色提供给被调查者，根据消费者的反应，确定颜色，公司很快解决了“色拉米斯”变色的问题。为准时销售这项产品，公司又进行最后一次消费者试验，同时还调查消费者愿意花多少钱来购买它，以此确定产品的销售价格。经过反复的征求意见，并根据消费者意见，作了改进，最后“色拉米斯”一举成功。

3. 专家调查法

专家调查法又称德尔菲法，它是指以通讯的方式向有关专家进行咨询预测市场需求的方法。该方法由调查人员事先拟定出需要预测的课题，准备所需的背景材料，设计专用的调查表，然后选聘具有与预测课题有关的专业知识和工作经历的10～15名专家，之后由调查人员将预先设计好的调查表邮寄给选定的专家，请专家们凭各自的经验、知识做出预测，在规定的时间内填好调查表并寄回，最后调查人员对回收的调查表进行整理、综合，将结果再寄给各位专家再次征询意见做出预测，重新填写调查表并寄回。经过多次反复征询，直到专家们不再改变自己的意见或专家们的意见趋于一致为止。专家调查法由于调查是以通讯的方式进行，具有匿名的性质，专家们在预测时不受资历、权威等因素的影响，避免了面对面预测的心理干扰；由于调查过程要反复进行多次，可以促使专家们进行反复思考，进而完善或改变自己的观点，最终做出准确的判断；由于预测结果是综合了全体专家的意见，因而最终的预测值具有较大的可靠性和权威性。因此，专家调查法是被实践证明了的比较有效的一种定性预测方法。如20世纪80年代后期上海印染工业公司,部分产品滞销,出口产品额下降。公司的决策层提出了开发10个新产品、改造10个老产品的初步方案,为了保证产品方案的正确,决定广泛征求企业外部各类专家的意见,对印染产品的发展趋势做出判断。公司向15个省市国家机关和省市贸易部门、科研部门、高等院校和企业的领导、科研人员、技术干部近200名专家发了意见征询表格。经过三轮信息反馈,公司进行信息汇总发现,公司原先设想的20种产品只有10种与专家的意见一致,除此之外专家们提出适合公司外销的品种达200余种,远远大于公司所列的20种,这对于公司是意外的收获。最终公司采纳了专家们的意见,做出了最后决策,并据此制定了1982—1987年的五年规划,而1987年"上染"的总产值在国内纺织品行业位居前茅,在国外市场上,其产品销往美国、英国、法国、日本、科威特等几十个国家和地区,成为我国纺织品大户。

4. 市场试销法

市场试销法是指在特定时间内向某一特定地区投放小批量新产品或改进老产品,用以收集一定的资料进行预测。由于消费者没有关于新产品的感性认识,购买意向调查法难以奏效时,一般采用市场试销法。尤其是对一些低值易耗品或日常消费品的短期预测,可以获得比较理想的结果。其计算公式为:

$$Y_t = Q \cdot N \cdot D$$

式中:Y_t ——下期预测销售量;

Q ——每单位用户平均消费量;

N ——总用户数;

D ——重复购买的比重。

如某企业试销一种新型洗发露,有50%家庭试用,有30%的家庭重复购买,试销区每户家庭消费量为1.5升,该城市共有40万户家庭,则其未来市场需求量预测值为:

$$Y_t = 1.5 \times 40 \times 50\% \times 30\% = 90\,000(升)$$

5. 市场因子推演法

市场因子推演法是指通过分析市场因子来推算市场潜量的预测方法,又称"市场因素推算法"。其优点是简易明了,省时省费用,适应于市场因子变化无异常的情况。市场因子,是市场中存在的能引起某种产品需要的实际事物,通常取决于产品使用者的人口数量和有支付能力的需求及其购买欲望。如每年的结婚人数是家具、耐用家电的需求量的市场因子,人口结构的变化和人口增长速度是日用商品需求量的市场因子等。其计算公式为:

$$Y_t = Q \cdot N$$

式中:Y_t ——预测期商品市场潜量;

Q ——相关的单位市场因子购买商品量;

N ——预测期相关的市场因子总数量。

如某家用电器公司通过调查发现，当地市场中每 100 对新婚夫妇需要购买成套家用电器（彩电、电冰箱、洗衣机、微波炉）为 30 套。根据调查当地历年结婚对数的资料推测出下年结婚人数为 10 000 对，则用市场因子推演法预测下一年度新婚市场家用电器的市场潜量为

$$Y_t = 30/100 \times 10\,000 = 3\,000 \text{套}$$

4.3.3.2　定量预测

定量预测是根据市场调查取得的数据资料和经济信息，运用统计方法和数学模型，对市场未来发展的规模、水平、速度和比例关系的测定。运用定量预测方法，一般需具有大量的统计资料和先进的计算手段。定量预测方法主要包括时间序列预测和回归预测两大类。

1. 时间序列预测方法

时间序列预测方法是收集与整理预测事物的过去资料，将历史数据按照时间的顺序排列为时间序列，分析其随时间的变化趋势，并利用趋势外延的方法来估计和推断预测对象未来的变动。常用的方法有以下几种。

1)简单平均法

简单平均法是以一定观察期内预测变量的算术平均数作为下期预测值的预测方法。这种方法适用于趋势比较稳定的时间序列的短期预测。其计算公式为：

$$Y_t = \frac{X_1 + X_2 + X_3 + \cdots + X_n}{n} = \frac{\sum_{i=1}^{n} X_i}{n}$$

式中：Y_t ——预测值；

X_i ——第 i 期的观察值。（$i = 1,2,3,\cdots,n$）

如，某商场 1～6 月份某商品的销售额分别为 60 万元、70 万元、65 万元、75 万元、70 万元、75 万元，试用简单平均法预测 7 月份的销售额。

$$Y_t = (60+70+65+75+70+75)/6 \approx 69.17(\text{万元})$$

2)加权平均法

将时间数列的各个数据看作对预测值有不同的影响程度，分别给各个数据以不同的权数后计算出加权平均数，并将其作为下期预测值的方法，叫加权平均法。简单平均法是将各期的统计数据等同看待，但实际上近期的统计数据与远期的统计数据相比，包含有更多的变化趋势信息。只有根据其包含趋势信息的多少给予相应的权数，才能更好地表现出时间数列的趋势。其计算公式为：

$$\overline{Y_t} = \frac{X_1 D_1 + X_2 D_2 + X_3 D_3 + \cdots + X_n D_n}{D_1 + D_2 + D_3 + \cdots + D_n} = \frac{\sum_{i=1}^{n} X_i D_i}{\sum_{i=1}^{n} D_i}$$

式中：$\overline{Y}_c$ ——为预测值；

D_i ——权数；

X_i —— i 期实际销售额。

如以前述商场的资料为例，假定 1～6 月份的权数分别为 1,2,3,4,5,6，用加权平均法预测 7 月份的销售额为：$x_7 \approx 71.19$(万元)

加权平均法的关键是确定适当的权数。一般来说，对近期统计数据应给较大的权数，对远期统计数据应给较小的权数，权数之间的级差一般根据经验来判断确定。

3)移动平均法

移动平均法是将观察期的统计数据，由远而近地按一定跨越期逐一求取平均值，并将最后一个平均值确定为预测值的方法。这种按一定跨越期逐一求取平均值，随时间顺延而顺延，形成一个新的时间数列。新的时间数列在一定程度上消除了随机波动的影响，使历史数据得到一些修匀，比原时间数列更容易看出数据的变化规律。移动平均法包括简单移动平均法、加权移动平均法等。这里只介绍简单移动平均法。

简单移动平均法，是对时间数列按一定的观察期逐项连续计算平均值，取最后一个平均值作为预测值的方法。其计算公式是：

$$\overline{Y}_t = \frac{X_t + X_{t-1} + \cdots + X_{t-n+1}}{n}$$

式中：X_n —— n 期实际值；

$\overline{Y}_t$ —— n 期移动平均值；

n ——移动跨越期的期数。

如仍以前例的资料为例，假定移动跨越期分别为 2 月和 3 月，用移动平均法预测的 3～7 月份的销售额预测值(移动平均值)见表 4.6 所示。

表 4.6 某商场 3～7 月份的销售额预测值表 单位：万元

月份	销售额	二期移动平均	三期移动平均
1	60		
2	70		(65 + 70 + 60)/3 = 65
3	65	(70 + 60)/2 = 65	(75 + 65 + 70)/3 = 70
4	75	(65 + 70)/2 = 67.5	
5	70	(75 + 65)/2 = 70	(70 + 75 + 65)/3 = 70
6	75	(70 + 75)/2 = 72.5	(75 + 70 + 75)/3 = 73.33
7	预测	(75 + 70)/2 = 72.5	

移动平均法预测的准确程度，取决于移动跨越期的长短。跨越期越短，预测值对数据波动的反映越灵敏，有利于反映实际数据的波动情况，但反映长期变动趋势的效果较差；跨越期越长，预测值反映实际数据波动的灵敏度有所降低，但有利于避免偶然因素对预测结果的影响。因此，应选择合理的跨越期。若为了反映长期变动趋势，

跨越期可以适当长些；若为了灵敏地反映历史数据的变动趋势，跨越期可以适当短一些。

4)指数平滑法

指数平滑法是加权平均法的一种特殊形式，是在预测值同实际值之间的一种平均。指数平滑法计算公式是

$$Y_t = \alpha X_{t-1} + (1-\alpha) Y_{t-1}$$

式中：Y_t —— t 期平滑预测值；

Y_{t-1}——最近一次预测值；

α ——指数平滑系数。

2. 回归分析法

在经济活动中，许多经济现象都有一定的相互关系，如商品销售量的多少与消费者的购买力、商品价格等有关，根据事物因果关系，找出变化的原因，对未来做出预测的方法称为回归分析法。根据自变量的多少，分为一元线性回归和二元线性回归。这里只介绍一元线性回归。其计算是公式是：

$$\overline{Y} = a + bX$$

式中：$\overline{Y}$ ——预测值；

X ——引起变化的某种因素；

a、b ——回归系数，a 为截距，b 为斜率。

$$\begin{cases} b = \dfrac{\sum\limits_{i=1}^{n} X_i Y_i - n\overline{XY}}{\sum\limits_{i=1}^{n} X_i^2 - n(\overline{X})^2} \\ a = \overline{Y} - b\overline{X} \end{cases}$$

其中：

$$\overline{Y} = \frac{\sum\limits_{i=1}^{n} Y_i}{n}, \overline{X} = \frac{\sum\limits_{i=1}^{n} X_i}{n}$$

本章小结

● 市场信息是一种特定信息，是企业所处的宏观环境和微观环境的各种要素发展变化和特征的真实反应，是反映它们的实际状况、特性、相关关系的各种消息、资料、数据、情报等的统称。市场营销收集的方法主要有原始资料收集法和二手资料收集法。

● 市场营销信息系统(MIS)是由人员、设备和程序所构成的一种相互作用的连续复合体。其基本任务是及时、准确地收集、分类、分析、评价和提供有用的信息，供

市场营销决策者用于制定或修改市场营销计划,执行和控制市场营销活动。市场营销信息系统的构成:内部报告系统、营销情报系统、营销调研系统、营销决策支持分析系统。

● 市场营销调研就是运用科学的方法,有目的、有计划、有系统地收集、整理和分析研究有关市场营销方面的信息,并提出调研报告,以便帮助管理者了解营销环境、发现问题及机会、作为市场预测和营销决策的依据。市场营销调研可根据不同的标准,划分为不同的类型。按调查内容分为宏观环境调查、微观环境调查和企业自身活动调查;按调查方式分为普查、重点调查、典型调查和随机抽样调查;按研究性质分为探索性、描述性、因果关系和预测性调查。

● 市场营销调研的内容有宏观环境调研(包括政治法律环境、经济环境、科技环境和社会环境调研等)、市场竞争者调研、消费者调研、市场营销策略调研。市场营销调研步骤可分为以下三个阶段:调查准备阶段、正式调查和结果处理阶段。这三个阶段又可进一步分为五步:确定调查课题、制定调研计划、组织实施计划、整理分析资料、提出研究报告。

● 市场预测是指在市场调查的基础上,利用各种信息资料,采用科学的方法进行分析研究,以推测未来一定时期内市场需求情况及发展趋势,为企业确定营销目标和制定营销策略提供依据。

● 市场预测可按不同的标准进行分类。按市场预测的时间长短分为短期预测、中期预测、长期预测;按预测的地区范围分个人预测、地区性预测、全国性预测、洲别预测、世界性预测;按预测方法的不同性质分为定性预测、定量预侧。

● 市场预测的内容包括市场需求预测、市场供给预测、市场物价与竞争形势预测、科学技术发展预测、企业生产经营能力预测、企业财务及环境意外事件等预测。对企业来说,最主要的是市场需求的预测。市场预测的步骤分为:确定预测目标、拟定预测方案、收集整理资料、选择预测方法、进行预测推断、分析预测结果、提交预测报告。

市场预测的方法按其性质可分为定性预测和定量预测。定性预测方法有销售人员意见调查法、消费者购买意向调查法、专家调查法、市场试销法、市场因子推演法。定量预测方法包括时间序列预测和回归预测两大类。

主要概念

市场信息　市场营销信息系统　市场营销调研　市场预测

基本实训和能力实训

一、判断题

1. 市场营销信息就是各种消息、信息。 ( )
2. 实地调查应该注意收集第二手资料,而不是第一手资料。 ( )
3. 询问法是市场调研中常用的一种方法。 ( )
4. 信息在通过人际渠道传递过程中会发生失真现象。 ( )
5. 描述性调研主要是收集、整理和分析第二手资料。 ( )
6. 抽样调查的目的是为了掌握样本的情况。 ( )
7. 市场预测是凭借预测者的经验和感觉对未来市场需求量进行判断。 ( )
8. 消费者购买意向会随时间而转移,因此消费者购买意向调查法只宜作短期预测。 ( )
9. 市场调研为营销决策提供宝贵的参考资料和信息,但并不能代替决策。 ( )
10. 市场营销信息系统的主要目的是收集信息。 ( )
11. 对于企业而言,市场调研比市场预测更重要。 ( )
12. 专家调查法是被实践证明了的比较有效的一种定量预测方法。 ( )
13. 指数平滑法,是简单平均法的一种特殊形式。 ( )
14. 在市场调研活动中市场调研的主体是消费者。 ( )
15. 市场预测的内容包括很多,对企业来说最主要的是需求的预测。 ( )
16. 探测性调研一般要进行实地调查,收集第一手资料。 ( )
17. 抽样调查通常比普查在人力、物力、财力方面的开支大,所需时间长。 ( )
18. 定量预测方法主要包括时间序列预测和回归预测两大类。 ( )
19. 市场试销法一般适用于日常消费品的长期预测。 ( )
20. 移动平均法预测的准确程度,取决于移动跨越期的长短。 ( )

二、单项选择题

1. 下列内容( )属于微观市场调研的内容。
   A. 国家关于企业产生的排放污水的规定的调研
   B. 食品销售许可的调研
   C. 企业原材料供应单位的调研
   D. 法律政策环境的调研
2. 促销调研的内容一般不包括( )。
   A. 促销手段的调研　　B. 促销策略的可行性调研
   C. 选择各类促销人员的调研　　D. 企业竞争环境的调研

3. 在市场调研活动中市场调研的结果(　　)。

A. 信息准确率很高　B. 消费者非常需要　C. 难免有误差

4. 在调研课题中使用描述性调研所关注的是(　　)。

A. 找出问题的症结　B. 环境变化是“为什么”的问题

C. 揭露问题的本质　D. 各现象“是什么”的问题

5. 为营销决策者收集、挑选、分析、评估所需要的、适时的和准确的信息被定义为(　　)。

A. 营销信息系统　B. 营销决策支持分析系统

C. 内部报告系统　D. 营销调研系统

6.“订单—发货—账单”的循环是(　　)的核心。

A. 营销情报系统　B. 营销决策支持分析系统

C. 内部报告系统　D. 营销调研系统

7.(　　)特别适用于缺少历史资料的市场现象的预测。

A. 回归分析预测法　B. 定性预测法

C. 时间序列预测法　D. 定量预测法

8. 企业在情况不明时,为找出问题的症结,明确进一步调研的内容和重点,通常要进行(　　)。

A. 探测性调研　B. 描述性调研

C. 因果关系调研　D. 预测性调研

9. 为弄清市场变量之间的因果关系收集有关市场变量的数据资料的调查方法是(　　)。

A. 探测性调研　B. 描述性调研

C. 因果关系调研　D. 定期性调研

10. 加权平均法的关键是(　　)。

A. 确定适当的权数　B. 实际观察值的多少　C. 实际观察值的大小

11. 收集事物的过去资料,将历史数据按照时间的顺序排列为时间序列,进行推算预测未来发展趋势,这是(　　)。

A. 观察法　B. 时间序列分析法

C. 相关回归分析预测法　D. 专家意见法

12. 一部畅销小说被作者和编剧改编成电视连续剧搬上银屏,这是信息的(　　)特征。

A. 可检索性　B. 可共享性　C. 可转换性　D. 可存储性

13. 以下几种调查方法企业最常采用的是(　　)。

A. 普查　B. 重点调查　C. 典型调查　D. 抽样调查

14. 下列属于观察法缺点的是(　　)。

A. 直接可靠　B. 适用性强　C. 简便易行　D. 受时空限制

15. 某电台为了了解国产家电的使用状况及占有率，在几个大商场向所遇见的顾客调查有关情况，以掌握初步信息，这种调查属于(　　)。

A. 任意抽样法　B. 分层抽样法　C. 分群抽样法　D. 等距抽样法

三、多项选择题

1. 市场营销信息系统由(　　)所构成。

A. 内部报告系统　B. 营销情报系统

C. 营销调研系统　D. 营销决策分析系统

2. 市场信息具有的一般信息所共有的基本特征包括(　　)。

A. 目的性　B. 可存贮性　C. 可转换性　D. 系统性

3. 市场调研工作的内容主要包括(　　)。

A. 收集资料　B. 整理资料　C. 分析资料　D. 撰写调研报告

4. 营销调研计划的内容有(　　)。

A. 调研项目　B. 调研方法　C. 调研人员　D. 调研费用

5. 市场营销调研，主要包括的内容有(　　)。

A. 产品调研　B. 价格调研　C. 渠道调研　D. 竞争调研

6. 时间序列预测方法主要包括(　　)。

A. 简单平均法　B. 加权平均法　C. 回归分析法　D. 移动平均法

7. 市场调研的局限性主要有(　　)。

A. 要求更多的专业知识　B. 结果难免带有误差　C. 并不能完全代替决策

8. 按研究性质分类，市场调研主要有(　　)。

A. 探测性调研　B. 描述性调研　C. 因果关系调研　D. 预测性调研

9. 市场调研的资料调研途径有(　　)。

A. 原始资料　B. 次级资料　C. 主观资料　D. 客观资料

10. 分销渠道调研的内容一般包括(　　)。

A. 对影响分销渠道选择各个因素的调研

B. 影响价格变化各种因素的调研

C. 选择各类中间商的调研

D. 市场供求情况及其变化趋势的调研

11. 市场试销法预测主要适用于(　　)。

A. 新产品投放市场　B. 老产品开辟市场

C. 原料用量　D. 机器设备

12. 询问调查是按预先准备好的调查提纲或调查表，通过(　　)向被调查者了解情况、收集资料。

A. 计算机　B. 口头接触　C. 电话接触　D. 书面接触

13. 市场营销调研的作用十分重要，表现在(　　)。

A. 可以发现一些新的机会和新的需求

B. 可以发现企业产品的不足及经营中的缺点

C. 有利于增强竞争能力

D. 有利于制定科学的营销规划

14. 时间序列分析法预测未来的前提是(　　)。

A. 假定事物过去的规律会同样延续到未来

B. 假定事物过去的规律不会延续到未来

C. 假定事物的未来是不会有变化的

D. 假定事物的未来是有规律变化的

15. 销售人员意见调查法的特点是，提供预测的人员有(　　)。

A. 营销经理　B. 行政管理人员　C. 业务人员　D. 顾客

四、简述题

1. 简要说明市场营销信息系统及其构成。
2. 什么是市场营销调研，它有什么作用？
3. 依据调研的性质，市场营销调研是怎样划分的？
4. 试举例说明市场营销定性预测的主要方法。
5. 市场营销调研的方法有哪些？各有何特点？
6. 一个完整的市场营销调研分几步？分别是什么？
7. 简述市场预测与市场调查的区别与联系。
8. 市场预测按其性质是如何分类的？
9. 定量预测包括几种方法？分别是什么？

五、综合实训

案例分析 1　凯斯公司倾听“消费者的呼声”

凯斯(Case)公司是一家建筑设备和农场设备的制造商。1991 年和 1992 年的营业损失达到 90 万美元。1994 年，公司聘用了一位新的首席执行官琼·皮埃尔·罗索(Jean Pierre Rosso)。他得知公司自 20 世纪 80 年代以来，从未将顾客意见纳入它的产品设计决策中，与之相反，产品是为适应工厂生产能力而发展起来的。这造成了产品滞销，比如一种新型拖拉机马力太低，不能满足消费者的需要。当经销商发现他们的凯斯产品积压时，交易关系恶化，这又进一步损害了公司的销售。

罗索认识到公司必须扭转营销观念，由过去的生产导向转变为市场导向。用公司营销部负责人文森特·巴拉巴的话来说，公司各部门的想法和消费者的想法应该有一个“结合”点。于是，公司多次请教消费者，将凯斯的设备与主要竞争者——约翰·迪尔和卡特皮勒的设备逐项进行比较，公司的工程师和营销人员对使用竞争者产品的客户和潜在客户进行访问，询问产品特征、优势和问题。然后，把收集的资料纳入新的产品设计。罗索的营销调研信息改善了决策的制定，致使公司的净收入 1994 年翻了两番，销售增长了 14%。1995 年，收入达到 42 亿美元。1996 年上半年，凯斯的收入和利润比 1995 年均高出 20%。显然,凯斯通过营销调研来“倾听消费者的呼声”,制定、改进和评估营销活动。

案例思考:

1. 从此案例分析市场调查的作用。
2. 分析该公司的市场调查的类型及其步骤。

案例分析 2 卡西欧公司的销售调查卡

闻名世界的日本卡西欧公司,自公司成立起便一直以新、优取胜,其新、优主要得力于市场调查。卡西欧公司的市场调查主要采用销售调查卡,其卡只有明信片一般大小,但考虑周密,设计细致,调查栏目中各类内容应有尽有。第一栏是对购买者的调查,其中包括性别、年龄、职业。第二栏是对使用者的调查,使用者是购买者本人、家庭成员,还有其他人。每一类人员中又分年龄、性别。第三栏是购买方法的调查,是个人购买、团体购买,还是赠送。第四栏是调查如何知道该产品的,是看见商店橱窗布置、报刊杂志广告、电视台广告,还是朋友告知、看见他人使用等等。第五栏是调查为什么选中了该产品,所拟答案有:操作方便、音色优美、功能齐全、价格便宜、商店的介绍、朋友的推荐、孩子的要求等。第六栏是调查使用后的感受,是非常满意、一般满意、普通,还是不满。另外几栏还分别对机器的性能、购买者所拥有的乐器、学习乐器的方法和时间、所喜爱的音乐、希望有哪些功能等。如此,为企业提高产品质量、改进经营方式,开拓新的市场提供了可靠依据。

案例思考:

1. 卡西欧公司销售调查卡包括市场调查的哪些内容?
2. 根据销售调查卡的内容,为其设计一份市场调查问卷。

案例分析 3 神秘的日本客人

有一次,一个美国家庭接受了一位日本人住在家里,日本客人每天都在做笔记,记录美国人居家生活的每个细节,包括吃什么食物、看什么电视节目。两个月以后,神秘的日本客人走了。过了不久日本丰田公司专家针对美国家庭使用旅行车的需要,推出了新型的汽车,并在白纸上刊登他们对美国家庭的研究报告以及他们对研究人员的感谢函。那个美国家庭在阅读报纸时才恍然大悟,原来那位被留住的日本人是丰田公司众多调查人员之一。

案例思考:

1. 日本丰田公司采用了何种调查方法?
2. 这种方法有什么优缺点?

参考答案要点

一、判断题

1. × 2. × 3. √ 4. √ 5. × 6. × 7. × 8. × 9. √ 10. × 11. × 12. × 13. × 14. √ 15. √ 16. √ 17. × 18. √ 19. × 20. √

二、单项选择题

1. C 2. D 3. C 4. D 5. A 6. C 7. A 8. A 9. C 10. A 11. B 12. C 13. D 14. D 15. A

三、多项选择题

1. ACDE 2. BC 3. ABCD 4. ABCD 5. ABC 6. ABD 7. ABC 8. ABCD 9. AB 10. AC 11. AB 12. ABCD 13. ABCD 14. AD 15. AC

四、简述题

1. 市场营销信息系统是由人员、设备和程序所构成的一种相互作用的连续复合体。其基本任务是及时、准确地收集、分类、分析、评价和提供有用的信息，供市场营销决策者用于制定或修改市场营销计划，执行和控制市场营销活动。其构成为：①内部报告系统；②营销情报系统；③营销调研系统；④营销分析系统。

2. 市场营销调研是运用科学的方法，有目的、有计划、有系统地收集、整理和分析研究有关市场营销方面的信息，并提出调研报告，以便帮助管理者了解营销环境，发现问题及机会，是市场预测和营销决策的依据。其作用是：①通过市场调研可以发现一些新的机会和新的需求，企业可以开发新的产品去满足这些需求；②通过市场营销调研可以发现企业产品的不足及经营中的缺点，便于企业及时加以纠正，修改企业的经营策略，市场营销调研是不断提高企业经营活力；③增强竞争能力，克敌制胜的重要手段；④通过市场调查研究，可以了解整个经济环境对企业发展的影响，了解国家的经济政策法律法规变化，预测未来市场可能发生的变化。

3. 市场营销调研分为四种。①探测性调研是指情况不明时，为了找出问题的症结和明确进一步深入调查的具体内容而进行的初步调查；②描述性调研是指通过详细的调查和分析，对市场营销活动的某个方面进行客观的描述；③因果关系调研是指通过逻辑推理和统计分析方法找出关联现象或变量之间的因果关系；④预测性调研就是企业在收集了历史的和现在的数据的基础上，通过统计分析，从而对事物未来发展的趋势做出科学预测。

4. 市场营销定性预测的主要方法有四种。①销售人员意见调查法是指邀请一些有经验的销售人员和销售经理，对企业某一产品的未来销售量及其概率做出判断，然后由预测人员对他们的预测结果进行统计分析，最后得出综合的预测结果；②消费者购买意向调查法是指通过抽样调查，掌握某类产品的社会拥有量情况、消费者的购买意向以及某一品牌的喜爱程度等资料，在对调查资料整理分析的基础上，推算出某一品牌未来的购买情况;③专家调查法,又称德尔菲法,它是指以通讯的方式向有关专家进行咨询采取预测市场需求的方法;④市场试销法是指在特定时间内向某一特定地区投放小批量新产品或改进老产品,用以收集一定的资料进行预测;⑤市场因子推演法是指通过分析市场因子来推算市场潜量的预测方法,又称"市场因素推算法"。

5. 市场营销调研的方法有三种。①询问法是由调查人员以询问的方式进行调查,从被调查者的回答中获取所需资料。②观察法是调查人员用自己的眼睛或借助于器材,在调查现场直接观察和记录被调查者的行动,以获取所需调查资料。所获取的调查资料较为可靠和直观。③实验法是调查人员根据调查的目的,选择一两个实验因素,将它们置于一定的市场条件下进行小规模的实验,通过对实验结果的分析来获取调查资料。实验法调查方法较为科学,实验数据能真实地反映情况。但因市场上不可控因素太多,且有些变动因素难以把握,实验数据会受当地当时市场条件的影响,实验结果缺乏纵向可比性。

6. 一个完整的市场营销调研分五步:①确定调查课题;②制定调查计划(确定资料来源,选择调查方法,设计调研工具,调研组织机构,决定抽样计划调查经费预算及日程安排);③组织实施计划;④整理分析资料;⑤提出研究报告。

7. 市场营销调研就是运用科学的方法,有目的、有计划、有系统地收集、整理和分析研究有关市场营销方面的信息,并提出调研报告,以便帮助管理者了解营销环境,发现问题及机会,是市场预测和营销决策的依据。市场预测是指在市场调查的基础上,利用各种信息资料,采用科学的方法进行分析研究,以推测未来一定时期内市场需求情况及发展趋势,为企业确定营销目标和制定营销策略提供依据。市场预测同市场调研和营销决策紧密联系,是一个发展过程的不同阶段。市场调研是市场预测的依据,市场预测是营销决策的基础,调研和预测的目的是为了实现营销决策的精确性和科学性

8. 市场预测按其性质分为定性预测和定量预测。定性预测是依靠个人的经验和知识,通过对有关资料进行分析研究来判断未来市场的发展趋势和状态。定性预测方法适用于预测对象受不可控因素影响较大,而又缺乏详细可靠的统计数据的情况下所需进行的预测;定量预测是根据市场调查取得的数据资料和经济信息,运用统计方法和数学模型,对市场未来发展的规模、水平、速度和比例关系的测定。

9. 定量预测包括时间序列预测和回归预测。①时间序列预测方法,包括简单平均法、加权平均法、移动平均法、指数平滑法;②回归分析法分为一元线性回归和二元线性回归。

5

目标市场营销策略

学习目标与要求

- 了解市场细分的概念与作用;了解市场细分的基本原则
- 了解企业如何利用市场细分识别具有吸引力的市场,并能应用市场细分理论解决具体问题
- 掌握市场细分的具体方法与步骤
- 掌握目标市场选择及定位

在市场经济条件下,企业要求得生存,必须与不断变化的市场环境相适应,增强企业的应变力,及时把握机会,制定市场战略计划,利用自身优势去满足目标市场的需求,完成企业的既定目标,不断提高经济效益。但在通常的情况下,由于受到自身实力的限制,任何企业产品都不可能为市场上的全体顾客服务,而只能满足一部分顾客的某种需求,所以企业必须实行目标市场营销,选定最能发挥本企业优势的市场作为自己争取的目标,然后采取相应的市场营销手段,在目标市场取得盈利。有效地实行目标市场营销的三个重要步骤是:①市场细分,即将整个市场区分为几个不同的购买者群体,他们各需不同的产品或者需要采用不同的市场营销手段;②选择目标市场,即选择一个或几个细分的市场,作为企业进军的目标;③市场定位,即为本企业的产品确定一个有利的竞争位置和制定一套详细的市场营销策略。其中的市场细分是企业选择目标市场的基础与前提。

5.1 市场细分

5.1.1 市场细分的概念

市场细分的观点是美国学者温德尔·史密斯(Wenden R.Smith)总结了许多企业的市场营销经验以后,在1956年提出的一种选择目标市场的策略思想。他主张凡是市场上的产品或劳务的购买者超过两人以上者,这个市场就有被细分为若干小区域的可能。由于此观点顺应了二战后美国众多产品的市场转化为买方市场这一新的市场形势,因此它一问世立即被企业界所认可,并被誉为创造性的新概念。它的理论依据是消费需求的绝对差异性和相对同质性。

所谓市场细分,就是企业通过市场调研,根据消费者明显的不同特性(需求、欲望和购买行为)把整体市场分割为两个或更多的子市场,每个子市场都是由需要与欲望大致相同的消费者群组成,从而确定目标市场。而这一活动的结果就是一个个被分割的子市场,在这里,每一个消费者群就是一个细分市场。

市场细分的主要任务是:企业必须确定各种区分市场的方法,描绘出这些有实际意义的细分市场的轮廓,并最后衡量每个细分市场对企业的吸引力。如改革开放初期,在众多乡镇企业争先恐后上马电扇厂时,杭州的王星纸扇厂在市场调查的基础上,利用市场细分策略,把小生意做成大生意。他们根据年轻人喜爱新奇、精致小工艺品的特点,老年人怀旧的特点以及国外市场关注中国特色产品的特点,生产出各种各样的、大小不一的时髦精致的工艺品扇以及适合老年人使用的羽毛扇、专供出口的红木屏风扇、檀香扇等等,赢得了市场。产值年递增21%,利润递增40%,产值和利润的上升幅度远远超过电扇厂。

5.1.1.1 市场细分与市场分类的区别

市场细分不同于一般的市场分类方法,市场分类方法主要是商品供应方为了便于掌握市场特征而进行划分的。

如按商品的功能和用途不同分类,可将市场分为生活消费市场、生产消费市场、服务市场等。

市场细分则是根据消费者对市场商品需求的差异性来划分的,是工商企业从市场消费者需求的差异性出发,用一定的标准将不同的消费者划分为不同的消费群体,每一个消费者群体,就是一个细分的市场。这样,整个市场就划分为许多个“子市场”。如根据消费者年龄不同对商品需求存在的差异性,整个市场可划分为:“少年儿童市场”、“青年人市场”、“中年人市场”、“老年人市场”等。整体市场细分后,各个细分的“子市场”之间,对同类商品的需求存在着不同的要求,但在各个细分的“子市场”之中,对同类商品又有近似的要求。如牙膏市场上,虽然有些消费者群体注重的是洁白牙齿的需要,有些是注重牙膏气味,有些注重预防牙病,但是,他们之间有着对牙膏共性的要求,即满足个人卫生的需求。

因此,市场细分化,对整体市场中的社会需求,既有同中求异,也有异中求同,一般是用求大同存小异的方法。可见,市场分类是立足于企业,以企业为中心,出发点在于为企业的经营提供方便;市场细分是立足于消费者,以消费者为中心,出发点在于全心全意为消费者提供优质服务,不断提高企业信誉,以拓展市场。

5.1.1.2 市场细分策略思想形成的三个阶段

1. 大量营销阶段(生产导向阶段)

这是西方国家在20世纪20年代以前,由于生产能力相对落后,商品供不应求,生产观念支配企业的经营管理而出现的营销阶段。当时的营销者们认为,只要消费者在市场上可以看到本企业产品,而且产品价格比同类产品更为便宜,就一定会购买本企业产品。采用这种大量营销的方法可以使生产企业面向市场上所有的购买者,通过大量生产、分配、宣传来推广一种产品,最终使成本和价格都尽可能降低,引起最大的市场需求,实现规模效益。

2. 产品差异化营销阶段(销售导向阶段)

即企业生产两种或两种以上不同特点、式样、规格、质量的产品以供应市场。西方国家在20世纪20年代末到20世纪50年代以前处于此阶段。由于产品数量以及品种迅速增加,卖方市场逐步向买方市场过渡,市场竞争激烈,企业逐步意识到产品差异的潜在价值,开始实行差异化营销,使消费者有了较大的选择机会。但是,这种产品差异并不是专门为迎合各种不同的消费需求与欲望而设计的。

3. 目标市场营销阶段(市场导向阶段)

即生产企业先将整个市场细分为不同的子市场,然后从中选出一个或几个子市场作为目标市场,并针对各个目标市场的不同需求特点,相应开发不同产品或采取不同的市场营销方法,以占领市场,获得尽可能多的市场占有率。其市场特点是:社会生产力迅猛发展,产品数量剧增,花色品种繁多,消费者对产品优中选优,形成了典型的买方市场。

从上述三个阶段可以看出:市场细分的概念是随着市场营销阶段的到来才最后形成的,它与市场营销观念的转变是紧密相联的。但需要注意的是,这三种不同的营销方式,并不是在三个不同的发展阶段中依次单独出现和存在,以至最后形成单一的形式。在目前的市场营销中,三种营销方式还都存在,这是由于各种产品具有不同的适应性,必须应用不同的市场营销策略。

5.1.2 市场细分的依据

市场细分的客观依据,首先是消费者需求的差异性,其次是由于企业有限的资源和为了进行有效的市场竞争。

5.1.2.1 消费者需求的差异性

市场细分化的过程,实际上是根据需求差异对消费者进行分类的过程。消费者的需求具有同质和异质之分。从同质需求来看,首先,对于有些商品来说,消费者的需求是十分相似的,他们对商品和服务的要求以及对企业营销的反应具有一定的一致性。如对电力、自来水的供应,所有的消费者对此需求大致相同,而且对接受统一价格没有很大的异义。这就是消费者需求的同质性或类似性,因此称为“同质市场”。

其次,由于同一地理条件、社会环境和文化背景,消费者会形成有相对类同的亚文化群,他们的需求特点和消费习惯大致相同。消费者需求的相对同质性使市场细分有了实现的可能性。因为如果完全按照每一个消费者的需求细分市场,造成成本过高,对企业来说是不现实的。正是因为如此,市场上绝对差异的消费者才能按一定标准聚合成不同的群体,每一个群体就是一个有相似欲望和需求的市场部分或子市场,这样使市场细分成为可能。对于这些同质需求来说,企业的市场营销活动比较简单。

从异质需求来看,在现代市场上,对于大多数商品与服务来说,消费者的需求是各不相同的。这主要是由于人们的个性、爱好、动机、经济状况、生活方式以及家庭、生理等有差异,人们追求不同的利益,具有不同的需求特点和购买习惯,以至于对商品的品种、数量、价格、式样、规格、色彩乃至购买时间和地点的要求都会有所不同,从而表现为各种各样不同的需求。如家居装修市场,不同的家庭对装修的具体要求完全不同,这就是消费者需求的异质或差异性,称为"异质市场"。

客观存在的需求差异应该得到企业的尊重和鼓励,因为正是消费者需求的异质性组成了不同的消费者群体,每一个消费者群体就构成了一个具有类似购买欲望和要求的细分市场。消费者需求的同质性和异质性是相互联系的,在一个消费者群中,既存在着需求的同质性,也存在着需求的异质性,同质性置于异质性之中。由于需求的异质性是客观存在的,企业在市场营销中就不能笼统地对待消费者,而应该针对不同消费者之间的需求差异,把有类似需求的消费者划归一个群体,把整体市场分为若干个消费者群,然后根据企业自身的条件,选择其中一个或几个为目标市场,从而有效地利用企业资源,避免市场营销的盲目性。如果企业不这样做,面对复杂而庞大的市场,肯定会感到无所适从,不知从何处着手开展市场营销活动。

5.1.2.2 企业资源的有限性

由于市场外部环境的不可控性和企业资源的有限性,使得任何一个企业都不可能满足市场上所有顾客的要求。不论是产品还是服务,即使是一个在市场上处于领导地位的大企业,也不会在市场营销的全过程中占有绝对优势。企业在竞争的市场环境中,如果想要进行有效竞争以赢得自己的一席之地,就必须进行市场细分,然后选择自己最有利可图的细分市场,集中资源,制定有效的竞争策略,取得市场中的竞争优势。

5.1.3 市场细分的可能性

不同企业生产的类似产品,无论是在哪个市场上出现,都会有一定的差异性,这种产品供应的差异性与多元化,使消费者有选择的余地,使市场细分成为可能。同类产品出现差异的原因主要有以下几点。

(1)由于不同的生产企业所采用的生产设备、生产程序、生产方法不可能完全一致,因此,即使是同类产品,不同企业向市场提供时,也会有所不同。

(2)各个生产企业都拥有一些特殊资源(或人才、特殊设计或供销渠道、营销手段、进货来源等)。

(3)各个竞争企业在产品的设计、生产、改革和革新等方面的进展,总会有前有后,不可能同时供应市场。

(4)各个企业对市场需求特点及趋势的估计也不一样。因此,即使每个企业都有意识地执行某种相同的营销方式,他们向市场提供的产品仍然会有很大的差异性,组成了多元化供应的、企业间可以进行有效竞争的市场体系。

5.1.4 市场细分的作用

市场细分是企业开展市场营销的前提与基础,是市场营销全过程的首要环节。进行市场细分,有助于企业开展各方面工作。

(1)分析市场机会。企业通过市场细分,可以深入了解各细分市场顾客的不同需求及其满足程度,从而发现哪些细分市场的需求没有得到满足,研究该市场的竞争状况。通过比较,发现有利于企业的营销机会,以便运用企业本身的有利条件,迅速取得优势地位。

(2)制定最佳营销策略。企业通过市场细分,易于认识和掌握顾客需要,了解消费者对不同营销措施反应的差异,从而根据细分市场的特点,制定出相应的营销组合方案和最佳的营销策略,使企业经营资源集中用于选定的市场,生产适销对路的产品,配合以适当的售前、售中、售后服务,使消费者需求得到较好的满足。

(3)选定目标市场。企业通过市场细分,发掘市场机会,有助于根据主客观条件,选定某一个或某几个细分市场作为企业的目标市场。这比平均使用力量于各细分市场更能取得较好的营销效果,获得理想的市场份额,取得较高的效益。

(4)满足潜在需要。企业通过市场细分以后选定的市场小而具体,可增强市场调研的针对性,确切掌握消费者的消费倾向变化情况,分析潜在需要,发展新产品或新的服务项目,开拓新市场。从这点上看,市场细分对中小企业具有更为重要的意义。因为它们比起大型企业来资源更为有限,市场经营能力也无法与市场领先企业相比。但是,他们可以通过市场细分化,发现与自己企业资源相符合的、可以见缝插针、拾遗补缺某些市场空隙,把握力所能及的机会,集中人、财、物及信息等一切资源投入该细分市场,以企业的全部力量对抗竞争者的部分力量,就可以在此市场上建立稳固的市场地位。如南昌日用化工总厂年产"草珊瑚"牙膏8 000万支,而每年只有300万元的广告宣传费,平均每支牙膏的促销费用仅4分左右,这是无法与大企业的广告宣传费用相比的。面对着市场上强大的对手,南昌日用化工总厂没有以卵击石,他们在进行认真的分析和调查后,细分市场,决定走"农村包围城市"的路子,把销售工作的重点放在竞争对手尚未涉足或较少涉足的农村和小城镇,先后在省外开拓了淮阳、盐城、临沂、陆丰、临河等一些小城镇的牙膏市场,销售额达3 000多万元。

5.2 目标市场细分的标准与方法

市场细分有许多方法与标准,选择细分标准要考虑其有效性。如食用大米的消费者可以细分为有固定工作的和没有固定工作的,可以分为男性与女性市场。但事实上,从大米的消费来看,有无固定工作与购买大米关系不大,一个家庭食用米也不会分为男用米与女用米。因此,如果食用大米的人每月买相同数量的米,并且认为米的品质一样,愿意付出的价格也一样,那么,从营销观点来看,企业对此市场进行细分是无利可图的。

因此有效的细分市场必须符合以下原则,否则细分后的市场对企业来说会得不偿失,市场细分也失去了意义。

5.2.1 市场细分的原则

(1)细分市场的需求特征必须是可衡量的。这是指细分后的市场必须是企业可以识别和衡量的,也就是企业应首先掌握能明显表现消费者不同特征的资料,使得细分后的同一个市场的消费者确有类似的行为特征,而各个不同的细分市场之间又有明显的区别。如果设定的细分变数难以衡量,就无法界定市场,最终目标也就落空。

(2)细分后的市场必须是需求足量的。对于企业来说,细分市场的范围应大致可以实行一整套营销方案,使企业可以实现自己的利润目标。这就取决于这个市场是否有足够的、有货币支付能力的潜在购买者,是否存在可以拓展的可能,使企业能够一方面补偿成本,一方面获得利润,获得理想的经济与社会效益。反之,细分市场如果规模过小,范围过窄,需求量不大,进行产品差异化必然导致生产成本与推销费用相应地增长,企业难以取得规模效益,造成市场细分所得的收益不足以补偿所增加的成本与费用,这种细分市场对企业没有实用价值。

(3)细分市场必须是企业可以进入的。企业的市场营销活动,会受到一定的能力与条件的制约,所以,细分后的市场必须是企业的营销活动可达到的。这主要表现在两个方面:一方面是对细分后的市场,企业能够对消费者施加影响,能够传递产品的信息,进行产品的销售和产品的竞争;另一方面,企业的资源实力确实与细分市场相适应,这才是可以接受的市场。否则,吸引力再大,也只能放弃。

(4)细分市场必须是相对稳定的。细分后的市场应有相对的时间稳定性,否则细分市场也是没有意义的。细分后的市场能否在一定时间内保持相对稳定,直接关系到企业生产营销的稳定。如果细分后的市场需求变化过快,就会影响企业生产结构、产品组合的稳定,增加企业的经营风险,特别是对大中型企业,由于投资周期长、转产慢,更容易造成经营困难,严重影响企业经济效益。

(5)细分市场应具有高反应度。在比较理想的情况下,各个细分市场应该对营销组合中的因素有不同的反应。如果所有细分后的市场反应均一样,那么就无法采取特殊设计的营销组合,市场细分也就不必要了。如有些顾客对价格敏感,但是对商品的外包装则无所谓；有些顾客对产品结实与否要求高，对外观则无所谓。

对产品属性变化的反应度是确定市场细分的有效工具，它为企业有针对性地制定营销组合提供可能性。企业实施市场细分化策略必须具备以上条件，才有可能达到成功而有效的细分。

5.2.2 市场细分的标准

市场细分的作用能否得到充分的发挥，要看企业确定的划分标准是否合理有效。对于不同的企业，不同的营销环境，其细分标准是不同的。市场细分的一般标准如下。

5.2.2.1 消费者市场的细分标准

消费者需求的差异性是市场细分的基本标准，而影响消费者需求的差异性的因素是多种的。影响消费者需求的各种因素都可以作为市场细分的标准，由于这些因素是变动的，因此，市场细分的标准又叫市场细分变数。细分消费者市场所依据的变数很多，可以概括为四大类：地理环境因素、人口统计因素、消费心理因素、购买行为因素。

1. 地理环境因素

这是市场细分的主要标准之一。以地理环境为依据来划分市场是传统的市场细分方式。地理环境相对于其他因素表现比较稳定，属于静态因素，容易辨别。它是按照消费者所处的地理环境来细分市场，主要包括洲际、国别、区域、行政省市、城乡、地区、地形、气候、城市大小、人口密度、交通条件等。地理位置不同人们对同一类产品的需求偏好往往不同。交通运输是否发达、资源是否充足，可以造成一个国家不同地区人们的生活方式以及使用产品、选择产品的巨大差异。气候因素也明显造成人们穿着、饮食、户外和户内娱乐等差别。而且在不同地理环境中的市场对企业所采取的营销组合策略(如产品的设计、价格、分销方式、广告宣传等)也会存在不同的反应。此外，市场位置的不同往往引起人们对某一产品的市场潜量和成本费用的认识的不同，企业应选择那些能为之提供最好服务的、效益高的地理市场为目标市场。企业营销可以根据地理因素使用：①广泛营销，以统一策略满足各地区消费者需求；②集中于某一地区的专门营销，以满足当地消费者需求。

表 5.1 为根据我国地理因素进行典型细分市场的代表因素。

表 5.1 我国地理环境因素细分标准

划分标准	典型细分
地理区域	东北、华北、西北、华南等
气候	南方、北方、亚热带、热带、温带等
密度	都市、郊区、乡村、边远地区等
城市规模(人口)	特大城市，大、中、小城市等；或：0.5 万人以下，0.5 万～2 万人，2 万～5 万人，5 万～10 万人，10 万～25 万人，25 万～50 万人，50 万～100 万人，100 万～400 万人，400 万人以上

2. 人口统计因素

这是根据人口统计变量来细分市场。销售者可以按人口统计资料所反映的内容(即年龄、性别、收入、职业、教育、民族、宗教、家庭结构、家庭规模、家庭生命周期等直接反映消费者自身特点的许多因素)作为细分标准,将市场划分成不同的群体。人口因素一直是消费者市场的最主要的细分标准,其主要理由是它们与消费者的需求、偏好、欲望、商品使用频率以及许多产品的销售密切相关,而且这些因素较其他因素更易衡量。在这里,主要讨论市场细分中最常用的人口统计变量。

(1)家庭人口与家庭生命周期。家庭人口反映的是家庭规模大小。进入21世纪的中国市场,三口之家越来越多,家庭规模趋向小型化,这直接影响到家庭用品的消费形态。如对大件家具、高档家用电器、其他家居用品等的选择特点都会有所不同。

家庭生命周期的不同,人们对商品的需求也有显著差异。家庭生命周期一般分为七个阶段。不同阶段显示出不同的购买与消费特点。如家庭中有子女与无子女、有年幼子女与成年子女,其消费特点就大不相同。而且,在家庭生命周期不同阶段,家庭的购买力以及家庭成员对购买决策的影响力也有明显区别。

(2)年龄与生命周期阶段。不同年龄的消费者对商品的需求也不同。如婴儿、学龄前儿童、学龄儿童、少年、青年、中年、老年。一些企业为不同年龄与生命周期的细分市场提供不同的产品以及采取不同的营销方式。又如美国“人生阶段”的4种维生素,为特定年龄的特殊需求采用了不同的配方和营销方式:给4至12岁的“儿童配方”是可嚼的;给十多岁少年的是“少年配方”;还有为成人准备的“女性配方”与“男性配方”。但是年龄有时是一个难以捉摸的变量,最典型的例子是,有些40岁左右的人依然没有成家,这就不能与一般中年人的消费需求并论。因此,企业在考虑此因素时,应该尽量避免墨守成规的年龄印象。

(3)性别。性别是最常用的细分因素之一。不同性别的人对商品的需求和购买行为有显著差异。许多产品与服务(如服装、理发美容、洗涤用品与化妆品、饮料、杂志等)都可以用性别来细分市场。

(4)收入。由于收入往往直接影响消费者的购买力,决定了市场的消费能力,所以收入也是一个重要的细分因素。尤其对一些价格较高的耐用消费品市场,常用收入因素来细分。如房屋、旅游、汽车、电脑、首饰等。

(5)民族与国籍。我国是个多民族国家,有56个民族,少数民族人口约占全国总人口的6.7%。由于各民族有自己的生活习惯与风俗,因而对一些商品的需求有明显差异。不同国籍的消费者,生活习惯与购买力也有较大的区别,也会呈现出各种各样的需求特征。

(6)职业与教育程度。不同职业、不同教育程度的消费者,对商品的消费需求偏好和购买行为等区别很大,这主要是因为消费需求的取向差异。如美国某企业,在市场细分中就专门划分一个“学院市场”,这就是以职业与教育程度进行划分的,在这个市场上,人们消费在书报杂志上的开销明显高过其他类型市场。

(7)多重人口统计变量。当单一变量无法准确划分时,企业常以两种或两种以上变量来细分市场。如某服装公司以性别、年龄和收入三个变量将市场划分为多个细分层面,每个层面有更细致的划分,如企业在高档女服产品的提供上,可以有以下细分选择:为高收入的年轻女性市场提供的高档职业女装;为高收入的职业中年妇女提供的高档职业女装;为富裕的年轻家庭妇女提供的高档女装以及中老年高档女装等。

表5.2列举了比较常用的按人口统计因素的具体细分标准。

表5.2 人口统计因素细分标准

人口因素	具体人口因素市场细分
年龄	婴儿、学龄前儿童、学龄儿童、少年、青年、中年、老年等
性别	男,女
民族	汉、满、维、回、蒙、藏、瑶、土家、白族等
职业	职员、教师、科研人员、文艺工作者、企业管理人员、私营企业主、工人、离退休人员、学生、家庭主妇、失业者等
家庭收入(年)	5 000元以下、5 000~10 000元、10 000~20 000元、20 000~30 000元、30 000~50 000元、50 000元以上等
家庭人口	1~2人、3~4人、5人以上
家庭生命周期	年轻单身、年轻已婚无小孩、年轻已婚小孩六岁以下、年轻已婚小孩六岁以上、已婚儿女18岁以下、中年夫妇、老年夫妇、老年单身等
教育程度	小学程度以下、小学毕业程度、初中程度、高中程度、大学程度、研究生以上等
宗教	佛教、道教、基督教、天主教、伊斯兰教等
种族	白色人种、黑色人种、黄色人种、棕色人种等
国籍	中国人、美国人、英国人、新加坡人等

3. 消费心理因素

消费者各自的心理因素会直接影响消费者的购买趋向,尤其在解决了温饱问题的社会状态中,顾客购买商品已不限于满足基本生活需要,心理因素左右购买者的行为更为突出。虽然心理因素比较抽象,不是很容易把握,但其重要性日益显著。它包括消费者的人格特征、爱好、生活习惯,格调与方式、气质、社会阶层等。由于心理因素是复杂的动态因素,企业在依据心理标准划分市场时,必须根据消费者在不同时期的不同心理变化,随时进行深入调查,切实掌握其变化趋势,获得可靠的衡量数据,确定真实的目标市场。

1)生活方式

这是影响消费者的欲望和需求的一个重要因素。人们的生活方式不同,对商品的需求也有相当大的差别,人们的消费行为是其生活方式的写照。而且,一个消费者的生活方式一旦发生变化,他就会产生新的需求。因此,越来越多的企业按照消费者不同的生活方式来细分市场,并为生活方式不同的消费者群体设计不同的产品和安排市场营销组合。如美国时装公司生产妇女时装,分别设计成“生活朴素型”、“时髦型”、“有男子气度型”、“知识型”、“优雅型”等不同款式,提供给不同风格的消费者。

2)人格

企业常常以消费者的人格变量来细分市场,这样可以形成产品品牌个性,树立品牌形象,以吸引相应的消费者购买。从消费心理学角度看,消费过程实际是消费者不自觉地展示自己性格的过程。企业可以以此开发产品,展开争夺顾客的宣传。如美国的“总统全美户外运动会”为了开发市场,把美国人分为五种类型:追求刺激的竞技运动参加者、为了自身健康参加体育运动者、重视健康的社交活跃分子、真正的运动积极分子、无明确目的与动机的人。

3)社会阶层

美国市场学家把社会阶层分为六类(见表 5.3),我国的社会阶层虽然没有如此明显,但不可否认是存在的。不同的社会阶层的消费者具有不同的个人偏好,表现在他们对服装、家具、阅读、旅游、装修、汽车等的购买,甚至对购物地点的选择、媒体接触以及广告信息的接受度等方面的偏好大不相同。如社会上层消费者常以名贵、名牌、稀有、显示个人身份作为目标;社会的中、下层消费者则重视经济实惠,对物美价廉的产品情有独钟。许多企业就以特定的社会阶层作为目标市场,提供产品与服务。

表 5.3 心理因素细分标准

心理因素	具体心理因素市场细分
生活方式	平淡型、时尚型、知识型、名士型等
人格特征	外向型或内向型、理智型或冲动型、积极型或保守型、独立型或依赖型
社会阶层	上上层、上下层、中上层、中下层、下上层、下下层等

4. 行为因素

行为因素细分是指企业根据消费者对产品的认识与态度、使用与反应等行为来细分市场。在消费者的收入水平不断提高、新产品层出不穷的现代市场,这一细分市场的标准越来越重要。而且,由于行为因素是与产品最直接相关的市场细分因素,所以一般来说,它是细分市场的最佳起点,主要包括消费者的购买时机和频率、消费者追求的效益、使用者情况与使用率、消费者对品牌的忠诚度、消费者对产品的态度以及对价格的敏感程度等等,详细情况如表 5.4 所示。如牙膏市场,由于消费者的购买动机不同,追求的效益也就不同。有的是为了防过敏,有的为了洁齿,有的为了防口臭,而有的讲究牙膏的味道和品牌,有的注重它的医疗效果,也有的是强调经济实惠等等。对于企业来说,越是清楚地了解消费者的行为因素的特点,越有助于在消费者心目中确定本企业产品的地位。

1)购买时机与频率

企业可根据购买者需要和购买(或使用)产品的时机作为市场细分的基础。同时,它也常常被企业用于刺激某种产品的使用频率的增长。如原来仅在早餐上饮用的鲜奶,通过公司的补钙宣传,人们开始在晚餐后和休闲时饮用,从而扩大了鲜奶的销量。时机细分可以帮助企业拓展产品的使用范围。又如鲜花、贺卡、糖果之类的礼品在教师节、母亲节、父亲节的大量销售,就是企业大力提倡以刺激消费的结果。

2)消费者追求的利益

消费者对产品和品牌的选择出于不同的利益动机,根据消费者追求的利益不同细分为不同的消费者群,又叫做"受益细分"。厂商利用此细分市场,针对产品可以给消费者提供的特殊效用或是带来的特定利益,设计开发不同的产品和品牌,研究制定不同的宣传手段。如海尔集团,针对消费者重视电器产品售后服务的要求,为消费者提供"五星级"的售后服务承诺,从而得到消费者好评,赢得了市场。又如洗发水的营销,消费者都需要洗发水,但选购时希望获得的利益却不同,针对不同的动机,厂商开发了多个品牌,每一个品牌为消费者提供不同的利益。如奥妮品牌的"皂角""黑芝麻""芦荟"之类的系列产品重在黑发润发;"海飞丝""飘柔"等品牌重在去头屑或是注重宣传头发的光滑柔顺等。

由于人们在购买商品时总是为了追求某种实在的益处,因此,利益细分具有广阔的适用范围,而且,这种细分方式更能准确地区分消费者行为,所以,这种细分标准近年来普遍得到营销者们的关注。

3)使用者情况

使用者的情况可分为非使用者、曾经使用者、潜在使用者、首次使用者和经常使用者五种。不同的情况需要区别对待。企业对于以上几种使用者的沟通及营销方式是有所不同的。一般来说,一个拥有较大市场份额的企业,会比较注重将潜在的使用者变为实际使用者,而中小企业则设法吸引经常使用者。如家用小汽车的潜在使用者是有经济能力而目前由于种种原因尚未购买者。如果企业的目标是使市场上潜在购买者成为现实使用者,就必须了解购买者未购买的原因,加强与消费者的沟通。

4)使用率

企业可以将消费者分为少量使用者、中度使用者、大量使用者三个细分市场。值得注意的是,大量使用者的人数占消费者总数的比例较小,而所消费的商品数量却在消费总量中占较大比重,少量使用者反之。从市场调查结果看,产品的经常使用者往往有某些共同的人口统计和心理方面的特征以及接受某种传播媒体的习惯。

5)忠诚度

品牌忠诚指消费者可能忠于某些品牌(如黑妹牙膏)、某个公司(如海尔)或是某个商店(如南方大厦)。消费者对品牌的忠诚度可分为:完全忠诚者、中度忠诚者、低度忠诚者和无品牌忠诚者。完全忠诚者,他们只购买一种品牌的商品。中度忠诚者,会偏好某一品牌但也会偶尔购买其他品牌。低度忠诚者,他们可以同时忠于两种或多种品牌。无品牌忠诚者,这类消费者对任何品牌都无忠诚感,他们有什么品牌就买什么品牌,尤其喜爱在大降价时尝试各种品牌。每一个市场都同时拥有以上四种购买者,只是在所占比例上有所不同而已。一个具有品牌忠诚的市场,拥有较多的高度忠诚者，其他新企业如果想要进入该市场，会遇到相当大的阻力。

6)态度

在市场中，可以根据顾客对产品的热情程度分为五种不同态度的群体：热情、肯定、无所谓、否定和敌视。针对持有这五种不同态度的消费者，企业应当酌情运用不同的营销措施。如逐户推销保险的人可以根据居民的态度来进行营销活动，在此类行业中，消费者的态度是最有效的细分因素。对持否定、敌视态度的顾客，应仔细分析原因何在，通过恰当的手段改变其态度，但不要强行推销；而对那些持热情、肯定态度的顾客，则要不断鼓励与巩固，同时要尽量争取那些无所谓的顾客。

表 5.4　行为因素细分标准

行为因素	具体行为因素市场细分
购买时机与频率	日常购买、特别购买、节日购买、规则购买、不规则购买等
追求的利益	廉价、时髦、安全、刺激、新奇、豪华、健康等
使用者情况	从未使用者、曾经使用者、潜在使用者、初次使用者、经常使用者等
使用率	很少使用者、中度使用者、大量使用者
忠诚程度	完全忠诚者、适度忠诚者、低度忠诚者、无品牌忠诚者
态度	热情、肯定、无所谓、否定、敌视等

5.2.2.2　生产资料市场细分的标准

生产资料市场的购买对象是企业，许多细分消费者市场的变量同样也可以用来细分生产资料市场，如可以根据企业追求的利益、忠诚状况等行为因素细分。但是，由于生产资料市场的特殊性，购买的目的不是为了最终消费而是为了企业再生产的需要，因此，它的细分标准与消费者市场有一定的区别，主要考虑以下因素。

1. 用户的性质

工业品一般可以用于多种行业，应首先了解企业的产品究竟是针对哪些行业生产的。如电子计算机，几乎所有生产行业、机关、商业部门都会需要。不同的行业对产品要求明显不同，通过按用户的不同性质加以细分，可以使产品更加符合用户要求。

2. 用户的要求

用户的要求是指产品最终用户的要求，是生产资料市场细分的基本标准。企业要了解哪些用户可能具有哪些不同的要求。因为，不同的最终用户对产品的规格、功能、价格、型号等会有不同的要求。如尼龙，美国杜邦公司在第二次世界大战中主要用户是军队，要求结实、颜色单调为主；而战后转入民用袜子与服装市场，要求轻薄透气、色彩鲜艳；随后又进入包装材料、轮胎、轴承材料市场。由于该公司紧随市场的用户要求，销量一直很好。

3. 用户的规模

不同规模的用户对同一生产资料的购买量是不同的，在生产资料市场，有大量用户、中量用户、少量用户之分。企业应分设不同的系统分别处理大小不同的客户，在价格上、销售渠道上、提供服务上、甚至促销策略上对规模不同的用户分别采用不同的营销组合。如对于大量用户，由于他们购买的数额很大，户数却不多，企业可以派有经验的销售人员直接联系，直接供应；对于小型用户，由于户数较多，可以通过经销商组织供应。

4. 用户的地理位置

按用户的地理位置细分市场，可以使企业根据自己的资源和技术设备以及运输条件等状况来选择有利的目标市场。因为即使是同一种产品，由于用户所处的国家、地区、气候、交通条件等的不同，对产品的性能要求会很不一致。如货运汽车，在热带、寒带、山区、平原、沙漠地区，性能的要求都要与其相适应。

5.2.3 市场细分的步骤

市场细分策略的实施是一个复杂而细致的工作，要有科学的细分程序与步骤。企业进行市场细分，一般没有通用的标准，根据企业实践，通常需要经过以下几个基本步骤。

(1)确定营销目标。即我们所说的“干什么，卖什么，在哪里卖”的问题。在实际应用中，细分化策略往往是在一个已经划分出来的局部市场上进行的，或者是企业在新产品将要上市前进行的。为此，企业必须开展市场调查，分析市场动向，做出相应决策。如企业要确定生产家用电器，究竟是生产所有的家电产品，还是确定仅仅生产微波炉？如果是明确生产微波炉，则微波炉的消费者就是企业市场细分的对象。

(2)列出消费者群体的需求情况。企业要尽可能详细地列出消费需求情况，选择的根据可以借鉴以前的营销活动的经验与结果，选择的标准可以是一种或两种以上标准的结合，总之要针对需求的差异性细分市场。如一个汽车厂商需要按照人口和行为因素来细分家用汽车的市场，而生产微波炉的企业必须全面、尽可能详细地列出消费者对微波炉的式样、规格、价格等方面的全部要求。

(3)初步细分市场。在这一步骤中，要挑选出具体的细分变量作为细分形式的分析单位，找出各类消费者的典型，分析他们的需求情况，从中找出最迫切的需求，然后按照细分变数进行初步细分。如汽车厂商决定采用人口因素中的“家庭收入”以及行为因素中的“追求的利益”作为细分变量，而且确定以“高收入”结合“追求豪华生活方式”、“作为代步工具及运输工具”作为细分形式的分析单位；而微波炉厂商则以“价格”、“多功能”、“外观”作为细分变数。

(4)筛选。将企业的实际条件同各细分市场的特征进行比较，以剔除企业没有条件拓展的市场，筛选出最能发挥企业优势的细分市场。这一步的首要工作是要设计调查表并组织调查工作，取得与已经选定的细分变量密切相关的数据以及其他相关资料。

(5)为细分市场定名。通过调查，各细分市场编排完成后，接着就应该认真审查各细分市场的规模、竞争状态、发展潜力等，然后为细分市场命名，尽量用形象化方法表示。如美国企业细分市场中有“学院市场”名称，其标志就是年龄与职业、教育程度等的结合。

(6)复核。再次检查各细分市场是否符合企业的实际情况,以便对各个细分市场进行必要的合并和分解,使之成为更有效益的目标市场。通过调查与分析,可能会发现企业希望进入的细分市场不止一个,可是企业的资源与实际生产能力是有限的,因此,可以从可能赢利程度最高的角度出发或是从市场发展可能最大的角度出发,从高到低依次排序选择目标市场。

(7)选定目标市场,设计营销策略。分析细分市场上消费者潜在购买力的大小以及需求发展程度后,决定各细分市场规模,并结合本企业资源选定目标市场。然后,为选定的各个细分市场,并有针对性地分别设计市场营销组合策略,如产品开发策略、价格策略、分销渠道策略、促销策略,使企业可以顺利进入该目标市场。

在以上七个步骤中,不一定每个步骤均要经过,但是,根据市场要求对影响消费者群体的因素加以调查研究,通过市场细分衡量每一个细分市场的经济性及其对企业的价值,继而针对目标市场制定可行的营销策略,是每个企业都忽略不了的。如某牙膏厂细分牙膏市场的步骤如下。

第一步,分析牙齿清洁剂的粗略市场。对于牙齿清洁剂来说,“凡是有牙齿的人(不论真牙假牙)都是它的市场”,这是最粗略的市场。由于人们对牙齿清洁剂的需要与爱好不同,有的需要牙膏(如下图中的D项),有的需要牙粉(如下图中的C项),有的喜欢用牙线(如图中A项),有的喜欢用漱口液(B)、口香糖(E)、盐粉(F)等,见图5.5所示。

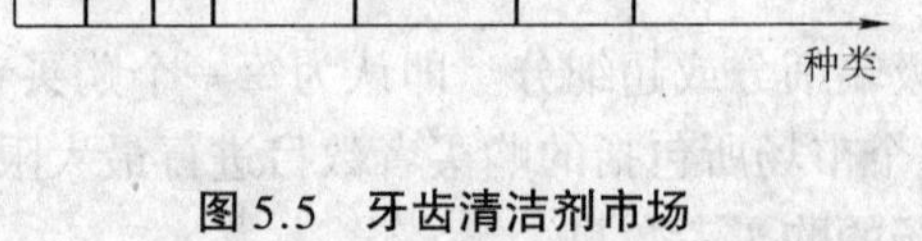

图5.5 牙齿清洁剂市场

第二步,工厂通过分析,知道不能以“凡是有牙齿的人”为细分市场,也不能以“优雅,并需要牙膏的人”为细分市场,因为这些消费者群体不会只需要一种类型的牙膏。因此必须依照需要牙膏的消费者群体的利益再加以细分,经过分析,上图D项可以再分为A、B、C三个细分市场,见图5.6。细分市场A代表需要牙膏是为了日常卫生和保护牙齿。在消费者眼中,以品牌表示,可用“黑妹”牌为代表。细分市场B代表需要牙膏是为了减少蛀牙以及牙周炎。在消费者眼中,以品牌表示,可用“洁银”牌为代表。细分市场C代表需要牙膏是为了消除口臭,牙膏气味芬芳。在消费者眼中,以品牌表示,可用“蓝天”牌为代表。

第三步,通过分析,发现人们需要牙膏的大多数原因是防止蛀牙,应注重"细分市场 B",但是,通过进一步市场调查及研究表明,B 部分为了防止蛀牙而使用"洁银"的消费者已经逐渐转向"长期保护"而使用"黑妹"(图中阴影部分),B 部分另一些"防止蛀牙"需求的消费者转向使用"蓝天",见图 5.7。

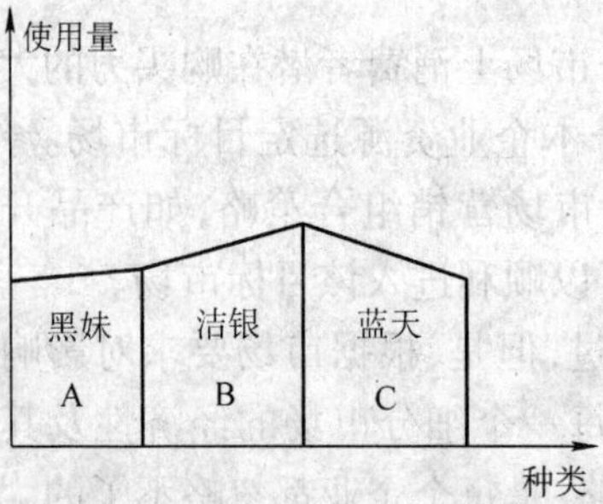

图 5.6 牙膏细分市场图

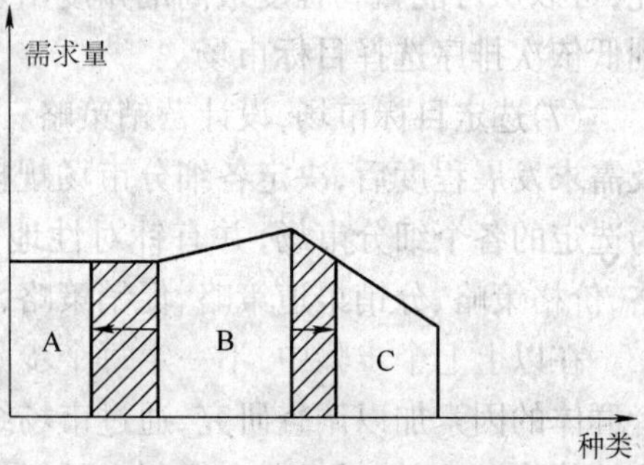

图 5.7 消费者需求转移图

5.2.4 市场细分方法

根据市场细分的程度不同,市场细分大致有:完全无细分、完全细分、按一个影响需求的因素细分、按两个以上因素细分等几种方法。

5.2.4.1 完全无细分

完全无细分即有意识地不根据消费者需求的不同加以细分。这样做的目的是强调市场中的共性,漠视个性,以减少生产、营运成本。在实际营销中,越来越多的产品必须按细分因素进行细分,但是,有少数的产品是不需要的,如电力、煤炭、自来水等。由于此类产品消费共性大,价格高低是老百姓最为关心的,为了减少成本,企业可以采取不加细分的方法。

5.2.4.2 完全细分

完全细分又称为极端细分或超细分。即认为每一个购买者都可能是一个单独的市场,完全可以按照这个市场所包括的购买者数目进行最大限度地细分,细分后的小市场也就是构成此市场的购买者数目。

在实际营销中,当整个市场内只有少数几个购买者,而且这些购买者的需求都有很大的差异时,有少数产品确实具有按照这种方法细分的特性。如美国的波音和道格拉斯飞机,这两种飞机的主要骨架制造商,只面临一些大购买者,因此可以把每个购买者当作一个细分的小市场,满足他们的各自不同的要求。但在绝大多数情况下,要把每一个购买者当作一个市场,并分别地生产仅符合这些单个购买者需要的各种产品,从经济效益上看是不可取的,而且实际上也是行不通的。

由于市场细分本身,会引起工商企业营销费用的增加。首先在生产方面:生产的种类越多,每种产品的生产数量就不可能太多,从而得不到大规模生产的利益,生产成本必然会提高。其次,在销售费用开支上,范围过小的市场细分,其市场推销费用分担额也必然高,因此,大多数销售企业还是按照购买者对产品的要求或对市场营销手段的不同反应,将他们作概括性的分类。

5.2.4.3 按一个因素细分

按一个因素细分即对某些通用性比较大,挑选性不太强的产品,按一个对购买者需求影响最强的因素加以细分。如儿童书籍市场,影响此市场的最主要因素是儿童的生理年龄,因此,可以首先按照儿童的年龄划分为:学龄前儿童、学龄儿童、少年等书籍市场。

5.2.4.4 按两个以上因素细分

大多数产品的销售都受购买者多种因素的影响。如不同年龄范围的消费者,因生理或心理的原因对许多商品有不同的要求;同一年龄范围的消费者,因收入的不同,也会产生需求的差异;同一年龄范围和同一收入阶层的消费者,更会因性别、居住地区及其他许多情况的不同而呈现复杂的、互不相同的需求,因此,大多数产品都需按照两个或两个以上的因素细分。如大众服装,首先就是按年龄与性别的不同来划分市场;男女性老年市场、男女性青年人市场、男女性少年市场、男女性儿童市场等。

当然,以多个需求特征组合作为市场细分的依据时,各销售企业还应根据不同的产品情况,适量控制一定的因素组合。因为,虽然企业细分市场运用的细分变量越多,所获得的精确程度越高,但是每个细分市场的消费者也会越少,企业的细分成本也就递增。所以,细分后的市场应该是有效、精确、低成本。

5.2.4.5 按系列因素细分

按系列因素细分即以多层变量为依据,由宏观到微观、由粗到细、层层深入地进行系统划分。如某大型制鞋厂的市场细分可以分为以下几步。①宏观细分。按最终用户的要求把鞋市场分为国内城市市场、国内农村市场、国外市场等,考虑成本与价格,假设选定国内城市市场为目标市场。②按产品在该市场的具体应用范围进一步细分为男性皮鞋、胶鞋、布鞋等;女性皮鞋、布鞋、胶鞋等。假设选定男性皮鞋市场为目标市场。③再按年龄划分为老年、中年、青年、少年市场,假设又选定中年市场为目标市场。④按收入不同可分为高收入、中等收入、低收入等,该厂选定高收入为目标市场。⑤该厂在国内城市高收入的中年男性市场的范围内进行微观细分,按消费者的不同需求,可分为重视质量、重视价格、重视售后服务以及重视名牌、重视外观等。该厂在权衡轻重以后决定选择为重视产品外观的城市高收入中年男性顾客服务。经过系列因素逐级细分,该厂的目标市场就十分具体了。

5.2.4.6 产品—市场方形图法

企业还可以运用产品(消费者的不同需要)与市场(不同的消费者)这两个因素建立方形图来细分市场。方格横行代表各种不同的产品(以消费者的需要进行细分),方格的竖行代表不同的消费者(以不同的消费者进行划分)。以皮鞋市场为例说明。假设城市皮鞋市场对产品有三种不同的需要:(高档、中档、低档),同时有三种不同的消费者群:(老年、中年、青年),于是构成了九个细分市场,见图5.8。企业结合自身实力,分别对九个市场进行客观评价,从中寻找一个最合适市场作为企业目标市场,假设最后选定高档产品中年消费者市场为服务对象。

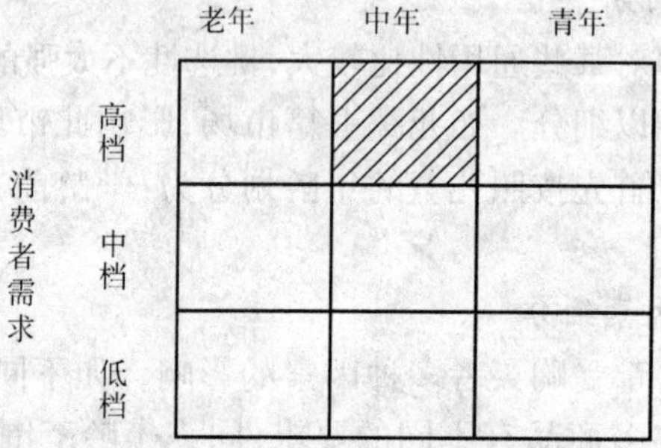

图5.8 产品市场方形图

5.3 目标市场选择

市场细分的目的是为了实行目标市场销售。目标市场是指企业决定要进入或占领的市场。目标市场是市场营销活动中一个重要概念,为什么要选择目标市场?这是因为①现代企业的一切活动是围绕消费者的需求进行的,必须充分满足消费者的需求,企业才能生存和发展。然而消费者的需求是千差万别的,没有任何一个企业可以满足所有的消费者的所有需求,而只能满足市场中一部分特定消费者的需求,企业选定市场中适合企业资源的特定消费者,开发产品为其服务,这样才有助于打开产品的销路,实现经营目标。②企业必须根据自身的人、财、物、产、供、销的条件,即根据本企业的市场相对优势选择目标市场,因为并非所有的细分市场对本企业都具有吸引力。③各个细分市场之间和各个目标之间互相存在着矛盾,企业必须从经济价值角度对细分市场进行评价,以决定取舍,否则将会造成效率的下降和人力、物力等资源的浪费。由此可知,市场细分并不是企业的最终目的,它显示了企业所面临的市场机会,目标市场选择则是企业通过评价各种市场机会,决定为多少个细分市场服务的重要营销策略。

5.3.1 细分市场的评价

评价细分市场,主要是评价它的经济价值。这是进行目标市场选择的基础。评价的标准是企业能在哪个市场上获得更多的未来收益。企业可从以下三个方面对细分市场做出评价。

5.3.1.1 细分市场的销售额与增长率

首先把企业目前的各细分市场销售业绩列出,挑选出具备适当规模和增长特性的细分市场。下面以实例简介评价方法。

如一个生产服装的企业，面临竞争激烈的服装市场。企业管理人员在细分市场时，分析各种因素对服装市场的影响，发现消费者与价格是当前市场竞争比较重要的因素，因此，按照这两个因素细分市场。第一步，列出每个细分市场的销售业绩，见表5.5。

表5.5 不同类服装不同档次销售额统计表 单位：元

消费对象 / 价格档次	男式服装	女式服装	童装	销售总额
高档服装	1 600 000	2 500 000	300 000	4 400 000
中档服装	2 400 000	2 000 000	1 200 000	5 600 000
低档服装	1 000 000	1 500 000	800 000	3 300 000
小计	5 000 000	6 000 000	2 300 000	13 300 000

第二步，抽出其中一个细分市场具体分析，见表5.6。

表5.6 女装中档服装市场价值分析

	本年销售额（元）	明年预计销售额（元）	销售额年增长率（%）
本企业销售额	2 000 000	2 300 000	15
服装市场销售额	9 800 000	10 486 000	7
企业市场占有率	20%	22%	

根据上述资料分析可知：

(1)本企业女装中档服装本年销售额为200万元，占市场总销售额20%。

(2)企业明年销售额计划增长15%，明年预计销售额为230万元，占市场总销售额22%。

第三步，企业为实现上述销售预测，采用的销售渠道和可能要花费的促销费用如表5.7所示。

表5.7 各类促销方式的促销费用 单位：元

	公共关系	营业推广	广告宣传	人员推广
消费者	10 000			
批发商		50 000		30 000
零售商				60 000

企业计划用1万元邀请消费者开茶话会，征询消费者意见；计划用5万元参加服装交易会；计划3万元和6万元用于对批发商和零售商的促销费用。这样把以上列出的细分市场逐一分析以后，就可以了解到企业现有细分市场的情况与机会，然后把

它们的赢利可能性与企业目标比较，评估出每个细分市场的价值。

5.3.1.2　细分市场的赢利可能性

影响企业赢利的可能性主要有几个方面。①最有吸引力的细分市场通常是进入难、退出易的市场。将要进入细分市场的新竞争者是企业的潜在对手，他们会增加生产能力并争夺市场份额，问题的关键是新的竞争者能否轻易地进入这个细分市场。对于某一容易进入的细分市场，进入的企业会有很多，从而就可能导致市场内的竞争。由于这种竞争可能来自市场中已有的同类企业，也可能来自即将进入市场的其他企业，因此企业应该评估眼前及潜在竞争者所带来的利益冲突。如果细分市场已经有了几个实力强大的竞争者，其赢利可能性必然减少。企业应该注意那些竞争者数量较少、竞争者实力较弱的细分市场，此市场的赢利可能性较大。②企业要考虑到自身的实力，即是否拥有在此细分市场成功所需的技术与财力、物力、管理能力等。值得注意的是，仅仅拥有资源条件是不够的，如果想要赢得市场就必须具有比竞争对手更为丰富的资源与技术。③看这个细分市场是否有足够大的市场容量。如果某一产品市场的容量太小，竞争又非常激烈，企业进入后赢利的可能性减少，应该避免进入。因此，调查细分市场中顾客数量以及市场购买力水平是正确评价一个市场的需求潜量不可忽视的两个因素。

5.3.1.3　其他影响细分市场利润潜量的相关因素

(1)市场是否存在具有竞争力的替代品也是经营者需要考虑的一种因素。替代品对价格或利润产生限制，所以已存在替代品或即将出现替代品的细分市场吸引力会降低。

(2)资源供应者实力强大，在资源供应方面(如原料、劳动力等)有决定能力，企业在此细分市场的赢利可能性下降。

(3)顾客影响力大，对商品讨价还价能力强，对服务要求高，市场竞争者彼此竞相降价以取悦顾客，必然会降低企业利润，此市场的吸引力会逐渐下降。

5.3.2　目标市场策略的种类

5.3.2.1　目标市场范围选择

企业在评估不同的细分市场以后，可以根据自己的具体情况，决定为多少个子市场服务，通常可以采用五种范围模式。

1. 产品—市场集中化

产品—市场集中化是指企业从消费者(或从产品)的角度选择一个目标市场的顾客群，集中力量为之服务(见图5.9(a))。这意味着企业只生产某一种产品或提供某一服务，优点是企业可以集中力量了解这个细分市场的特点，但由于转圜余地不大，相对的经营风险较大，比较适宜企业实力弱小时使用。

2. 产品专业化

产品专业化是指企业选择几个细分市场，对其顾客群同时供应某种产品。面对不同的子市场，产品的式样、档次有所不同(见图5.9(b))。这种模式的优点是能分散企业经营风险，投资也不大。即使其中某个细分市场失去了吸引力，企业还能在其他细分市场赢利。

3. 市场专业化

市场专业化是指企业以所有产品，供应给某一类顾客群，产品的性能有所区别（见图 5.9(c)）。如某电视机厂商以高档换代家用电视机市场为目标，为不同的顾客提供不同型号的高档数字化电视机产品和服务，而不提供其他电视机产品，以满足此类市场的需要。这样，企业在数字电视产品方面抢占先机。这种模式有利于与顾客建立稳固的联系。

4. 选择性专业化

选择性专业化是指企业有选择性地专门服务于几个不同的细分市场的顾客群体，提供各种性能的、生命力较强的同类产品，尽力满足不同的消费者群体的各种需求（见图 5.9(d)）。这是一种市场机会增长型模式。采用这种策略要注意的是，选择的细分市场必须以可以实现利润为前提，否则风险较大。

5. 全方位进入

全方位进入是指企业决定全面进入各细分市场，用各种产品满足各种顾客群体的需求（见图 5.9(e)）。这是实力强大的企业为了占据市场领先者地位采用的战略，一般企业很少使用。

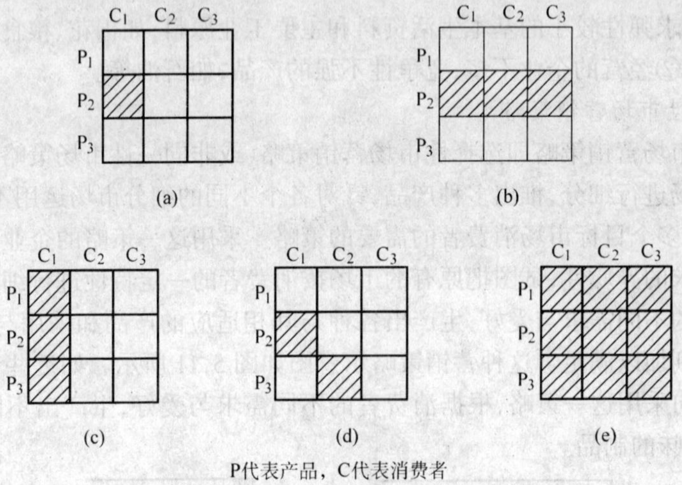

图 5.9 目标市场范围选择类型

5.3.2.2 目标市场策略

为了有效地选择目标市场，企业通常采用以下三种策略。

1. 无差异性市场营销策略

无差异性市场营销策略即无差别市场营销（同一性市场营销）策略。指企业推出一种产品，采用一种市场营销组合，试图在整个市场上满足尽可能多的消费者需要，集中力量为之服务的策略。

采用这一策略的企业，主要着眼于顾客需求的同质性，对其异质性则忽略不计，认为市场上所有顾客对其产品都有共同的需求与爱好，因而企业对市场不再细分，也不按照市场的差异来设计产品。这种策略的好处是对这些产品可以大量生产、大量储存与运输，成本就大大降低。同时，无差异营销使企业深刻了解该细分市场的需求特点，能采用针对性的产品、价格、渠道和促销策略，从而获得强有力的市场地位和良好的声誉，并且有利于中间商的经营管理。因为按照统一的要求和营销方案经营产品，便于企业的管理。这种策略示意图如图 5.10 所示。如美国可口可乐公司在相当长的一段时间里，因为拥有世界性的专利，只生产一种口味、一种瓶装的饮料，获得饮料市场霸主地位。这是采用无差异市场营销策略的一个典型例子。

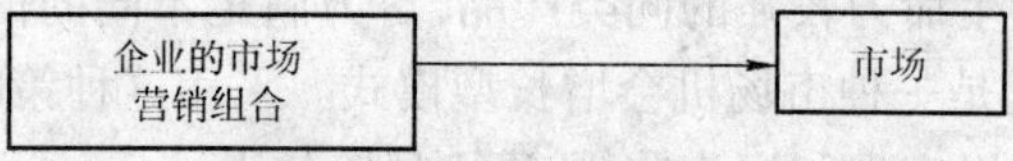

图 5.10　无差异性市场营销策略示意图

由于现实消费需求与欲望的多种多样，实行无差异性市场营销策略就有它的不足之处。首先，某些特殊需要的消费者得不到满足；其次当行业竞争十分激烈时，企业难以得到较好利润，同时，容易导致竞争激烈和市场饱和。因此，采用这种策略要受一些客观条件的限制。以下几种情况可以采用无差异性市场策略：①消费者的挑选性不大，需求弹性较小的基本生活资料和主要工业原料，如棉花、粮食、油料、煤炭、工业用糖等；②经营的企业不多，竞争性不强的产品，如石油等。

2. 差异性市场营销策略

差异性市场营销策略即选择性市场营销策略(或非同一性市场策略)。这种策略是企业对市场进行细分，推出多种产品，针对各个不同的细分市场运用不同的市场营销组合，满足多个目标市场消费者的需要的策略。采用这一策略的企业，主要着眼于消费者群需求的异质性，试图把原有的市场按消费者的一定特性进行细分，然后针对各个子市场的不同需求与爱好，生产出各种与其相适应的产品和采用与其相适应的营销组合分别加以满足。这种营销策略示意图如图 5.11 所示。如近些年来，可口可乐公司也转向采用这一策略，根据消费者的不同需求与爱好，生产出不同型号、不同包装、不同口味的制品。

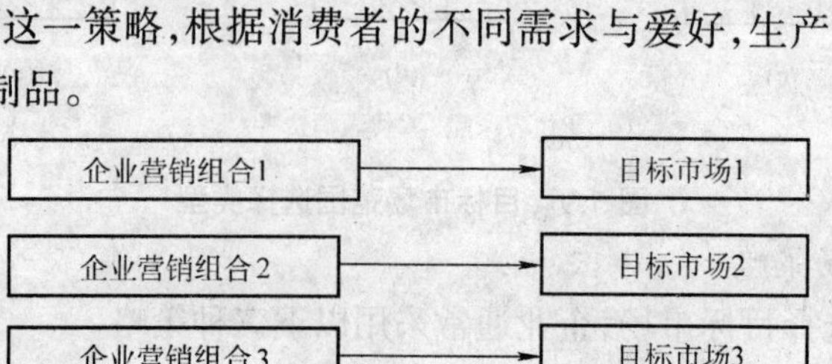

图 5.11　差异性市场营销策略示意图

这一策略的优点是商品的适销性较强，可以照顾不同消费者的需要。由于它符合商品生产不断发展和多渠道销售的要求，因此有较强的竞争力；由于它用多种产品、多种策略去占领多个目标市场的消费者，目标市场越多，消费者的需求越大，销量也就越大。但是，企业生产的产品多，就会增加生产设备、工人、研究费用等，生产成本会相应增加。同时，经营的产品多，企业的分销费用、广告费用、储存费用、推销费用等等均会大幅度增加，销售成本也会相应增加，产品的总成本自然高。消费者是否可以接受，是企业应慎重考虑的。

一般来讲，以下几种情况适宜采用差异性市场策略。①消费者需求弹性较大的商品。这是消费者享受和发展需要的产品，如高档家具、高档家电、名牌服装等等。②处在成长期和成熟期的产品。由于市场竞争激烈，应用此策略可以取得市场竞争的优势。③规格等级复杂的产品。由于产品的规格及级别的需求存在较大的差异性，采用差异性市场策略可以满足不同消费者的需求，有利于增加销售量。企业采用差异性市场策略，还应根据自身的人力、物力、财力来考虑，如果不是实力雄厚，则不宜使用。

3. 集中性市场营销策略

集中性市场营销策略是指企业在市场细分过程中集中所有力量，以一个或少数几个细分市场为目标市场，运用全部市场营销组合为一个或几个细分市场服务。

集中性市场营销策略与无差异性市场营销策略（或差异性策略）的区别是，集中性策略是以整体市场中的某个市场或部分市场为目标市场，目的是求得在小市场上占有较大的份额，而无差异性和差异性市场策略追求的是整体市场。因此，实施集中性市场策略的企业，生产经营的产品必须是特定消费者群体所需要的，企业的目标市场必须最能发挥企业的优势。集中性市场营销策略示意图如图 5.12 所示。

图 5.12　集中性市场营销策略

采用这种策略的好处是可以照顾个别市场的特殊性，使企业经营的产品在个别市场占有优势地位，提高企业的市场占有率和知名度；可以准确了解顾客的不同需要，生产专业化程度高；由于采用针对性强的营销组合，节约了成本和营销费用。因此，对于生产周期短、数量波动大的产品以及资金薄弱、资源有限、规模较小、活动范围不大但应变能力强的中小企业，采用此策略较好。应注意的是，由于企业的目标市场比较狭小，产品过于专业化，一旦市场发生变化，企业风险较大，而且发展潜力不大。

以上三种目标市场策略的选择不是固定的，这些策略各有优势和劣势，因此，选择目标市场一般必须考虑以下五方面的因素：①企业的任务和实力；②产品的特征；③市场的类似程度；④商品生命周期阶段；⑤市场的竞争情况。

5.3.3 影响目标市场选择的因素

5.3.3.1 企业的目标和实力

工商企业是我国国民经济的基本单位，因此，企业在选择目标市场时，首先应考虑国家所规定的任务与要求，其次是要实事求是地研究企业的实力，主要包括企业的人力、物力、财力以及生产、技术、营销力量。如果企业资源和营销实力强大，可采用无差异性或差异性目标市场策略，我国许多大型企业基本上采用无差异性和差异性市场策略。如果企业资源和营销能力有限，无力把整体市场作为自己的营销目标，则宜采取集中性(密集性)市场策略。如果这种企业不注重提高市场占有率，而一味强调扩大市场面，对企业竞争力的提高影响很大。

5.3.3.2 产品的特征

产品的特征不同，应采用不同的市场策略，选择不同的目标市场。如营销米面、煤、盐、食油、白糖等日常生活消费品，虽然由于原材料和加工不同，使产品质量上存在差别，但是，这种差别不十分明显，消费者一般都很熟悉，不需要特殊的宣传介绍，只要价格相当，消费者一般没有特别的选择和要求，因此，可采用无差别市场策略。但对家用电器、照相机、家具等耐用高档商品，因品质差异较大，消费者选购时十分注意商品的特性、功能、价格等，常常要反复评价、比较，然后选择，对售后服务要求很高，这类产品则宜采用差异性目标市场策略或集中性目标市场策略。

5.3.3.3 市场的类似程度

不同的市场具有不同的特点，各类市场消费者的文化、职业、兴趣爱好、购买动机、购买行为等都有较大差异。消费市场上顾客对某些产品的需求欲望、兴趣爱好等大致相同，即市场类似程度大，可采用无差异性市场策略。反之，市场需求差别大，消费者挑选性又强，则宜采用差异性或密集性市场策略。所以，在选择目标市场前，必须认真做好市场调研工作，否则很难做出正确的决策。

5.3.3.4 商品所处生命周期阶段

商品生命周期阶段有投入期、成长期、成熟期、衰退期等，商品处于不同的生命周期阶段，企业应分别采取不同的市场策略。一般来说，对于处在投入期和成长期的商品，可采取无差异性市场策略，以探测市场的现实需求和潜在需求，以便及时采取有效措施，不断开拓市场，扩大推销。对已进入成熟期的产品，无差异性策略就完全失效，则应采取差异性市场策略，以开拓新市场。对进入衰退期的商品，应采用集中性市场策略，以维持和延长商品的生命周期，避免或减少企业的损失。

5.3.3.5 市场竞争状况

工商企业采用哪种市场策略，除必须研究上述因素外，还要看市场竞争情况，尤其是主要竞争对手所采取的策略。一般来说，如果竞争对手实力强大，并实行无差异性目标市场策略时，无论企业本身实力大于或是小于对手，采用差异性目标市场策略或密集性目标市场策略，都是有利可图，有优势可占，能取得良好的营销效果。如果竞争对手采用了差异性策略，而本企业采用无差异性市场策略，就无法有效地投入竞争,很难占有一个有利的地位。因此必须以密集性策略应付。对于产品来说,如果市场上同类商品竞争激烈,消费者的选择性日益加强,要求又高,而企业商品竞争力不足,设备较差,就必须采用差异性目标市场策略。反之,如果市场上同类商品竞争不激烈,而企业商品及市场营销手段又居于优势,则宜采取无差异性目标市场策略。

选择适合于本企业的市场策略是一个复杂的、随时间变化的、有高度艺术性的工作。对市场竞争不能一概而论,要根据具体情况相应做出决策。而且,企业本身的内部环境(如技术力量、设备能力、产品的组合、资金丰裕度等)是在逐渐变化的;企业的外部环境,如原材料供应、能源供应以及价格、运输现状和竞争等诸因素也是千变万化的。企业要不断地通过市场调查和预测,掌握和分析这些变化的趋势,与竞争对手各项条件进行对比,扬长避短,发挥优势,把握时机,采用灵活的策略去争取较大的利益。

5.4 市场定位

在企业选定目标市场之后,就要在该市场进行企业与产品的市场定位。但是,通常的情况是市场已经有竞争者占领,企业为了能在市场上战胜竞争者,必须了解竞争者,使自己的战略计划与众不同,以优质的产品与服务作为进入目标市场的市场定位。这是企业市场营销战略体系中的重要组成部分,关系到企业与产品在消费者心目中的地位。

5.4.1 市场定位概念

所谓市场定位,即确定产品与企业在目标消费者中的地位。这是根据所选定的目标市场上的竞争者现有产品所处的位置和企业的自身条件,为产品与企业创造一定的特色,使之在消费者心目中占据突出的地位,从而确定企业整体形象。所谓企业的整体形象,就是企业在经济实力、信誉、产品、社会知名度等方面比较全面的形象。这对于每一个企业来说都是十分重要的。但是,不论是企业把自己定位在“优质服务”、“优质产品”,还是定位在“经济实力雄厚”、“热心社会公益事业”,都必须得到消费者的认可。因为,企业的任务就是要创造产品的特色,使之在消费者心目中占据突出的地位,否则就是失败的。如青岛海尔集团,在竞争中全面出击,以优质产品、优质服务、信誉第一、热心公益、实力雄厚的大企业形象制定企业的策略,他们的努力最终得到消费者的认可,成为人们心目中值得信赖的著名企业。

由此可见,市场定位取决于消费者的心理状态。由于信息时代的到来,消费者面对大量的产品与服务信息感到难以取舍,因此,人们在选择购买行动时,往往把产品、企业知名度、服务承诺加以考虑。对此,企业在实施定位策略时,要确认在选定的目标市场上可以带来最大竞争优势的定位。

5.4.2 市场定位前提

在市场上赢得消费者的途径是企业能够提供最优质的服务和提供更多的产品价

值。因此,企业必须向选定的目标市场提供物美价廉的产品或高质高价物有所值的产品,进行市场定位。企业进行市场定位的前提就是要识别自己的竞争优势,不断挖掘自己的新优势,提供多种异于竞争者的价值,在市场上始终保持新鲜活力吸引消费者,以期逐步赢得市场占有率,得到消费者的认可。根据西方市场理论,企业差异化营销方案可以根据以下几个方面制定。

5.4.2.1 产品差异

产品差异可以从产品特色、性能差异、外形设计、质量可靠性、维修方便等方面体现。即使是标准化的产品,同样可以进行差异化以与竞争者区别。如大多数企业提供的是高度差异化产品,如汽车、家具、各种类型的家居用品、食品饮料等。据报道,广州本田雅阁轿车,其质量水平在日本本田所有海外公司中占第一位,由于其质量过硬,在市场上极为畅销。饮料“七喜”打出的招牌是“非可乐”,以不含咖啡因区别于“可乐”而拥有一批爱好者。中国“中航集团”在20世纪80年代就成功地把新开发的产品“飞亚达”手表定位在名贵高档手表行列,异于当时大多数中低档国产手表而大获成功。安利公司的洗洁精系列产品可以使碗筷更干净,而且不伤手,明显有别于市场上大多数洗洁精。

总之,企业可以在产品差异化上确定产品质量是否比竞争者更高,产品是否更能满足顾客的审美要求,产品是否使用更方便、更舒适,价格是否像产品本身一样吸引顾客。

5.4.2.2 个性化差异

个性化差异这是指企业必须建立与竞争者有明显差异的品牌形象,赋予品牌独有的个性,以迎合消费者的个性。消费者在挑选产品时,一方面考虑的是商品的实际效用,另一方面不由自主地评估不同品牌表现的独特个性。当两者相吻合时,就会选择该商品以表现自己的个性。从世界著名品牌来看,个个都具有鲜明的产品个性。如全球头号零售品牌“沃尔玛”(Wal-Mart)最初的定位就是“平价”,明显异于其最大的竞争对手“西尔斯”而赢得消费者;而人们一提起万宝路香烟,马上可以联想到西部牛仔自由奔放、豪爽的男子汉形象。“劳斯莱斯”则被评论家们公认为“在世界上任何一个地方,Rolls-Royce永远只有一个形容词,那就是“最好的”。

由此可见,个性化差异要求商品与众不同,与商品本身其实并没有关联,而是企业家明智的赋予。要使自己的品牌形象深入人心,必须做到广告与实际行动长期结合。优秀的广告可以有效传递企业或品牌的特性。如海尔集团承诺的“五星级服务”的广告突出了企业的形象,而长期的实际行动必须由企业的一言一行来完成。正因为如此,海尔集团在为消费者服务方面做出巨大努力,完成了广告与实际行动的完美配合。

5.4.2.3 服务差异

在获得竞争优势的方法中,服务差异是不可忽略的重要一环,因为在产品差异与品牌差异难以让消费者取舍时,消费者往往根据预期受到的服务作为选购的标准。

对美国最杰出的43家公司调查后发现,不论这些公司是机械制造企业还是高科技企业,或是食品企业,他们一个共同的特点就是以服务业自居。中国企业可以由此借鉴,服务差异是企业赢得消费者、赢得市场的关键。服务差别化包括许多行之有效的方法。

(1)送货与安装、维修服务。企业以快速、准确、谨慎的送货以及高品质的安装、调试、维修得到竞争优势。如中国的海尔公司承诺,顾客买空调后保证24小时内送货、安装、调试,当顾客打电话要求维修时,保证当天上门,事后跟踪,直到顾客满意为止。国产品牌的家电产品近几年之所以能在家电市场上占很高的份额,主要原因是可以为消费者提供及时优良的售后服务。而曾经占上风的日本品牌,由于轻视中国消费者的觉悟,没有提供可靠的服务,正在为消费者所抛弃。正如奔驰公司所奉行的企业宗旨:售前的承诺与奉承,不如售后无处不有的完善服务。

(2)咨询与培训、特色服务。对于一些新技术产品,咨询与培训服务的优劣是使消费者选择产品的重要因素。如电脑业,买电脑连同培训上机操作;化妆品业,买化妆品连同传授美容知识。一些商家、酒楼邀请营养、烹饪专家定期现场接受咨询。这些都是提供差异化服务。

虽然差异化可以取得企业在市场上的竞争优势,但并不是所有的差异都是被消费者所接受的。如新加坡的司丹福宾馆以世界最高宾馆为广告,实际上,这种差异对消费者而言并不重要,反而突出不了其他特色。这是要加以注意的。

5.4.3 市场定位方法

企业市场定位的全过程可以通过以下五个步骤完成。

5.4.3.1 选择竞争优势

企业通过与竞争者在产品、促销、成本、服务等方面的对比分析,了解自己产品的长处和短处,从而认定自己的竞争优势;通过了解竞争产品特色,确认本企业可以提供的产品、服务、个性化差异以及消费者对产品各种属性的重视程度,系统地分析并报告本企业的竞争优势所在,以便进行恰当的市场定位。产品的特色与个性是从产品的实体表现出来的,如产品的形状、构造、性能、成分等;也可以从产品的质量与价格表现出来,如优质高价、优质低价等;还能从消费者的心理上反映出来,如高贵、典雅、豪华、朴素、时髦等。因此,企业在进行产品的初次市场定位时,要注意了解消费者对此类产品的各种属性的重视程度以及竞争产品的特色与个性、本企业有能力提供的价值。如此,才能够选定本企业产品的独特形象。如某厂生产家用小汽车,通过市场调查,了解到顾客对此产品(在质量大致相同的条件下)最关注的是耗油量与价格高低。此时,市场上已出现四个厂家提供的产品,它们的市场位置各不相同,厂家A生产的是高价高耗油量的车;厂家B生产的是中价中耗油量的车;厂家C生产的是低价低耗油量的车;厂家D生产的是高价低耗油量的车。现在市场的空位是低价高耗油量区。

5.4.3.2 初步确定定位方案

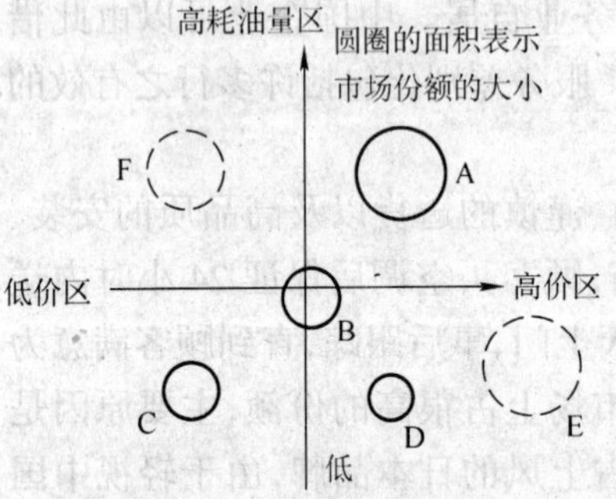

图 5.13 目标市场定位

根据市场状况,企业应如何定位?我们可以根据市场定位图直观了解市场状况。把本企业放到"定位图"可能选择的不同位置,每一种位置意味着一种定位方案。分析、评价各种可能的方案后,选出理想的方案作为初步的定位。不同企业的同种商品有多种差异,如价格的高低、质量的优劣、规格的大小、功能的多少等等。其中任何两个不同的差异就能组成一个坐标,从而构建起一个目标市场的定位图,见图 5.13 所示。

假如企业考虑自身的状况以后有两种选择:一是定位 E 在竞争者 D 的位置,一是定位 F 在空位上。如果是选择第一种方案,应具备以下条件:①企业的确可以制造出比对方更好、更省油的汽车;②市场大,可以容纳两个以上的竞争者;③企业比对方拥有更多的资源;④此定位与本企业的实力、特长、声望是相适应的。只有这样,企业才可能在此位争得一席之地。如果是选择第二方案,应具备以下条件:①价格虽然较低,但是企业可以赢利,可以实现自己的利润目标;②能有信心使消费者相信此产品虽然耗油量大,但是的确是低价格而高质量,使消费者认为耗油量大的缺陷可以忽略;③企业有可以保证的资源与实力。值得注意的是,企业选择这个方案,要保证自己不断扩大销售,不断提高市场占有率,达到"薄利多销",只有这样,企业才可能实现利润。

5.4.3.3 修正定位方案

初步定位完成后,为了确保销售顺利,应在定位市场上再次进行调查和试销活动,如果发现偏差应立即纠正。此步骤的主要任务是,确保企业的市场定位得到消费者的认可。

5.4.3.4 再定位

如果初步定位正确,在上市销售的同时,注意市场环境的动态变化,随时准备对产品进行再定位,即重新定位。它是企业变动产品特色使消费者对企业产品重新认识的过程,可以视为企业的战略转移。市场促使企业考虑再定位的因素有三个:①消费需求的萎缩或消费者偏好的转移;②竞争者定位策略和实力的改变,已经威胁到本企业在目标市场的发展;③本企业自身资源发生变化。企业的重新定位,是企业适应环境做出的重大决策,但战略转移的成本和新定位的收益问题必须要加以注意,其定位前提是确保企业有一定的赢利。

5.4.3.5 准确地传播企业的定位观念

企业在做出市场定位决策后,还必须大力开展广告宣传,把企业的定位观念准确地传播给潜在购买者,要避免因宣传不当在公众心目中造成四种误解。

(1)定位不足。是指企业并没有得到市场的认可，消费者对企业的宣传印象模糊或是不觉得有何特殊优势所在，不能突出产品品牌的差异性，没有在顾客心目中树立明确的形象。

(2)定位混乱。这指企业无法建立有利而且固定的市场定位，品牌特征太多，或者品牌的定位改变太过频繁，导致消费者产生混乱不清的印象。如“娃哈哈”品牌本来定位于儿童市场，但是如果不恰当地进入老年市场，广告由定位于儿童的“喝了娃哈哈，吃饭就是香”变为“大人、老人、小孩都能喝”，反而给消费者造成无所适从的感觉。

(3)定位狭窄。企业没有认清消费者的心理偏好，产品本来可以适应更多的消费者，但企业仅仅着重宣传产品只适宜于其中一小部分人，将企业产品的定位狭窄化，大多数消费者的需要得不到真正的满足。如某服装公司，定位于“生产一流的、昂贵的贵妇人服装”，这样的定位就限制了企业只能生产昂贵的女性服装，企业的市场范围明显狭窄，失去了一些本可以成为该品牌购买者的顾客。

(4)定位过度。有些企业为了使消费者建立对自己品牌的偏好，使用过分的宣传以及为消费者提供了过度的许诺。如某种滋补口服液，厂家宣传可以补血、强身、医治感冒、美容护肤、治疗神经衰弱等，反而使购买者难以相信。

由上可见，定位并不是管理者主观的意愿所能决定的，而是要通过研究竞争形势、市场环境、自身特征等因素，根据消费者对定位的认识及反映，然后结合自己的优势，体现出自己产品与他人产品之间的差别，最后把自身优势与市场需求结合起来，完成定位。

5.4.4 目标市场定位策略

目标市场定位是根据企业竞争状况的定位，它反映出的是产品与企业和对手产品与企业之间的竞争关系。企业作为市场竞争的参与者，因为自身的资源实力不同而在目标细分市场上处于不同的竞争地位。根据竞争地位及其营销策略，市场上的企业大致可以分为四类竞争状态：市场领导者、市场挑战者、市场追随者、市场补缺者。如果用市场占有率表示，其情况大致是市场领导者，市场占有率约为40%；市场挑战者，市场占有率约为30%；市场追随者，市场占有率约为20%；市场补缺者，市场占有率约为10%。由于企业所处的地位不同，定位策略必须是经过对本企业、主要竞争对手做出客观评价，对市场需求有了充分了解后的抉择。下面从企业角度，根据在市场上所处的位置，分析企业所采取的四种市场定位策略。

5.4.4.1 市场领导者的策略

所谓市场领导者，即该企业不仅拥有相关产品的最大市场占有率，而且在市场价格变动、新产品开发、营销渠道和促销强度上都占据支配地位，对其他同类企业产生领导作用。这类企业经济实力雄厚，为了维护市场领先地位，通常把自己的整体形象定位在顾客偏爱范围的中心位置，因为这样定位最能适应顾客需要，市场占有率最大。在西方市场上几乎每一个行业都有一个被公认的市场领导者。如美国的通用汽车公司是汽车行业的领导者,可口可乐公司是饮料行业的领导者,麦当劳公司是快餐行业的领导者等等。

作为市场领导者的企业,必须尽力维护自己的市场地位,在市场上努力做好每一件事,不给竞争者以可乘之机。市场领导者通常围绕三方面来确立营销战略。

1. 扩大市场总需求

在整体市场总需求扩大时,对市场上大多数企业会有利,而市场领导者企业可以从中得到最大的利益。因此,作为市场占有率最大的领导者,通常会从新用户、新用途、增加产品使用次数三个方面下功夫,为自己的产品在市场上绝对量的增加而努力。企业通过市场渗透,扩大市场总需求。为此,企业可以采取四面出击的进攻式策略。如日本的精工企业,实行在全世界分销 2 300 种手表的计划,就是一种全面市场包围的计划。也就是说,企业一定要不断创新,要不满足现状,要保持自己的特色,尽力去扩大自己与竞争者之间的距离。

2. 保护市场份额

企业可以在保护好核心市场的同时,重点改进薄弱环节,防止被进攻者打开缺口。同时,在企业的分销效益、顾客服务、新产品构思、产品质量等方面走在其他企业的前面,以赢得消费者的信任与支持。

3. 扩大市场占有率

扩大市场占有率对于企业在市场上稳固领导者地位有利。但是,根据美国市场学家调查归纳后发现,采用此策略要特别注意以下问题:①只有企业在促销费用开支上的增长快于市场规模的增加,才会得到市场占有率的较快增长;②在一定的市场占有率水平上,市场迅速扩张行动会使产品成本超过可能得到的利润,使得企业赢利受损,带来规模不经济现象;③企业产品的大幅度降价并不能获得市场占有率的显著增长;④只有在相对质量方面占优势的企业才能得到市场占有率的真正提高。

5.4.4.2 市场挑战者策略

市场挑战者是指在市场上紧追市场领导者的企业,一般也是具有强大竞争实力的公司,通常有约 30% 的市场份额被市场挑战者所掌握,它在行业经营中也有很大的力量,往往是名列第二、第三的企业。如美国的百事可乐公司,福特汽车公司,在饮料业和汽车业直追市场领导者,并不断向其发动进攻,往往是从产品创新、价格、成本、促销等方面展开对抗战。

当企业在市场竞争中处于仅有领导者在前,并有希望继续扩大市场占有率时,即处于挑战者地位。作为市场挑战者,要赢得市场,首先就是应该确定其战略目标。市场定位策略应把自己的整体形象定位在尽量靠近市场领导者的位置,缩小与领导者的差别,便于争夺市场领导地位。它的攻击对象是多种的,可以攻击本行业的领导者,或是与自己企业规模相同的公司以及本地区较小的公司。

1. 挑战领导者的策略

如果选择对象是市场领导者,在进行挑战时,应先了解对方的实力与弱点,然后以自己的优势向对方发起正面进攻。可以采用开发新产品、特色服务、给顾客优惠、在同类产品销售上拉引特定消费者而排斥对方产品，或是多方包围进攻领导者，进行突发性的促销行动等方式。也可以使用集中优势力量，夺得市场局部领先，而后发展为综合优势的侧面进攻方式。

2. 挑战非领导者的策略

如果选择的对象是与自己大致相同的企业和较小的企业，则可以使用蚕食竞争方式。或是向市场提供大量优质产品，使之掩盖竞争对象的产品；或是进攻竞争对手地域上的薄弱区域；或是争夺对手已占领的市场中尚未满足的消费者群等。

市场挑战者在发动挑战时，可以采取以下一些营销策略。①价格折扣。即以低于竞争者的价格向市场提供产品。采取此策略，要符合以下条件：消费者购买此产品受价格影响较大；除价格条件外，企业与竞争者在产品与服务方面差别不大；市场领导者可能会漠视挑战者的挑战而不会实行降价报复。②推出名牌产品。即企业向市场推出比市场领导者更为优越的产品，而且消费者乐于接受其品牌。③产品革新。即对产品的样式、特色、性能等进行充分地改进，不断以革新产品去吸引竞争者顾客，逐步提高市场占有率。④销售渠道革新。即发现新的销售渠道或革新销售渠道路线来提高市场占有率。⑤提高服务水平。即向市场提供比竞争者更为优越的服务措施和保障，以争夺对方顾客。⑥增加促销费用。即以比竞争者更为优秀的大规模广告投入和其他促销方式吸引市场消费者。

5.4.4.3 市场追随者策略

市场追随者大约占领着市场份额的20%，此类企业往往只希望维持自己的市场份额与利润而不肯冒风险攻击市场领导者，以防自己受到报复性的攻击。因此，它是以追随者的姿态，跟随市场领先者在价格、促销等方面的策略，模仿市场领导者，以获得发展的企业。市场追随者的定位策略是使自己的整体形象与市场领导者保持适当的距离，一般可采用紧随策略、保持一定距离追随、有选择追随三种。

1. 紧随策略

紧随策略是指在不刺激市场领导者的情况下，尽量在市场营销组合上以及各细分市场模仿领导者；但不会触及和进入领导者的敏感市场或阻挡领导者的发展。

2. 保持一定距离追随策略

保持一定距离追随策略是指在与市场领导者保持一定距离的同时，在主要市场、产品创新、分销渠道上追随市场领导者。

3. 有选择追随策略

有选择追随策略是指在有些方面模仿领导者，而在另一些方面走自己的路，保持自己企业的特色。

5.4.4.4 市场补缺者策略

市场补缺者策略是在市场的夹缝中求生存的企业实行的市场定位。一些小企业因为自己的资源有限，无法与大企业相提并论，而选择那些不能引起大企业兴趣的市场的某一部分，把自己的整体形象定位在远离市场领导者、市场挑战者的位置上，以尽量避免与大公司的冲突，发展自己的事业。

市场补缺者专门向市场提供一些有“市场空位”而同行不愿经营的产品和服务，通过“专门化”为那些被大企业忽视或放弃的市场提供有效的服务。它的特点是专门化。专门化包括以下几种：①用户专门化，即专门为某一类型的顾客服务，比如，德国的“左撇子”商店，专为使用左手的顾客服务，深受欢迎；②专门向一个或少数几个大客户提供商品；③专门生产顾客预订产品；④专门为一种销售渠道提供产品与服务；⑤专门生产一种产品或产品线。市场补缺者要承担的风险是市场容量过小，如果采用多种补缺，可以增加企业的生存甚至赢利机会。

5.4.5 企业产品市场定位策略

产品的市场定位是企业通过为自己的产品创立鲜明的特色与个性，塑造独特的市场形象来实现的。因此企业在定位时，一方面要了解竞争对手的产品特色，做到知己知彼，百战不殆；另一方面要调查了解消费者对该产品各种属性的重视程度，以确定自己的产品位置。主要有三种定位策略。

5.4.5.1 填补式定位

即企业将自己的产品避开强有力的竞争对手，定位在目标市场目前的空白部分或是“空隙”。市场的空缺部分是指市场上尚未被竞争者发觉或占领的那部分需求空当。企业选择此定位目标，主要是为了能避开竞争，迅速在市场上站稳脚跟。先入为主地在顾客心目中建立对自己有利的形象。这种定位方式风险较小，成功率也较高。对消费者来说，这种定位抓住了他们先入为主的心理，消费者一旦对定位产品与企业产生认可，其他的竞争者一时难以改变他们的购买心理。如德国与日本的汽车制造商，为了进入美国市场，避开美国汽车厂商偏爱的大型豪华汽车的细分市场，针对普通家庭的小型省油汽车细分市场，填补了这一空当，从此，美国消费者对节油小型的轿车消费逐年上升，就此结束了美国汽车厂商独霸市场的局面。

采用这种定位目标之前必须考虑以下几点。

(1)研究市场的空白地带是如何形成的？是因为没有潜在的需求，还是竞争对手无暇顾及。

(2)如果确实存在潜在的需求，就要考虑这一市场部分是否有足够的需求规模，是否足以使企业有利可图，如因开发产品和启动市场的成本太高，企业收益无法弥补或弥补后只有微利时，就不应选择该策略。

(3)要客观地考虑企业的营销管理能力是否能胜任市场空当部分的开发；自身是否有足够的技术开发能力去提供足够的产品。如果企业不具备应有的管理、技术开发、生产能力，盲目进入该市场只能造成失败和大量资源的浪费。

5.4.5.2 并列定位

并列定位是指产品定位在现有的竞争者的产品附近，服务于相近的顾客群，与同类同质产品满足同一个目标市场部分。并列的最初不是取代，并非一味想压倒对方，而是一种平分秋色的定位方式。当然,大多数情况下,这种定位是危险的,会引起领导者的激烈反击。但不少企业认为这种定位可以使自己与市场强者并列,可以激发自己的斗志,且一旦成功可以获得巨大的市场优势,因为这个市场部分肯定是最有利可图的部分。如"百事可乐"定位与"可口可乐"相近就是明显的一例。

如果消费者的心理已经被先入为主的产品、品牌占据,那么并列只会是盲目的模仿,不会在市场上产生积极的反应。因此,采用这种定位方法,企业必须一方面注意在各方面能与竞争产品媲美,另一方面要寻找自己产品与品牌的独有特色。如宝洁公司的产品"海飞丝"洗发水,在众多的同类产品中以独有的"去头屑"功能配以耐心持久的广告宣传,终于使产品品牌深入人心。实行并列定位,企业必须清醒地估计自己的实力,否则以卵击石,成功的可能性极小。

5.4.5.3 对抗定位

对抗定位,就是要从市场上最强的竞争对手手中抢夺市场份额,打乱原有的竞争定位,改变消费者原有的认识,挤占对手原有的位置,自己取而代之,这是一种竞争性最强的目标市场定位方式。企业这样定位的目的是准备扩大自己的市场份额,决心并且有能力击败竞争者。因此,选用这一方式的企业必须是实力比竞争者雄厚,或者是企业所选择的目标市场区域已经被竞争者占领,而且不存在与之并存的可能,在比较有把握赢得市场的情况下采用的定位方法。如泰来乐止痛药在广告中列举出阿司匹林会引起的不良反应,最终击败了曾排位第一的阿司匹林,占据止痛药的首位。

本章小结

- 市场细分,就是企业通过市场调研,根据消费者明显的不同特性,把整体市场分割为两个或更多的子市场,每个子市场都是由需要与欲望大致相同的消费者群组成,从而确定目标市场。市场细分的主要任务是:企业必须确定各种区分市场的方法,描绘出这些有实际意义的细分市场的轮廓,并最后衡量每个细分市场对企业的吸引力。
- 市场细分有许多方法与标准,选择细分标准要考虑其有效性。因此必须掌握一定的原则、步骤、方法。科学的细分市场将为目标市场的选择打下良好的基础。
- 目标市场,是企业决定要进入或占领的市场。目标市场是市场营销活动中一个重要概念。目标市场要根据一定的原则和标准来选择。正确选择目标市场对于市场定位和制定策略将起到关键作用。
- 市场定位是指确定产品与企业在目标消费者中的地位。这是根据所选定的目标市场上的竞争者现有产品所处的位置和企业的自身条件,为产品与企业创造一定的特色,使之在消费者心目中占据突出的地位,从而确定企业整体形象。所谓企业的整体形象,就是企业在经济实力、信誉、产品、社会知名度等方面比较全面的形象。这对于每一个企业来说都是十分重要的。

主要概念

市场细分　目标市场　市场定位　目标市场策略

基本实训和能力实训

一、判断题

1. 市场细分与市场分类是相同的概念。（　　）

2. 消费者需求的差异性是市场细分的基本标准。（　　）

3. 生产资料市场的购买对象是企业。（　　）

4. 电力、煤炭、自来水的市场属于完全无细分市场。（　　）

5. 品牌的忠诚度属于消费者的心理因素。（　　）

6. 市场细分的目的是为了实行目标市场销售。（　　）

7. 目标市场是企业决定要进入或占领的市场。（　　）

8. 市场专业化即选择几个细分市场，对其顾客同时供应各种产品。（　　）

9. 无差别的市场营销策略主要着眼于顾客需求的同质性。（　　）

10. 集中性市场营销策略与无差异性市场营销策略的区别在于集中性策略是以整体市场中某个市场为目标市场，而无差异性目标市场策略追求的是整体市场。（　　）

11. 所谓市场定位即确定产品与企业在目标消费者中的地位。（　　）

12. 美国通用汽车是汽车行业的领导者。（　　）

13. 百事可乐是可乐市场的领导者。（　　）

14. 市场追随者大约占领着市场份额的20%。（　　）

15. 某种滋补品，厂家宣传可以补血、强身、治疗感冒、美容护肤、治疗神经衰弱。这一市场定位属于定位不足。（　　）

二、单项选择题

1. 所谓市场细分，就是企业通过（　　），根据消费者明显的不同特征，把整体市场分割成两个或更多的子市场。

A. 市场预测　　B. 市场调研

C. 市场分隔　　D. 市场定位

2. 企业根据消费者对产品的认识与态度、使用与反应等行为来细分市场称之为（　　）。

A. 行为因素　　B. 消费心理因素

C. 人口统计因素　　D. 地理环境因素

3. 电力、煤炭、自来水等企业可以采取的市场细分方法是（　　）。

A. 完全无细分　　B. 完全细分

C. 按一个因素细分　　D. 按两个因素细分

4. 企业决定要进入或占领的市场称之为(　　)。

A. 细分市场　　B. 战略市场

C. 目标市场　　D. 营销市场

5. 企业从消费者的角度选择一个目标市场的顾客群,集中力量为之服务称之为(　　)。

A. 产品市场集中化　　B. 市场专业化

C. 全方位进入　　D. 选择性专业化

6. 企业选择几个细分市场,对其顾客群同时供应某种产品。面对不同的子市场,产品的式样、档次有所不同,称之为(　　)。

A. 产品专业化　　B. 市场专业化

C. 全方位进入　　D. 选择性专业化

7. 企业以所有产品,供应给某一类顾客群,产品的性能有所区别,称之为(　　)。

A. 产品专业化　　B. 市场专业化

C. 全方位进入　　D. 选择性专业化

8. 确定产品与企业在目标消费者中的地位称之为(　　)。

A. 细分市场　　B. 市场预测

C. 市场调研　　D. 市场定位

9. 企业无法建立有利而且固定的市场定位,品牌特征太多或品牌定位改变太过频繁称之为(　　)。

A. 定位不足　　B. 定位混乱

C. 定位狭窄　　D. 定位过度

10. 企业为了使消费者建立对自己品牌的偏好,使用过分的宣传以及为消费者提供了过度的许诺称之为(　　)。

A. 定位不足　　B. 定位混乱

C. 定位狭窄　　D. 定位过度

三、多项选择题

1. 消费者市场细分的标准为(　　)。

A. 地理因素　　B. 人口统计因素

C. 消费心理因素　　D. 行为因素

2. 人口统计因素包括(　　)。

A. 家庭人口与家庭生命周期　　B. 年龄与生命周期

C. 性别　　D. 收入等

3. 消费心理因素包括(　　)。

A. 生活方式　　B. 人格　　C. 社会阶层　　D. 购买习惯

4. 生产资料市场细分的标准主要考虑的标准是(　　)。

A. 用户的性质　　B. 用户要求　　C. 用户的规模　　D. 用户地理位置

5. 细分市场的评价可以从以下几个方面做出:(　　)。

A. 销售额与增加率　　B. 赢利可能性

C. 可进入性　　D. 价值用途

6. 企业差异化营销方案可以根据以下几个方面进行:(　　)。

A. 产品差异化　　B. 个性化差异

C. 服务差异化　　D. 价格差异化

7. 有效的选择目标市场,企业通常采用以下三种策略:(　　)。

A. 无差异市场营销策略　　B. 差异市场营销策略

C. 集中性市场营销策略　　D. 国际市场营销策略

8. 市场领导者通常围绕以下几个方面确立营销策略:(　　)。

A. 扩大市场总需求　　B. 保护市场份额

C. 扩大市场占有率　　D. 扩大品牌影响力

9. 市场追随者策略是:(　　)。

A. 紧随策略　　B. 保持一定距离追随

C. 有选择追随　　D. 挂靠式追随

10. 企业产品市场定位策略有(　　)。

A. 填补定位　　B. 并列定位

C. 对抗定位　　D. 超常规定位

四、简述题

1. 什么是目标市场定位? 目标市场定位的策略有哪些?
2. 市场的定位策略主要有哪三种? 这三种定位策略的主要目的是什么?
3. 市场细分的步骤有哪几个?
4. 什么是市场细分化? 它与市场分类有什么区别?
5. 市场细分的方法有哪些? 各在什么情况下使用?

五、综合实训

案例分析 1　摩托罗拉在中国

摩托罗拉是最早进入中国手机市场的电信巨子,它曾经以绝对的优势占据了中国手机市场的最大份额。在模拟手机时代,没人能和摩托罗拉抗衡,那时的 8900、9900 手机被称为“大哥大”,已经成为中国手机的代名词。到了 1997 年底,对新兴事物 GSM 的不同认识却使异军突起的爱立信公司一举夺取了 35%的市场份额,成功地将摩托罗拉拉下市场霸主的宝座。另一北欧新军诺基亚也及时把握住了这一新的市场机会,抢占了大片摩托罗拉的领地。紧接着的 1998 年,摩托罗拉虽然及时调整了战略,推出一系列 GSM 手机,但无奈失去了先手,受制于人。消费者已隐隐约约觉得摩托罗拉开始老了。

摩托罗拉的市场调研表明,中国手机市场品牌林立,竞争异常激烈,以差异化的产品满足消费者的不同需要,将市场进一步细分成为必然。市场细分化策略侧重不同客户群体需求的变化。通过迎合某个客户群体的特殊需求,改变产品的功能来吸引这一目标群体。这一策略的重点在于准确的市场调研,先对各种具有特殊或专门需求的客户群体进行调研,然后专门生产和经营能够满足这些客户群体的产品。

摩托罗拉公司还发现随着手机外形与功能的不断更新,演变出了各种不同的文化价值与内涵。各式各样的手机在不同人的手中体现出不同的个性与象征,而人们也希望通过手机来表现自己与众不同的气质。因此,将品牌进行细分来推广手机,会比继续使用一个摩托罗拉品牌效果更好。

摩托罗拉给消费者的印象是一个传统的、重视技术突破的"工程主导型"的品牌,使用摩托罗拉手机的人大多是事业型、工作型的消费者。而现在,随着市场的不断扩大,消费需求出现了多样化,消费者对品牌的要求也越来越高。对于这些不同的市场需求,如果再继续使用一个摩托罗拉品牌,就不容易激发起消费者新的偏好。

手机是种非常个性化的产品,它需要具体的形象。摩托罗拉公司将品牌进行细分化,针对不同群体的消费者"量身定做"其品牌产品,这样可以使其对消费者的服务更加到位、更加贴切,同时也可以让消费者感受到更具体、更亲切、更友善的形象,确信这些品牌的手机就是专门为自己设计的,从而在选择上感到更加容易。鉴于此,摩托罗拉公司赋予了品牌全新的营销观念,确定了全新的目标品牌战略,推出了 4 个新品牌,即天拓(ACCOMPLI)、时梭(TIMEPORT)、"V"(Vdot)和心语(TALKABOUT),分别对应科技追求型、时间管理型、形象追求型和个人交往型等不同目标的市场。

现代企业面对的是一个纷繁复杂、迅速变化的市场。因此,面向未来,找出企业经营的关键领域进行界定,并进一步地细分市场;采用创造性的经营策略,应成为企业经营者的战略构想。力求最大的市场蛋糕,争取最大的经济绩效,应成为企业经营者的奋斗目标。摩托罗拉公司作为世界著名的大型跨国公司,无论在技术、研发、管理、推广等方面都具有很强的实力。它经过充分的市场调研,推出品牌细分的竞争战略,针对不同的客户群推出不同的品牌,利用更具有民族特色的宣传手法进行推广,无疑比其他竞争者抢先了一步,使自己在激烈的市场竞争中掌握了制胜的先机。

(资料来源:①邱斌 . 中外市场营销经典案例 . 南京:南京大学出版社,2001;②中国营销传播网)

案例思考:

1. 摩托罗拉公司为什么要实行品牌细分战略?

2. 手机市场的主要细分因素有哪些?

3. 确定目标市场应遵循的原则有哪些?

4. 请分析中国手机的竞争状况?

案例分析2 “凤凰”退出“傻瓜”市场

江西凤凰光学仪器(集团)公司的前身是江西光学仪器总厂。它是我国少数几家技术实力雄厚的照相机生产厂家之一,其生产的凤凰系列相机,因镜头质量优良、机械性能卓越而备受消费者青睐,是少数叫得响的国产相机之一。凤凰205相机曾经风靡全国,尽管当时的最高年产量达到了23万架,但产品仍然供不应求,销售商要排队等候提货。

改革开放后,“江光”更是步入了一个快速发展的“黄金时期”。由于城乡居民收入水平和消费水平的大幅度增加,照相机作为“新五件”之一,取代“老五件”,而成为城镇居民生活水平提高的象征。据统计,在20世纪80年代,照相机的社会拥有量从1980年的577万架提高到1989年的2 085万架;城镇居民家庭照相机的普及率由1983年的7.28%提高到1989年17.27%。这样一个庞大的市场为“江光”提供了发展的大好时机,使其一跃成为利税超千万元的利税大户。然而,好景不长,20世纪80年代末,一种境外的塑料壳全自动照相机(俗称“傻瓜”相机),洪水般地涌入我国,因为“傻瓜”相机不仅操作简单,而且价格也低廉,正好迎合了中国消费者的口味。结果,全国37家照相机厂,绝大多数停产转产,少数几家勉强维持的企业也纷纷引进国外设备及散件,大批量生产“傻瓜”相机。国产相机几乎全军覆没。面对这样的环境和形势,“江光”也顺应潮流,向市场推出了自己的“傻瓜”相机—凤凰602、6040;但是由于产品的内在质量和外观设计都无法与国外或合资的同类产品相媲美,产品销售不出去,大批凤凰“傻瓜”相机积压。“江光”不仅没有借着“傻瓜”走出困境,反而陷入了更深的困境。

凤凰在“傻瓜”相机市场上受挫,使“江光”面临着新的选择,目标市场定位又被重新提到了议事日程上:到底是集中力量在竞争日益激烈的“傻瓜”相机市场抢一口饭吃,还是重新寻找目标顾客,并开发新产品来满足他们的需求?

经过对市场和企业自身条件认真地分析和比较,“江光”公司明智地决定退出“傻瓜”市场,另辟蹊径。从当时的市场环境来看,尽管“傻瓜”相机的目标市场是需求量巨大的普通消费者(非专业的相机使用者),但这个市场的竞争也日趋白热化。尤为重要的是,在“傻瓜”相机的竞争中,国内相机生产厂家处于明显劣势。因为全自动相机需要高质量的电池和塑料配件,换句话说,需要相关产业较高水平的支持,而我国在这方面与国外尚有一定的差距;因此生产出来的“傻瓜”相机很难与国外同类产品相抗衡。而从“江光”自身的条件来看,它的光学镜头和机械制造技术有其独到之处。“江光”生产的镜头,纵走式钢片快门,其质量完全可以同代表国际最高水准的德国蔡斯镜头媲美。

综合分析上述各种利弊之后,“江光”公司毅然决定退出“傻瓜”相机市场,以自己的技术优势来为专业摄影人员和一些具有一定专业知识的摄影爱好者服务。这个目标市场虽然不大,但相对稳定,而且随着人们生活水平提高呈不断扩大之势。“江光”

决定以此为突破口，打入国际专业市场。

市场定位明确、产品策略确定之后，“江光”凭借自身的技术优势，仅用半年多的时间就研制、生产出了样机，并很快形成批量生产。这种凤凰 DC 303 单镜头反光照相机，采用高精度纵走式钢片快门，最短曝光速度为 1/2 000 秒，闪光同步为 1/125 秒；采用 SPD/TTL 中央重点测光，测光精度高；另外，曝光动态范围大，标准镜头分辨率高，加之体积小巧，外形美观，价格合理，一上市就受到消费者的欢迎，并且很快畅销于欧美市场。英国一家推销商自己花钱在报刊上为凤凰 DC 303 相机做广告，称它是“来自东方的一颗星”。德国权威的《摄影杂志》也载文，评述凤凰 DC 303 相机与外国同类产品相比，有几项指标更优。世界摄影、照相行业最高水平的 94 科隆博览会对该相机进行了图文并茂的推荐。在国内，从 1992 年起，凤凰 DC 303 连续 3 年获得最畅销产品“金桥奖”。

凤凰 DC 303 相机的开发成功，使“江光”迅速走出了困境。1991 年全厂亏损 308 万元，而到 1994 年销售收入达 1.82 亿元，出口创汇 674 万元，赢利 1 205 万元。1992—1994 年“江光”实际销售收入年平均递增 80.8%，创汇递增 99.4%，利税年平均递增 108.9%，几乎是一年翻一番的水平。1994 年“江光”自营出口凤凰 DC 303 相机 4 万架，远远满足不了外商的需求。1995 年“江光”与世界 52 个商家建立联系，力争出口 8 万架，创汇 1 000 万美元；同时，销售收入计划达 2.6 亿元，赢利达 1 600 万元。经过重新市场定位后，“江光”找准了自己的目标顾客，而且成功地开发了新产品，结果一炮打响，由此走出困境，迅速崛起并成为大型集团有限公司。

（资料来源：吕一林.市场营销学案例精选.上海：复旦大学出版社，1998）

案例思考：

1. 企业在选择目标市场时应当考虑哪些因素？

2. 若作为“江光”决策人，你认为应该怎样让“凤凰”从困境中飞出来？

3.“江光”现在已经步入了辉煌，但你是否发现了其中的隐患，应该如何未雨绸缪？

案例分析 3　一个新产品切入成熟市场的全程解读

内蒙古亿利医药有限公司生产的“亿利甘草良咽”，从 2002 年 8 月 15 日广告首次播出至 2003 年 3 月份，市场零售额已达 1 亿元。

咽喉药品及保健品并不是一个市场容量非常大的主流产品，内地全年销售额也就在 20 亿元左右；但市场上已有以金嗓子喉宝、西瓜霜、草珊瑚为代表的五六个老百姓耳熟能详、将近有 10 年历史的一二线品牌，有两三年历史的三线品牌就更多了。

市场情况如此险恶，亿利为什么还要进入？亿利做了市场分析。

上述产品上市时间较长，销售渠道建设完善，品牌知名度高，且各企业在每一年度均有持续的广告投入和较高的市场费用支持，消费者需求基本得到满足或至少没有觉得在疗效上有很大的不满意，价格便宜（均在 2.6 元到 5 元之间），消费者对经常消费的产品满意度比较高，难以形成品牌转换。但在对这些产品本身深入分析之后，发现了它们的“软肋”：一是产品同质化严重。虽说以金嗓子喉宝、草珊瑚等为代表的产品强调“入口见效”，而以“华素片”为代表的产品强调药理作用；但从产品诉求上看，大家表达的非常相似，都是从“保护嗓子、防止用嗓过度”的角度出发，针对所有咽喉不适的人群。二是大多数产品包装粗糙、缺乏个性、价位较低，不适合“买贵的”消费者的嗜好。这些人买东西不仅是在买产品本身，而是买这个产品从品质、包装、品牌给他心理上所带来的满足感。听起来这种心理好像是有点无聊，但这确实是一部分人的消费心理，谁也不能漠视它。

亿利又对自身做了分析。亿利医药有限公司是上市公司内蒙古亿利科技有限公司的全资子公司。亿利科技是经营化工原料的生产加工业务，实力雄厚，但却没有品牌产品，企业也没有知名度。怎样才能从一个不容易树立品牌的原料加工型企业转型呢？亿利科技把目光投向了自身的优势。因为地处内蒙古，亿利科技拥有很丰富的中蒙药资源，尤以甘草为代表。甘草是一味中药，有解毒、润肺的疗效，对呼吸系统的病症有很好的治疗作用。同时，鉴于保健品行业具有启动快，操作相对简单，易受老百姓关注的特点；因此亿利科技决定生产一种以甘草为主要原料的咽喉保健品。

2002 年 4 月份，亿利决定新产品上马，2002 年 5 月，亿利为自己的产品提炼出了“核心概念”：为咽喉不适的烟民们提供的一种解决方案。这个核心概念的提出，并不是亿利在市场上看了一圈就拍脑袋想出来的。在一个月中，单是委托专门机构进行的大规模市场调研就达 5 次，费用上百万元。结果发现：在整个咽喉不适并使用咽喉类产品的人群中，50%多的人属于感冒、上呼吸道感染，12%是由于用嗓过度、特殊职业人群，18%是由于烟酒过度。由于生产的是保健品而不是感冒药，因此不能将产品明确地指向“感冒、上呼吸道感染”人群；亿利将自己的产品明确指向“为烟民服务”，与金嗓子喉宝、草珊瑚等加以区分，并强调保健品“入口见效”的功能，避免与华素片等在药理作用上比较短长。而且亿利产品的主要原料是甘草，而甘草恰恰有一个非常独特的效用，就是解毒、降解尼古丁，因此完全可以达到产品的“表里如一”，满足这个细分市场的需要。这个市场的总规模在 2～3.8 亿元之间。很明显，这个市场总量应该说比较小。但亿利医药的总经理段炬红说：“我们在行业外头的时候，最重要的是怎么成功地进入这个行业，在这个行业中占有一席之地。不管地方是多大，首先我要找到它，并站稳了，然后才有机会去扩大地盘。”为了突出产品的核心概念，亿利为产品从内到外提供了如下一套准确指向自己的细分市场的设计方案。

(1)从包装设计上，产品的外包装像一个烟盒，上面有一层拉撕的烟膜。

(2)从广告上，“抽、抽、抽，抽完你给我含一片，从这到那全舒服”，强调抽烟者与产品的关系。

(3)从口感上，是超强的辣和凉，满足口感比较重的人。因为抽烟人大部分的味觉都不太敏感。这还有一个好处，就是缓解症状的即时效果强，这也符合烟民的需要。

(4)从品名上，咽喉类药的品名既可以侧重于“咽”，也可以侧重于“喉”。已有产品的名称大部分是侧重于“喉”,亿利本来起名叫“宜喉爽”,而没有在“咽”上面做文章。当确定了自己的细分市场之后,就侧重于“咽”,全名定为“亿利甘草良咽”。“亿利”是企业的品牌名,“甘草”强调了这种对“烟”有独特功效的原料,“咽”是“烟”的谐音。这个名字在咽喉药市场中可以算是第一个有特别明确核心概念指向的产品名称。

(5)在定价时,亿利同样做了大量的调研工作。对现有产品,大家普遍认为定价偏低。消费者能接受的价格是6元钱,其中有38%的消费者能够接受8元以上的产品。而市场上大部分产品都是卖2.5~5元钱。亿利决定将自己的产品定价在9.9元人民币,与其他产品拉开较大的距离。

新产品进行市场开拓时,大多应选择向高低两头的市场竞争者进攻。要么进攻高端,要么进攻低端。但比较起来,也许进攻低端的风险更大。本来利润就低,更不用说还要进行大规模、高成本的市场推广。这个定价也是受细分市场策略指导的。首先,市场上低端产品比较多,高端产品就会是一个新的市场机会。其次,定到9.9元,有38%的人群可以接受;定在5元,可能有60%的人可以接受,两者销售额可能差不多,但大销量运营成本必然会高,因此从赢利的水平上来讲,可能定9.9元的赢利要高。这对一个行业的新进入者来说,追求单品赢利而不是规模效应,是一个比较明智的选择。

由于“良咽”形成了自己独特的核心概念,与烟民形成了比较紧密的联系,它在从原有的咽喉市场中分了一杯羹的同时,也将这块蛋糕做大了一块:有一些烟民可能没有咽喉不适感或症状比较轻,过去,他并不认为自己有消费这类产品的必要,而现在这部分人中有些则开始尝试“良咽”,因为他希望能够缓解吸烟对健康形成的危害,或者仅仅认为这是一个跟抽烟者有关系的东西,应该尝试一下。

对于这种过分强调“细分市场”的产品,“细分市场”以外的消费者是不是就毫不理会呢?情况也并非如此。事实上,通过对消费者的调查,亿利发现,在购买人群中,53%的人是非烟民,47%是烟民;而对非购买人群的调查发现,83%的人认为这个产品可以同时适用于烟民和非烟民,并不认为广告是针对烟民的,其他人就不能用了。

(资料来源:刘蔚.“亿利甘草良咽”——一个新产品切入成熟市场的全程解读.成功营销,2003(12))

案例思考:

1.“良咽”采用了怎样的目标市场营销战略?

2. 对保健品市场进行细分时,应考虑的主要细分因素有哪些?

3. 你怎样看待“良咽”的广告策略,其广告策略与其市场定位直接相关吗?

4. 新产品进入成熟市场时应注意哪些问题?

试题答案

一、判断题

1. × 2. √ 3. √ 4. √ 5. × 6. √ 7. √ 8. ×
9. √ 10. √ 11. √ 12. √ 13. × 14. √ 15. ×

二、单项选择题

1. B 2. A 3. A 4. C 5. A 6. A 7. B 8. D 9. B
10. D

三、多项选择题

1. ABCD 2. ABCD 3. ABC 4. ABCD 5. AB 6. ABC
7. ABC 8. ABC 9. ABC 10. ABC

四、简述题

1. 所谓市场定位,即确定产品与企业在目标消费者中的地位。这是根据所选定的目标市场上的竞争者现有产品所处的位置和企业的自身条件,为产品与企业创造一定的特色,使之在消费者心目中占据突出的地位,从而确定企业整体形象。

市场定位的策略:领导者的策略、市场挑战者的策略、市场追随者的策略。

2. 填补式定位、并列定位和对抗定位。

填补式定位的目的,主要是为了能避开竞争,迅速在市场上站稳脚跟。先入为主地在顾客心目中建立对自己有利的形象。

并列定位的目的,最初不是取代,并非一味想压倒对方,而是一种平分秋色的定位方式。不少企业认为这种定位可以使自己与市场强者并列,可以激发自己的斗志,且一旦成功可以获得巨大的市场优势。

对抗定位的目的,是准备扩大自己的市场份额,决心并且有能力击败竞争者。

3. 市场细分为步骤是:①确定营销目标;②列出消费者群体的需求情况;③初步细分市场;④筛选; ⑤为细分市场定名;⑥复核;⑦选定目标市场,设计营销策略。

4. 市场细分,就是企业通过市场调研,根据消费者明显的不同特性,把整体市场分割为两个或更多的子市场,每个子市场都是由需要与欲望大致相同的消费者群组成,从而确定目标市场。市场细分的主要任务是:企业必须确定各种区分市场的方法,描绘出这些有实际意义的细分市场的轮廓,并最后衡量每个细分市场对企业的吸引力。

市场细分不同于一般的市场分类方法,市场分类方法主要是商品供应方为了便于掌握市场特征而进行划分的。市场细分则是根据消费者对市场商品需求的差异性来划分的,是工商企业从市场消费者需求的差异性出发,用一定的标准将不同的消费者划分为不同的消费群体,每一个消费者群体,就是一个细分的市场。因此,市场细分化,对整体市场中的社会需求,既有同中求异,也有异中求同,一般是用求大同存小异的方法。市场分类是立足于企业，以企业为中心，出发点在于为企业的经营提供方便；市场细分是立足于消费者，以消费者为中心，出发点在于全心全意为消费者提供优质服务，不断提高企业信誉，以拓展市场。

5. 根据市场细分的程度不同，市场细分大致有：完全无细分、完全细分、按一个影响需求的因素细分、按两个以上因素细分等几种方法。

完全无细分：由于此类产品消费共性大，价格高低是老百姓最为关心的，为了减少成本，企业可以采取不加细分的方法。

完全细分：在实际营销中，当整个市场内只有少数几个购买者，而且这些购买者的需求都有很大的差异时，有少数产品确实具有按照这种方法细分的特性。

按一个影响需求的因素细分：即对某些通用性比较大，挑选性不太强的产品，按一个对购买者需求影响最强的因素加以细分。

6

市场营销战略

学习目标与要求

- 了解战略规划的一般过程，明确企业战略的层次结构
- 明确企业经营战略规划的过程与内容
- 掌握市场营销战略的含义
- 了解企业市场发展策略
- 掌握制定市场营销战略的步骤
- 掌握市场营销战略有效实施的原则
- 掌握市场营销战略实施法
- 掌握市场营销组合的内涵及特点
- 理解竞争者的分析思路，了解市场领先者、市场挑战者、市场跟随者及市场补缺者的战略。

在企业战略管理体系中，营销战略通常被界定为一种职能战略。但若在更高层次去理解市场营销，应该认为营销战略是企业战略的核心或主体。企业的基本使命就是要求赢利和发展，并为相关的主体承担相应责任；企业之所以能存在，主要是因为它能为社会提供有用的产品和服务。营销的基本使命是要在企业与顾客之间建立长期互利的交换关系。显然，营销的使命是与企业使命最为一致并最能体现企业存在价值的。营销战略的一个基本问题就是要确定企业以什么产品进入什么市场。或

粗或细地去理解产品和市场问题，就可以发现营销战略实际贯穿于企业总体战略、经营单位战略和职能部门战略等多个战略层次之中。营销经理日益发现自己需要参与确定企业方向和那些可以创造和维持竞争优势并影响企业长期绩效的决策。在市场营销学中，营销战略并非是一个单独的组成部分，而是体现在市场营销活动全过程的带有全局性、长远性的设想和谋划，对更为具体的营销活动具有指导意义。

本章主要介绍战略规划与市场营销战略、市场营销战略实施法、市场营销组合策略、竞争者分析、各类竞争者战略。

6.1 战略规划与营销战略概述

6.1.1 战略规划概述

6.1.1.1 企业战略的特征

战略的本义是对战争全局的谋划和指导。企业经营战略是指把战略的思想和理论应用到企业管理当中，以适应未来环境的变化，寻求长期生存和稳定发展而制定的总体性和长远性的谋划。经营战略的特征如下。

(1)全局性，指以企业全局为研究对象，来确定企业的总体目标，规定企业的总体行动，追求企业的总体效果。

(2)长远性，指企业战略的着眼点是企业的未来而不是现在，是为了谋求企业的长远利益而不是眼前利益。

(3)纲领性，指经营战略所确定的战略目标和发展方向是一种原则性和总体性的规定，是对企业未来的一种粗线条设计，是对企业未来成败的总体谋划，而不是纠缠于现实的细枝末节。

(4)抗争性，指企业在竞争中为战胜竞争对手，迎接环境的挑战而制定的一整套行动方案。

(5)风险性，指经营战略考虑的是企业的未来，而未来具有不确定性，因而战略必然具有风险性。

6.1.1.2 企业战略的层次

企业经营战略的层次体系如图 6.1 所示。

1. 总体经营战略——第一层次(又称公司级或总公司级经营战略)

总体战略，指对企业内外环境进行深入调查研究的基础上，对市场需求、竞争状况、资源供应、企业实力、国家政策、社会需求等主要因素进行综合分析后，所确定的统率和指导企业全局和长远发展的谋划及方略。

2. 经营单位战略——第二层次

经营单位战略，指经营单位在总公司或集团公司总体战略的指导下，为实现总公司发展目标，对所从事的某一经营事业的发展做出的长远性谋划和方略。

3. 职能战略——第三层次

职能战略,也叫分战略,指为了保证企业总体战略和经营单位战略的实现,运用各种专业的职能,使企业开展经营活动更加有效地适应内外环境的要求所制定的长远性谋划和方略。

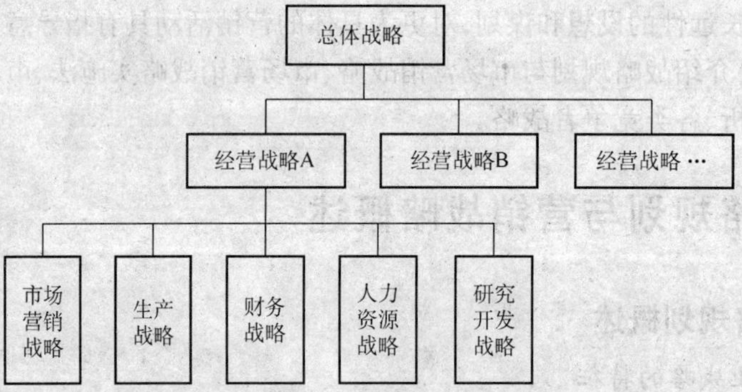

图 6.1 企业经营战略的层次

6.1.1.3 战略规划的基本程序

1. 战略规划概念

战略规划,就是制定组织的长期目标和策略并将其付诸实施,它是一个正式的过程和仪式。这个时间段的长短要根据每个企业的情况而定。如 20 世纪中叶的美国电视机市场,是 RCA 公司、通用电气公司及齐尼思公司(Zenith)等企业的一统天下,但在几十年后,这些企业的电视机产品全都销声匿迹了,取而代之的是日本松下电气工业公司的 Panasonic 和 Quasar 等牌号的电视机。

松下公司持续良性发展的案例,说明了企业战略规划能够怎样促进一个公司巨人的创建。20 世纪 50 年代初期,松下公司确立了控制美国电视机市场的战略目标,它与其他日本电视机制造商组成了一个卡特尔,将进攻的焦点集中在美国市场上。在 20 年的时间里,松下公司将它的美国竞争对手从 25 个削减到 6 个,使所有的美国竞争对手不是破产就是被外国同行兼并,松下公司由此成为世界消费电子产业中的巨人。

相比之下,当诸多中国企业陶醉在"中国制造"的神话中,有多少企业关注自身十年、几十年后的发展,更遑论百年后企业变成啥模样了?这就是我们与世界优秀企业的差距,亦是中国企业学习、追赶的方向!

麦当劳在中国的第一家餐厅在深圳,餐厅开业之前,麦当劳在河北的农村默默无闻地种了九年土豆,这是怎样的一种精神?麦当劳的战略导向就是坚定不移地进入中国市场,把汉堡包推向广大的中国市场。

一个企业战略规划的前奏就是编制一个美丽的梦,但是仅仅有梦还不够,还要有实现梦的具体行动计划,通过规划编造美梦,然后用行动圆梦,再规划,再圆梦,循环反复,不断前进。这一过程如图 6.2 所示。

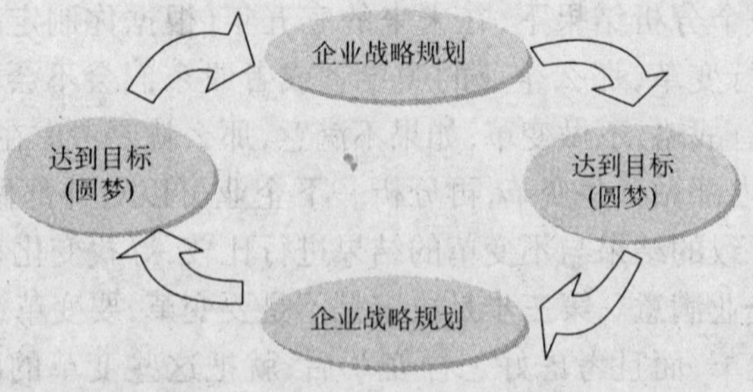

图 6.2 战略规划制定与实施循环图

我国企业对战略规划的理解存在着非常普遍的误区，主要有四个方面。

1)第一个误区

认为企业的战略规划就是预测，企图通过预测掌控企业的未来。殊不知，战略规划需要具备的是“前瞻性”，而不是“先知性”，即对于今后可能发生的事情要进行前瞻性的判断，而不是先知先觉。

2)第二个误区

认为战略规划就是对未来的决策。事实上，战略规划不是去决定“明天要做什么”，而是决定“今天必须为不确定的明天做些什么”。换句话说，也就是不去管明天会发生什么，而是关注目前的思想和行动必须包含怎样的未来性。

3)第三个误区

认为战略规划的作用是用来消除风险的。把资源投于未来本身就有风险，这是经济活动的规律，所以一个成功的战略规划不是去消除风险，而是要提高一个企业承担更大风险的能力。中国有太多的企业没有面对危机、抵抗风险的能力，关键的原因之一就是战略规划不健全。

4)第四个误区

认为战略规划可以看成是一项技术。而大部分技术都可以量化，但是战略通常是不能量化的，战略规划更多的是代表思想、分析、判断和责任。所以，企业的决策者要负担起整个企业的战略规划，肩上的担子和责任非常大。

2. 制定企业战略规划的基本程序

制定战略规划分为三个基本程序，①确定目标，即企业在未来的发展过程中，要应对各种变化所要达到的目标；②制定规划，当目标确定了以后，考虑使用什么手段、什么措施、什么方法来达到这个目标，这就是战略规划；③将战略规划形成文本，以备评估、审批，如果审批未能通过的话，那可能还需要多个迭代的过程，需要考虑怎么修正。

1)确定公司战略目标的步骤

确定战略目标的第一步是对企业的现状进行分析，最常见的是进行 SWOT 分析。所谓 SWOT 分析就是分析企业的优势、劣势、竞争对手是谁以及竞争对手的长处和短处、机会在什么地方、市场状况等等。第二步是在基于分析的结果给出一个判断，主要是考虑在这样一个分析结果下，在未来的三五年(根据你制定战略规划的周期长短)如果企业不进行变革，那么企业的领导者或者股东们会不会满意？如果满意的话，就保持企业现有战略，不做变革；如果不满意，那么就要考虑在目前分析结果的情况下，企业可以对内部做哪些变革，再分析一下企业可以对外部做哪些变革，将内部和外部变革所能导致的结果与不变革的结果进行比较，寻找变化和差别，这些变化和差别是不是能使企业满意。第三步是决定是不是要变革，要变革，就要确定变革的目标。当企业决定变革，而且考虑好怎样变革后，就把这些变革的决定写成正式的文件。

确定战略目标的步骤如图 6.3 所示。

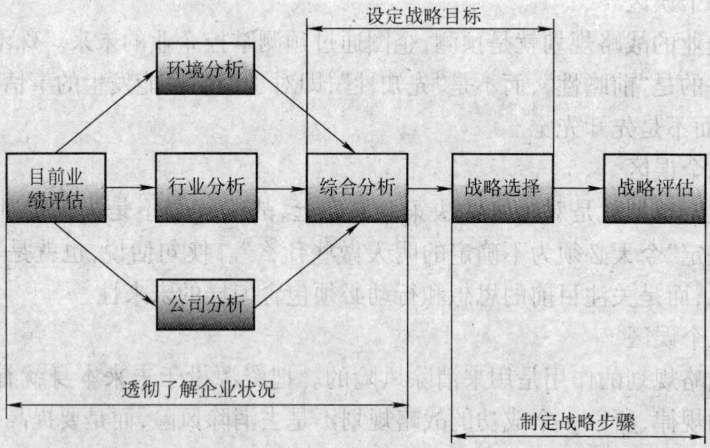

图 6.3　确定战略目标图

2)制定公司战略规划的步骤

制定公司战略规划分为六步，如图 6.4 所示。

(1)战略环境的分析和预测。一般来说就是要分析一下企业的经营特征，简单地说就是要回答一个问题，即我们是谁？很多人觉得这个问题很简单，其实不然，当你长期工作在一个环境里，对企业周围都习以为常的时候，你不一定能很准确地回答这个问题。如某汽车公司，其业务特征是以制造业为主，可是在把该汽车公司的各个业务模块和它的各个事业单位进行分析以后，才发现该汽车公司最大的利润来源不是它的制造业，而是它的金融业，这是很让人吃惊的一个分析结果。对于这样一个结果我们应如何来认识？是不是说该公司可以忽略它的制造业，而主要关注它的金融业的发展？当然不是，如果这家汽车公司的金融业没有制造业做基础的话，它将失去品牌和商誉，也将失去赢利的能力。因此，对于这家汽车公司来说就一定要把它的制造业发展好，而且也必须很明确它的主要利润来源是金融。

通过这个例子，我们可以看出企业要认清自己并不是一件容易的事情。除了对自身的情况进行分析之外，还要分析宏观环境，对社会、经济、政治、文化、技术等各个领域现在或将来可能发生的变化情况也要有所了解。在此基础上,寻找市场机会并识别出把握市场机会将遇到什么障碍,会有什么缺陷,这是对战略环境进行分析和预测的目的所在。

(2)制定目标。这里所指的目标和前面提到的“确定战略目标”中的“目标”有所不同,那个“目标”是要做变革,怎样做变革以及想达到什么样的结果,但是那些描述都是定性的,并不是一个量化的目标。战略规划的制定,落脚点应该是可评估、可衡量、可操作的规划,量化的目标是做到这一点的基础。如对于企业来讲,它的市场份额要达到多少,销售额要达到多少,利润又要达到多少,要达到这些目标的时间是怎么控制的,何时实现这些目标,这些都是对目标的量化。

(3)确定战略执行过程中的重点。企业综合战略的重点是确定企业使命、划分事业单位、确定关键单位的目标。如前面提到的那家汽车公司,就要在企业综合战略中确定其制造业单位的目标和金融业单位的目标,这是最高层次的战略。

对于事业战略,它的重点是如何贯彻企业使命、环境分析、二级单位的目标以及实现目标需要的具体措施;次战略则更加详细,重点是如何贯彻目标并细化,对于目标的细化,包括发展目标、质量目标、技术进步目标、市场目标、职工素质目标、管理改进目标、效益目标等以及具体措施;最后是战术,它的重点是划分阶段并制定计划,对每个阶段可能遇到的风险进行分析,对每个阶段可能的变数进行分析以及应对风险和变数的措施。

(4)制定行动计划和划分阶段。

(5)制定实施战略的措施。如要制定资金和其他资源的分配方案,规划制定后要在资金上有所侧重;要选择执行过程的衡量、审查及控制方法。

(6)把选中的方案形成文件提交给公司高层,进行审查和批准。

3)评估公司战略规划的步骤

在完成了确定战略目标、制定战略规划两个步骤之后,战略规划工作进入第三个阶段:评估企业战略规划。如何评估企业战略规划?具体来说有五个步骤,见图 6.5 所示。

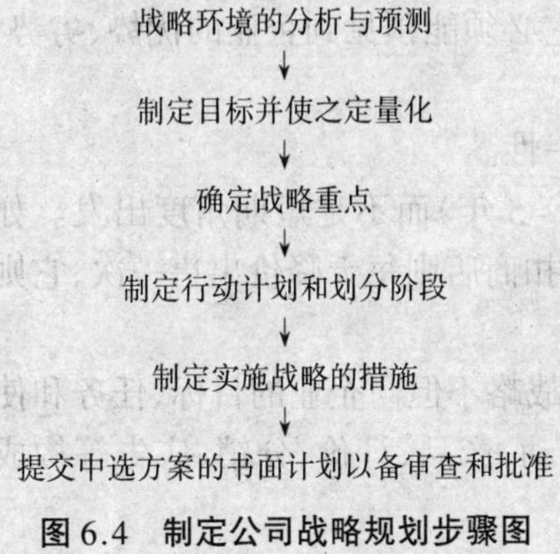

图 6.4 制定公司战略规划步骤图

图 6.5 评估公司战略规划步骤图

(1)对制定战略规划的背景情况进行评估。这里的背景情况是指,对企业经营的历史是否提供了足够的背景资料,或者是否还需要补充更多的信息;宏观环境是否被充分地估计;另外,你的能力能否被透彻地审查,主要是指审查你规划的那些人有没有能力对你的能力给出一个客观充分的评估。

(2)有关商业机会的评估。包括是否寻找到了最好的机会,所有的机会和不利的风险是否都被识别出来。有时候目标看上去很完美,但是由于遗漏了对某些风险的考虑,最后可能导致很多目标无法实现。

(3)对战略方案本身的评估。主要考虑两个问题:①是否考虑了所有可能的战略方案?②市场营销组合是从中选的战略方案中派生的吗?

(4)有关财务情况的评估。如建议项目是否必要?是否提供合理的资金保证,财务资料是否清晰而连贯?特别是对于中短期的战略规划,更有必要把财务情况写得详细些。

(5)对战略的可操作性进行评估。非常好的战略规划应该具有可操作性。如执行标准和控制方法是否已经具备,是不是符合企业目标的要求;战略计划与现行员工的态度、兴趣与观念(即公司文化、形象)能和谐共存问题。又如某著名 IT 企业曾经在最困难的时候制定过一个战略规划,规划中的一项变革实施是让所有的销售人员没有自己的办公桌,所有销售人员共享一个办公场地,作为销售当你需要办公桌时,哪里有空位子你就在哪办公。这项变革的其目的是希望所有的销售尽量多的到社会上去跑单子,而不是坐在办公室里。这样一项变革和公司原有的企业文化有没有抵触?可以说肯定是有抵触的,但关键是看这种抵触能否被接受,而且这种变革会产生什么样的效果,这是最重要的。另外,当意外情况发生的时候,这个战略计划是否具有防御能力。

6.1.2 市场营销战略概述

6.1.2.1 市场营销战略概念

市场营销战略是企业用以实现其市场营销目标的基本方法,是企业可以遵循的营销活动的总纲领,包括目标市场、产品定位、市场营销组合和市场营销费用水平等决策,它是整个企业战略的一个有机组成部分,它必须能预见到企业的优势、劣势、实施战略的可能性和风险性。

其主要特征有长期性、整合性、灵活性和统一性。

(1)战略是长期的,它应从长期(通常至少 3 ~ 5 年)而不是短期角度出发。如降价出售是大多数商店间或运用的一种战术,而折扣商店则每天降价出售一次,它则是把降价出售作为一种战略。

(2)战略应该是整合的。即企业的市场营销战略不但与企业的目标、任务和使命紧密相连,而且战略贯穿于企业一切市场营销活动,产品、订价、分销、广告等构成市场营销组合的活动都必须集中体现战略的运用。

(3)战略也应该是灵活的。即在对竞争和市场变化做出反应方面提供灵活性,具有可调整和变化的空间。

(4)战略应该是有统一性的。即战略不但关注于外部市场环境的变化,而且也是内在的,通常需要进行大量的内部组织工作。在制定市场营销战略的过程中,市场营销经理需要与生产部门、采购部门、财务部门等密切合作,共同协商,实现其营销努力与其他职能部门战略的统一。

6.1.2.2 市场营销战略的意义

(1)市场营销战略是企业求得生存和发展的根本保证。现代市场营销观念认为,企业能否在激烈的市场竞争中求得生存和发展,很大程度上取决于企业的营销活动能否适应外部环境变化并做出积极、正确的反应,而连接着企业与环境的则是企业的市场营销战略。企业的市场营销战略决定企业经营活动的方向、结构、发展模式以及资源的配置,如何驾驭环境发展变化,结合企业资源,制定一个具有远见而可行的发展战略,是企业在竞争中求得生存和发展的关键。如西方国家工商企业经营管理的无数事例都证明,企业的市场营销战略正确与否对工商企业的兴衰成败关系极大。美国克莱斯勒汽车公司的盛衰起落充分说明这一点。

在20世纪70年代,美国通用、福特、克莱斯勒三大汽车公司都亏损,克莱斯勒公司在1980年亏损竟达14.7亿美元,面临破产的境地,全靠美国联邦政府贷款15亿美元才得以维持。克莱斯勒公司为什么会遭到这么大的挫折呢?主要是因为其战略性决策失误。它没有估计到70年代能源危机的到来使广大美国消费者趋于购买性能良好而又省油、廉价的小汽车,加之当时日本生产的省油、廉价的小汽车大量涌入美国市场,结果克莱斯勒公司的汽车就卖不出去。在这危难之际,原福特汽车公司总经理雅科卡到克莱斯勒走马上任,他迅速转变了企业的营销战略,主持设计制造普通性、微型和超微型等多种型号、多种规格的新产品,并集中力量发展K型车,投入市场深受欢迎。随着销路的不断扩大,克莱斯勒公司迅速扭亏为盈,不仅偿还了全部债务,而且很快重返美国三大汽车公司的行列,雅科卡也因此成为世界闻名的传奇式企业家。因此看出,在动态市场上,企业为求得长期生存和发展,必须善于不断发现良机和及时调整市场营销战略,随机应变,使企业的经营管理与不断变化的经营环境相适应。

(2)市场营销战略是协调企业内部各种活动如资金筹措、资源配置、生产过程、销售过程等的总体指导思想和基本手段。有利于充分合理地利用企业内部的各种资源(人力、财力、物力),增大企业实现其各项目标的可能性,充分发挥企业的整体功能。

(3)市场营销战略是企业营销活动的灵魂。企业营销是以看准市场需要,迅速而有效地满足市场需要获得最佳经济效益为中心内容的。而市场营销战略是从企业的总体目标上确定的营销活动的方向、重点。

6.1.2.3 制定市场营销战略的步骤

1. 分析市场机会

市场机会是指市场上所存在的尚未满足或尚未完全被满足的需求,寻找和识别市场机会是市场营销管理过程的起点,也是企业制定市场营销战略的主要依据。但市场机会并不等于企业机会,只有当企业具备某些必要的成功条件时,市场机会才能变成企业机会。作为一个企业的决策者,最重要的是善于发现新的市场机会,选择市场机会,在国内外开辟新的市场。

2. 对主客观条件进行科学的分析

客观条件即市场环境的分析,是企业制定市场营销战略的前提条件。制定市场营销战略实际上就是把企业自身的条件和企业外部的条件有机结合起来,并从中选择一个最佳的行动方案。所以,除对市场环境进行分析以外,还要对企业的自身条件进行分析。企业在对主客观条件进行分析时,必须注意两个问题。①要用广阔的经营观念看待企业的生存条件。狭隘的经营观念必然导致企业以生产为中心而不是以市场为中心。企业如果把眼光放在生产上而不是放在市场需求上,必然会产生短期的经营行为,而忽略企业的长远发展。②充分利用企业现有的资源。企业的战略目标最好是在有效利用现有资源的情况下来完成。这样,增加产品的销售量,却不相应增加成本,有利于增强产品的竞争能力,增加企业成功的机会,避免或减少风险。

3. 确定企业的营销目标

企业的营销目标,是指一定时期内企业营销活动要达到的目的。企业主要的营销目标有销售额、利润、市场占有率、销售增长率等。企业在制定营销战略目标时,要注意目标必须具体,要能用数量指标表达,并且符合企业资源情况,切实可行。

4. 选择实现营销目标的方案

营销目标确定以后,企业就要制定出几套可供选择的实现营销目标的方案,对方案进行分析、比较、研究,从中选出一个最优方案。在选择最优方案时,可以采取列出每个方案优缺点的方法,对每个方案进行评价。选择方案是否合理,要以未来结果的预测判断作为先决条件。而对未来结果的预测和判断,可能出现以下几种情况:一是方案中的各项指标都能达到预期目标,方案是正确的;二是方案中的一部分不能达到预期目标,方案就存在着一定的风险性;三是方案的目标是个未知数,这种方案就是不确定的。在目标确定时,要尽量减少未知数。

5. 方案的实施与控制

选出最优方案以后,下一步的工作是组织方案的实施。市场营销战略方案的制定,只是企业整个市场营销活动的开始,应很好地组织实施。企业市场营销中的大量工作,就是要尽一切努力,来解决战略方案实施过程中遇到的问题,保证营销战略方案的顺利实施。

6.1.3 市场发展战略

企业可供选择的市场发展战略有三种:密集型发展战略、一体化发展战略和多样化发展战略。

6.1.3.1 密集型发展战略

密集型发展战略是指企业在现有的业务领域里寻找未来的发展机会。这种战略包括以下三种方式。

1. 市场渗透

市场渗透是指采取种种措施，如改进广告宣传和推销工作，在某些地区增设商业网点，通过多渠道将同一种商品送达同一市场，千方百计在现有市场上扩大现有产品的销售。其中又包括三种方法：

(1)通过各种促销努力，促使现有顾客多购买本企业的现有产品；

(2)把竞争者的顾客吸引过来，使之购买本企业的现有产品；

(3)努力发掘潜在顾客。

这就需要企业在现有产品的质量、价格、包装、服务、品牌、商标等方面下功夫，提高企业信誉，并有效地运用各种促销手段，刺激需求，从而求得发展。

2. 市场开发

市场开发是指用企业现有的产品去满足新的市场需求从而增加销售，在通常情况下，生产企业为适应某个目标市场而设计和制造的产品，投入市场后，往往能发现新的用途并被另一细分市场所接受。如某种洗涤剂，原用于洗涤衣物，以后发现可用于清洗收音机器件等，从此销量大增，打开了另一销路。

一般市场开发的方法主要有以下几种。

(1)通过现有产品的新用途，开拓现有顾客的新需求，增加消费者使用的频率，提高销售量。

(2)寻找新顾客，开拓新用途。例如黄麻从前的用途主要是制造麻袋，现在有些地毯厂用黄麻编织地毯、床单等，成为别具一格的产品，为黄麻发现了新市场。

(3)改变现有产品的包装、价格、开辟新的分销渠道，适应新的市场需要，开拓新市场。

3. 产品开发

产品开发是指向现有市场提供新产品或改进型产品，满足现有顾客的潜在需求，增加销售。开发新产品的方式一般有两种：①对现有产品进行更新换代，以满足老用户的需求；②在产品系列中增加新的品种，适应现有顾客(或老用户)的多种需要。

当企业尚未完全开发现有产品的潜在市场和没有充分利用现有市场机会时，可考虑采取密集型发展战略。

6.1.3.2 一体化发展战略

一体化发展战略也叫一贯性发展战略，是指生产企业、供应商、销售商实行一定程度的联合，融供应、生产、销售于一体，提高企业的发展与应变能力。当企业的基本业务很有发展前途，在供产或产销方面实行一体化，能提高效益，增强竞争力，扩大销售时，可运用一体化发展战略，以便充分利用自己在产品技术和市场上的优势，促进企业发展。一体化发展战略有三种形式。

1. 后向一体化

后向一体化是指企业通过收购或兼并若干原材料供应企业，拥有和控制其供应系统,实行供产一体化。如某拖拉机厂以前向橡胶和轮胎公司采购所需轮胎,现在决定该厂自己生产轮胎,这就是后向一体化。

2. 前向一体化

前向一体化是指企业通过收购或兼并若干商业企业或者投资,拥有和控制其分销系统,实行产销一体化,自产自销。如某油田过去是生产原油卖给其他炼油厂加工,现在自己开办了炼油厂,这就属于前向一体化。

3. 水平一体化

水平一体化是指企业收购、兼并竞争者的同种类型企业或者在国内外与其他类型企业合资生产经营。如一个彩电生产企业,根据市场状况,兼并一个同样类型的彩电生产企业或者与其他彩电生产企业合资经营,都属于水平一体化。

6.1.3.3 多样化发展战略

多样化发展战略也叫多角化发展战略或多元化增长战略,是指企业尽量增加产品大类和品种,跨行业经营多种多样的产品和业务,扩大企业的生产经营范围和市场范围,使企业的特长发挥出来,人力、物力、财力等资源得到充分利用,从而提高企业的经营效益,保证企业能长期生存和发展。如近几年来,我国的许多工商企业也实行多元化经营,取得了较好的经营效益。如广州白云山制药厂除了主要生产药品外,还生产兽药、护肤用品、滋补品、医疗器械、塑料餐具,经营美术工艺装修、汽车修配和酒家,还有足球队和轻歌剧团,其产值比建厂初期增加了五六倍。该厂管理当局认为,这种多元化经营犹如“多角餐桌”,比“独角餐桌”稳固得多。

多样化战略也有三种形式。

1. 同心多样化

同心多样化是指开发与本企业现有产品线的技术和营销有相同关系的新产品,吸引新的顾客,从同一圆心向外扩大业务经营范围。如某拖拉机厂利用原有的技术、设备、零件等生产小货车、农用汽车;某电视机厂利用原有技术、设备等生产冰箱、空调等多种家用电器。

2. 水平多样化

水平多样化是指研究生产某种能满足现有顾客需求的但与企业现有产品在技术上关系不大的新产品。如某一生产农业机械的企业,对农民市场比较了解,当该企业了解到农民急需化肥和农药时,就开办化肥厂和农药厂,这就是水平多样化。

水平多样化的优点是可以充分利用原有市场和原有分销渠道,扩大销售额。缺点是因涉及与原生产技术无关的产品,需要重新创造某些生产条件。

3. 综合多样化(集团多样化)

综合多样化(集团多样化)即跨行业多样化,是指开发与企业现有技术、产品、市场都毫无关系的新业务、新产品,把业务拓展到其他行业中去。采取综合多样化战略的企业,一般都是实力雄厚的大企业。

实行多样化发展战略,可以提高企业对环境的适应性,使企业获得更多的发展机会，减少单一经营可能带来的风险，充分利用企业条件，增加企业效益。

6.1.4 市场营销战略与企业战略的关系

6.1.4.1 市场营销战略与企业战略的传统关系

传统上，学术界认为，企业各层级的战略制定是从上至下的，即公司最高领导层所确定的目标和战略为事业部和职能部门制定各自的战略计划提供基本构架。

6.1.4.2 市场营销战略与企业战略的现代关系

现在，学术界认为，从导向性来看，市场营销战略是前位性、起导向作用的战略，而企业战略则是后位性、受市场营销导向的战略，也就是说，不是企业战略制约、指导市场营销战略，而是市场营销战略指导和制约企业战略。

6.2 营销战略实施法

为了完整地、有效地贯彻和实施企业已选定的市场营销战略方案，一般需开展组织结构设计、市场营销战略计划编制和市场营销战略控制。

6.2.1 市场营销组织结构设计

市场营销战略是通过企业营销组织来实施的。组织是按照一定目的和程序组成的一种权责结构（或角色结构）。市场营销组织工作是指为了实现企业的营销目标而确定企业内各营销要素及其相互关系的活动过程，设计一种营销组织结构并使之运转的过程。市场营销组织工作是动态的。

市场营销组织结构是表明营销组织各部分排列顺序、空间位置、聚散状态、联系方式以及各要素之间相互关系的一种模式，它是执行管理和经济模式的体制。市场营销组织结构规定了营销组织内各个组成部分的任务、职责、权利以及相互关系。企业的市场营销组织是执行市场营销计划、服务市场购买者的职能部门。市场营销组织的组织形式，主要受宏观市场营销环境、企业市场营销管理哲学、企业自身所处的发展阶段、经营范围以及业务特点等因素的影响。市场营销组织总是随着市场和企业目标的变化而变化，所以，设计组织结构要立足于将来，为未来组织结构的调整留下更多的余地。

市场营销组织的效率表现在以较少的人员和上下隶属关系以及专业化较高的程度去实现组织的目标。这取决于分权化程度（即权力分散程度应以能保证上下级之间更好地沟通为标准）和管理宽度（即每一个上级所能控制的下级人数）两个因素。

6.2.1.1 营销组织职能

市场营销组织的主要职能是收集信息、营销研究、制定计划、促销管理、渠道管理、顾客关系管理和服务、新产品开发及管理、产品和品牌管理、价格管理以及知识管理。

6.2.1.2 市场营销组织的形式

现代营销部门呈现出多种形式，但所有的市场营销组织都必须与营销活动的各个领域——职能、地域、产品以及消费者市场等相适应。

1. 职能型组织

职能型组织是最古老也是最常见的市场营销组织形式。它强调市场营销各种职能(如销售、广告和研究等)的重要性,并把销售职能当成市场营销的重点,而广告、产品管理和研究职能则处于次要地位。其优点是管理简单容易。其缺点是:企业制定的规划与具体的产品及市场不相适应,因为没有人对某种产品或某个市场负完全责任,不受职能性专业人员欢迎的产品常被漏掉;每个职能群体都争取能获得更多的预算和更高的地位,营销经理不得不经常仔细地审查职能性专业人员的有竞争力的主张,并解决难于协调的问题。

2. 地域型组织

从事全国性销售业务的企业常常会按照地理区域设置其市场营销机构。该机构设置包括一个全国性销售经理,他管理若干个地区销售经理,地区销售经理又管理若干个区域销售经理,每个区域销售经理则管理若干个地方销售经理,地方销售经理管理若干销售人员。有些企业增设地区市场专家来支持销量很大的市场中的销售工作,这有助于帮助企业总部营销经理调整他们的营销组合,以求得最大限度地利用市场机会,同时地区市场专家还将制定年度和长期发展计划,并在总企业营销人员和地区性销售人员之间起到联系沟通的作用。为了使整个市场营销活动更为有效,地域型组织通常都是与其他类型的组织结合起来使用。

3. 产品型组织

产品型组织是指在企业内部建立产品经理组织制度,以协调职能型组织中的部门冲突。生产不同产品或品牌的企业往往采用产品型组织,主要目的是为了满足产品及其支持技术的特殊要求。产品的知名度是发展企业与客户间有效关系的基础。由于专业化和力量集中,将更多资源用于产品组合可能带来高额效益。产品型组织并不能代替职能管理组织,而只是作为一个管理层次而存在。该组织机构的设置是产品经理负责产品的管理,主管若干个产品大类经理,产品大类经理主管几个产品经理,每个产品经理负责具体产品。

产品型组织的优点在于产品经理能够有效地协调各种市场营销职能;产品经理对于市场上出现的情况反应比专家委员会更快;由于每种产品都有相对应的产品经理负责,所以即使是名气再小的品牌也不会被忽略;产品型组织是培训年轻主管人员的最佳场所,因为产品型组织可以使其接触企业运作的全部领域。产品型组织形式的缺点有以下几个:①缺乏整体观念。在产品型组织中,各个产品经理相互独立,他们会为保持各自产品的利益而发生摩擦,事实上,有些产品可能面临着被收缩和淘汰的境地。②部门冲突。产品经理们未必能获得足够的权威,以保证他们有效地履行职责。这就要求他们得靠劝说的方法取得广告部门、销售部门以及其他部门的配合与支持。③多头领导。由于权责划分不清楚,下级可能会得到多方面的指令。

4. 市场型组织

许多企业将产品出售给不同类型的市场。企业按照市场系统安排其市场营销机构,使市场成为企业各部门为之服务的中心。在该类型组织中,市场主管经理管理几名市场经理,市场经理实质上是参谋人员,而不是专职工作人员,其职责是负责制定所辖市场的长期计划和年度计划,因此必须分析研究市场的发展状况和企业应供应市场的新产品。市场经理开展工作所需要的功能性服务由其他功能性组织提供。其工作绩效常以对市场份额的增长所作的贡献,而不是根据在市场上获得的现时赢利来判断。市场型组织的优点在于企业的市场营销活动是按照满足各类不同顾客的需求来组织和安排的,而不是集中于营销职能、地区或产品本身;其缺点是存在权责不清和多头领导的矛盾,并且随着公司服务的市场和客户越来越多,必须雇用大量的销售人员。

5. 产品/市场型组织

生产多种产品并面向多个市场的企业经常面临进退两难的境地,要么采取产品型组织形式,这就要求产品经理熟悉高度分化的市场;要么采用市场型组织形式,那就要求市场经理必须熟悉他主管市场上出售的花色品种极多的产品;要么任命产品和市场两位经理,这就是产品/市场型组织新形式。产品/市场型组织是产品型组织与市场型组织的有机结合与发展,是对矩阵式结构的进一步完善和发展。这种组织形式对于那些产品多样化和市场多样化的企业而言应该是最合适的,其缺点是费用较高、容易产生矛盾而且权责不清。

6. 事业部制

随着多产品—多市场企业规模的扩大,企业常将其产品—市场管理集群转变为独立事业部,它们再分设自己的职能部门和服务部门。在这种制度中,企业按产品、地区或经营部门分别成立若干个事业部,某项产品或地区的业务,全部由事业部负责。各事业部实行独立经营,单独核算。企业管理者保持人事决策、财务控制、规定价格幅度以及监督等大权,并利用利润等指标对事业部进行控制。

一般企业的营销组织面临三种选择:①不设企业营销部门,即不设企业一级的营销人员,认为企业一级营销人员没有什么作用,因为企业的营销职能由各事业部负责;②保持适度的营销组织,即企业保持适度营销组织来执行有限职能;企业保留强大的营销部门。但企业究竟适用哪种模式,还取决于企业及其产品市场的实际情况。有的企业从开始就在企业一级设立强大的营销部门;而有的企业则致力于发展各事业部的营销部门;有的则减小企业级营销部门的规模和权限;有的则不设企业级营销部门。

事业部制适合大型的或跨国的企业营销组织。

7. 战略经营单位

战略经营单位是大型组织内部的单位,它为同一市场或不同市场提供某种产品或服务。这种组织结构的特点是,企业按照共同的战略因素将若干个事业部或其中的某些部分组合成一个经营单位。在一般的情况下,企业可根据各独立的产品或市场来划分战略经营单位。

战略经营单位组织结构的优点是，在战略经营单位内各事业部具有同样的战略利害关系和产品—市场环境，彼此之间容易协调一致；有利于对大型多种经营企业的战略管理和控制；有利于区别和深化企业总部层次和战略经营单位层次的计划；明晰不同战略经营单位的经济责任。其缺点是在企业总部和事业部之间又增加了一个管理层次，有可能增加资源分配上的不良竞争程度；同时，战略经营单位管理人员与事业部管理人员的职责和自主程度较难确定。

8. 多维立体组织

在矩阵型组织的基础上再加上其他内容，就形成了多维立体组织。如在产品和职能部门之上增加一个市场经理，就构成了三维立体组织。这种组织形式适用于跨国企业或跨地区的大企业。

9. 市场营销战略联盟

市场营销战略联盟目前已经成为许多企业，特别是一些跨国企业的基本战略。具体的市场营销战略联盟可能是纵向的伙伴关系，也可能是横向的伙伴关系，还可能是混合的伙伴关系。

6.2.1.3 市场营销组织职位分析

企业在确定了市场营销组织活动之后，还要确定组织职位，以确保企业的营销活动的顺利实施。在进行营销组织职位分析时，要弄清楚各个职位的权力、责任及其在营销组织中的相互关系，其决定因素主要有职位类型、职位层次以及职位数量。

1. 职位类型

在市场营销组织中，每个职位的设立都必须与企业选定的市场营销组织的需求及其内部条件相适应。通常，职位类型的划分主要有直线型与参谋型、专业型与协调型以及短期型与永久型三种形式。企业市场营销组织结构的设计和选择同职位类型密切相关。设计组织结构的首要问题，是保证各个职位与所要建立的组织结构相适应。

2. 职位层次

在市场营销组织中，职位层次是指每个职位在组织中地位的高低。

3. 职位数量

职位数量是指在企业的市场营销组织中建立的合理数量。职位数量同职位层次密切相关。一般来说，职位层次越高，辅助性职位数量也就越多。职位的权力和责任的规定体现在工作说明书上。工作说明书包括工作的名称、主要职能、职责、职权、该职位与组织中其他职位的关系以及与外界人员的关系等。

市场营销组织结构设计的成果表现为市场营销组织系统图、职位说明书和组织手册。

6.2.2 市场营销战略计划编制

市场营销战略计划的编制在营销战略实施中非常重要，可以明确各方责任，推动循序渐进,方便检查督促。

6.2.2.1 市场营销战略计划的内容

1. 分解营销目标

市场营销战略目标是企业营销战略的核心内容。将市场营销战略目标按时间、空间进行分解、细化,是市场营销战略计划的核心内容。在此基础上,企业还需要编制各种长、短期计划和职能计划,来实现各项细分目标。

2. 提出营销措施

市场营销战略计划中的营销措施,是对市场营销战略方案中市场营销策略的进一步细化,更具体地提出实施企业市场营销战略的方针、程序和规章。

3. 确定战略重点

市场营销战略计划对营销战略重点的规定,是指为实施市场营销战略方案中所确定的战略重点,对资源重点配置、企业重点保证、行动重点推进做出具体布置和提出相应措施。

4. 明确战略时机

当企业做出市场营销战略方案抉择后,要审时度势,择机而动。

5. 编制预算

预算作为数字化的计划,是企业分配资源的主要方法之一。企业在确定营销行动计划后,应依照计划,认真、全面地编制预算,合理、有效地将企业相关资源分配到实施企业营销战略的各个项目上去。为克服编制预算过繁、过细、效率低下、数字膨胀等危险倾向,可采用弹性预算、零基预算和项目预算的方法来编制预算。

6.2.2.2 市场营销战略计划的编制方式

企业不同,其编制市场营销战略计划的方式也会不同。通常可选用的编制市场营销战略计划的方式主要有自上而下、自下而上、上下结合、特别小组四种形式。

6.2.2.3 市场营销战略计划中的资源分配

市场营销战略计划中的资源分配是指将企业已有营销资源按市场营销战略计划或预算调整分配至各行动计划和项目,以满足市场营销战略实施的需要。市场营销资源分配包括人员分配和资金分配两方面内容。

1. 人员分配

人员分配包括各级管理者和一般员工的分配或配备。管理者是实现市场营销战略目标的关键人物,企业市场营销战略实施的成败在很大程度上决定于管理者的配备情况,因此,管理者的配备是人员分配的主要内容。管理者的挑选、配备可通过企业内部、外部两条途径实现。

2. 资金分配

企业中一般采用预算方式来分配资金。

6.2.3 市场营销战略控制

为确实保证营销战略的实现和营销战略执行计划的完成,必须加强营销战略控制。

6.2.3.1 市场营销战略控制的步骤

市场营销战略控制是将营销战略实施过程的信息反馈结果与预定的市场营销战略目标进行比较,检测二者的偏离程度,并采取有效措施进行修正,以达到市场营销战略目标的完整、完全的实现。

1. 拟定控制标准

确定控制标准,才能实施有效控制。控制标准是从一个完整的计划中选出来的,对工作成果的计量有重要意义的关键点。由于企业有其特殊性,没有一个对他们共同适用的控制标准。最理想的标准是可考核的标准。选择关键控制点的能力是一门管理艺术。在实际工作中,按照不同的依据,可把标准分成不同的类型。

(1)实物标准。这是一种非货币标准,普遍适用于使用原材料、雇员、提供劳务和产品等的基层单位。这些标准反映了定量的工作成果。实物标准也可以反映质量。从某种意义上说,实物标准是计划工作的基石,也是控制的基本标准。

(2)费用标准。这是一种货币标准。它同实物标准一样普遍适用于基层单位。这些标准把货币价值加到各种经营费用之中,例如,单位产品或工时的人工费用、单位产品的材料费用等。

(3)资金标准。它是费用标准的变种,是用货币来计量实物项目而引起的。它与投入一个企业的资金有关,而与经营费用无关。对于新的投资和综合控制来说,最广泛运用的标准就是投资回收率。

(4)收入标准。它是把货币价值与销售额相联系而产生的。这类标准多种多样,例如,每销售一吨钢材的货币收入等。

(5)计划标准。利用计划规定的时间日程以及其他的因素作为客观的判断标准。

(6)目标标准。这是比较理想的控制标准,即在各级管理机构中建立一个可考核的完整的目标网络,这样就可以使无形标准的作用逐渐减小。考核目标可分为定量目标和定性目标两种。

2. 衡量控制效果

实际上可以把这一步骤看作是控制过程的一个“反馈”。有了标准以后,首先要明确衡量的手段和方法,落实进行衡量和检查的人员,然后通过衡量市场营销战略实施的成效,获得大量信息。这样,既可以反映出市场营销战略的执行过程,使管理者了解到哪些人员或哪些企业部门的工作成效显著,以便对他们进行奖励;又可使管理者及时发现那些已经发生或预期将要发生的偏差。

按照标准来衡量市场营销战略实施成效的最好办法应当建立在向前看的基础

上,从而可使差错在其实际发生之前就被发现并采取适当的措施加以避免。但是,有时这样做不一定行得通。有远见的管理者常常能预见可能出现的偏差,在缺乏这种能力的情况下,也应尽可能早地发现已经出现的偏差。

有了恰如其分的标准以及准确测定市场营销战略实施成效的手段,就很容易对实际的或预期的执行情况进行评价。但对各级管理者特别需要评价和控制。这是因为管理者不仅是市场营销战略的执行者,而且还是市场营销战略的制定者和执行的监督者。他们的工作成效,不仅决定着个人的前途,而且还关系到整个企业的未来。因此,不但要对他们的工作进行评价和测量,而且对他们个人的素质也要进行考评。解决的办法是拟定一些可考核的标准,用定量的或定性的"有形"标准去取代那些无形的、笼统的、往往掺杂有许多主观因素的标准。

3. 纠正偏差

这是市场营销战略控制的关键,它体现了执行控制职能的目的,同时,将营销战略控制与其他管理职能结合在一起。制定的标准反映了企业结构中的实际情况,通过用该标准与市场营销战略的执行情况进行比较,能对偏差做出迅速纠正。

纠正实际执行情况中的偏差,是整个管理系统中的工作内容之一。管理者通过对获得的偏差信息进行分析,就可以找出偏差出现的原因和应该对此负责的人员,然后通过重新制定计划或修改目标来纠正偏差,或者通过其他管理工作职能纠正偏差;也可以通过改善指导或领导的方法来纠正偏差。

纠正偏差不仅是市场营销战略控制过程的一个重要步骤,而且还是其他各项管理职能发挥作用的一个关键环节。市场营销控制活动与其他管理职能的交错重叠,说明在管理者的职务中各项工作是统一的,也说明市场营销战略控制过程是一个完整的系统。

6.2.3.2 市场营销战略控制的技术和方法

随着科学技术的迅速发展和应用,企业的规模越来越大,营销活动的范围越来越广,分工越来越细,产生的信息也越来越多,因而市场营销战略控制的方法和技术也得到了很大的发展和丰富。

1. 市场营销审计

市场营销审计是对一个企业市场营销环境、目标、战略、组织、方法、程度以及业务等进行综合的、系统的和定期的核查,以便确定困难所在和各项机会,并提出行动计划建议,改进市场营销管理效果。市场营销审计的基本内容包括市场营销系统审计、市场营销赢利能力审计、市场营销职能审计、市场营销环境审计、市场营销战略审计和市场营销组织审计。

对企业市场营销系统的审计包括对市场营销信息系统、市场营销计划系统、市场营销控制系统和新产品开发系统的审计。市场营销赢利能力审计,是在企业赢利能力分析和成本效益分析的基础上,审核企业的不同产品、不同市场、不同地区以及不同分销渠道的赢利能力，审核进入或退出、扩大或缩小某一具体业务对赢利能力的影响，审核市场营销费用支出情况及其效益，进行市场营销费用—销售分析以及进行资本净值报酬率分析和资产报酬率分析等。市场营销职能审计，是对企业的市场营销组合因素（即产品、价格、地点、促销）效率的审计。审计内容主要是审计企业的产品质量、特色、式样、品牌的顾客欢迎程度，企业定价目标和战略的有效性，市场覆盖率，企业分销商、经销商、代理商、供应商等渠道成员的效率，广告预算、媒体选择及广告效果，销售队伍的规模、素质以及能动性等。

2. 预算

预算是用数字编制的反映企业在未来某一个时期的综合计划。预算通过财务形式把战略数字化，并把它们分解落实到企业的各层次和各部门中去，管理者以此为依据可以进行人员和任务的委派，协调和指挥企业的活动，并在适当的时间，将企业的活动结果和预算进行比较，发生偏差时及时采取纠正措施，以保证企业能在预算的限度内去完成计划。预算的种类很多，基本上可以分为六种：收支预算、实物预算、基本建设费用预算、现金预算、资产负债预算表、总预算。

预算作为一种普遍使用的控制方法，存在容易导致控制过细、本位主义、掩盖效能低下和缺乏灵活性等缺点。为了克服预算存在的不足，有必要采取可变的或灵活的预算。这类预算通常是随销售额或业务量的变化而变化的，其编制依据是对费用项目进行分析，以此来确定各个费用项目应怎样随着产量的变化而变化。

3. 统计资料

对企业管理的各方面做出的统计分析资料，对市场营销战略控制是很重要的。

4. 专题报告和分析

专题报告和分析对于具体问题的市场营销战略控制是非常有用的。这是由于专题报告和分析具有非例行工作的特点，使人们能够高度重视非一般性的问题，这样可以揭示出对改善效率有重大意义的关键之处。

5. 盈亏平衡图分析

盈亏平衡图是一种很有用的市场营销战略控制方法，它描述了销售额与成本的关系。它表明生产数量达到什么点时收支相抵，或亏本，或赢利。

6. 深入现场

深入现场也是市场营销战略控制的一种重要方法。管理者通过深入现场调查，可以从中得到有益的情报。

7. 时间网络分析

时间网络分析法是一种很有意义的市场营销战略控制技术，也称为计划评审技术。这是一种用来观察在时间和项目的推移过程中，如何把计划的各个局部恰当地结合在一起的方法。主要用于对研究与发展方面的战略控制上。时间网络分析法的最主要的进步，是体现可“控制关键点”的原理。

8. 综合控制

企业市场营销的复杂性和营销活动的广泛性，决定了一个市场营销战略要受控制的要素不是一个而是多个，以往的许多专门控制技术和方法仅是针对某一个或几个因素来实施控制，而不是对企业市场营销战略进行全面的控制，因而有必要提出一些综合控制的方法和技术，使管理者能对企业战略进行总的衡量和评价。

综合控制在很大程度上是通过对企业市场营销的财务活动进行控制来实现的。最常用的综合控制方法是总预算、损益控制、投资回收率和企业的自我审核。

9. 目标管理

目标管理是指企业的最高领导层根据企业市场营销面临的形势和社会需要，制定出一定时期内企业市场营销活动所要达到的总目标，然后层层落实，要求下属各部门主管人员以至于每个职工根据上级制定的目标，分别制定目标和保证措施，形成一个目标体系，并把目标的完成情况作为各部门或个人考核的依据。

针对各个企业市场营销活动的性质不同，目标管理的步骤不尽相同。一般来说，目标管理主要包括以下步骤：制定目标、组织实施、检验结果。

目标管理可以使企业营销机构内部形成一种全体职工的关心企业市场营销战略目标的局面，增强企业市场营销的活力和生机，提高企业的素质，有利于消除平均主义的弊端。

6.3 市场营销组合策略

6.3.1 市场营销组合的概念

市场营销组合是指企业通过市场细分，在选定目标市场以后，将可控的产品、定价、渠道、促销诸策略进行最佳搭配，使它们之间互相协调，综合地发挥作用，以实现企业市场营销目标。

市场营销组合策略是市场营销研究的重要内容之一，是系统工程管理理论在企业市场营销活动中的具体运用。营销组合是美国哈佛大学教授尼尔·鲍顿于1964年首先提出的概念，同年，美国伊·杰罗姆·麦卡锡教授概括简化出易于记忆的“4Ps”理论，以后被后人广泛应用。此理论认为，市场营销组合策略可视为一个大系统，它是由相互联系的产品策略、定价策略、销售渠道策略以及促销策略四个子系统组成，每个子系统又有其独立的结构。企业在分析市场，选择自己的目标市场以后，就要针对目标市场的需求，有效地利用本身的人力、物力、资源，趋利避害，扬长避短，设计企业的营销战略，制定最佳的综合营销方案，以便达到企业的预期目标。这时候，企业经营的成败，在很大程度上就取决于营销因素的选择和运用。

6.3.1.1 营销组合基本决策构架

关于市场营销组合的四个基本构架，这里仅作简要介绍，以便对营销组合整体概念有所理解。

1. 产品策略

产品策略指做出与企业向市场提供的产品有关的策划与决策。这里的关键问题是,看一个企业向市场提供什么产品,不能从企业本身的角度出发,而应该站在顾客的立场,了解在顾客的心目中,本企业的产品是什么,本企业如何满足目标市场提出的商品和各种相关服务。产品与服务是营销组合中至关重要的因素,它包括产品种类、产品规格、质量标准、产品包装、产品特色、物理特性、心理特性、产品外观式样、产品商标、产品的维修、安装、指导、担保、承诺等连带服务措施。

2. 价格策略

价格策略主要指企业如何估量顾客的需求与分析成本,以便选定一种吸引顾客、实现市场营销组合的价格。定价必须根据企业目标市场的竞争情况以及消费者对此定价的可能反应,同时,产品的价格也要满足企业赢利的要求。值得注意的是,价格的市场反映是消费者关于产品质量与品牌定位的重要信息,价格如果得不到消费者的认可,营销组合的其他努力就会失效,因为价格是消费者对企业的市场营销组合感到满意时愿意支付的货款。价格策略主要是考虑与定价有关的内容,包括:价格水平、折扣价格、折让、支付期限、商业信用条件等相关问题。

3. 分销渠道策略

分销渠道策略主要指企业如何选择产品从制造商顺利转移到顾客的最佳途径。如何合理选择营销渠道和组织商品实体流通来实现其营销目标日益受到企业的普遍重视,因为大量的市场营销职能是在营销渠道中完成的。甚至在某些情况下,除了产品本身之外,营销渠道成为企业品牌能否成功的决定性因素。分销渠道策略包括:区域分布、中间商选择、营业场所、网点设置、运输储存及配送中心、服务标准等。

4. 促销策略

促销策略主要指企业利用信息传播手段传递“合适的产品在适当的时候以适当的价格出售”的信息。它的作用是:①传递企业何时何地以何种方式何种价格销售何种商品的信息;②引起消费者注意,激发购买兴趣;③增强企业品牌的知名度。因此,它包含了企业与市场沟通的所有方法。其中包括人员推销、广告、营业推广、公共关系等因素的组合运用。

在动态的市场营销环境中,上述四个基本因素互相依存,处于同等地位。在企业的实践活动中,只有它们的互相结合形成一个统一的整体才是有意义的,同时,需要注意的一点是,这四个变量是围绕目标市场的消费者需求而协调成一个整体的,脱离了顾客需要,也是没有意义的。

麦当劳的营销组合策略如表 6.1 所示。

表 6.1 麦当劳的营销组合策略

市场营销组合内容	营销组合策略
产品策略	标准的、稳定的、高质量的产品，服务时间长、速度快
价格策略	低价政策
渠道策略	营业场所选在顾客密集区域——无论市区或郊区，组织特许连锁经营，扩展新店
促销策略	强有力的广告宣传，广告媒介以电视为主，内容要针对年轻人口味

6.3.2 市场营销组合的特点

市场营销组合的特点表现在它是企业可以控制的各个变量的组合，企业的营销优势在较大程度上取决于营销组合的优劣而不是策略的优劣；企业在目标市场上的竞争地位和经营特色也是通过市场营销组合的特点充分体现出来的。

1. 市场营销组合是企业可以控制的因素

企业生产和销售产品，除了顾客的需求以外，要受到各种因素的影响，其中产品、分销渠道（地点）、促销、定价是企业本身可以控制的因素；另外还有企业不能控制的因素，如社会人口、宏观经济、政治法律、文化与风俗习惯等。营销组合作为市场营销手段，企业有自己选择的余地。如企业可以根据市场分析，针对消费者的需要，选择自己的产品结构和服务方向；企业可以自己决定选择分销渠道；企业可以根据市场竞争状况，自行决定产品的销售价格；企业可以根据产品的特点，自由选择广告宣传手段。但是应当看到，营销因素组合虽然是企业可以控制的因素，同时它也要受到企业外部环境的影响。又如世界市场的能源价格暴涨，对企业的产品结构和产品价格不能不发生直接的影响。

所以，企业在综合运用营销因素组合时，既要善于利用可以控制的因素，又要善于灵活地适应外部不可控制因素的变化，才能在市场上争取主动。

2. 市场营销组合是动态的组合

市场营销组合是一个动态的组合，是一个变数。这是因为 4Ps 的产品、分销、促销、价格四大因素中，每一个因素还包含着许多因素，企业根据内外环境制定营销组合时，只要其中两个因素发生变化，就会出现一个新的组合。如中国某企业产品打入美国市场，可以选择两种完整的营销组合：①产品——质量中低档，款式新，免费保修；分销——直接卖给零售商，由他们出售；价格——比较便宜，是基本价格；促销——利用报刊、电视媒体做宣传广告。②如果把分销方式由“直接卖给零售商”改为“由代理商销售商品”，就可能引起其他因素发生变化：产品——中国企业只提供配件，不负责维修；价格——实行价格折扣；促销——不必自己作大量广告。由此可见，企业选择的营销因素可因一个因素的改变而完全不同。

3. 市场营销组合是整体的组合

企业营销组合策略是围绕企业营销日标进行的统一的整体策略，是在调查总结的基础上，把各种各样的策略、方法、手段归结为一个统一系统内的多层次子系统。根据目标市场的外部环境各因素的情况，力图使各个子系统在动态、复杂的过程中相互协调，求得总体策略的优化。因此，当产品策略、价格策略、分销策略、促销策略分别运用时，必须与其他策略相互协调、相互配合形成一个较强合力的整体，企业各职能部门在采取部门策略时一定要从整体出发，考虑到可能对其他营销策略的效应所带来的影响。如企业在市场进行大规模的促销活动或是额外为分销商提供优惠，就会影响到产品的生产成本以及定价策略；而节约费用对产品的促销活动必然有一定的影响。作为企业营销因素组合策略，就偏重于目标市场可能产生的最佳整体效应，对各部门策略所可能产生的负效应减少到最低程度。

4. 市场营销组合是由许多次组合而成的

营销组合是产品、定价、分销、促销四大因素的大组合，而每一个因素又包括许多小因素，形成每一个因素的次因素，这些次因素又可组成各个因素的次组合，如同魔方的六个面可以千变万化一样。假如我们从每个大因素中选四个次因素（实际不只是四个），整个市场营销组合便由十六个因素组成，如图 6.6 所示。

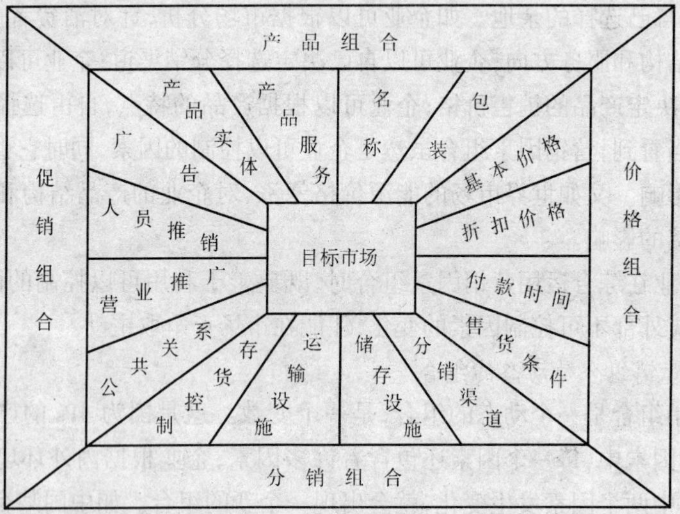

图 6.6　市场营销组合主要变数图

虽然依据市场营销组合的原理可以把企业的各种营销策略和手段不断细分下去，但是这种细分与组合不是教条式的烦琐罗列。它的作用就在于可以简化企业的决策程序，加快其决策过程。企业进行整体市场营销活动，可以运用组合理论，针对目标市场的需要，协调内部人力、物力资源，考虑外部环境因素，从多种营销组合中选择最佳组合。随着我国市场经济的发展,企业可运用的经营手段也在丰富,需要决策的项目成倍增长:如产品包装的大小、颜色、材料的变化、商标的变更、各种服务项目的增删、使用的广告媒体选择、推销队伍的运用、不同类型的经销商选择、为产品订出的价格高低、变更折扣条件和信用条件等。头绪纷繁,使决策工作变得十分缓慢。而从四个基本变项(4Ps)入手,明显可以简化市场营销策略方案的选择。

6.3.3 市场营销组合的实践意义

对于企业来说,市场营销组合在企业实际工作中的实践意义表现在以下几个方面。

6.3.3.1 市场营销组合是制定营销战略的基础

对于贯彻营销观念的企业,营销战略本质上就是企业经营管理的战略,而营销战略主要是由企业目标和营销因素组合的各成分协调组成的。由于制定市场营销战略的出发点是完成企业的任务与目标,以投资收益率、市场占有率或其他目标为比较选择的依据来进行营销组合是比较符合实际的。

在制定市场营销战略的"细分市场"阶段,有的企业出于管理与利润角度考虑,不愿意以多种因素细分市场,因为这样做会使备选的市场营销组合方案太多。而用一种具有普遍号召力的市场营销组合来替代几种特异性的市场营销组合是符合企业战略的。这样,可以采用"求同存异"的市场营销组合方法,即重点放在不同顾客群的相似之处上,努力增大本企业产品的选择余地和适应性。

对于某些小企业来说,由于资金紧缺、行业竞争激烈,其营销战略是力求在一个有限的目标市场上取得最大的市场占有率和技术领先地位,在一个细分市场上突出本企业的市场营销组合的差别优势就是企业制定营销战略的基础。因此,作为企业营销的战略基础,营销因素组合既可以四个因素综合运用,也可以根据产品与市场的特点,重点使用其中某一个或某两个因素,设计成相应的销售策略。这是一个细致复杂的工作。许多市场学家、企业家体会到,设计并选择一个最佳的营销组合,应当像一个高级烹调师,善于将各种各样的原料和配料巧妙地配置成美味佳肴,而不能只是把各种原料拼凑成一个杂烩。这就告诉我们,最佳的营销组合必须注意各因素之间的配合协调。

6.3.3.2 市场营销组合是应对竞争的有力手段

在市场竞争中,一家企业具有全面的优势是很难的。一般情况是,竞争对手之间都各有自己的优势和劣势。因此,企业在运用营销因素组合时,必须分析自己的优势和劣势是什么,以便扬长避短,在竞争中取胜。在市场需求日益多样化的情况下,营销因素组合中的产品因素因竞争而居于十分重要的地位。

价格因素在20世纪50年代以前的资本主义企业之间的竞争中十分重要,但是后来逐渐发现单纯的价格竞争是最不利的方式。这是因为,改变价格是任何竞争者最容易采用的手法,而且价格竞争的结果对企业赢利会产生极不利的影响。特别是有的产品市场,买主并不十分重视价格差别。改善销售渠道,是非价格竞争的另一重要方面。如美国安利公司的成功就是由于建立了庞大的人员直销渠道。

在使用营销因素组合作为竞争手段时,要特别注意两个问题:①不同行业、不同产品,侧重使用的营销因素应当不同,如老百姓家庭日常生活必需品,可以用价格因素作为竞争的主要手段,而家用电器、家用汽车产品,则应以产品因素作为第一考虑手段进行竞争;②企业在重点使用某一营销因素时,要重视其他因素的配合作用,才能取得理想的效果。

6.3.3.3 市场营销组合可以较好地协调企业内部各部门工作

贯彻营销观点的企业,企业内部各部门工作要统一协调为一个整体系统,彼此互相分工协作,共同满足目标市场的需求,达到企业既定目标。在市场上,买主对一种商品的需求是整体需求,企业必须以适当的产品、适当的价格、在适当的时间和适当的地点,进行整体销售。但是在企业内部,各个部门都从各自的职能出发提出经营目标和工作安排:生产部门希望提高产量;采购部门期望降低原材料成本;销售部门想完成最大的销售量;财务部门考虑资金回收和账目平衡。它们或多或少地都与顾客发生着联系,但又各自为政,极易抵消营销效率,使企业不能最大限度地开发和满足目标市场需求。在实践中,人们认识到,如果以市场营销组合为核心进行企业的战略计划和工作安排,可以形成一种比较系统的、从点到面、简明扼要的经营管理思路。许多企业根据市场营销组合的各个策略方向去设置职能部门和经理岗位,明确部门之间的分工关系,划分市场调研的重点项目,确定企业内部和外部的信息流程等等。运用营销因素组合,可以较好地协调各部门工作。如销售部门进行商品销售,必然要涉及企业的生产、财务、人事等各个部门。当销售经理根据市场需求的变化,要增加某种新产品,或者改变现有某种产品,生产部门就必须考虑现有技术力量和设备资源的能力。如果需要增加新机器设备,财务部门就要考虑企业的财务能力等等。

6.3.4 市场营销组合运用的原则

6.3.4.1 必须整体地制定市场营销组合

市场营销组合各策略必须同时制定,不应各自分别制定,以便同时考虑相互有内在影响的各种因素,以便使其有机地联系起来,同步配套,实行企业资源的最优化使用。因为市场营销组合的作用,不是其每一个构成因素所产生的作用简单相加地作用。由于各个因素的相互配合作用,会使得协同作战所产生的整体作用,超过每一个因素各自产生的效果的总和,这就是系统的整体作用。

6.3.4.2 市场营销组合要突出重点

必须整体地制定市场营销组合,并不是说要分散使用力量,而要突出重点。如农产品一般价格作为竞争的主要手段,家用电器则主要考虑产品因素,而化妆品应侧重于促销。又如江苏省生产的芭蕾珍珠霜,曾一度占领竞争激烈的香港化妆品市场,就是因为突出了促销策略。再如青岛啤酒,长期以来在香港没有得到应有的地位,一直是法国、英国、德国、日本的啤酒在香港占领市场。青岛啤酒虽然内在质量比它们的都好,但人家的产品装潢美,而且便于保管。在这种情况下,青岛啤酒厂主要抓了市场营销组合中的促销因素,在广告上做了文章,着重宣传香港同胞饮了青岛啤酒等于喝上了一杯家乡清泉,宣传矿泉水又有益于人们身体健康,使人倍感亲切,从而使青岛啤酒迅速覆盖了香港市场。

6.3.4.3 市场营销组合中的能力水平及其效率必须与竞争企业相比较

在同一个市场上,生产或销售同类产品的企业往往有很多,在制定市场营销组合时,必须注意了解竞争企业市场营销组合的能力与效率,因为竞争对手的能力水平和效率,在很大程度上影响着企业市场营销组合战略的实现,应引起充分注意。

6.3.4.4 市场营销组合要有反馈效应

市场形势是复杂多变的,企业的市场营销组合也要依据及时反馈的市场信息,对市场营销组合及时、正确地进行调整或重新组合。

除以上原则外,企业在制定市场营销组合时,还应注意以下几个问题:

(1)不要一成不变地、机械地模仿别人的做法;

(2)不能总是重复地采用自己过去已用过的一些成功的做法;

(3)不要单调地运用某一种或某几种现成的策略,而要将各种策略交替使用,善于创造出新的策略形式。如自1984年以来,全国的牙膏市场发生了较大的变化,牙膏产量的增长超过了消费需求的增长速度,市场日趋疲软,竞争十分激烈。天津牙膏厂面对竞争新形势,进行了多方面的调查、分析和预测,认为目前我国城市居民对牙膏的需求水平从总体上看是较低的,年人均仅一支,与日本的年人均5支、美国的年人均7.8支相差悬殊;广大农村至今还有相当一部分人没有用牙膏的习惯。随着改革开放的深化,人民生活水平的提高,对牙膏的需求量会日趋增加,农村的牙膏市场也会迅速扩大。因此,我国的牙膏市场还是有很大潜力的。于是,他们在细分市场的基础上,制定了打入目标市场的总体战略:"天津市场全面设防,'三北'市场重点拓宽,江南市场逐步开发,其他市场稳步渗入。"他们把战略重点放在传统市场即西北、华北、东北市场上,运用营销组合制定了有效的营销战略。

1. 产品策略

根据市场变化,对产品品种作必要的调整。

(1)淘汰不太受消费者欢迎的甜味较浓的"丰产果味"牙膏。

(2)推出对牙齿冷、热、酸、甜引起的过敏反应有良好脱敏作用的健齿脱敏牙膏。

(3)对荣获国家金奖的高级“蓝天”牙膏，要坚持把住质量关，牢固占领原有市场，并利用消费者对“蓝天”品牌的信任和偏爱，开发“蓝天”系列牙膏，如“蓝天学生”牙膏、“果味蓝天”等，扩大市场。

(4)根据不同地区、不同层次、不同年龄消费者的需求努力开发新产品，如为满足青年新婚喜庆的需要，开发生产外包装鲜艳的“喜凤牙膏”；为满足北方地区众多回民的需要，开发“穆斯林牙膏”；还开发了适合儿童需要的“雅洁儿童牙膏”和“童友透明牙膏”等。

2. 价格策略

考虑我国城乡居民收入水平高低相差悬殊，分别推出各种价格档次的牙膏，满足不同层次的消费需求。如“蓝天”牙膏价格较高，主要满足收入水平较高的消费者需求；脱敏牙膏和富强牙膏属中低档价格，满足收入水平一般偏低的消费者需要；对“雅洁儿童牙膏”、“童友透明牙膏”则价格从优，厂家只求微利，以满足没有收入的学生和儿童的需求。

3. 分销渠道策略

(1)通过外省市700余家批发企业建立起强有力的销售网络，负责外地市场的销售。

(2)本市主要通过四家大型商店和22家中型商场销售。

4. 促销策略

(1)对各省市都派出推销员。本市每个商场都由专人联络，要求推销经营站柜台推销商品，联系顾客，收集信息。

(2)利用覆盖面较大的报纸、电台、电视台展开广告攻势，反复宣传介绍产品，以提高产品在各地的知名度，唤起消费者对天津牙膏的偏爱。

(3)在传统节日，利用文艺节日形式进行公关宣传，开拓市场。

由于天津牙膏厂协调地运用营销组合，适应市场需求，几年来，在国内市场疲软的形势下，产品基本做到尽产尽销，利税逐年上升，跨上了市场先进企业的行列。

6.4 竞争者分析

市场营销不仅要满足消费者的需要，而且要比竞争对手更好地满足消费者的需要才能够实现交换。分析竞争者，研究竞争者的优势，才能在竞争中求得生存和发展。

一个企业面对的现实的和潜在的竞争者范围是极其广泛的，不能正确地识别就会患“竞争者近视症”，仅仅看到现实竞争者而未看到潜在竞争者。实际上，企业被潜在竞争者击败的可能性往往大于现实的竞争者。如因特网站使传统的报刊业在相应市场上失去了巨大的市场份额。公司应有长远的眼光，从行业结构和业务范围的角度识别竞争者。

6.4.1 识别竞争者

6.4.1.1 从行业角度辨认竞争者

行业是一组提供一种或一类密切替代产品的相互竞争的企业群。密切替代产品指具有高度需求交叉弹性的产品。如海尔的电视降价引起其他品牌电视需求减少。

一般说来,企业要想具有较高的市场竞争力,就必须努力了解其所在行业的模式以及行业的动态变动情况,主要是行业需求与供给对行业结构的影响情况。决定行业结构的主要因素有如下几个。

1. 销售的数量及其产品差别程度

企业所处的行业状况主要是确定销售的数量以及产品的同质性状况。由此产生了五种行业结构类型。

(1)完全垄断。当一领域只有一个企业提供某一产品或服务时,即为完全垄断。完全垄断由于缺乏密切替代品,企业会追求最大利润来抬高商品价格,少做或不做广告,并提供最低限度的服务。如果该行业内出现了替代品或紧急竞争危机,完全垄断者会改善产品和服务作为阻止新竞争者进入的障碍。

(2)完全寡头垄断。完全寡头垄断又称为无差别寡头垄断,指某一行业内少数几家大公司提供的产品或服务占据绝大部分市场,并且顾客认为各公司产品没有差别,对不同品牌无特殊偏好,如石油。寡头垄断企业变动商品价格,会引起竞争者的强烈反应,寡头垄断企业之间的相互牵制导致每一企业只能按照行业的现行价格水平定价,不能随意变动,竞争的主要手段是改进管理,降低成本,增加服务。

(3)不完全寡头垄断。不完全寡头垄断也称差别寡头垄断,是指某一行业内少数几家大公司提供的产品或服务占据绝大部分市场,且顾客认为各公司的产品在质量、性能、款式或服务等方面存在差异,对某些品牌形成特殊偏好,其他品牌不能替代,例如汽车、计算机等行业。顾客愿意以高于同类产品的价格购买自己所喜爱的品牌。所以竞争的重点不是价格,而是在产品特色上寻求领先。

(4)垄断竞争。指某一行业内有许多卖主且相互之间的产品在质量、性能、款式和服务方面有差别,顾客对某些品牌有特殊偏好,不同的卖主以产品的差异性吸引顾客,开展竞争。企业竞争的焦点是扩大本企业品牌与竞争品牌的差异,突出特色,更好地满足目标市场需求以求得溢价。

(5)完全竞争。指某一行业内有许多卖主且相互之间的产品没有差别。完全竞争大多存在于同质产品市场,如大多数农产品。买卖双方都只能按照供求关系确定的现行市场价格来买卖商品,都是“价格的接受者”而不是“价格的决定者”。企业竞争战略的焦点是降低成本,增加服务并争取通过产品开发来扩大与竞争品牌的差别。

2. 进入与退出障碍

进入障碍是指阻碍新的竞争者进入某行业的各种因素,退出障碍是指阻碍经营者退出某行业的各种因素。从理论上说,在市场经济条件下,各企业可任意进入或退出某个行业,实际上企业进入和退出某行业会遇到许多障碍。

进入障碍主要包括国家政策,如国家对某些特殊行业推行专利和许可证制度、专卖制度,还包括行业内经济技术要求和政策规范。企业进入某一行业必须具有经营该行业必备的条件,诸如经营场所、资本、技术、规模经济以及原料等。

退出障碍主要指退出成本。企业退出某一行业会面临着专门化技术设备的处理、在长期经营中形成的无形资产以及各种合同的解除和员工安置等问题而承担巨额损失;还有国家和社会的限制,如国家对破产企业的处置、顾客对售后服务的要求等。

3. 成本结构

各行业的成本组合是有差异的。如汽车业的制造成本较高,企业在选择行业成本策略时会考虑到行业成本这个限制因素。

4. 纵向一体化

在某些行业里,企业可以通过上游产业和下游产业的联合取得利益,既在所经营的细分市场中更好地控制成本和价格,又能在税收降低的产品上获得较高的利润,更好地控制增值流,那些无法合作的企业就会在经营中处于不利地位。

6.4.1.2 根据市场竞争观念识别竞争者

从市场竞争的角度来看,竞争者就是那些力求满足同一顾客需求或服务于同一顾客群的一组企业。市场竞争观念开阔了企业的视野,使企业能够认识更多的实际和潜在的竞争者。

6.4.2 判定竞争者的战略和目标

在识别竞争者的基础上,企业还应进一步搜集有关竞争者的战略、目标、优势与劣势以及反应模式等方面的信息,以便在竞争实践中采取适当的战略。

6.4.2.1 分析竞争者战略

企业之间营销战略越是相似,它们之间的竞争就会越激烈。企业最直接的竞争者是那些为相同的目标市场推行相同战略的人。一个战略群体就是在一个特定行业中推行相同战略的一组企业。

通过对战略群体的识别可以发现以下情况:①各战略群体设置的进入障碍的难度不尽相同;②如果企业成功地进入一个战略群体组别,该组别的成员就成了它的主要对手。如果希望取得成功,它在进入时就应具有某些战略优势。

不同战略群体之间也存在着竞争:①不同战略群体所争夺的顾客可能有所交叉;②顾客可能看不出不同战略群体的企业所提供的产品之间的差异;③各战略群体都

力图扩大自己的顾客群体和市场范围。

6.4.2.2 判断竞争者的目标

在识别了主要竞争者及他们的战略后,还必须了解竞争者的目标,即每个竞争者在市场上追求什么?每个竞争者的行为驱动力是什么?企业竞争者的目标可能是长期利润,可能是市场占有率,也可能是短期利润等。有的企业是以满足目标利润为出发点,而不是以企业利润最大化为导向,它们建立目标利润指标,只要该目标能够实现便感到满意了。

竞争者的目标是由多种因素确定的,如规模、历史、目前的经营管理和财务状况等。

6.4.2.3 竞争者的优势和劣势

在分析竞争者时,应分析竞争者的优势与劣势。评估竞争者的优势与劣势能够使企业更好地扬长避短,利用竞争者的弱点来取得竞争优势,避免在竞争者的优势领域与之交锋。为了正确评估竞争者优势和劣势,需要广泛地搜集竞争者近期业务情况的数据,如销售市场份额、毛利、投资报酬率、现金流量、新投资和生产能力利用情况等。

企业还可以通过顾客对竞争者的评价来分析:①市场份额,即竞争者在目标市场的市场份额;②心理份额,这是指在回答"举出该行业中你首先想到的企业"这个问题时提名竞争企业的顾客在全部顾客中所占的百分比;③情感份额,这是指在回答"举出你喜欢购买某产品的企业"这个问题时提名竞争者的顾客在全部顾客中所占的百分比。

6.4.2.4 评估竞争者的反应模式

竞争者的目标与实力并不能最终决定其竞争策略,影响竞争策略的因素还包括竞争者的反应模式。每个竞争者都有其经营哲学、企业内部文化和某些起主导作用的信念。所以一个企业需要深入了解竞争者的思维体系,并预测竞争者可能做出的反应。常见的竞争者反应模式有以下几类。

(1)从容型竞争者。这类竞争者对某些竞争行为往往不会迅速做出反应或者反应不强烈,企业必须具体分析竞争者从容不迫的原因。主要原因有两个:①强烈的自信心,认为自己的实力强大,顾客忠诚度高,竞争者无论如何努力也无法动摇自己的竞争优势;②缺乏物质条件,无法做出及时的反应。

(2)选择型竞争者。这类竞争者对竞争对手的某些竞争策略做出强烈反应,而对其他竞争策略则没有反应。了解竞争者会在哪些方面做出反应,可为企业提供攻击对象和目标。竞争者可能对降价反应强烈,但是对增加广告费却不做反应。

(3)凶猛型竞争者。这类竞争者会对所有的竞争行为做出迅速而强烈的反应。

(4)随机型竞争者。这类竞争者的反应模式是无法预知的,对竞争行为可能做出反应,也可能不做出反应,而且无论根据其经济、历史以及其他方面的情况,都无法预见他们如何行事。

6.5 不同竞争者的竞争战略

按照菲利普·科特勒的说法，一个行业的企业可以分成三类，最大的企业称为市场领先者，小企业称为市场补缺者，中型企业称为市场挑战者或市场追随者，各类企业都有适合于自己的竞争战略。

6.5.1 市场领先者战略

6.5.1.1 市场领先者定义

通常大多数行业都存在一家规模最大、品牌声望最高、市场占有率最大的领先企业。如汽车业的美国通用汽车公司、零售业的沃尔玛。

作为市场领先者，他们在科技创新、产品开发、价格变动、销售渠道设置、促销宣传和服务支持等方面均处于同行业主导地位，是行业中其他企业模仿、追随、躲避和挑战的对象。市场领先者的地位是经过无数次残酷的竞争而获得的，当内外部环境发生变化时，领先者也可能滑落为第二位、第三位，甚至更低的梯次。因此，在品牌均势条件下，对于市场领先者来说，应清醒地意识到自己只有微弱的优势，必须采取有效的应对措施。

6.5.1.2 市场领先者的竞争任务

领先者的主要任务无疑是保持领先地位。为此，它就必须在三个方面做出努力：

(1)时刻保持警惕，对付其他企业的挑战，即在产品的更新换代和成本控制等方面保持领先，防止丧失市场份额；

(2)不失时机地努力扩大市场份额，扩大市场份额是更积极地保持领先地位的办法；

(3)如果有可能，也应该力争扩大市场总需求，以便使整个行业都受益。

6.5.1.3 市场领先者的竞争战略

市场领先者的竞争战略，应该与其竞争任务相一致，战略能为其竞争任务服务。

1. 巩固市场份额的基础上

保持市场份额领先是领先者的首要任务。总体来看，保护自己的地盘是一种防御战略，但防御也不完全是被动式战略，即防御也包括积极防御。一般说，保护市场份额应不断创新，在市场营销的各要素方面都力求保持领先。

2. 扩大市场份额

美国的一项研究表明：市场占有率是与投资收益率关联性最强的一项指标，市场占有率高于40%的企业，其平均投资收益率相当于市场占有率低于10%的企业的3倍。因此，企业在实施相应的防御策略的同时，还必须采取进攻性的营销策略，通过不断培养强化品牌的核心竞争力。如专有技术、独特的销售网络、新颖的营销制度、健全的服务体系。

市场领先者进一步扩大市场份额，当然有助于保护其领先者地位，但是应该注意利润问题,市场份额和利润之间并不总是存在正比例关系,企业可以增加开支“买到”市场份额,但不一定能产生更多的利润。如增加广告投入和进行削价都能增加市场份额,但不一定能增加利润,甚至有可能会导致利润减少。

只有在下述两种情况下,扩大市场份额才能产生较高的利润。

(1)单位成本随着市场份额增加而下降,这就是说,市场份额的增加必须伴随着低成本战略,产量和销量的扩大能降低成本。市场领先者企业规模大,能获得规模效益,所以扩大市场同时导致利润增加的可能性较大。

(2)市场领先者能生产和供应一种优质的产品,并能定出较高的价格,价格提高的部分在扣除因提高质量而增加的开支后,仍然有所剩余。实际上提高产品的质量常常不会增加太多的费用,因为高质量产品能减少产品报废和售后服务方面的开支。又因为产品质量高,客户就乐意支付较高的价格,结果常常是获得较高的利润。实际上,许多大企业都是推行这种策略,借助大企业的市场声誉和消费者追求名牌的潮流,用高质量产品去扩大市场份额是明智的策略。

3. 扩大总需求

在成熟的市场上,也不能放弃扩大总需求的机会,因为成熟的程度有所不同,此地成熟,彼地就不一定成熟,所以领先者也不应该忽视这个方面。市场总需求的扩大会给全行业带来好处,有利于减少行业内部的矛盾和提高领先者的声望,同时因为领先者市场份额最大,所以得益最多。

当“蛋糕”被做大时,市场领先者所获得的利润也会增多。企业可以采取以下两种营销对策来实行这个目标。

(1)市场开发策略。企业可以主动进入新的细分市场来扩大市场需求总量,保持领先地位。如光明牛奶通过在中央电视台做广告,扩大品牌的知名度,通过健全销售渠道,将产品打入北京、南京、沈阳等大城市,牢牢地稳坐牛奶品牌的头把交椅。

(2)市场渗透策略。通过寻找新用户,为产品开辟新用途,扩大市场份额。如吉列公司的剃刀进入女性美容化妆品市场,扩大了市场份额;,如杜邦的尼龙为产品开辟新用途,由降落伞到女士丝袜,再到泳衣、内衣,不断拓展市场空间;如“蒙牛”、“伊利”牛奶不仅鼓励人们早餐应饮用牛奶,而且临睡前也应饮用,这样更有助于睡眠,增加了现有用户的购买数量和使用场合。

6.5.2 市场挑战者战略

6.5.2.1 市场挑战者定义

在一个行业中居于中等地位的企业或中型企业,其行为方式大体上有两种:一种是攻击市场领先者和其他企业,以夺取更多的市场份额,采取这种进攻姿态的企业,称为市场挑战者;另一种是参加竞争但不扰乱市场竞争格局,采取这种温和姿态者称为市场追随者。本节讨论适合于市场挑战者的竞争策略。

6.5.2.2 市场挑战者的竞争任务

挑战者的任务是增加市场份额,提高企业在行业中的地位,这就决定了挑战者必须使用进攻性竞争策略。在发动实际进攻之前,挑战者必须广泛收集资料,分析竞争情况,确定挑战目标、进攻对象和选择竞争策略。

1. 确定挑战目标

挑战应有计划性和把握好节奏。每一次攻击行动都必须有一个明确的和可以达到的目标。如扩大多少市场份额、花多大代价、赢利率提高多少等。

2. 确定进攻对象

确定进攻对象,即准备向谁发动进攻、从谁那里获得市场份额。进攻对象不外乎下述三种。

(1)进攻市场领先者。

(2)进攻实力虚弱的同规模同地位的企业。对这种企业的攻击时机,常常是其发生财务问题的时候。

(3)进攻弱小的企业。进攻小企业时,进攻目标常常是"吃掉"它,而不仅仅是夺取其部分市场份额。

3. 确定进攻策略

在确定进攻策略时,应遵循进攻战的集中兵力原则,孙子兵法中说,"故用兵之事,在于顺详敌之意,并敌一向,千里杀将。"即因势利导地抓住敌人的意图,正确选择主攻方向。简言之,就是集中兵力指向敌人的要害或虚弱的地方。

6.5.2.3 市场挑战者策略

1. 正面进攻

正面进攻,即集中兵力正面指向对手的最具实力的环节发动进攻,而不是指向对手的薄弱环节。正面进攻是实力和耐力的较量,成功的条件是必须具有超过对手的实力优势。但正面进攻是最残酷的竞争,常常会两败俱伤,即使取得胜利,也将消耗巨大实力,所以不具有压倒优势(新技术、低成本、资金雄厚等),一般不应用这种策略。该策略较适合用于进攻力量虚弱的小企业。

2. 侧翼进攻

侧翼进攻是一种出奇制胜的战略。企业的对手可能很强大,但其侧翼或后方难免有薄弱地带或防御缺口,这些弱点和缺口常常是进攻的目标,这就是集中优势兵力打击对方的弱点,而不是指向对方的实力环节。

侧翼进攻战略通过辨认细分市场、寻找市场空当,并满足其需要,缓解了许多企业为争夺同一目标市场而浴血战斗的局面,并使需求得到更高程度的满足,所以是一种最积极、最有效和最经济的竞争战略。

3. 包围进攻

侧翼进攻之重点是集中兵力指向对手的缺口、空当或弱点,包围进攻则是在几条战线上同时发动一场大规模进攻,迫使对手分散兵力同时保卫其前方、两翼和后方。

4. 游击进攻

游击进攻即向竞争对手的不同领域进行零零星星的或断断续续的攻击,目的是骚扰对方,瓦解其士气,最终获得永久的立足点。在较小企业进攻大企业时,常因实力较弱而难以使用侧翼进攻、正面进攻和包围进攻等战略,所以只能发动一系列的短期攻击。进攻矛头可指向大竞争者的任何地方,以消耗其力量和蚕食其市场。

挑战者也可以把上述战略组合起来使用,游击进攻可作为大规模进攻的准备活动,用以侦察对手的虚实和消耗其力量。

5. 绕道进攻不战而胜

绕道进攻即绕过竞争对手的现有领地,避开任何直接的交战行动,进入易于进入和对手尚未进入甚至尚未想到的地方,因此也可视为"避免竞争"的竞争战略,是"最聪明的竞争"。

6.5.3 市场追随者和补缺者(利基市场)战略

6.5.3.1 市场追随者战略

1. 市场追随者定义

在产品差异程度小,价格敏感度高的行业,随时有可能爆发价格战,为维护行业共同的利益,大多数企业都能够自觉地保持市场现有的格局,仿效市场领先者向消费者提供产品,以保证获得长期、稳定的市场份额和品牌形象,这些企业被称为市场追随者。在市场均势条件下,第二、三品牌梯队的各个品牌可以采取有选择性地跟随的策略,既能避免直接爆发竞争,又可以有所创新,成为富有个性的品牌形象。

2. 市场追随者的竞争任务

在大多数行业里,甚至包括在少数控制的市场上,市场追随者也并非没有竞争任务和竞争战略。

(1)追随者最起码必须保持其现有市场份额,为此就必须为其顾客提供良好的服务、方便的地点和商业信贷。

(2)追随者常常是挑战者进攻的对象,因此必须保持低成本、高质量产品和服务,确保不出现大的疏漏。

(3)当有新市场出现时,它也必须跟进,否则就保不住市场份额。

可见,市场追随者并不是被动的,它必须把握好力度,执行一种不引起报复的增长方针。

3. 追随者的竞争战略

可供追随者选择的竞争战略有以下三种。

(1)紧紧追随。紧紧追随即在尽可能的细分市场和在市场营销组合的各要素方面模仿领先者。因为跟得很紧,所以看起来像是挑战者,但这样的追随者能掌握分寸,能确保不妨碍市场领先者,不与领先者发生直接冲突。他们紧跟领先者,从领先者的积极开拓中获得好处,自己很少主动刺激需求,所以有时被称为市场寄生者。

(2)保持距离的追随。有些追随者注意同领先者保持一定距离,在重要市场、产品创新、价格水平和分销渠道开拓上追随领先者，但很少干预领先者的市场开拓计划，所以受到领先者的欢迎，这时，领先者乐意让其占有一定的市场份额，以免遭受“独占市场”的指责。这样的追随者，在领先者心目中属于“好竞争者”，对他们一般报以宽容态度。但是有时，他们也可能以吞并同行业中的小企业而获得增长。

(3)有选择的追随。有些追随者在有些方面追随领先者，但有时又走自己的路。这种追随者有创新性，努力避免直接竞争，在有明显好处时就追随领先者，在对自己没有多大好处时就不追随

6.5.3.2 市场补缺者(利基市场)策略

1. 市场补缺者定义

大多数行业中都有许多小企业，包括独立小企业、初创小企业和大企业跨行业经营的小事业部或分公司，他们总是避免同大企业发生冲突，专门为生产的某些部分服务，占据着市场的各个角落，这些市场部分或角落通常是那些大企业忽视、顾及不到或放弃的小市场。这些小企业初创被称为市场补缺者。

2. 补缺者的竞争任务

补缺者的主要任务是寻找一个或几个能够立足和赢利的补缺点。这样的补缺点应有以下特点：①有足够的市场规模，为其服务有一定的营业额，能获得利润；②有成长潜力或发展前途；③被大企业所忽视，以免遭受反击；④企业有能力为其服务；⑤能靠顾客信誉保卫自身，在大企业进攻时能站稳脚跟。

3. 补缺者的竞争策略

由于任何品牌也无法涵盖所有的消费群体，满足所有消费者的需要。因此，市场需要那些服务于某个特殊领域的产品和品牌。换个角度，市场补缺者在自己活动的市场领域又恰恰是领先者。补缺者可以采取的营销对策有以下几种。

(1)顾客规模专门化，即企业集中力量服务于大型、中型或小型客户。许多补缺者为小客户服务，因为小客户常被大企业所忽视。这种情况使用的细分依据是客户规模。

(2)特定顾客专门化，即把服务对象限定在少数几个有共同特点的顾客上。

如《读书》杂志以社会科学学术界人士为目标消费群。

(3)地域专门化，即把销售集中于某个地区。细分市场时使用地理依据，能找到大企业忽视或放弃的地区市场。

(4)产品或产品线专门化，即生产一种产品或一类产品，如在实验室设备领域，有的小企业只生产显微镜，甚至只生产显微镜镜片。

(5)某种产品特色专门化，即专门化生产和供应具有某种特色的产品。如新疆奥斯曼化妆品公司生产的奥斯曼牌生眉笔，使用被誉为“眉毛的营养液”的奥斯曼草作原料，具有生眉的功效，成为新疆的地方名牌。

(6)定制专门化，即专门为顾客定做产品。如定做服装或皮鞋等。

(7)产品品质专门化。如波导手机的“扫除通话盲区”的特点。

(8)服务专门化,即提供一种或几种其他公司忽视的而市场急需的服务。如家庭劳务小时工或清洗油烟机服务等。

本章小结

● 企业经营战略是指把战略的思想和理论应用到企业管理当中,亦即企业为了适应未来环境的变化,寻求长期生存和稳定发展而制定的总体性和长远性的谋划。

● 战略规划是指制定组织的长期目标和策略并将其付诸实施,它是一个正式的过程和仪式。这个时间段的长短要根据每个企业的情况而定。

● 市场营销战略是企业用以实现其市场营销目标的基本方法,是企业可以遵循的营销活动的总纲领,包括目标市场、产品定位、市场营销组合和市场营销费用水平等决策,它是整个企业战略的一个有机组成部分,它必须能预见到企业的优势、劣势、实施战略的可能性和风险性。

● 密集型发展战略是指企业在现有的业务领域里寻找未来的发展机会。一体化发展战略也叫一贯性发展战略,是指生产企业、供应商、销售商实行一定程度的联合,融供应、生产、销售于一体,提高企业的发展与应变能力。多样化发展战略是指企业尽量增加产品大类和品种,跨行业经营多种多样的产品和业务,扩大企业的生产经营范围和市场范围,使企业的特长发挥出来,人力、物力、财力等资源得到充分利用,从而提高企业的经营效益,保证企业能长期生存和发展。

● 后向一体化是指企业通过收购或兼并若干原材料供应企业,拥有和控制其供应系统,实行供产一体化。前向一体化是指企业通过收购或兼并若干商业企业或者投资,拥有和控制其分销系统,实行产销一体化,自产自销。水平一体化是指企业收购、兼并竞争者的同种类型企业或者在国内外与其他类型企业合资生产经营。

● 同心多样化是指开发与本企业现有产品线的技术和营销有相同关系的新产品,吸引新的顾客,从同一圆心向外扩大业务经营范围。水平多样化是指研究生产某种能满足现有顾客需求的但与企业现有产品在技术上关系不大的新产品。综合多样化(集团多样化)即跨行业多样化,是指开发与企业现有技术、产品、市场都毫无关系的新业务、新产品,把业务拓展到其他行业中去。采取综合多样化战略的企业,一般都是实力雄厚的大企业。

● 市场营销组合是指企业通过市场细分,在选定目标市场以后,将可控的产品、定价、渠道、促销诸策略进行最佳搭配,使它们之间互相协调,综合地发挥作用,以实现企业市场营销目标。

● 市场领先者是指行业中规模最大、品牌声望最高、市场占有率最大的领先企业。

● 在一个行业中居于中等地位的企业或中型企业,攻击市场领先者和其他企业,以夺取更多的市场份额,采取这种进攻姿态的企业,称为市场挑战者。

● 在产品差异程度小,价格敏感度高的行业,随时有可能爆发价格战,为维护行业共同的利益,大多数企业都能够自觉地保持市场现有的格局,仿效市场领先者向消费者提供产品,以保证获得长期、稳定的市场份额和品牌形象,这些企业被称为市场追随者。

● 大多数行业中都有许多小企业,包括独立小企业、初创小企业和大企业跨行业经营的小事业部或分公司,他们总是避免同大企业发生冲突,专门为生产的某些部分服务,占据着市场的各个角落,这些市场部分或角落通常是那些大企业忽视、顾及不到或放弃的小市场。这些小企业初创被称为市场补缺者。

主要概念

市场营销战略　市场发展战略　市场营销组合　市场竞争战略

基本实训和能力实训

一、判断题

1. 由于外界环境和市场需求的变化性,实行多样化是每个企业的发展方向。（　）

2. 多样化发展战略亦称一体化发展战略。（　）

3. 职能战略是企业多个职能部门的长期性战略。（　）

4. 市场营销审计是市场营销控制的重要方法之一。（　）

5. 市场营销战略控制是将营销战略实施过程的信息反馈结果与预定的市场营销战略目标进行比较,检测二者的偏离程度,并采取有效措施进行修正,以达到市场营销战略目标的完整、完全的实现。（　）

6. 从导向性看,市场营销战略是前位性、起导向作用的战略。（　）

7. 市场开发是指采取种种措施,如改进广告宣传和推销工作,在某些地区增设商业网点,通过多渠道将同一种商品送达同一市场,千方百计在现有市场上扩大现有产品的销售。（　）

8. 对于挑战者来说,侧翼进攻是一种最有效和最经济的策略。（　）

9. 市场营销组合是企业不可控制的因素。（　）

10. 市场营销组合中包括目标市场定位策略。（　）

11. 市场补缺战略的特点是专门化。（　）

12. 市场补缺战略的特点是跟随领先者。（　）

13. 市场领先者通常在相关产品的市场上占有最大市场份额。（　）

14. 包围进攻是一种最有效和最经济的策略形式,较正面进攻有更多的成功机会。（　）

15. 市场营销组合是固定不变的静态组合。（　）

16. 产品开发是指向现有市场提供新产品或改进型产品满足现有顾客的潜在需求、增加销售。（　　）

17. 规模较小、力量较弱的企业一般宜选择正面进攻战略。（　　）

18. 人员推销是分销渠道策略的一种。（　　）

19. 市场渗透是多样化发展战略的一种方式。（　　）

20. 同心多样化是指开发与本企业现有产品线的技术和营销有相同关系的新产品,吸引新的顾客,从同一圆心向外扩大业务经营范围。（　　）

二、单项选择题

1. 以现有产品开发新市场,这是(　　)战略。

A. 一体化　B. 市场渗透　C. 市场开发　D. 产品开发

2. 利用原有市场,采用不同技术开发新产品,这是(　　)战略。

A. 产品开发　B. 同心多元化　C. 综合多元化　D. 水平多元化

3. 职能战略是各个职能部门的(　　)战略。

A. 长期性　B. 中期性　C. 短期性　D. 中长期

4.(　　)是促销策略的一种。

A. 营业推广　B. 区域分布　C. 中间商选择　D. 网点设置

5. 市场追随者一般采取(　　)战略。

A. 游击　B. 跟随　C. 补缺　D. 迂回

6. 市场补缺战略的特点是实施(　　)战略。

A. 跟随　B. 游击　C. 侧翼　D. 专门化

7. 市场营销组合概念的提出者是(　　)。

A. 尼尔·鲍顿　B. 希德尼·莱维　C. 艾贝·肖克曼　D. 威廉·莱泽

8. 折让属于(　　)策略的一种。

A. 产品　B. 价格　C. 分销渠道　D. 促销

9. 企业通过收购或兼并若干商业企业或者投资,拥有和控制其分销系统,实行产销一体化,自产自销。这是(　　)

A. 后向一体化　B. 前向一体化　C. 水平一体化　D. 营销一体化

10.(　　)即跨行业多样化,即开发与企业现有技术、产品、市场都无联系的新业务、新产品,把业务拓展到其他行业中去。

A. 同心多样化　B. 水平多样化　C. 综合多样化　D. 品种多样化

11. 后向一体化是(　　)。

A. 企业通过收购或兼并若干原料供应商,拥有和控制其供应系统,实行供产一体化

B. 企业通过收购或兼并若干商业企业,或者拥有和控制其分销系统,实行产销一体化

C. 企业收购、兼并竞争者的同种类型的企业,或在国内外与其他同类企业

合资生产经营等

12. 战略主要用来描述一个组织打算如何实现其(　　)和使命。

A. 利润　　B. 目标　　C. 销售　　D. 管理

13. 某一汽车制造厂过去向橡胶和轮胎公司采购轮胎,现决定自己生产轮胎,这种做法称为(　　)

A. 后向一体化　　B. 前向一体化　　C. 水平一体化　　D. 同心多角化

14. 初创企业一般是(　　)。

A. 市场领先者　　B. 市场挑战者　　C. 市场跟随者　　D. 市场补缺者

15. 山东"三联"的主营业务是家电销售,近年将触角伸向餐饮、房地产、旅游等业务,这种多样化增长方式属于(　　)

A. 集团多样化　　B. 同心多样化　　C. 水平多样化　　D. 关联多样化

三、多项选择题

1.(　　)是企业经营战略的特点。

A. 全局性　　B. 长远性　　C. 纲领性

D. 抗争性　　E. 相对稳定性

2. 可供选择的市场发展战略有(　　)。

A. 密集型发展战略　　B. 拓展战略　　C. 一体化发展战略

D. 撤退战略　　E. 多样化发展战略

3. 职能战略可以使职能部门及其管理人员更加清楚地认识本部在实施总体战略、经营战略过程中的任务、责任和要求,这些职能战略包括(　　)。

A. 研究开发管理　　B. 生产管理　　C. 市场营销管理

D. 财务管理　　E. 人力资源管理

4. 企业一体化发展战略包括(　　)。

A. 后向一体化　　B. 向上一体化　　C. 水平一体化

D. 向下一体化　　E. 前向一体化

5. 企业多样化成长战略包括(　　)。

A. 纵向多样化　　B. 垂直多样化　　C. 同心多样化

D. 水平多样化　　E. 综合多样化

6. 市场营销组合因素包括(　　)。

A. 产品　　B. 竞争　　C. 定价

D. 分销　　E. 促销

7. 分析竞争对手需要依次做好(　　)等工作。

A. 分析竞争者战略　　B. 判断竞争者的目标　　C. 进行竞争控制

D. 竞争者的优势和劣势　　E. 评估竞争者的反应模式

8. 市场领先者一般具有以下特征(　　)。

A. 拥有最大的市场份额　　B. 率先进行产品开发

C. 率先挑起进攻　D. 从事专门化经营
E. 是其他企业挑战的对象

9. 市场领先者可采取(　　)等策略以保持其统治地位。
A. 首先挑起竞争　B. 通过有效防御来保护其市场份额
C. 设法扩大总市场　D. 包围进攻其竞争者
E. 努力扩大现有的市场份额

10. 市场挑战者可采取的进攻战略主要有(　　)等。
A. 正面进攻　B. 反面进攻　C. 侧翼进攻
D. 绕道进攻　E. 游击进攻

11. 市场补缺者在寻找市场空缺时要注意,理想的市场空缺应具有以下特征(　　)。
A. 有足够的市场规模,为其服务有一定的营业额,能获得利润
B. 有成长潜力或发展前途
C. 被大企业所忽视,以免遭受反击
D. 企业有能力为其服
E. 能靠顾客信誉保卫自身,在大企业进攻时能站稳脚跟

12. 市场补缺者可采取的专业化战略包括(　　)。
A. 顾客规模专业化　B. 地域专业化　C. 分销渠道专业化
D. 服务专业化　E. 特定顾客专业化

13. 密集式发展战略包括(　　)。
A. 市场渗透　B. 市场开发　C. 产品开发
D. 技术开发　E. 一体化发展

14. 市场营销控制方法包括(　　)。
A. 市场营销审计　B. 预算　C. 盈亏平衡图分析
D. 时间网络分析　E. 综合控制

15. 制定市场营销战略的步骤是(　　)。
A. 分析市场机会　B. 对主客观条件进行科学的分析
C. 确定企业的营销目标　D. 选择实现营销目标的方案
E. 方案的实施与控制

四、简述题

1. 简述企业经营战略具有的特征。
2. 简述企业经营战略的层次体系。
3. 简述制定市场营销战略的意义。
4. 简述市场渗透及其方法。
5. 市场营销战略计划包括哪些内容?

6. 简述市场营销组合的含义及特点。

7. 竞争者有哪些反应模式?

8. 简述市场领先者的特点及其竞争任务。

9. 市场挑战者一般可采取哪些策略?

10. 市场补缺者可选择的专业化方案主要有哪些?

五、综合实训

案例分析 1 "第五季"是"馅饼"还是"陷阱"

"中国第一饮品"、"民族品牌的骄傲",提起这些字眼,人们依然能首先想起"健力宝",想起健力宝曾经一枝独秀抗衡洋品牌的岁月。即使是在观念相当开放的今天,不少人仍然对这一品牌充满感情。从2002年1月15日健力宝创始人李经纬在股权转让签字仪式上的失落之态,到5月末斥巨资买断2002年韩日世界杯赛事独家播放权,借势推出"第五季"新产品系列。张海从3月份开始组织新产品研发,到6月份4大类、25种口味、5种包装,共21个规格一齐上市,真称得上是神速。

目前"第五季"上市的产品有:水系列——矿泉水、纯净水,包装为PET/555ml;碳酸饮料系列——橙汁型、柠檬型、苹果型、可乐型、冰激凌型,包装为易拉罐/330ml、PET/1.2ml \ 2ml;茶饮料系列——冰红茶、绿茶、乌龙茶,包装为PET/550ml;果汁饮料系列——橙汁、苹果、水蜜桃、石榴、宾治,包装为易拉罐/330ml、PET/550ml。

"第五季"是什么?是刚刚完成股权转让、机制改革、领导层变动、业务重组等一系列重大改变后的健力宝,一举投向市场,并希望借助它的威力打破当前中国饮料市场已初步形成的格局,健力宝借此推出一个新概念——时尚休闲饮品系列。它的品牌个性特点是:轻松、自我、叛逆、梦幻、时尚。广告手段是:重金买断央视"2002世界杯赛事独家特约播出"权,连续高密度的广告轰炸,希望能引起万人对新产品的瞩目。

在当今国内饮料市场竞争异常激烈、强手如林的情势下,"第五季"仅凭这第四季之外的奇思妙想能获得成功吗?

案例思考:

1. 健力宝推出"第五季"采取的是什么市场发展战略?企业实施这种战略应具备什么样的条件?

2. 健力宝实施这种战略能取得成功吗?为什么?

3. 请为健力宝将来的发展提出你的想法。

案例分析 2 伯瑞尔公司的市场战略

索斯·伯瑞尔公司是一家法国矿泉水生产厂家,该公司自1976年打入美国市场,在其后的数年内在美国的市场份额一路攀升,20世纪80年代末期达到了顶点。

20世纪70年代,在欧洲市场上,伯瑞尔和其他一些矿泉水已经不仅仅作为一种对身体有益的饮料了，它还在那些本地水不很安全的地方作为生产软饮料的原料。但直到70年代，伯瑞尔都没有登陆美国市场。因为以前，美国人还没有为健康目的而饮用矿泉水的习惯。美国瓶装水的主要市场在西部，由于含有硫磺和其他矿物质，使当地的水很难喝。这一市场的最大生产商中文巴克莱特，是加利福尼亚的一家公司，它的水每桶5加仑。伯瑞尔没有希望在这一市场上进行竞争，从法国到这里的运费使饮水的价格太高了。

但自1976年后，伯瑞尔公司决定打入美国软饮料市场，毕竟美国是世界上最大最富裕的软饮料市场。尽管许多年前伯瑞尔矿泉水就曾小批量出口到美国作为一种软饮料和生产软饮料的原料，但是这对以1美元或更低一点的价格销售23盎司水的伯瑞尔公司来讲太少了。为此，伯瑞尔在纽约建立了营销组织，叫法国水公司。布鲁斯·纳宁受聘管理这家公司，其目的是建立伯瑞尔水作为软饮料和酒类替代品的地位。

伯瑞尔公司制定了详尽的计划，通过大量的出口把运输费用减少了20%～30%，以便同其他较贵的饮料进行竞争。23盎司一桶的水只卖69美分，低到了足可以吸引中等收入的消费者，而又不会失去那些它在美国市场上已经获得的、愿意以购买伯瑞尔水显示身份的顾客。

1976年，伯瑞尔在美国的销售额不足100万美元，并且局限在几个较大的城市，当时采取的是把伯瑞尔水直接运到零售商手中的办法。1978年，纳宁发现了这种做法，把伯瑞尔水卖给软饮料或啤酒批发商，因为批发商可以和零售商签订更多的合同。与此同时，伯瑞尔发动了强大的广告攻势，开始的广告等促销活动主要集中在纽约和洛杉矶两大城市，花费达到200万美元。1979年，这一预算达到1100万美元，广告被分为两大块，一块是电视广告，一块是在印刷品上做广告。电视广告的主持人向美国观众介绍天然含二氧化碳的伯瑞尔水，在印刷品上做的广告则强调伯瑞尔水只含有少量卡路里和人工添加剂。

经过一系列的促销活动，伯瑞尔的销售额直线上升，从1976年的不足100万美元到1980年超过1亿美元大关。就在伯瑞尔在美国市场份额直线上升的时候，它受到了另一家来自加拿大的蒙特莱尔公司的挑战。

蒙特莱尔天然矿泉水公司，自1970年起一直是加拿大最大的瓶装水销售公司。蒙特莱尔在法文中的意思是“清山”，该饮料和伯瑞尔水一样含有二氧化碳。蒙特莱尔是1979年5月开始进入纽约和迈阿密市场的，4个月后销售额就逾100万美元，并且获得了纽约71%及迈阿密83%的消费者的认同，蒙特莱尔被认为是对身体有益的高纯度饮料，它把目标市场集中在收入为15 000美元以上的家庭上。蒙特莱尔的管理人员声称，和伯瑞尔水相比，消费者更偏爱蒙特莱尔水，这也是他们决定进入美国市场的原因。

面对蒙特莱尔矿泉水的挑战，伯瑞尔公司首先分析和预测了市场竞争形势。结论是：美国瓶装水市场从1976年到1985年已发生了很大变化，瓶装水不再是软饮料市场上重要的一员了，瓶装水仅占软饮料销售额的15%和收益额的16.9%。同时由于在美国喜欢喝软饮料的人口在收缩，所以整个80年代软饮料的销售增长缓慢，但因矿泉水对健康有益，所以矿泉水的消费在80年代仍会持续上涨。根据该预测，伯瑞尔公司采用了两条响应竞争、扩大市场份额的手段：一是继续以做广告为促销计划的中心；二是提供标准产品给零售商。伯瑞尔仍继续用软饮料和啤酒批发商把商品推销给零售商这条分销渠道，并把精力集中在增加零售商的数量上。在10个最大的城市，伯瑞尔建立了促销机构，这些机构帮助零售商在销售网点上进行展销，并解释说公司的广告将帮助零售商销售伯瑞尔水。此外，这些机构还为伯瑞尔寻找新的零售点，如超级市场、餐厅等。

除此以外，伯瑞尔公司还在产品差别化上做文章。伯瑞尔于1983年和1984年开始试销风味矿泉水产品系列，因为市场调研已表明，人们喜欢加兑一些柠檬汁、橘子汁的伯瑞尔水。纳宁认为，新的产品系列将提高伯瑞尔水作为低卡路里饮料和有利健康的软饮料替代品的市场地位。

伯瑞尔公司1976年进入美国市场，1980年销售额超过1亿美元，1990年达5亿美元。同期，占该产品领域市场份额从几乎为零扩大到80%左右。

案例思考：

1. 伯瑞尔公司是怎样运作市场进入策略占领美国市场的？

2. 伯瑞尔公司在中国市场上应该怎么做？

案例分析3　南昌草珊瑚药物牙膏进入上海市场的营销组合

20世纪80年代，我国牙膏市场出现药物牙膏争夺市场，名牌香型牙膏销量衰退，果味牙膏守住阵地，杂牌香型牙膏面临淘汰的趋势。江西省南昌市日用化工厂决定推出新产品——中草药复方草珊瑚高效药物牙膏，并以此向上海市场进军。

选择生产草珊瑚牙膏是基于以下考虑：①本厂生产牙膏等日用化工产品有一定的物质技术基础；②江西不少地方盛产草珊瑚这种草药，原料有充足保证；③对草珊瑚的药用性能研究，江西医学界20世纪70年代已有成果，可用于牙膏生产，本厂也能得到他们的协助和支持。

以上海为目标市场，则是因为上海消费品工业发达，牙膏市场竞争十分激烈，药物牙膏品种繁多。草珊瑚牙膏若能争得一席之地，有利于将来向其他地区市场扩展。该厂使用如下市场营销组合策略。

一、产品方面

(1)产品效用。通过产品分析，认识到目前市场上还没有出现对防治口腔溃疡有特殊疗效的药物牙膏品种。而草珊瑚牙膏不仅具有一般香型牙膏清爽可口的特点，能满足消费者清洁口腔的需要，还能防治牙周炎、牙龈炎等一般牙病，这就突出了自己的特点,与别家产品区别开来。

(2)厂牌。用草药名称命名,但不用它在江西的俗称“肿节风”,因为俗名不仅不美,还可能引起一般消费者,尤其是牙病患者的反感,所以用这一草药的别名来命名。

(3)销售包装。以绿色为主设计装饰图案。采用绿色会给人以清新、芬芳之感。

(4)售后服务。对经销的零售商店,采取“保质”、“包退”、“包换”、“送货上门”的服务措施。

二、分销方面

采用“生产企业→零售商店→消费者”型渠道,直接与上海联系,争取让尽可能多的零售商店经销。产品运输通常以铁路发运为主,必要时动用本厂汽车。逐渐建立销售网点,建立储存、发运一整套分销系统。

三、定价与促销方面

采用快速渗透策略。

1 定价。以低价进入市场。草珊瑚牙膏在上海市场的零售价为 0.41 元,低于 0.62 元的“洁银”、0.56 元的“芳草”、0.45 元的“中华药物”和 0.44 元的“两面针”牙膏。

2 促销。着重抓好宣传与广告。该厂先请上海第三医院口腔科使用草珊瑚牙膏进行临床实验,然后在上海召开销售业务座谈会,邀请商店代表、医院代表、患者代表与报社记者参加,通过工厂对产品的介绍,医院对临床效果的科学论证,患者的现身说法,赢得了商店代表的信任;然后利用电视、广播、灯箱、影院、幻灯和产品介绍书等媒介,突出产品品牌宣传;利用报纸多次刊登产品,介绍医院使用草珊瑚牙膏治疗牙病的临床报告书和消费者赞誉信件(节录),突出产品对防治口腔溃疡作用的宣传,形成强大的宣传与广告攻势。

草珊瑚牙膏在上海数十家零售商店柜台出售,很快赢得广大消费者喜爱,日销量大大超过先期进入上海的其他药物牙膏。

案例思考:

1. 结合案例你认为在确定的市场销售组合时,企业应考虑哪些因素?

2. 江西省南昌市日化工厂的市场销售组合有哪些不足之处? 如何改进?

参考答案要点

一、判断题

1. × 2. × 3. √ 4. √ 5. √ 6. √ 7. × 8. √ 9. × 10. × 11. √ 12. × 13. √ 14. √ 15. × 16. √ 17. × 18. × 19. × 20. √

二、单项选择题

1. C 2. A 3. A 4. A 5. B 6. D 7. A 8. B 9. B 10. C 11. A 12. B 13. A 14. D 15. A

三、多项选择题

1. ABCD 2. ACE 3. ABCDE 4. ACE 5. CDE 6. ACDE 7. ABDE 8. ABE 9. BCE 10. ACDE 11. ABCDE 12. ABDE 13. ABC 14. ABCDE 15. ABCDE

四、简述题

1. 企业经营战略的特征如下。①全局性，指以企业全局为研究对象，来确定企业的总体目标，规定企业的总体行动，追求企业的总体效果；②长远性，指企业战略的着眼点是企业的未来而不是现在，是为了谋求企业的长远利益而不是眼前利益；③纲领性，指经营战略所确定的战略目标和发展方向是一种原则性和总体性的规定，是对企业未来的一种粗线条设计，是对企业未来成败的总体谋划，而不是纠缠于现实的细枝末节；④抗争性，指企业在竞争中为战胜竞争对手，迎接环境的挑战而制定的一整套行动方案；⑤风险性，指战略考虑企业的未来而未来具有不确定性，因而战略必然具有风险性。

2. 企业经营战略分为三个层次。

(1)总体经营战略——第一层次(又称公司级或总公司级经营战略)，指对企业内外环境进行深入调查研究的基础上，对市场需求、竞争状况、资源供应、企业实力、国家政策、社会需求等主要因素进行综合分析后，所确定的统率和指导企业全局和长远发展的谋划和方略。

(2)经营单位战略——第二层次，指经营单位在总公司或集团公司总体战略的指导下，为实现总公司发展目标，对所从事的某一经营事业的发展做出的长远性谋划和方略。

(3)职能战略——第三层次，也叫分战略，指为了保证企业总体战略和经营单位战略的实现，运用各种专业的职能，使企业开展经营活动更加有效地适应内外环境的要求所制定的长远性谋划和方略。

3. 制定市场营销战略的意义有三点。

(1)市场营销战略是企业求得生存和发展的根本保证。现代市场营销观念认为，企业能否在激烈的市场竞争中求得生存和发展，很大程度上取决于企业的营销活动能否适应外部环境变化并做出积极、正确的反映，而连接着企业与环境的则是企业的市场营销战略。企业的市场营销战略决定企业经营活动的方向、结构、发展模式以及资源的配置，如何驾驭环境发展变化，结合企业资源，制定一个具有远见而可行的发展战略，是企业在竞争中求得生存和发展的关键。

(2)市场营销战略是协调企业内部各种活动如资金筹措、资源配置、生产过程、销售过程等的总体指导思想和基本手段，也有利于充分合理地利用企业内部的各种资源(人力、财力、物力)，增大企业实现其各项目标的可能性，充分发挥企业的整体功能。

(3)市场营销战略是企业营销活动的灵魂。企业营销是以看准市场需要，迅速而有效地满足市场需要获得最佳经济效益为中心内容的。而市场营销战略是从企业的总体目标上确定的营销活动的方向、重点。

4. 市场渗透是指采取种种措施，如改进广告宣传和推销工作，在某些地区增设商业网点，通过多渠道将同一种商品送达同一市场，千方百计在现有市场上扩大现有产品的销售。其中又包括三种方法：

(1)通过各种促销，努力使现有顾客多购买本企业的现有产品；

(2)把竞争者的顾客吸引过来，使之购买本企业的现有产品；

(3)努力发掘潜在顾客，这就需要企业在现有产品的质量、价格、包装、服务、品牌、商标等方面下功夫，提高企业信誉，并有效地运用各种促销手段，刺激需求，从而求得发展。

5. 市场营销战略计划的内容包括以下几方面。

(1)分解营销目标。市场营销战略目标是企业营销战略的核心内容。将市场营销战略目标按时间、空间进行分解、细化，是市场营销战略计划的核心内容。在此基础上，企业还需要编制各种长、短期计划和职能计划，来实现各项细分目标。

(2)提出营销措施。市场营销战略计划中的营销措施，是对市场营销战略方案中市场营销策略的进一步细化，更具体地提出实施企业市场营销战略的方针、程序和规章。

(3)确定战略重点。市场营销战略计划对营销战略重点的规定，是指为实施市场营销战略方案中所确定的战略重点，对资源重点配置、企业重点保证、行动重点推进做出具体布置和提出相应措施。

(4)明确战略时机。当企业做出市场营销战略方案抉择后，要审时度势，择机而动。

(5)编制预算。预算作为数字化的计划，是企业分配资源的主要方法之一。企业在确定营销行动计划后，应依照计划，认真、全面地编制预算，合理、有效地将企业相关资源分配到实施企业营销战略的各个项目上去。

6. 市场营销组合策略是市场营销研究的重要内容之一，是系统工程管理理论在企业市场营销活动中的具体运用。“营销组合”是美国哈佛大学教授尼尔·鲍顿于1964年首先提出的概念，同年，美国伊·杰罗姆·麦卡锡教授概括简化出易于记忆的“4Ps”理论，以后被后人广泛应用。此理论认为，市场营销组合策略可视为一个大系统，它是由相互联系的产品策略、定价策略、销售渠道策略以及促销策略四个子系统组成，每个子系统又有其独立的结构。企业在分析市场、选择自己的目标市场以后，就要针对目标市场的需求，有效地利用本身的人力、物力、资源，趋利避害，扬长避短，设计企业的营销战略，制定最佳的综合营销方案，以便达到企业的预期目标。这时候，企业经营的成败，在很大程度上就取决于营销因素的选择和运用。

市场营销组合特点：①市场营销组合是企业可以控制的因素；②营销因素组合是

一个动态的组合;③市场营销组合是整体的组合;④市场营销组合是由许多次组合而成的。

7. 竞争者的反应模式有以下几类。

(1)从容型竞争者。这类竞争者对某些竞争行为往往不会迅速做出反应或者反应不强烈,企业必须具体分析竞争者从容不迫的原因。主要原因有两个,一是强烈的自信心,认为自己的实力强大,顾客忠诚度高,竞争者无论如何努力也无法动摇自己的竞争优势;二是缺乏物质条件,无法做出及时的反应。

(2)选择型竞争者。这类竞争者对竞争对手的某些竞争策略做出强烈反应,而对其他竞争策略则没有反应。了解竞争者会在哪些方面做出反应,可为企业提供攻击对象和目标。竞争者可能对降价反应强烈,但是对增加广告费却不做反应。

(3)凶猛型竞争者。这类竞争者会对所有的竞争行为做出迅速而强烈的反应。

(4)随机型竞争者。这类竞争者的反应模式是无法预知的,对竞争行为可能做出反应,也可能不做出反应,而且无论根据其经济、历史以及其他方面的情况,都无法预见他们如何行事。

8. 通常大多数行业都存在一家规模最大、品牌声望最高、市场占有率最大的领先企业,如汽车业的美国通用汽车公司、零售业的沃尔玛。作为市场领先者,他们在科技创新、产品开发、价格变动、销售渠道设置、促销宣传和服务支持等方面均处于同行业主导地位。是行业中其他企业模仿、追随、躲避和挑战的对象。市场领先者的地位是经过无数次残酷的竞争而获得的,当内外部环境发生变化时,领先者也可能滑落为第二位、第三位,甚至更低的梯次。因此,在品牌均势条件下,对于市场领先者来说,应清醒地意识到自己只有微弱的优势,必须采取有效的应对措施。

市场领先者的竞争任务无疑是保持领先地位。为此,它就必须在三个方面做出努力:

(1)时刻保持警惕,对付其他企业的挑战。即在产品的更新换代和成本控制等方面保持领先,防止丧失市场份额。

(2)不失时机地努力扩大市场份额,无疑这是更积极地保持领先地位的办法。

(3)如果有可能,也应该力争扩大市场总需求,以便使整个行业都受益。

9. 市场挑战者一般可采取的策略有以下几种。

(1)正面进攻。正面进攻,即集中兵力正面指向对手的最具实力的环节发动进攻,而不是指向对手的薄弱环节。正面进攻是实力和耐力的较量,成功的条件是必须具有超过对手的实力优势。但正面进攻是最残酷的竞争,常常会两败俱伤,即使取得胜利,也将消耗巨大实力,所以不具有压倒优势(新技术、低成本、资金雄厚等),一般不应用这种策略。该策略较适合用于进攻力量虚弱的小企业。

(2)侧翼进攻。侧翼进攻是一种出奇制胜的战略。企业的对手可能很强大,但其侧翼或后方难免有薄弱地带或防御缺口,这些弱点和缺口常常是进攻的目标,这就是集中优势兵力打击对方的弱点，而不是指向对方的实力环节。

(3)包围进攻。侧翼进攻之重点是集中兵力指向对手的缺口、空当或弱点，包围进攻则是在几条战线上同时发动一场大规模进攻，迫使对手分散兵力同时保卫其前方、两翼和后方。

(4)游击进攻。游击进攻即向竞争对手的不同领域进行零零星星地或断断续续的攻击，目的是骚扰对方，瓦解士气，最终获得永久的立足点。在较小企业进攻大企业时，常因实力较弱而难以使用侧翼进攻、正面进攻和包围进攻等战略，所以只能发动一系列的短期攻击。进攻矛头可指向大竞争者的任何地方，以消耗其力量和蚕食其市场。

(5)绕道进攻不战而胜。绕道进攻即绕过竞争对手的现有领地，避开任何直接的交战行动，进入易于进入和对手尚未进入、甚至尚未想到的地方，因此也可视为“避免竞争”的竞争战略，是“最聪明的竞争”。

10. 市场补缺者可选择的专业化方案主要有以下几种。

(1)顾客规模专门化，即企业集中力量服务于大型、中型或小型客户。许多补缺者为小客户服务，因为小客户常被大企业所忽视。这种情况使用的细分依据是客户规模。

(2)特定顾客专门化，即把服务对象限定在少数几个有共同特点的顾客上。如《读书》杂志以社会科学学术界人士为目标消费群。

(3)地域专门化，即把销售集中于某个地区。细分市场时使用地理依据，能找到大企业忽视或放弃的地区市场。

(4)产品或产品线专门化，即生产一种产品或一类产品，如在实验室设备领域，有的小企业只生产显微镜，甚至只生产显微镜镜片。

(5)某种产品特色专门化，即专门化生产和供应具有某种特色的产品，如新疆奥斯曼化妆品公司生产的奥斯曼牌生眉笔，使用被誉为“眉毛的营养液”的奥斯曼草作原料，具有生眉的功效，成为新疆的地方名牌。

(6)定制专门化，即专门为顾客定做产品，如定做服装或皮鞋等。

(7)产品品质专门化，如波导手机的“扫除通话盲区”的特点。

(8)服务专门化，即提供一种或几种其他公司忽视的而市场急需的服务，如家庭劳务小时工或清洗油烟机服务等。

7

产品策略

学习目标与要求

● 理解产品整体概念的含义及其对企业营销活动的意义

● 了解产品组合的相关概念,掌握调整产品组合的策略和产品线决策;能灵活运用产品组合策略指导企业的经营活动

● 了解产品生命周期的概念,掌握产品生命周期各阶段的特点与营销策略及判断产品生命周期阶段的方法;能够利用产品生命周期开展营销工作

● 了解新产品的概念及类型,开发新产品的方式和程序

● 掌握包装设计要求并正确理解产品包装在企业营销活动中的作用

● 了解企业产品常用的几种包装策略

● 理解品牌的概念及其在企业营销活动中的意义,理解和把握各种品牌策略运用的条件环境

● 了解品牌管理的重要性

产品策略是实现“价值焦点”的核心,是企业市场营销组合中的最重要最基本的因素。现代市场上,企业之间的激烈竞争是以产品为中心的,企业其他营销因素(如价格、促销、渠道策略)也是围绕产品策略进行的。缺少或忽视产品策略,其他的营销策略将变成一场逐梦游戏:花钱、费力,但筑起来的是沙滩城堡。因此,产品决策直接影响和决定着其他市场营销组合因素的决策制定,对企业市场营销活动、企业的生存

和发展起着决定性的作用。本章主要介绍产品整体概念、产品组合策略、产品市场生命周期策略、新产品开发策略等。

7.1 产品整体概念

7.1.1 产品的概念

传统的产品概念是指具有某种物质形态和用途的劳动生产物。这种定义明确了具有某种物质形态的产物才能称得上是产品,而把非物质形态的产物排除在外,这只是狭义的理解。现代的市场营销学认为,产品是指能够提供给市场,用于满足人们某种欲望和需要的任何事物,包括实物、服务、场所、组织、思想、主意等。即凡是提供给市场的能满足消费者某种需求和欲望的任何有形物品或无形服务均为产品。一个产品可以是一种观念、一个物质实体(物品)和一种服务,或者是三者的任意组合。诸如包装、服务、广告、客户、咨询、融资、送货、仓储、安装、修配等。这一产品的概念拓展了传统的产品概念,形成了产品的整体概念。

7.1.2 产品整体概念

现代市场营销理论认为,产品整体概念包括五个层次:核心产品、基础产品、期望产品、附加产品和潜在产品,如图 7.1 所示。

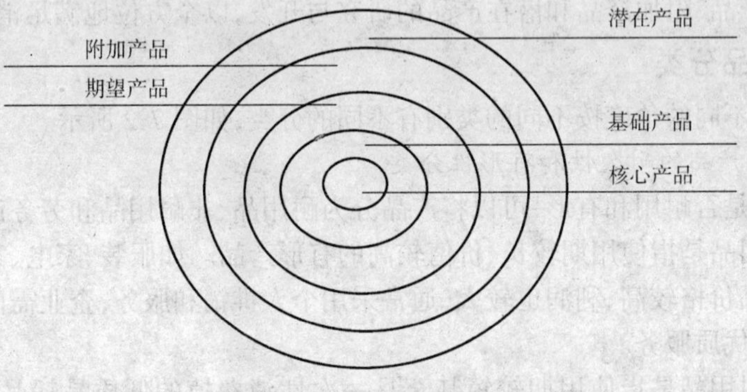

图 7.1 产品整体概念的五个层次

(1)核心产品。即产品能够提供给顾客的基本效用或利益。核心产品是产品整体概念中最基本的和最实质性的,也是最主要的部分,是顾客需求之所在。顾客购买产品不是产品本身,而是购买产品的效用和使用价值,如果产品的效用和使用价值不能满足顾客的需求,就丧失了产品存在的价值。如化妆品购买者想得到的并不是瓶子、油膏和一堆化学物质,而是滋润皮肤和美容。消费者买空调不是为了装饰,而是为了取暖或降温。夜宿游客购买的不是一个房间或一张床位,而是“安静的休息和睡眠”。

(2)基础产品。即实现核心利益所必须的产品的基本形式,是核心利益的基本载体。如化妆品购买者得到的瓶子、油膏;空调购买者购买得到的带有机械装置的箱子;夜宿游客购买得到的床位、浴室、毛巾、厕所等。

(3)期望产品。即购买者在购买该产品时通常期望或默认的产品应该具有的一组属性和条件。如旅馆应该具有干净的床单、新的毛巾、清洁的厕所、相对安静的环境。购买空调应能达到理想的制冷、取暖、省电效果。购买化妆品能达到滋润皮肤和美容效果。

(4)附加产品。即提供超过顾客期望的服务和利益的部分。营销者利用附加产品来实现把公司的提供物与竞争者的提供物区别开来的目的。如果这些期望产品得不到满足时,就会影响顾客对产品的满意程度、购后评价及重复购买率。如旅馆通过增加电视机、网络接口、鲜花、结账快捷、美味的晚餐、优良服务等,使顾客获得惊奇和高兴。生产空调公司通过送货上门、优良的质量、安装与维修保证等吸引顾客购买。

(5)潜在产品。它包括所有产品在将来可能出现的附加部分和改变部分。潜在产品指出了产品将来的发展方向。如将来可能出现全套家庭式旅馆。生产电视机厂家可能利用全新技术将电视机设计成与电话联系在一起,成为视频电话的成像载体。生产电视机厂家还能利用全新技术将电视机设计成电脑终端机等。

产品整体概念是市场营销理论的重大发展。它说明产品的价值不是由生产者决定的,消费者才是最终裁决者。强调企业在实现核心产品的同时,必须还要重视基础产品、期望产品、附加产品和潜在产品的研究与开发,以全方位地满足消费者需要。

7.1.3 产品分类

产品从不同的角度按不同的类别有不同的分类,如图 7.2 所示。

7.1.3.1 按产品的耐久性和有形性分类

按产品是否耐用和有形,可以将产品分为耐用品、非耐用品和劳务产品三类。

(1)耐用品是指使用期较长、价值较高的有形产品。如服装、家电、家具、汽车、房屋等,耐用品价格较高、利润也较大,通常采用个人推销和服务,企业需向顾客提供更多的保证和优质服务。

(2)非耐用品是指使用期较短甚至是一次性消费掉的低质易耗品。如香烟、牙膏、啤酒、食盐等产品以及纸张、笔墨等办公用品。这类产品因为消耗时间短、顾客经常购买而且对价格非常敏感,因此企业需要设置许多销售网点销售产品。企业需要通过广告、低价吸引顾客并促使其形成品牌偏好。

(3)劳务是指交换的一方向另一方提供的使其获得利益或满足的任何活动。劳务可能需要也可能不需要与有形产品紧密地联系在一起,而且当需要借助某些有形产品来提供劳务,不涉及这些有形产品的所有权的转移。劳务与为顾客服务是不同的,前者与有形产品一样是一种独立的产品,而后者是附属于有形产品之上并为之提供附加价值的一种产品要素。理发、修理、娱乐、观看演出、体育比赛等都属于劳务产品的内容。提供劳务产品的企业需要提供信誉保障并加强劳务产品的质量管理，注重产品的适用性。

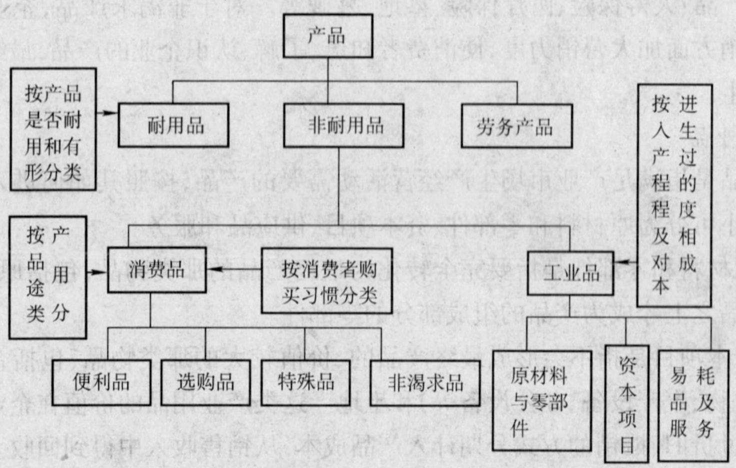

图 7.2 产品分类

7.1.3.2 按产品的用途分类

按产品的用途不同，可将产品分为消费品和工业品两大类型。

1. 消费品

消费品是指用于满足人们生活消费需要的产品。根据消费者的购买习惯，消费品可分为便利品、选购品、特殊品和非渴求品四大类。

(1)便利品是消费者经常购买或即兴、即时购买，且购买时不花费较多时间进行比较、分析和决策的产品。便利品又可分成三种：日用品、冲动品和急需品。

日用品是消费者经常购买的产品，如食盐、洗涤用品、食品等。冲动品是消费者没有经过计划而即兴购买的产品，如杂志、口香糖、旅游时购买的纪念品和工艺品等。急需品是消费者在某种情况下购买的产品，如下雨时急需购买雨伞、雨衣等。企业生产者应把这些产品放在许多销售网点，以满足消费者应急需要。

(2)选购品是消费者在购买时需要在质量、款式、外形、花色、价格等方面进行比较的产品，如服装、家具、房屋、汽车。对于消费者来说，由于这些产品价格高，消费者购买的频率低，他们要通过产品的质量、品牌、适用性、价格、款式等方面的比较来做出购买决定。企业应提高产品质量，加强品牌建设，培养顾客的忠诚度，为顾客提供各种花色品种，以满足顾客的不同需求；并配备训练有素的推销人员，向顾客提供产品信息和咨询服务。

(3)特殊品是指具有特定品牌或独具特色的产品，如具有收藏价值的邮票、名画、古董、名牌服装、名烟、名酒等。特殊品购买者都是专业购买者，对产品情有独钟，通常愿意为此付出更多的努力。对于经营特殊产品的企业，最重要的是让潜在的购买者确切知道产品销售的地点。

(4)非渴求产品是指消费者不知道或虽已知道但不感兴趣、不准备购买的产品，如某些新产品、人寿保险、医疗保险、墓地、墓碑等。对于非渴求产品，企业应在广告和人力推销方面加大营销力度，使消费者知道、了解、认识企业的产品，最终促成购买行为的产生。

2. 工业品

工业品是指满足产业市场生产经营活动需要的产品，按照其如何进入生产过程和价值大小可分为原材料和零部件、资本项目、供应品和服务。

(1)原材料和零部件是指要完全转化为最终产品的那类物品，包括原料、材料和装配于产品之上才成为产品的组成部分的零部件。

(2)资本项目是指不会形成最终产品的、价值较大的那类物品，包括企业的固定资产(建筑物、生产设备、办公设备等)和土地。这类产业用品的价值在企业生产经营过程中通过折旧、摊销的方式分期计入产品成本，从销售收入中得到回收。

(3)供应品及服务是维持企业生产经营活动所必需，但其本身完全不进入生产过程的产品，包括使用易耗品(煤炭、机油、文具、纸张笔墨等)、维修易耗品(油漆、铁钉等)和维修服务、咨询服务等。供应品的价值和服务费用也要一次性计入或分期摊入产品成本。

企业对于不同种类的工业用品，必须采取不同的营销措施。如对于有特别技术要求、技术服务及价值较高的主要生产设备，提供原材料和零部件的企业，企业要根据用户的要求进行设计、生产，而且一般是直接销售，对于附属的生产设备和办公设备及提供供应品的企业虽然有时企业也是直接销售给用户，但更多的是通过中间商来进行销售。

7.2 产品的组合策略

7.2.1 产品组合概念

产品组合也称产品搭配，是指一个企业提供给市场的全部产品线和产品项目的组合或结构，或者说是一个企业生产经营的所有产品在品种、规格上的构成。如一个公司经营7条生产线和30个品种，那么这7条生产线和30个品种就构成了这个公司的产品组合。

在市场经济条件下，企业必须协调解决这样两个矛盾：一方面随着生产专业化程度的提高，企业要以更细的分工、大批量的生产、更高的劳动生产率来满足社会发展的需要，通过专业化的生产获得更好的经济效益；另一方面，面对消费者需求的多样性、多变性，企业又要发展多品种的产品来满足市场需求。调和这种矛盾的关键就在于根据市场需求和自身条件,正确分析和选择最佳的产品组合。

7.2.2 产品组合相关概念

产品组合的状况,可从产品组合的广度、深度及相关性三个方面进行分析。

7.2.2.1 产品组合的广度

产品组合的广度是指企业生产和经营产品线的数量,也称产品组合的宽度。产品线是指具有类似功能而且通过相同的渠道和在一定价格范围内卖给相同的顾客群体的一组产品项目。如不同型号的电视机;互补的产品项目,如电脑的硬件、软件等。企业产品线多的叫做宽产品线;反之,叫做窄产品线。如某家用化学厂生产雪花膏、香水、花露水、发乳、洗发精、唇膏、指甲油等 10 个大类的产品线,则产品线有 10 条,产品组合的宽度为 10。

宽产品线的产品组合,有利于企业从多方面去满足消费者的需求,拓宽市场面,增加销售额,提高经济效益;充分利用人、财、物,挖掘生产和经营潜力;减少市场变化所带来的风险,提高应变力。窄产品线的产品组合,有利于企业集中各方面的能力,提高产品质量;提高专业化水平,降低成本;加速资金周转,增加赢利。

7.2.2.2 产品组合的深度

产品组合的深度是指企业每一产品线的产品项目的数量。即每一条产品线中每种产品有多少花色、品种、规格。产品项目指的是因性能、规格、商标、式样等不同而且能区别于企业其他产品的任何产品。如佳洁士有三种规格和两种配方,佳洁士的深度就是 6。

一般来说,每个产品项目都有其特定的名称、编号或型号。在每条产品线上生产的产品项目之间的关联度一般比较高。一个企业的产品组合中产品项目的总数为产品组合的长度。如果用总长度除以产品线数目就是产品组合的平均长度。企业某一产品线中产品的项目较多,就意味着其产品组合较深;相反,则意味着产品组合较浅。产品组合较深,能在市场细分的基础上扩大目标市场,提高市场占有率,就可能实现少批量、多品种生产,资金周转快,有利于提高经济效益;反之,产品组合较浅,便于集中力量发挥企业专长,创名牌产品,吸引顾客,增加销量,也可以实现大批量、少品种生产,降低成本,增加效益。

7.2.2.3 产品组合的相关性

产品组合的相关性是指各条产品线在最终用途、生产条件、销售渠道或者其他方面相互关联的程度。如宝洁公司生产洗涤剂、牙膏、香皂、尿布、纸巾五类产品,则产品组合的宽度为 5,这 5 条产品线在最终用途、生产条件、销售渠道等方面的相互关联的程度高,因此宝洁公司产品组合的相关性强,见表 7.1 所示。

在表 7.1 中产品项目总数 25 个,即产品线总长度为 25,平均长度为 5,产品宽度为 5。

表 7.1　宝洁公司的产品组合

	产品组合的宽度				
	洗涤剂	牙膏	香皂	尿布	纸巾
产品线长度	象牙雪 1930 洁拂 1933 汰渍 1946 快乐 1950 奥克多 1952 达士 1954 大胆 1965 吉思 1966 黎明 1972	格里 1952 佳洁士 1955	象牙 1879 柯柯 1885 拉瓦 1893 佳美 爵士 1952 舒肤佳 1963 海岸 1974 玉兰油	帮宝适 1961 露肤 1976	媚人 1928 白云 1958 普夫 1960 旗帜 1982

7.2.3　产品组合策略

产品组合策略是企业根据市场需要及自身条件,选择适当的产品组合广度、深度、关联性来确定经营规模和范畴的策略。通常企业采用的产品组合策略有扩大产品组合策略、缩减产品组合策略和产品延伸策略。

7.2.3.1　扩大产品组合策略

扩大产品组合策略是指拓展产品组合的宽度和加强产品组合的深度。当市场繁荣或企业预测现有的产品线的销售额和赢利率在未来可能下降时,较深、较宽的产品组合会为企业带来较多的赢利机会,企业可以根据自身资源优势结合市场带来的机会在原产品组合中增加一个或几个产品大类,扩大经营产品范围或在原来产品大类内增加新的产品项目。具体概括为以下几种。

(1)在维持产品原有的质量和价格前提下,增加同一产品的款式和规格。如某服装公司生产的同样质量的面料和价格的前提条件下生产不同款式的服装,以满足顾客不同偏好需求。

(2)增加不同质量与不同价格的同类产品。如丰田公司曾在中档产品卡罗纳牌轿车的基础上,向高低档市场分别推出佳美牌和小明星牌轿车,同时又推出凌志牌豪华轿车。

(3)增加相关的产品。如海尔公司在生产冰箱的基础上又生产电视、空调、洗衣机等电器产品。

(4)增加与现有产品使用同一原材料或相同生产技术的其他产品。如某房地产公司原来主要兴建商场一类的中档产品,后来,为了扩大经营范围,较好地分散市场风险,为企业造声势,他们开发建设了低档、高档的商场及一些中档的住宅和办公楼。

(5)增加可获得较高利润而与现有产品完全无关的产品。如健力宝集团除了生产饮料以外,还经营运动服等。

企业采用该种策略的优点是:①可以充分利用自己的资源,挖掘潜力,降低成本,增强企业的竞争力;②可以减少风险,强化稳定性;③企业可以利用原有的产品声誉,完善产品系列以满足多方面的需求。采用该种策略的缺点是由于获取市场的情况资料有限从而导致判断上的不准确而失策。

7.2.3.2 缩减产品组合策略

当市场不景气或原料、能源供应紧张时,缩减产品组合中那些获利很小甚至不获利的产品大类或产品组合,使企业集中力量发展获利多的产品大类或产品项目。使企业集中资源于获利大的产品,提高产品质量,降低消耗;有利于企业减少资金占用,加速资金周转,提高劳动效率;有利于产品促销、分销渠道等的目标集中,提高营销效率。但缩减产品组合策略风险大,一旦企业的产品在市场上失利,企业的应变能力较差,可能受到严重损失。

缩减产品组合的方式具体概括为以下三种。

(1)保持原有产品广度和深度。即不增加产品系列和产品项目,只增加产品产量,降低成本。

(2)缩减产品系列。企业根据自身的特长和市场的特殊需要,缩减一个或少数几个产品系列。如五十铃公司曾放弃过轿车市场,而集中生产占优势地位的卡车。

(3)缩减产品项目。即在一个产品系列内取消一些低利产品,尽量生产利润较高的少数品种规模的产品。如宝洁公司在美国本土的产品品种较20世纪90年代已减少了1/3,单是在护发用品一项上,它就砍掉了近一半的产品品种。而护发用品的市场份额在缩减产品项目的5年中增长了近5个百分点,达到36.5%。宝洁的总销售额,凭借其全球性的扩张,在同一时期内也增长了1/3。又如美国西屋电器公司将其电冰箱品种由40个减少至30个,撤销了10个品种,反而增强了企业竞争力;松下公司于1988年将产品种类由5 000个缩减至1 200个。

7.2.3.3 产品延伸策略。

产品延伸策略是指全部或部分地改变公司原有的产品的市场定位。具体有向下延伸、向上延伸和双向延伸三种策略。

(1)产品向下延伸。即企业原来生产中高档产品,后来决定增加低档产品。采用这种策略的原因有可能来自以下几个方面:①低档市场存在强劲的增长机会,或公司最初产品定位为中高档是为了树立企业形象,或公司希望通过高档名牌产品的声誉,吸引购买力水平较低的顾客慕名购买此产品线中的廉价产品;②公司可能发现中高档市场正在停滞或衰退,公司的资源设备得到充分利用;③公司为了填补市场缺口,抵制竞争者进入中低档市场同企业抗衡。如一些亚洲的手表最初定位在高价市场,如精工和西铁城。随后则为低档市场推出了手表产品。精工在亚洲市场上推出了阿尔巴牌手表,在美国市场上推出了帕萨牌手表;而西铁城则推出了艾得克牌。

采用这种策略一定要慎重,如有不慎,容易使消费者对原来的产品质量产生怀疑,并使公司在高档市场加大竞争,而产品在低档市场还没有完全铺开局面。如早年,美国的"派克"钢笔质优价贵,是身份和体面的标志,许多社会上层人士都喜欢带一支派克笔。然而，1982年新总经理上任后，把派克品牌用于每支售价仅3美元的低档笔上，结果，派克公司非但没有打入低档笔市场，反而丧失了一部分高档笔的市场。其市场占有率大幅下降，销售额只及竞争对手克罗斯公司的一半。盲目向下延伸品牌，毁坏了派克在消费者心目中的高贵形象，而竞争对手则侵入高档笔的市场。所以公司此时在调整产品组合的同时要调整市场营销组合策略，如对销售系统的重新设置等，但这样往往会加大公司的营销费用开支。

(2)产品向上延伸。即在原有的产品线内增加高档产品项目。公司采用产品线向上延伸的原因有可能来自以下几个方面：①高档产品销售增长率高、利润丰厚；②完善产品线，提升公司的整体形象；③公司认为有能力和竞争对手抗衡。产品线向上延伸的决策也会带来一些风险；使顾客缺乏对公司的信任；竞争对手也会加大对低档产品线的压力；容易引起混乱，难以树立高档产品的独特形象。如豫北某啤酒企业做整体营销策划时，做了市场调查，认识到企业的产品几乎全为低档产品，在消费者心目中已经形成了低档品牌的印象，而且这些低档产品的利润率极低，企业的销售情况也不好。于是，该公司营销策划者以消费者需求为出发点，针对老板、白领阶层和一些追求时尚、品牌的消费者，建议企业开发中档和高档的啤酒，并加大促销力度。企业领导者采取建议后，取得了较好的收益。

(3)产品双向延伸。即原定位于中档产品市场的公司掌握了市场优势以后，决定向产品大类的上下两个方向延伸，即一方面增加高档产品，另一方面增加低档产品，扩大市场阵地。如美国鲍玛公司和惠普公司曾分别是低档和高档袖珍计算器市场上的领导者。得克萨斯仪器公司首先进入并占领中档袖珍计算器市场，然后推出质量比鲍玛公司产品好、价格与其一样甚至更低的低档产品以及质量与惠普公司一样、价格比惠普公司产品价格低的高档产品，逐步夺取了这两家公司的市场份额，最终成为袖珍计算器市场上的领导者。

采用这种策略需注意的是要加强各产品之间的档次差异，公司必须使消费者能在心目中区分出每一个产品项目。每一个产品项目必须具备显著差异，以便于消费者选择，如有不慎，会导致公司顾此失彼，形成高不成低不就的局面。

7.2.3.4 产品线现代化策略

现代科技发展使产品开发日新月异，产品现代化则成为一种不可改变的趋势，产品线必须要进行现代化改造，才能不被新的竞争者击败。那么产品大类现代化是逐步实现技术改造，还是以更快的速度用全新设备更换原有的产品大类，这其中各有利弊，要根据市场环境情况和企业自身的资源条件来决定。逐步实现现代化可以节省资金耗费，但缺点是竞争者会很快察觉，并有充足的时间重新设计它们的产品大类；而快速实现现代化策略虽然在短期内耗费资金较多，却可以出其不意，击败竞争对手。

7.2.3.5 产品线号召策略

企业在自己的产品线中选择一个或几个产品项目加以精心打造，使之成为具有特色的号召性产品去吸引顾客。而有时候，企业也可以产品线上低档产品型号进行特别号召，使之充当开拓销路的廉价品。如法国人头马推出路易13，比一般的XO贵10倍，虽然几乎无人问津，但它起到了"王冠上的宝珠"的作用。又如某空调公司宣传一种只卖999元的经济型号，而它的高档产品要卖20 000多元，从而在吸引顾客来看经济空调时，尽力设法影响他们购买更高档次的空调。

7.2.4 最佳产品组合的分析方法

市场是一个动态系统，需求情况千变万化。原有竞争者不断花样翻新，新的竞争者又不断出现，而且企业也处于不断变化中，原来的产品组合中的项目，必然会在变化的市场环境下发生变化，一部分产品获得较快成长，一部分产品继续取得较高的利润，也有一部分产品则趋于衰落。为此，企业需要经常分析产品组合中各个产品项目或产品线的销售成长率、利润率和市场占有率，判断各产品项目或产品线销售成长上的潜力或发展趋势，以确定企业资金的运动方向，做出开发新产品和剔除衰退产品的决策以调整其产品组合，力求保持一个最佳的产品组合。所谓最佳产品组合是指企业根据市场环境和资源条件的变动，适时增加应开发的新产品和淘汰应退出的衰退产品，从而随着时间的推移，仍能取得最大利润的产品组合。因此，企业要经常根据市场情况对自己产品组合进行分析、评估和调整，力求保持一个最佳的产品组合。

产品组合化的分析方法有多种，这里主要介绍三种。

7.2.4.1 三维分析图法

企业的经营往往是多元化的，判断企业经营好坏的标准可以从市场占有率、销售成长率和利润率三个指标来做出初步判断。该法建议企业经营的所有产品通过这三个指标进行分类。以 X、Y、Z 三个坐标轴分别表示市场占有率、销售成长率以及利润率，每一个坐标轴又分为高、低两段，这样产品就得到八种可能的位置，如图7.3所示。

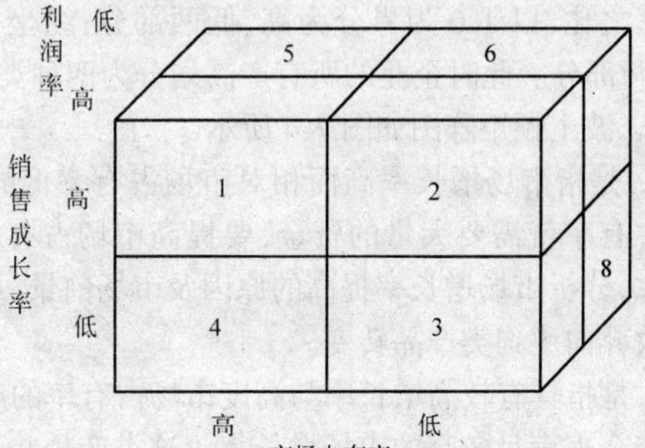

图7.3 三维分析图

分析企业经营的所有产品项目各自在坐标空间占有的位置，就能将其分为八种类型。表7.2所示为企业产品所在空间位置及其策略。

表7.2 企业产品所在空间位置及其策略

指标名称 产品所在位置	市场占有率		销售成长率		利润率		营销策略
	高	低	高	低	高	低	
1	√		√		√		采取发展和维持策略
2		√	√		√		采取发展策略
3		√		√	√		采取维持策略
4	√			√	√		采取维持策略
5	√		√			√	采取发展或放弃策略
6		√	√			√	采取发展或放弃策略
7	√			√		√	采取发展或放弃策略
8		√		√		√	采取放弃策略

如果企业的大多数产品项目或产品线处于1,2,3,4号位置上就可以认为产品组合已达到最佳状态。因为任何一个产品项目或产品线的利润率、成长率和占有率都有一个由低到高又转到低的变化过程，不能要求所有的产品项目同时达到最好的状况，即使同时达到也是不能持久的。企业在产品组合决策中，应集中力量开拓目前的主要产品或预期未来为主要产品的产品。后者可以是投入市场的新产品，也可以是将目前的主要产品进行改进而来的产品。发展在竞争中可能成为主要赢利的产品，适当削减过去的主要产品以及目前产销量虽大但却日趋下降的产品。对过去非主要的，但尚未完全失去市场、仍可继续经营的产品应采取维持现有市场策略。淘汰完全失去销路的产品。使企业产品组合处于最佳组合状态，获取最大利润。

7.2.4.2 波士顿矩阵法(简称BCG法)

该矩阵横坐标为相对市场占有率，表示企业的某产品的市场占有率与同行最大竞争者的市场占有率之比，以1.0为界分为高、低两部分；纵坐标为市场增长率，以10%为界划为高、低两部分。此时企业的所有产品划分为四种类型，即：明星类、金牛类、问题类和瘦狗类。波士顿矩阵图如图7.4所示。

(1)问题类产品，是指市场增长率高而相对市场占有率低的产品。这类产品为了维持现有的市场占有率就需要大量的资金，要提高市场占有率则需更多的资金。因此企业应慎重考虑，分析市场增长率提高的原因及市场前景，从而决定是投资向明星类产品转变还是放弃向瘦狗类产品转变。

(2)明星类产品，是指具有较高增长率与高度市场占有率的产品。对这类产品企业需要投入很大的资金来满足较高的市场增长率。这类产品并不能为企业创造很大的利润。这类产品既可能转化为金牛类产品，成为企业的现金流来源，也可能被市场抵制，向问题类产品转化。

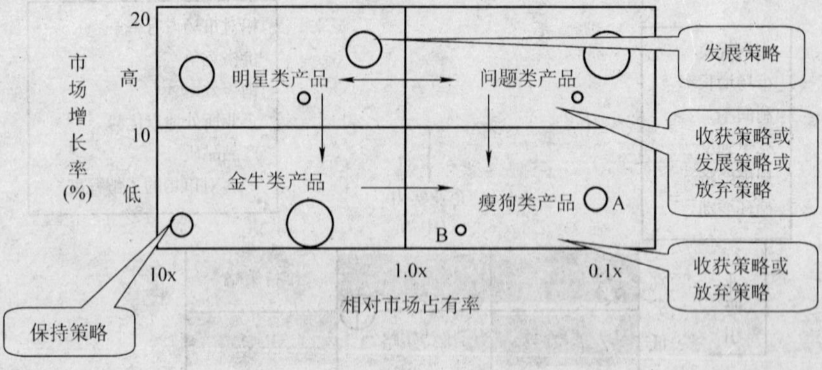

图 7.4 波士顿矩阵图

(3)金牛类产品,是指市场占有率高而市场增长率低的产品。这类产品的生产成本较低,销售费用相对减少,能为企业创造丰厚的利润,故称金牛产品。它往往处于产品生命周期的成熟期,企业应重点保护,加强管理,设法延长其市场寿命,防止其过早衰老。一般而言,一个企业金牛类产品越多越好,可以利用它赚取的大量现金,支持其他需要花钱产品的市场活动。

(4)瘦狗类产品,指增长率和市场占有率均低的产品。这类产品投入多,产出少,利润显著下降,故称瘦狗产品。这类产品既无市场发展前途,又无销售潜力,通常处于产品生命周期的衰退期。对于这类产品,企业要认真分析,若市场不可能再回复,要尽快收割,逐步或立即撤退。

必须注意,以上四类产品是相互转化的,企业应考虑产品的动态变化,以便做出相应的对策。可采用如下四种措施加以调整。①发展策略。这一策略的目标是提高该产品市场占有率,甚至不惜放弃短期利润,该策略特别适用于提高市场占有率即有可能转变为明星类产品的问题产品。②保持策略。这一策略的目标是保持该产品的市场占有率,特别适用于强大的金牛类产品,使其继续为企业赚取大量现金。③收获策略。这一策略的目标是取得短期利益,而不顾长远效果,特别适用于前景不佳的弱势摇钱产品,此外,问题类和瘦狗类产品亦可用本策略。图中圆圈的面积代表产品销售额的大小。如瘦狗类的 A 产品应采取收获策略,B 产品应采取放弃策略。④放弃策略。放弃无潜力的瘦狗类和问题类产品,而将资金转向更为有利的产品行业。

7.2.4.3 通用电气公司法(简称 GE 法,又称“多因素投资组合矩阵”,或称“九象限分析法”)

本方法是对 BCG 法的一种改进。多因素投资组合矩阵如图 7.5 所示。

图中纵轴表示行业吸引力,除市场增长率外,还考虑了市场规模、利润率、竞争强度等六个影响吸引力的因素,每一个现有或未来的产品、行业都可由这些因素来衡量。这些因素各有不同的权数,然后算出行业吸引力的加权平均数,根据影响行业吸

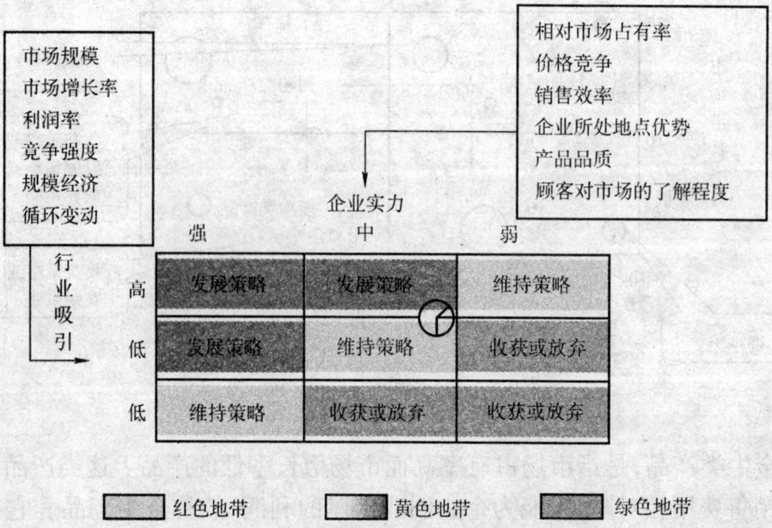

图 7.5 多因素投资组合矩阵

引力的因素，将吸引力大致分为高、中、低三类。横轴表示企业实力，由相对市场占有率、价格竞争、销售效率等六个因素组成，企业亦可给上述因素以不同的权数，然后就企业现有的产品行业，评出一定的分数，以判定其企业实力，将企业实力分为强、中、弱三等。圆圈代表现有的产品行业，圆圈的面积与他们所属行业的市场大小成正比，圆圈内的斜线部分表示市场占有率。

多因素投资组合矩阵共划为九个方格，并分为三个区。落在左上方三个方格的产品行业具有高度吸引力的企业优势，因此，企业应对其增加投资寻求成长采取“发展”策略，这一带称为绿色地带；落在左下到右上对角线的三个方格产品，代表具有中度吸引力的企业优势，企业应维持该产品的市场占有率，维持现有投资水平，不必考虑予以增减，这一带称为黄色地带；落在右下方三个方格的产品，代表具有低度吸引力和企业优势，可慎重考虑，对其采取“收获”或“放弃”的策略，这一带称为红色地带。

7.3 产品生命周期策略

产品生命周期是现代市场营销学的一个重要概念。研究它可以使企业掌握各个产品的市场地位和竞争动态，为制定产品策略提供依据，对增强企业的竞争能力和应变能力具有重要意义。

7.3.1 产品生命周期的概念及阶段划分

7.3.1.1 产品生命周期的概念

产品生命周期是指某产品从进入市场到被淘汰退出市场的全部过程。指的是产品的市场寿命,而不是使用寿命。产品生命周期与产品使用寿命无必然联系。有些产品的使用寿命很短,但其市场经济生命却很长,如火柴、肥皂等。有些产品的使用寿命较长,但其市场经济生命却很短,如流行服装、老式家具等。

产品生命周期由需求与技术的生命周期决定。企业开展市场营销活动的思维视角,不是从产品开始,而是从需求出发的。任何产品都只是作为满足特定需要或解决问题的特定方式而存在。

7.3.1.2 产品生命周期阶段

典型的产品生命周期一般分为四个阶段:产品投入阶段、市场成长阶段、市场成熟阶段和市场衰退阶段,如图 7.6 所示。

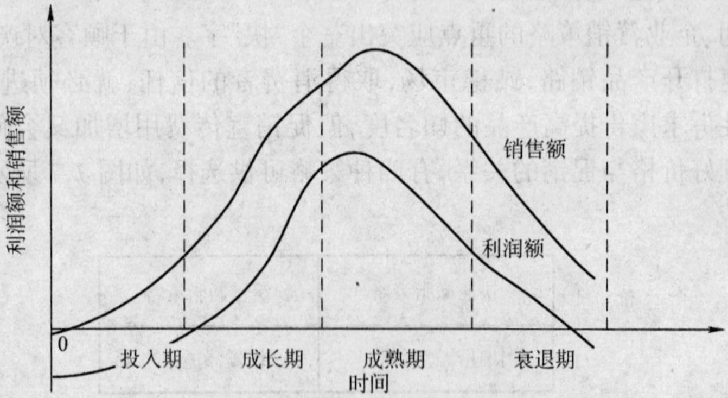

图 7.6 产品生命周期曲线

1. 产品投入期(也称介绍期)

产品投入期是指产品刚投入市场,产品销售呈缓慢增长状态的阶段。在这一阶段,由于研制开发和推销新产品耗资巨大,企业处于微利或亏损状态。该阶段具有成本高、费用大、销量少、利润率低和竞争者少等特点。

2. 成长期

成长期是指该产品在市场上快速被消费者所接受、销售额迅速增长的阶段。该阶段产品已经定型,进入规模生产阶段,因此销量上升,成本下降,从而利润增加。同时随着产品销路的打开,利润丰厚,许多制造商纷纷上马该项产品,市场上出现仿制品,呈现出竞争过度的市场态势。

3. 成熟期

成熟期是指大多数购买者已经接受该产品,产品销售额增长趋缓,并最终趋于缓慢下降的阶段。该阶段具有销售量基本稳定,利润达到最大,随后利润开始下滑,为了维持和延长这一阶段,企业要增加促销费用。

4. 衰退期

衰退期是指销售额急剧下降、利润渐趋于零的阶段。该阶段产品已老化、逐渐被市场淘汰。在这一阶段产品销售量下降,企业原有的生产能力不能发挥作用,必然压缩生产规模,导致成本上升、生产萎缩、利润下降从而使产品陆续退出市场。

7.3.2 产品生命周期各阶段的营销策略

分析产品生命周期各阶段的特点,是为了有针对性地采取市场营销策略。从产品生命周期各阶段的特点可以看出,成长期与成熟期是企业有利可图的阶段,而投入期与衰退期,企业的风险最大。因此,企业营销策略的总要求是:缩短投入期,使产品尽快为消费者接受;延长成长期,使产品尽可能保持增长势头;维持成熟期,使产品能尽量保持较高的销售额,增加利润收入;推迟衰退期,尽量延缓产品被市场淘汰的时间。

7.3.2.1 投入期的营销策略

在投入期,企业营销策略的重点应突出一个"快"字。由于顾客对产品不甚了解,企业为了迅速打开产品销路,站稳市场,取得消费者的信任,就必须进行促销宣传。企业通过理性诉求广告提高产品的知名度,但促销宣传费用增加又会使产品价格提高。如何处理好价格与促销的关系,有四种策略可供选择,如图 7.7 所示。

		促销 高	促销 低
价格	高	快速撇脂策略	缓慢撇脂策略
价格	低	快速渗透策略	缓慢渗透策略

图 7.7 投入期四种策略

(1)快速撇脂策略,是指企业用大规模的促销活动,吸引消费者购买新产品,同时把产品价格定得较高,这样可以树立高格调的市场形象,并能及早收回成本。采用这种策略的条件是市场上有较大的需求潜力,目标顾客有求新、求异心理,急于购买产品,并愿意付出高价。企业面临着竞争者的威胁。

(2) 缓慢撇脂策略,是指企业为了早日收回投资,以高价和少量促销费用来推销新产品,以便取得更多的利润。采用这种策略的条件是该产品需求弹性小,市场规模不大,竞争者少。

(3) 快速渗透策略,是指企业以低价和较高的促销费用推销新产品,以求迅速打入市场,争取尽可能大的市场份额。采用这种策略的条件是该产品市场容量相当大,消费者对产品不太了解,且对产品价格十分敏感,潜在竞争比较激烈。

(4) 缓慢渗透策略,是指企业以低价格、低促销费用推销新产品,以促使消费者迅速接受该产品,增加赢利。采用这种策略的条件是该产品市场容量相当大,消费者对产品价格十分敏感,眼下竞争尚不激烈。如伊利产品在投入期的营销策略是从终端做起,对产品的功能和特点(绿色、健康、营养)进行大量的宣传。一方面,销售人员穿着内蒙古草原特色的服装在社区开展促销活动,让消费者免费品尝产品,对那些现场购买和订购的消费者采取优惠和赠送奶箱的方式。另一方面,在社区居委会和医院采取部分免费赠送的方式赢得了消费者的称赞和喜爱。蒙牛在产品投入期采用了比附定位的策略,将产品与伊利捆绑在一起,甘愿作伊利的第二,显得很谦虚,而且产品口味、纯度和低价也为蒙牛尽快赢得了市场。

7.3.2.2 成长期的营销策略

在成长期,企业营销策略的重点应突出一个“好”字。这一阶段可供企业选择的营销策略有如下几种。

1. 产品策略

努力提高产品质量,改进产品的性能、色彩、式样及包装等,实行产品的差异化策略,增强企业的创名牌意识,树立产品独特形象,以此增强产品的竞争力。

2. 价格策略

在扩大生产的基础上,对前期价格较高的产品,应选择适当时机降价,以提高自身的竞争实力;对前期价格较低的产品,也可以适当提高产品价格,以树立产品的市场形象。

3. 促销策略

改变广告宣传的重点。广告宣传要从介绍商品本身转为宣传商品特色,树立产品形象,争取创立名牌,使消费者产生偏爱。

4. 分销策略

积极开拓新的细分市场,增加新的分销渠道,扩大商业网点。如伊利在产品的成长期,从在社区和医院促销转变为大量建立奶站,并设立经销商销售产品。他们还在电视、报纸、期刊、社区小报上做了大量的产品介绍广告,让消费者尽量多地了解产品功能和新的动态。最后是进入超市,这时,由于伊利产品在市场上已经走红,进入超市的通路费用大大降低。许多经销商自动找上门,表示愿意代理伊利的产品。这是一种通路反构的方式,通过消费者的需求拉动经销商参与渠道的建设。

7.3.2.3 成熟期的营销策略

在成熟期,企业营销策略的重点应突出一个“争”字。这一阶段可供企业选择的市场营销策略有四种。

1. 调整市场

寻找新的细分市场和营销机会;设法促使现有顾客增加用量和使用频率;为品牌重新定位,以吸引较大的顾客群;转变非使用者;设法争取竞争者的顾客。如在美国,通用食品公司曾经利用喜剧明星比尔·考斯比为 Jell.O 布丁大做提醒式广告:“妈妈,你上一次做布丁是什么时候来着?”康宝汤在夏季也做广告,鼓励人们在暖和的日子里喝汤,从而改变了康宝汤只适合在冬天喝的印象;相反,可口可乐在冬季也做广告,鼓励人们在寒冷的日子里喝可乐,从而改变了可口可乐只是酷暑解渴消暑才喝的印象;倩碧大做广告推广“一天抹两次”的润肤霜;佛罗里达柑橘种植协会倡导人们不仅要在早晨吃柑橘而且要整天都吃。

2. 改进产品

企业可通过改变产品特性,吸引顾客,扩大销售。具体有提高产品质量、增加产品功能和改进产品款式三种办法。提高产品质量主要指改善产品性能,如耐久性、可靠性、速度性。如美国科学里程碑公司(Milestone Scientific)把电脑技术附加到了非常简单的皮下注射器上,由此研制出了万德系统(Wand),号称第一套计算机控制化注射系统。增加产品功能是指提高产品的方便性、安全性和有用性等。如美国的一家生产滑雪靴的公司后又在滑雪靴上增加预防膝关节损伤的靴子,进一步加强了他们的技术领导地位资质。又如在微波炉之战中有的微波炉生产商研制出了新一代微波炉,这种新式微波炉采用了一种附加技术,可以把食物烤得焦黄。又如戴尔电脑,一家围绕着"直接化"打造其差异性的公司,如今也已经添加了另一种技术。这家企业将自己的个人电脑产品塞入了网络服务之中,实施其快速、独特的差异化营销。

改进产品还可以通过改进产品款式。改进产品款式的目的是提高产品对顾客的吸引力,但要冒一定风险,因为很难预测新款式是否受欢迎,而且会丧失某些喜欢旧款式的消费者。

3. 发展产品的新用途

这里所说的新用途,是指并不改变产品的特性或功能而得到的。如尼龙是美国杜邦化学公司在20世纪40年代开发的新产品,最初用于军事上,如降落伞、绳索等,销售量很快趋于饱和。公司的研究发展部门发现尼龙还可以用作衣料,特别适于针织品,于是尼龙进入了针织品市场,开始出现了第二个急速成长期。以后这种产品又扩展到轮胎、帘布、地毯等市场,每一次开发新用途都使尼龙由成熟期转入新的成长期,生命延续至今不衰。又如美国 Arm & Hammer 公司的苏打粉(传统上主要用于烘烤面点),在20世纪70年代销售平平(只有1 500万美元),后来该公司在广告上提倡用该产品为冰箱除臭,结果销量大增,在短短14个月内用苏打粉来除臭的人从1%上升到47%。该公司如法炮制,又为该产品宣传其他许多种用法:作为下水道除臭剂、作为冰柜除臭剂、作为猫食盘除臭剂、作为狗身上的除臭剂,甚至作为游泳池清洁剂。到1981年,该公司的苏打粉的销量达到了1.5亿美元。通过适当的扩展,该品牌的销量到1990年超过了4亿美元。又如克莱斯勒汽车公司的面包车在商务用车的市场饱和以后进入家庭市场而使销量大大增加。再如 rmacia&Upjohn 头发助长剂本来是针对男性设计的,但是市场反映平平,后来转而针对女性却赢得一大批女性消费者的青睐。

4. 变换营销组合

企业可通过改变营销组合中的一个或几个因素,来扩大产品的销售。如以降低价格来吸引更多的顾客;采用更有效的广告形式,开展多样化的营销推广活动;还可采取改变分销渠道、扩大附加利益、加强售后服务等策略。适当增加服务内容,对增加产品的竞争能力,扩大产品的销售量具有促进作用。如向消费者提供良好服务、优惠条件、技术咨询、质量保证、消费指导等。如有家化学公司专门向肥料制造商提供一种原料,当这种原料达到成熟期时,他们经过全国性的调查发现,许多肥料制造商在原料运输和产品销售方面存在一系列困难,于是他们设立了咨询服务部门,免费为肥料制造商提供一系列服务,并且印刷小册子,提供解决难题的基本知识和技巧。由于他们的服务为肥料制造商带来了附加利益,肥料制造商大量购买,使化学公司的原料销售额直线上升,出现了销售的又一高峰,成熟期得以延续。

7.3.2.4 衰退期的策略

在衰退期,企业营销策略的重点应突出一个"转"字。企业应有计划、有步骤地撤换老产品,有目的地开发新产品。这一阶段可供企业选择的营销策略有四种。

(1)持续营销策略。由于众多竞争者纷纷退出市场,经营者减少,处于有利地位的企业可以暂不退出,继续保持产品的传统特色,用原有的价格、渠道和促销手段,继续在市场上销售。

(2)集中营销策略。企业简化产品线,缩小经营范围,把人力、物力、财力集中起来,生产最有利的产品,利用最有利的中间商,在最有利的细分市场销售,以获得最佳的经济效益。

(3)榨取营销策略。在一定时期内,不主动放弃疲软产品的生产,而是大幅度地降低促销费用,强制性地降低生产成本。这样在短时期内虽然销售额会有所下降,但由于成本降低,企业仍能保持一定的利润。

(4)放弃营销策略。当某种"超龄"产品确无改进和重振的希望,应该当机立断,放弃生产,并对以下问题做出决策:是彻底停产放弃,还是把该品牌出卖给其他企业;是快速舍弃,还是渐进式淘汰;为已售出的产品保留多少零配件和服务项目。衰退产品的淘汰之所以需要持慎重分析的态度,是因为无条件立刻淘汰,可能使企业蒙受更大损失,而继续生产还能起减少损失的作用。如设某产品的单位成本为 100 元,其中固定成本 60 元,变动成本 40 元,该产品已进入衰退期,价格竞争极为激烈,设市场价格只有 90 元,则每生产一件亏损 10 元。但是如果立刻停止该产品的生产,变动成本固然不再发生,而固定成本却仍然存在,停产则每件产品使企业损失 60 元。应当认为这种情况下每生产一件衰退产品还能为企业减少 50 元的损失。所以淘汰衰退产品应该是有条件的,即能使企业的损失降至最小。具体说,该产品的固定资金不能迅速转移时,只要产品的售价(P)大于单位变动成本(V),即 $P-V>0$,则维持生产尚能减少损失,只有出现 $P-V\leqslant 0$ 的情况时,才应立刻停产。

7.4 新产品开发策略

美国著名的管理学家杜拉克(Peter Druker)认为,"任何企业只有两个也仅仅只有两个基本功能:市场营销和创新。"开发新产品,对社会的进步、对一个国家或地区的经济发展、对企业的生存都是至关重要的。任何一个企业,不仅要满足消费者现实的需要,还要考虑消费者的潜在需求,即开发非顾客需求。根据产品发展的方向,力求做到手握四代产品:“生产一代,改进一代,试制一代,研制一代”。在科学技术迅猛发展的当前,顾客需求的个性化日益提高,市场竞争日趋激烈,产品生命周期日趋缩短,企业只有不断地将产品更新换代,不断推陈出新,才能适应这些变化要求,保持竞争优势,持久地占领市场。

7.4.1 市场营销领域的新产品概念

市场营销学中的新产品概念,与科学技术发展上的新产品概念的含义不完全相同,它的范围要广泛得多。它是指在结构、性能、材质、技术特征等某一方面或几个方面比老产品有显著改进和提高并为顾客带来新的利益和新的满足的产品都可称为新产品。新产品根据其新的程度,可分为以下四大类。

(1)全新产品。是指采用新原理、新技术和新材料研制出来的市场上从未有过的产品,也就是新发明、新创造。如1876年电话的出现,1906年真空管的问世,1940年第一双尼龙袜子进入市场,1944年电子计算机的运用等等。这类新产品都是科学技术的重大发明,开发难度大,需要大量的人力、资金、时间和先进的技术,而且市场风险也较大,绝大多数企业难以开发这类新产品。

(2)换代新产品。是指采用新材料、新元件或新技术使原有产品性能有重大突破的新产品。换代新产品应是企业着重研究开发的产品。如电子计算机主要元件开始是电子管,30多年来已从晶体管、集成电路进入到大规模集成电路的新一代产品。又如黑白电视机革新为彩色电视机,此后又进一步革新为等离子电视、液晶彩电。

(3)改进新产品。是指对原有产品的品质、性能、款式等进行了一定改进的新产品。它是由老产品派生出来的新产品。如普通电熨斗改为自动调温熨斗;普通牙膏改为药物牙膏;普通电风扇改为遥控电风扇等。

(4)仿制新产品。是指国外和国内的企业已研制生产出来、本企业进行模仿制造的新产品,它也可称为企业新产品。它应根据企业的特长与市场的需要,对原有产品的缺陷作某些改进。仿制新产品不需要太多的资金和尖端技术,但要注意专利权问题,否则会受到专利法的制裁。

7.4.2 开发新产品中常见的问题及应对策略

许多企业针对顾客的消费行为日益多样化的趋势,都不同程度地加快了产品结构调整步伐,非常注重新产品的开发与上市。这些企业依靠其技术优势,根据市场需求,开发出具有独创性的新产品并推向市场,很快形成了一定的规模,成为企业新的竞争优势和利润增长点。然而,也有不少企业在市场开发中,由于过分盲目和主观,走入了新产品开发的误区,不但没有创造出应有的效益,反而使企业的巨额投入不能收回,不但错过了许多市场机遇,甚至从此陷入困境不能自拔。

据统计,美国公司因产品创新失败而产生的成本每年超过1 000亿美元。60%多的新产品尚未面世就已胎死腹中,最终能够上市、上市后能够有利可图而且青春永驻的更是凤毛麟角。通常来说,新产品的失败率高达75%以上。问题出在企业在进行产品开发的时候，往往只根据产品特征或顾客特征来进行，这些基于特征的理论所能揭示的只是事物之间的相关关系，不能揭示它们之间的因果关系。所以，在这种理论指导下的新产品开发，其结果的可预测性就很差。

新产品开发中常出现的问题有以下一些。

1. 市场调研和预测失误

开发新产品必须建立在充分的市场调查基础之上，先发掘消费者的市场需求，再生产出适当的产品来满足消费者的这种需求。但现实中的企业，由于开发人员受决策者主观定位的限制，往往会淡化市场调查工作，忽视市场消费需求。或进行了市场调查，仍摆脱不了决策者开发新产品思路的制约，还是先把产品生产出来，再考虑满足哪部分消费者，从而新产品开发的失败率很高。

2. 新产品开发没有以市场有效需求为出发点

任何新产品能否上市成功，除产品本身的科技含量外，最重要的是必须具备有效的市场需求。如果没有市场需求或市场需求太小的新产品虽开发出来了，但一上市就反应冷淡，很快造成产品积压，销售不畅，导致新产品开发的失败。

3. 新品开发没有详细的开发计划

一些企业，对市场需求有较充分的认证，但没有详细的开发计划，只是粗略地估计一下工期就开始进入开发。他们认为计划太麻烦，反正计划不如变化快，有没有计划一个样。更普遍的现象是，只有开发部门的计划，而没有相关协助部门的计划。反观优秀的企业，他们的产品开发计划非常详细，而且善用计划管理的工具，如 WBS（工作结构分解）、PERT（计划评审技术）、PROJECT 软件等等，通常他们的分级项目计划可以详细到每周、每天，国外优秀的软件企业甚至把计划做到每小时。

4. 部门之间的沟通协调困难，人为延长了开发周期

要迅速及时开发出适合用户或市场要求的优质产品，非常需要部门之间的配合：在产品立项时，需要市场部门的调研配合；在做需求分析时，还需要安装服务部门以及生产部门的配合；对于复杂的产品，在做计划时，没有人力资源部门的配合也是不行的；在开发过程中，更需要各个项目小组之间的相互配合，才能保证各个接口之间的匹配，其他保障部门的配合更不必说。而实际情况是经常出现部门之间的相互推托，造成设计要素考虑不完整，设计质量低劣。结果，要么产品开发出来后难以生产，导致返工或生产成本很高；要么由于质量问题导致后期的维护工作量大得惊人，开发人员和市场人员到处救火，严重影响产品的市场竞争力和企业声誉。

5. 产品策略缺乏创意

许多企业由于产品结构单一、科技含量低、性能差，不能适应市场的需要。少数企业虽有一流的产品，但没有一流的服务与之相配套，无法抓住顾客。因此，产品的创新必须在了解顾客的消费情境（包括购买和使用），了解顾客在不同的情境下把产品用于什么目的（做什么、想达到什么结果）的条件下进行就比较好做。如某家快餐店，了解到早晨买奶昔的人主要是希望帮助消除顾客路途中的无聊，于是把早晨奶昔

做得粘稠一些,而在傍晚,由于是孩子吵着要吃奶昔,店家则把奶昔做得稀一点、淡一点、从而更健康一点,这样父母就不必太担心对孩子有什么危害了。同样是奶昔,由于了解了不同情境下的不同目的,就可以进行几乎是完全相反的创新。

所以关注并了解顾客的消费情境与消费目的,一个企业才能发现以前没有发现、竞争对手没有发现的商业机会,才能以最优的方式、最低的成本将产品分销到位;在最有效率的媒介上传播,才能最牢固地打造品牌。

6. 新产品开发过多、过滥,缺乏有效管理

如果新产品开发过多而缺乏足够的精力对所有的新产品进行有效管理,包括工艺管理、质量管理、宣传推广管理、销售管理等,则会产生不分轻重,或顾此失彼结果,使众多的新产品不能有效占领目标市场,甚至众多新产品、新品牌的差异性使主品牌失去原有个性,造成品牌污染,影响了原有产品的销售。

7. 重视产品开发,轻视产品策划,盲目投放新产品

新产品开发就像一把双刃剑,在企业投下重重的筹码之后,新产品可能成为企业实现利润和资源配置最优化的重要保证,也可能令企业一蹶不振,跌入新产品开发的陷阱。因此不能轻视产品策划,盲目地投放新产品。

7.4.3 针对开发新产品常见问题的应对策略

加强新产品的研制与开发上市是企业占领新市场、提高竞争力的有效途径,但同时又存在着一定的风险。企业应从下面四点开展工作。①认真做好市场调查研究,根据市场状况、自身资源和能力以及财务上的目标来制定一个商业战略和创新战略。在此基础上,企业要通过更加有效的新的研究思维、研究方式和研究方法来观察并掌握顾客的不同消费情境和消费目的,准确无误地理解顾客要做什么,希望达到什么样的结果,面临什么局限。顾客未被实现或未被充分实现的目的都是一个企业或品牌的潜在商业机会。②必须保证新产品的质量,维护企业信誉和品牌形象。③必须制定详细的新产品开发评估计划,不能盲目地开发新产品,新产品的开发必须根据企业现有的资源来进行。④开发出来的产品必须有所创新,同时要准确地确定新产品所要投放的目标市场,制定合理的价格,这样才能具有市场竞争力。使新产品创新从一个粗放、无规则、无秩序、不可衡量、不可管理、不可预测的流程变成一个精细、有规则、有秩序、可衡量、可管理、可预测的流程。

7.4.4 新产品开发的方式

一般说来,有四种开发形式可供选择。

7.4.4.1 独立研制

独立研制是指企业完全依靠自己的科研、技术力量研究开发新产品。这是新产品开发的基本形式,也是有独立研制能力的大企业产品创新的力量所在。这种方式需要投入大量的人、财、物,有很大的风险,因此,大型企业才采用这种方式,但应当慎重,注意取他人之长,集众家智慧,力求新产品开发成功。

7.4.4.2 技术引进

技术引进是指从企业之外引进先进技术、购买专利来开发新产品。引进有两种形式:一是引进样品进行仿制;二是引进先进的工艺技术,用于新产品的设计生产。这种方式可缩短开发时间,节约研制费用,风险也较小,而且可促进企业技术水平和生产效率乃至产品质量的提高。在企业科研、技术能力有限的情况下是一种有效的方式,可通过加快开发速度,尽快推上市场而获利。但企业引进的技术,通常是已经开发出来的技术,因此有必要对其新的程度和市场容量进行分析,估计自身的竞争能力。从国外引进技术,要对技术的成熟程度、先进性、适应性及经济性进行充分论证,防止某一方面考虑不周给企业造成不良后果。

7.4.4.3 研制与引进相结合

研制与引进相结合是指企业某种新产品的部分技术是自己研制出来的,另一部分是从企业外部引进的。这种新产品开发方式得以成功的关键在于企业要抓好技术知识的转换工作,同企业已有的技术合成,或是引进新技术以弥补不足,或是在充分消化吸收引进技术的基础上,结合企业已有技术进行创新。这种方式采取"两条腿走路"方针,投资少、见效快,产品有一定的先进性和特色,并能促进企业的技术改造和创新,是一种较好的开发方式。

7.4.4.4 协作研制

协作研制指企业之间,企业和科研、教学单位之间协作进行新产品开发。它有利于充分利用社会的科研能力,弥补企业力量不足,把科技成果转化为生产力,促使其商品化,比较符合建立市场经济体制过程中我国企业和科研、教学单位的实际需要。

7.4.5 新产品开发程序

新产品开发的整个过程要有一个统筹安排和有计划的实施,否则会造成研制成本增加,产品生命周期缩短,失败率高等问题。解决问题的途径在于正确掌握和运用新产品开发程序,较典型的可分为七个阶段,如图 7.8 所示。

7.4.5.1 创意

任何产品的开发都是从创意开始的,创意就是对新产品的设想。产品创意要有针对性地广泛收集信息,敏锐地把握好每一次灵感。一个好的创意或设想、点子、灵感意味着新产品开发成功了一半。新产品创意的来源主要有两部分:一部分是来自外部的,主要是消费者、科学家、竞争对手、科技情报资料等,大约占 60% ~ 80%;另一部分是来自内部的,主要是销售人员、本企业技术部门、生产部门(其中销售部门又占内部的 50%)。

7.4.5.2 筛选创意

有了切合市场需要的创意,并不能把每个创意都作为发展方案,即企业受各种因素的影响,不可能实施所有开发新产品的创意,而必须在其中进行比较、评估和选择,并决定取舍。筛选的目的在于淘汰那些根本不可行或可行性较低的创意,使有限的资源集中在成功机会较大的创意上来。筛选创意时,一般要考虑两个因素:一是该创意是否与企业的战略目标相适应，表现为利润目标、销售目标、销售增长目标、形象目标等各个方面；二是企业有无足够的能力开发这种创意，这些能力表现为资金能力、技术能力、人力资源、销售能力等。国外还流行一种创新构思评价表，采用加权的方法作为评核和筛选产品的依据。评价和筛选产品表如表 7.3 所示。

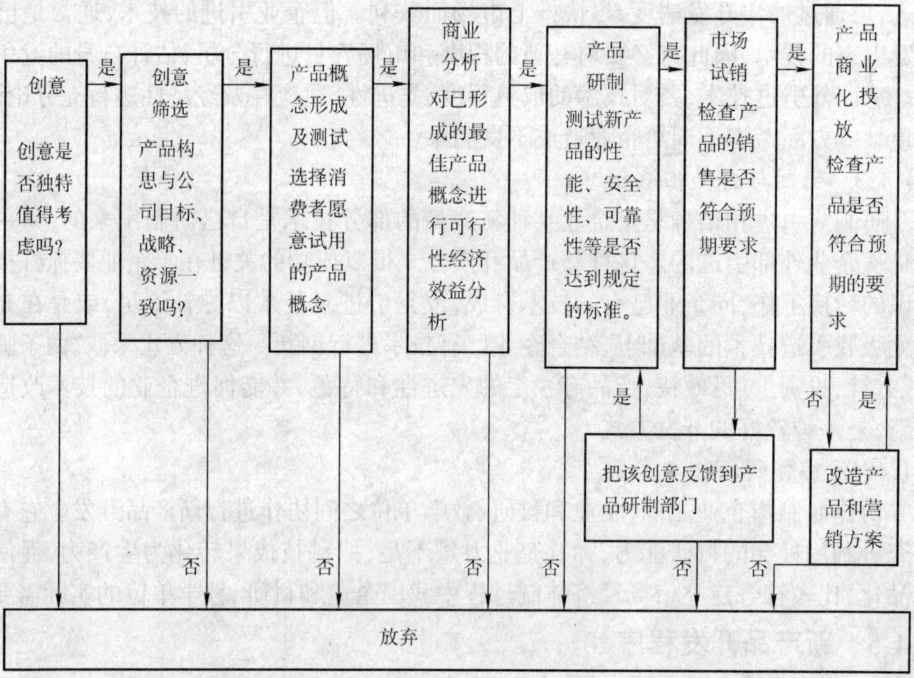

图 7.8 新产品开发程序流程图

表 7.3 评价和筛选产品表

产品成功因素	权数 (A)	企业实例(B)											评分 A×B
		0	0.1	0.2	0.3	0.4	0.5	0.6	0.7	0.8	0.9	1.0	
企业声誉	0.2							√					0.12
营销	0.2										√		0.18
技术	0.2								√				0.14
人力	0.15							√					0.09
财力	0.10										√		0.09
设备	0.05									√			0.04
生产量	0.05				√								0.015
原材料供应	0.05										√		0.045
合计	1.0												0.78

评分的标准是:0.00~0.40为劣;0.41~0.75为良;0.76~1.00为优。根据某企业的实际情况,总分为0.72,可考虑该产品的开发。

对新产品构想筛选时应当注意既不要误用不良的构想,也不要误舍有利的构思机会。

7.4.5.3 概念形成与测试

经过筛选后的创意需进一步形成完整的产品概念,一个产品构思可以转化为若干个产品概念。如生产方便面是一种创意,但由此形成的产品概念可能有:高营养方便面、快餐方便面、夜宵方便面等。又如一家化妆品厂从一所生物研究所获得一个产品构思,准备开发以草本植物为原料的化妆品,该产品的优势是无毒、无害、无副作用,并且护肤效果极佳。为把这个产品构思转化为具体的产品,公司从三个方面加以描述。

(1)谁是该产品的目标客户群体(干性皮肤女性、油性皮肤女性、混合性皮肤女性、皮肤过敏性女性、儿童等)?

(2)使用者从产品中得到的主要利益是什么(补水保湿、去斑、去皱、去痘)?

(3)该产品应在什么时候使用(早上、中午、睡前)?

这样,就可以形成多个不同的新概念,如:"去皱草本日霜"(干性皮肤);"补水保湿草本晚霜"(干性皮肤);"去斑草本晚霜"(混合性皮肤)。

企业要从众多新产品概念中选择出最具竞争力的最佳产品概念,对其进行具体、形象的描述。描述出产品的用途、性能、原料、包装、提供给消费者的利益等。把形成的产品概念返回顾客,了解顾客的意见,进行产品概念测试,使产品概念更趋完善,更具有竞争力。

7.4.5.4 商业分析

商业分析又称市场分析,是指对已形成的最佳产品概念进行经济效益分析,分析投入、产出、利润等情况,评价其在经济上是否可行。具体内容包括:预期销售量、成本、利润以及投资回收期等。常用的有盈亏平衡分析法、投资回收期法、资金利润率法、利润贴现法等。经过以上分析判断,如果符合企业的既定目标,即可进行新产品试制。

7.4.5.5 新产品研制

新产品试制是指将经过商业分析的产品概念移交给生产技术部门变为具有使用价值的实体产品的过程。在这个过程中,应对产品进行功能试验和消费者试验。功能试验主要在现场或实验室进行,目的是测试新产品的性能、安全性、可靠性等是否达到规定的标准。消费者试验则可以用"请进来、走出去"的方式,向消费者提供样品试用,以了解消费者的意见、建议和偏好。如果技术上可行、经济上合理、市场上可以接受、样品试制和小批量试制均告成功,即可进行市场试销。

7.4.5.6 市场试销

产品研制生产出来后,为检验产品是否真正受到消费者的欢迎,企业可进行试销。将产品投放到经过挑选好的有代表性的小型市场范围进行销售实验。以检验正常情况下顾客的反应。通过试销，了解消费者需求和购买的情况，包括两个方面的内容："试用率"和"再购率"。试用率和再购率高，表明该产品可以继续发展下去；如果市场呈现低试用率和高再购率，表明该产品很有前途；如果市场呈现高试用率和低再购率，表明消费者不满意，必须重新设计或放弃该产品；如果试用率和再购率都很低，表明该产品应该被放弃。这样既能进一步了解新产品的销售情况，又能检验产品的包装、装潢、广告的效果，还能发现新产品存在的问题和销售组织状况。企业要根据试销中存在的问题，采取针对性措施，使产品和销售工作更加完善，为产品正式投放市场打好基础。西方国家对消费品的试销，通常有三种方法：标准市场试销、控制市场试销、模拟市场试销。对产业用品常用的试销方法是试用展销。

7.4.5.7 商业化投放

商业化投放也称正式上市。根据市场试销提供的肯定结论，就可以着手推出新产品了。在这一个阶段，是新产品开发过程中耗资最大的阶段。通常正式上市的每年，销售费用将占销售收入的一半以上，获利的可能性很小。企业高层管理者应当做以下决策：何时推出新产品，何地推出新产品，向谁推出新产品，如何推出新产品。只有这几个方面的问题都得到解决，企业才能真正实现商业化投放。如美国著名的麦当劳快餐店，在介绍一种新式快餐时，每周广告费高达500多万美元。

7.5 品牌的基本概念

随着市场化程度的不断加深，在激烈的市场竞争中，伴随企业规模的膨胀和无形资产的滚动、壮大，注视和强化产品包装，采取适宜、准确有效的包装策略，正确实施品牌化战略，创建自我品牌，已成为企业规模发展中的一个重要组成部分和企业发展的重要推动力。如今，经济全球化的趋势日益明显，品牌的竞争更是成为竞争的一个重要组成部分。

7.5.1 品牌的概念

品牌是产品整体概念的一个重要组成部分。在市场上，消费者往往是根据品牌选购商品的。享有信誉的品牌是企业的宝贵财富，是企业在复杂多变的市场竞争中占据有利位置的重要因素。成功的品牌之所以经久不衰，是因为它的良好形象在消费者的心目中确立了稳固的地位，即使其商品已历经改良或替换。由于品牌的意义比商品本身广泛，因此需要跟随社会文化的进步及大众消费观念的变化而适时调整和充实，不断提高品牌内在的意义和完善外在的形象，使其物质价值和精神价值不断提高。优良的品牌不仅是企业无形的资产，能给企业带来直接的和长远的经济效益，而且是社会的宝贵精神文化财富，会对社会大众的思想意识和生活观念产生重要影响。

那么究竟什么是品牌呢？对品牌的定义有很多种，广告专家约翰·菲利普·琼斯对品牌的界定是:品牌是指能为顾客提供其认为值得购买的功能利益及附加价值的产品。哈金森和柯金从下述六个方面阐述了品牌的定义:视觉印象和效果、可感知性、市场定位、附加价值、形象、个性化。美国市场营销学会对品牌的定义是:品牌是一种名称、术语、标记、符号或设计,或是它们的组合运用,其目的是借以辨认某个销售者或某群销售者的产品及服务,并使之与竞争对手的产品和服务区别开来。营销界多数人士对品牌的定义偏重于后者。

品牌是一个集合概念,它包括品牌名称和品牌标志。品牌名称是指品牌中能够用语言表达的部分。例如,电视机有松下、日立、康佳、长虹等名称;电冰箱有夏普、索尼、海尔等名称;饮料有可口可乐、百事可乐、健力宝等名称;领带有金利来、银利来等名称。品牌标志是指品牌中可被识别而不能用语言表达的特定标志,包括专门设计的符号、图案、色彩、文字等。有些品牌标志同品牌名称是统一的,如"牡丹牌"电视机的标志是一朵牡丹花;有些则不统一,如"金利来"和它的特定标志。

7.5.2　品牌的内容

从本质上说,品牌是传递一种信息,传递营销者对让渡给购买者的产品特征、利益和服务的一贯性承诺,一种质量保证。通常一个品牌能传递六层内容。

(1)属性。品牌能使人识别出它所标定下的产品有别于其他品牌产品的质量、特色、设计等最本质的特征。如"海尔"表现出的"质量可靠、服务上乘、一流的产品,完善的服务",奠定了海尔在家电中第一品牌的成功基础。又如上海通用汽车公司的别克车表现出昂贵、优良制造、工艺精良、耐用、高声誉、快捷等。

(2)利益。一个品牌绝不仅仅限于一组属性,消费者购买利益而不是购买属性。属性需要转换成功能和情感利益。"质量可靠"会减少消费者的维修费用,给消费者提供节约维修成本的利益;"服务上乘"则节约了消费者时间;"一流的产品,完善的服务"给消费者带来情感上的满足和自豪。如别克车"万一出交通事故,我也是安全的"价值。

品牌能提供一定的价值,是一种价值创造。品牌只有在其创造的价值被目标消费群认知、认同时,才能成为有意义、有吸引力的品牌。若脱离"价值创造"这一核心,品牌将变成一场逐梦的游戏。如"高标准、精细化、零缺陷"是"海尔"体现的服务价值。又如梅塞德斯奔驰车体现了高性能、安全、威信等,不仅品牌价值高达217.95亿美元(摘自2006年商业周刊),车本身的价值也很高。

营销者必须具有寻找对企业这些价值感兴趣或产生共鸣的顾客的能力。

(3)文化。品牌可能附加和象征了一种文化。如"海尔"体现了一种文化,即"包容、亲和的中国文化"。梅塞德斯奔驰车意味着德国文化——汽车的高效率和高品质以及个人身份的象征。

(4)个性。品牌还能代表一定的个性。如"海尔"的广告词是"真诚到永远",一想到"海尔"就会想到其广告词和其品牌标记——两个永远快乐小伙伴。梅塞德斯奔驰车所追求的"雍容、沉稳"的个性。

个性是品牌识别的一个重要内容。

(5)使用者。品牌还体现了购买或使用这种产品是哪一类消费者,这一类消费者也代表一定的文化和个性。如购买“海尔”电器的消费者应该是有一定收入的中、高级社会阶层。

(6)价值。品牌能反映出该制造商的某些价值。如梅赛德斯奔驰车在消费者心中是高档、高质量、高绩效、安全、舒适。品牌营销者必须抓住消费者对企业价值感兴趣的买点。

因此,品牌是一个复杂的符号。品牌是一种价值创造,只有其创造的品牌被目标消费群体认知、认同时才能成为有意义、有吸引力的品牌;品牌是企业,消费者对品牌的关爱和偏好,就是企业良好形象的具体表现;品牌就是产品,它代表产品和消费者之间的关系,销售产品,就是销售一种生活方式、一种生活态度;品牌就是人,当品牌的信息传递到消费者的时候,消费者就会联想到具体的人或品牌个性;品牌是动态的,需要不断地努力满足顾客不断变化的需求,使在不断竞争中保持有利的地位。

7.5.3 商标

商标是经过注册登记,受到法律保护的品牌或品牌中的一部分,通常有“注册”、“注册商标”或“R”字样。在我国,商标的概念有所不同,我国对所有商标,不论其注册与否,统称商标。商标有注册商标与非注册商标之分。我们这里讨论的商标是指注册商标。“商标”与“品牌”这两个术语之间既有联系又有区别。商标是一个法律术语,偏重于标志(或标记),往往与具体商品联系在一起,商标有专门的使用性和排他性,采用成本法评估后的商标标定的产品,不论其产品是否有市场都有其商标价值,消费者从商标上辨认是哪家企业的商品及商品档次;而品牌是一个商业用语,偏重于名称,往往与厂牌同一,未经使用的品牌就没有价值,品牌(包括品牌名称和标志)只有经过国家有关部门注册登记后,获得专用权,受国家法律保护,才称之为商标。商标不等同于品牌,所有的商标都是品牌,但并非所有的品牌都是商标,两者的区别在于是否经过一定的法律程序。

7.5.4 商标与品牌的作用

商标与品牌具有以下作用。

(1)便于消费者识别和选购商品。科技的发展使商品科技的含量日益提高,商品间的差异越来越难以区别。如美国人曾做过一次实验,把不同品牌的啤酒倒在几只同样的杯子里,请各品牌的忠实者一一品尝,结果很少有人鉴别出他们喜爱的品牌。这说明品牌具有心理上的作用。

所以品牌起一种导购功能,代表着商品的品质和利益承诺,使消费者容易辨认所需要的产品和服务,为消费者认牌购货提供了便利。

(2)有利于维护消费者和企业的合法权益。品牌一经注册成为商标,就受到国家法律的保护,对消费者来说购买的商品出现问题,消费者可向企业提出赔偿损失的要求,同时还可告之广大消费者以免上当受骗。对企业而言,品牌经注册后获得商标专用权,任何盗用、假冒、伪造专用商标的行为将会受到法律制裁。因此,消费者的消费行为权益和商标所有者的经济利益都能够得到有效的保护。

(3)有利于约束企业的不良行为。品牌是一把双刃剑,一方面因其容易为消费者所认知、记忆而有利于促进产品销售,注册后的品牌有利于保护自己的利益;另一方面,品牌也对品牌使用者的市场行为起到约束作用,督促企业着眼于企业长远利益、着眼于消费者利益、着眼于社会利益,按照注册商标的标准规范自己的营销行为。

(4)有利于优化产品组合,满足消费需求,适应市场竞争的需要。由于品牌实质上代表着企业对交付给消费者的产品特征和利益等的承诺,所以,营销企业为了适应消费者需求变化,适应市场竞争的客观要求必然会不断更新或创制新产品以及变更或增加承诺,动态地优化产品组合,有效地实施营销战略目标。其中品牌是支持其新的产品组合(尤其是扩大的产品组合)的无形力量。如果消费者对某一品牌产生了偏爱,则该品牌标定下的产品组合的扩大也容易为消费者所接受。若无品牌,再好的产品和服务,也会因消费者经常无从记起原有产品或服务的好印象而对产品改变或扩张熟视无睹。

(5)有利于商品的广告宣传和推销,树立企业形象。通过品牌宣传,不仅宣传了商品而且也宣传了企业,有助于塑造企业形象,建立商品和企业的美誉度、信誉度,即使企业产品更新换代,消费者也会在信任的驱使下产生新的购买欲望,从而达到长期吸引消费者购买商品的目的。

7.5.5　品牌资产

品牌资产是一种与某一特定的品牌紧紧联系的超过商品或服务本身利益以外并通过为消费者和企业提供附加利益来体现的价值。若某种品牌给消费者提供的超过商品或服务本身以外的附加吸引力越大,则品牌资产价值也就越高,如果该品牌的名称或标志发生变更,则附着在该品牌的财产也将部分或全部丧失。品牌给企业带来的附加利益,最终源于品牌对消费者的吸引力和感召力,可以说,品牌是企业与顾客关系的反映,而且是长期动态关系的反映。品牌资产由五大部分构成,即品牌认知度(知晓程度)、品牌联想、感觉品质(对品牌品质的主观判断)、品牌忠诚度和其他品牌资产(附在品牌之上的资产)。

品牌资产作为企业财产的重要组成部分,主要有以下几个基本特征。

(1)无形性。品牌资产的无形性是指它与厂房、设备等有形资产不同,不能使人凭借眼(看)、手(摸)等人们的感官直接感受它的存在和大小,所以,品牌资产是一种特殊的资产,是一种无形资产。品牌资产的这种无形性,一方面增加了人们对它以直观把握的难度。目前我国相当一部分企业还未能对品牌资产给予足够的重视,甚至没有把品牌资产提升到与有形资产同样重要的高度。另一方面由无形性所决定的品牌资产的所有权获得和所有权转移也与有形资产存在着差异,有形资产通常是通过市场交换的方式取得所有权,而品牌资产则一般是经由品牌或商标使用者申请注册,由注册机关依照法定程序确立其所有权。

(2)增值性。品牌资产在利用中增值,就一般有形资产而言,其投资与利用往往是泾渭分明，存在着明显的界限，投资立即会增加资产存量，利用就会减少资产存量。而品牌资产则不同，品牌资产作为一种无形资产，其投资与利用常常是交织在一起、难以截然分开的，品牌资产的利用并不必然是品牌资产减少的过程，而且，如果品牌管理利用得当，品牌资产非但不会在利用中减少，还会增值。

(3)难以计量性。品牌资产难以准确计量，原因可以概括为两个方面：一方面，品牌资产的特殊构成决定了品牌资产难以准确计量，人们知道，品牌反映的是一种企业与顾客的关系，这种关系的深度与广度通常需要通过品牌知名度、品牌美誉度、品牌联想、品牌忠诚和品牌品质形象等各方面予以透视，而且，品牌资产的这些组成部分又是相互联系、相互影响、彼此交错而难以截然分开的；另一方面，反映品牌资产价值的品牌获利性(品牌未来获利能力)受许多不易计量的因素影响，如品牌在消费者中的影响力、品牌投资强度、品牌策略、产品市场容量、产品所处行业及其结构、市场竞争的激烈程度等，这也增添了准确计量品牌资产的难度。

(4)波动性。品牌资产具有波动性。从品牌资产构成分析可以看出，无论是品牌知名度的提高，还是品牌忠诚度的增强，或是品牌品质形象的改善，都不可能是一蹴而就之事。品牌从无到有，从消费者感到陌生到消费者熟知并产生偏好，是品牌运营者长期不懈努力的结果。尽管品牌资产是企业长期以往投入不懈努力的沉淀与结晶，但这并不表明品牌资产只增不减。事实上，企业品牌决策的失误、竞争者品牌运营的成功，都有可能使企业品牌资产发生波动，甚至是大幅度下降。企业的一个不良行动可能造成品牌资产的大幅度下降。

(5)品牌资产是营销绩效的主要衡量指标。由于品牌资产的实质是企业对交付给买者的产品特征、利益和服务等方面的一贯性承诺，所以，为了维系和发展企业与消费者之间互惠互利的长期交换关系，需要积极开展营销活动，履行各种承诺。可以说，品牌资产是企业不断进行营销投入或营销活动的结果，每一种营销投入或营销活动都或多或少地会对品牌资产存量的增减变化产生影响。正因如此，分散的单一的营销手段难以保证品牌资产获得增值，必须综合运用各种手段，并使之有机协调与配合。像奔驰、可口可乐、微软、通用电器等品牌之所以能够长盛不衰，与品牌运营者拥有丰富的营销经验和娴熟的营销技巧是密不可分的。因此，品牌资产的大小是各种营销手段综合作用的结果，它在很大程度·上反映了企业营销的总体水平。品牌资产是营销绩效的主要衡量指标。下表给出 2006 年全球顶级品牌前 10 名的排列顺序。

表 7.4　2006 年全球顶级品牌前 10 名

排名	品牌	中文常用名称	国家	主要业务	品牌价值(百万美元)
1	Coca-Cola	可口可乐	美国	饮料	67 000

续表

排名	品牌	中文常用名称	国家	主要业务	品牌价值（百万美元）
2	Microsoft	微软	美国	软件	56 926
3	IBM	国际商用机器	美国	计算机	56 201
4	GE 通用电气公司	通用电气	美国	多样化	48 907
5	intel	英特尔	美国	半导体芯片	32 319
6	NOKIA Connecting People 诺基亚	诺基亚	芬兰	移动电话	30 131
7	TOYOTA	丰田	日本	汽车	27 941
8	Disney	迪斯尼	美国	娱乐	27 848
9	i'm lovin' it	麦当劳	美国	快餐连锁	27 501
10	Mercedes-Benz	梅塞德斯奔驰	德国	汽车	21 795

摘自 2006 年《商业周刊》

7.5.6 品牌资产管理

品牌就像汽车，只有适当地保养和维护才能保证有良好的表现。正像美国一位市场营销经理所说的那样："品牌就像精美的水晶石，制造起来十分困难，打破它却是轻而易举。所以你必须小心翼翼，轻拿轻放；你必须精心保护它们，时刻注意你把它们放在什么地方，千万别让小孩子们碰着了！"

市场环境的不断变化和演进以及公司战略重点或经营方向的改变，都会对品牌产生重大影响，所以品牌管理应着眼于长期，一方面在制定品牌战略规划时要有前瞻性，另一方面要随着市场的变化作必要调整。品牌资产的管理涉及品牌资产在不同条件和环境下的创造、维持和增加。品牌资产的建设和管理可以概括为品牌强化、品牌延伸和品牌进化三大方面。

品牌力可以分解为产品力、分销力和沟通力,因而品牌强化就意味着从产品力、分销力和沟通力三个方面对一个品牌给予固本培源式的营养和支持。其中产品力是指一个产品对于顾客的问题的解决程度或对于顾客的目的的实现程度;分销力是指顾客能够买到你的产品(找你来帮他/她干活儿)的方便程度;沟通力是指公司的信息是否能让它的目标顾客熟悉,反过来,目标顾客的想法和需求公司是否知道。

品牌的延伸是指将一个成功的品牌用于新产品或修正过的产品的一种策略,它是实现品牌资产转移、发展的有效途径。如六神品牌,最初只有一个花露水品种,后来经过仔细的研究和论证,进入了沐浴露这一品类,经过几年的努力成为沐浴露类别中的领导品牌,如今其销售已占整个品牌总销量的1/3左右。又如宝洁公司推出海飞丝,当海飞丝的广告和产品深入人心的时候,又不失时机地推出护肤产品“玉兰油”,当“玉兰油”成为高收入的女士们的首选后,宝洁公司又推出海飞丝的同胞产品——飘柔和潘婷。这就是宝洁公司的品牌延伸给公司带来的整体实力,带来的成功经验。

品牌延伸要慎重,必须符合三个原则:①在消费者眼里和心中,你的品牌是否适合进入一个新的产品类别;②用已有品牌进入这个产品类别是否有带动力;③用已有品牌进入这个产品类别不会对已有品牌造成短期或长期的伤害。企业在进行品牌延伸的时候,违反这三个原则中的任何一个,都不可能取得成功。但是,做到这一点是很难的,这就是为什么很多品牌延伸最终都失败了的原因。

品牌进化是企业最重要的功课。一个品牌,随着时间推移和自身的发展,总会在产品、分销和传播的某些方面脱离时代的要求,产生落伍或老化的迹象或实际问题,因而需要企业采取措施进行更新和激活,“与时俱进”。企业有必要定期地(能随时、实时当然更好)回顾和分析外界环境中新产生哪些有利和不利的因素,检查和分析自身新形成的优点和缺点,只有这样,才能始终保持与时代和顾客的同步性,不折不扣地完成顾客委托的任务。目前,我国企业拥有的品牌数量已进入世界前10名,每年的品牌注册申请达21万多件;一些企业注重在海外的商标注册工作,如海尔公司除注册“海尔”商标外,还在70多个国家和地区注册了像“尔海”、“河尔”、“科尔”等防御性商标。因此,加强品牌的管理意义重大,任重而道远。

7.6 品牌与商标策略

7.6.1 品牌与商标的设计

企业品牌与商标的设计是企业产品品牌化的首要工作。品牌与商标的设计应该从品牌命名和标志设计两方面进行。

7.6.1.1 品牌命名

品牌命名是品牌设计的第一步。品牌名称所运用的符号及词语要有一定意义,并能给消费者留下深刻、良好的印象。品牌命名应遵循以下原则。

(1)易于发音、拼读和记忆,使其深深烙记在消费者心中。读音响亮、音韵协调的品牌,读起来朗朗上口,听起来顺耳,自然也就便于记忆。品牌名称应力求文字简洁。根据人类的记忆规律,一般多以二三字为宜,多于五个字则不易记忆,而且印象模糊。如"可口可乐"、"美加净"、"埃克森"、"海尔"、"娃哈哈"、"雪碧"、"春兰"等品牌,读起来音阶较宽,声音有高有低。

(2)独特新颖,不落俗套,提到它就使人们联想到产品的作用和颜色等与众不同的品质。品牌名称要有独特的风格,不要盲目模仿别人品牌。过去我国产品品牌命名就缺乏独特性,曾经出现全国一片"牡丹"遍地开,"凤凰"满天飞的情形。现在我国逐渐重视到这个问题。如"蒙牛"品牌,可以理解为内蒙特色乳品;其谐音为"猛牛",勇猛的牛,从内蒙走向世界的牛。其命名既体现特色,又震撼世界。"海尔"品牌,言词宽广、博大,既体现中国文言文文化,又符合世界各国语言习惯。美国一家眼镜店取名为"OIC",读音为"oh, I see",意即"啊,我看见了",恰好反映了眼镜的功效,真是独特而又有意义。

(3)提示产品特色,应该使人们联想到产品的利益。品牌名称应与产品本身有某种固有联系,能暗示产品某方面的优点,或启发人的联想。如"红豆"西服,以"此物最相思"来诠释该品牌,命名其成为馈赠情人的最佳礼品。又如许多国家的航空公司,都以简单的箭或飞鸟作为公司标志,令人很容易联想到飞机的快速和稳定。

(4)要注意各种禁忌,防止在其他国家有不良意思。在品牌命名时应做周密考虑,遵从社会道德和风俗习惯。如美国通用汽车公司曾因一个叫"诺瓦"(Nova)的品牌在西班牙语中含有"不走"或"走不动"的意思,在西班牙国家销售受阻,后改为拉美人比较喜欢的"加勒比",结果很快打开市场。再如"雪碧"的英文"Sprite",如果直译是"妖精",不符合中国文化及消费者消费习惯,而译成"雪碧"就比较准确地揭示了中国文化特征——凉、爽等属性。又如"金利来"产品最初取名"金狮"。但'金狮'在发音与粤语的'尽输'极其相似,人们在购买时,心中总有些不舒服。"金狮"的英文拼写"goldlion"中的"lion"在粤语发音中,酷似"利来"。金来、利来,金利俱来,正应了港人朝思暮想的发财梦。"金利来"不仅有外国名字的韵味,又有典型的东方色彩,中西兼有,合二为一,真是东西方文化的巧妙结晶。一名定乾坤,"男人的世界"就这样诞生了。

(资料来源:李航.有效管理者——营销企划.北京:中国对外贸易出版社)

7.6.1.2 品牌标志设计

品牌不但要有好的名称,还要有好的标志形象和色彩,并与产品相映生辉。品牌标志是品牌识别的视觉基础,其设计充满了艺术性和创造性。因此品牌设计的好坏直接关系到品牌留给消费者的印象深刻度。在品牌设计过程中,一般应坚持以下几个基本原则。

(1)简洁醒目,易读易记。来自心理学家的一项调查分析结果表明,人们接受到的外界信息中,83%的印象通过眼睛,11%的借助听觉,3.5%的依赖触摸,其余的源于味觉和嗅觉。因此标志的设计应当图案清晰、符号简明、色彩醒目,每一部分都是高度概括,简洁醒目、易读易记,能迅速地捕捉公众视线。如麦当劳(McDonald's)的"M"标记。由于它棱角圆润,色调柔和,给人自然亲切感,现如今,麦当劳这个"M"形标志已经出现在全世界70多个国家和地区的数百个城市的闹市区,成了孩子以及成人们最喜爱的快餐标志之一。与麦当劳的设计完全不同,摩托罗拉(Motomta)的"M"虽然也只取一个字头"M",但是,摩托罗拉充分考虑到自己的产品特点,把一个"M"设计得棱角分明,双峰突起,突出了自己在无线电领域的特殊地位和高科技的形象。

(2)构思巧妙,暗示属性,便于传播。一个与众不同、充满感召力的品牌,在设计上还应该充当体现品牌标示产品的优点和特性,暗示产品优良属性。这是品牌的核心概念。以产品功能为主导,尽可能地适用于各种媒体的传播,使品牌在不同时期、不同市场迎合顾客所有的各种价值和特点。如Benz(本茨)先生作为汽车发明人,以其名字命名的奔驰(Benz)车,那构思巧妙、简洁明快、特点突出的圆形的汽车方向盘似的特殊标志,已经成了世界各国豪华、优质、高档汽车的标志。又如"方正"作为我国优质电子排版软件的品牌,由中文、图形和英文三部分组成。首先,"方正"二字蕴含丰富:"方正"即一方之正、一方之中、一方之主,指北大方正电子系统为全球中文电子排版技术的主体和正宗,居世界领先地位;"方正"即方方正正、规规矩矩,体现了北大方正集团公司依法经营、诚实经商的经营之道,也反映了公司员工朴实、严谨、求实的科学精神;"方正"即八方之正,有吸纳各方优势之意,体现了公司博采众长、广招天下一流人才的博大胸怀;"方正"还有暗含基础雄厚、功底扎实、稳步发展之意。其次,"方正"的英文是Founde,其含义是"奠基者、创立者、缔造者",表明北大方正是中文电子排版系统的开创者;其音译为"方的",与汉字方正实现了有机配合。

(3)寓意深刻,富有韵味,情意浓浓。品牌大多都有其独特的含义和解释或释义。其命名的方法很多,如以产地命名、人物命名、产品制法命名、产品效用命名、产品外形命名、译音命名、寓意命名、夸张命名、数字命名、产品成分命名、产品厂家命名、动植物命名和以名胜古迹、革命圣地等命名。这寓意深刻,富有韵味,情意浓浓的品牌,能唤起消费者和社会公众美好的联想,加强品牌在消费者心中的记忆程度和对品牌的偏好。如"张小泉"剪刀、"稻香村"食品等,用老字号作为品牌名称也能体现企业的悠久历史,给人以依赖感。

最后要强调的是设计品牌要注意超越空间的限制,主要是指品牌超越地理文化界限的限制。由于世界各国的历史文化传统、语言文字、风俗习惯、价值观念和审美情趣不同,对于一个品牌的认知、联想必然会有很大差异。

7.6.2 品牌策略

企业从事品牌运营,科学而合理地制定品牌策略是其核心内容。企业的品牌策略是指企业如何合理地使用品牌,以达到一定的营销目的。按照品牌运营的主要作业环节,品牌策略主要包括品牌有无决策、品牌归属决策、品牌家族决策、多品牌决策、品牌再定位决策和品牌质量决策等内容,如图 7.9 所示。

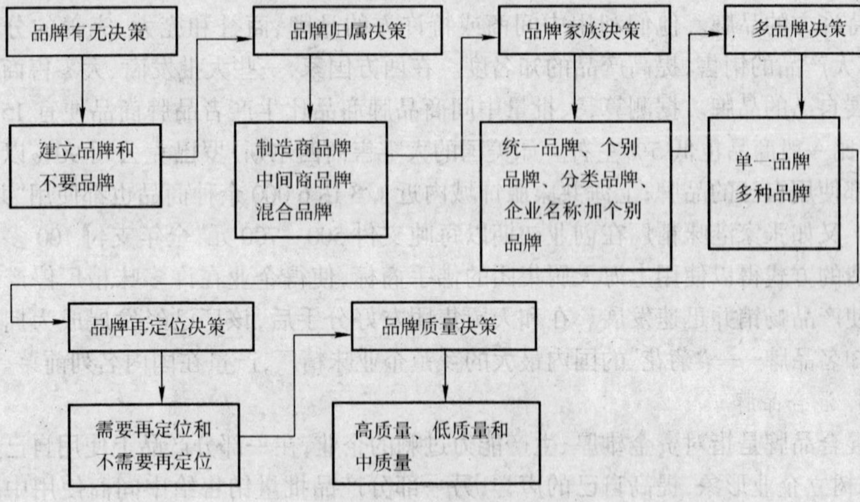

图 7.9 品牌决策图

7.6.2.1 品牌有无决策

1. 使用品牌

大多数产品都使用品牌。拥有自己的品牌,必然要付出相应的费用(包括包装费、法律保护费等),增加企业运营总成本,同时也承担一定的市场风险(若某品牌不受欢迎,损失自负),但对使用者或营销者的益处更是不可低估的。使用品牌的作用和意义在前面已经阐述。

2. 不使用品牌

有些企业为了节省包装、广告等费用,从而达到降低价格,吸引低收入购买力,扩大销售的目的,也常采用无品牌策略。如在超市里就有许多无品牌产品,它们大多是包装简易且价格便宜的产品。随着人们生活水平的提高,无品牌的产品现越来越少,像大米、面粉、蔬菜、肉制品等过去从不使用品牌的商品,现在也被装在精美的包装内,并冠以品牌出售,以获得品牌化的利益。

7.6.2.2 品牌归属决策

企业若使用品牌,就面临三种选择。

1. 使用制造商品牌(生产者品牌)

使用制造商品牌是指制造商使用本企业自己的品牌,国内外市场上的商品绝大多数使用制造商品牌。如索尼、鄂尔多斯、长城、海尔等。使用自己的品牌主要有以下优势:可以树立企业形象,建立自己的声誉;制造商所拥有的注册商标是一种工业产权,可以租借、转让、买卖,同时收取一定的特许权使用费;消费者购买的产品包括配件、零部件等全部使用制造商品牌,有利于更好地和消费者建立联系。

2. 使用中间商品牌

使用中间商品牌是指对于一些资金能力薄弱、产品知名度不高及市场渠道网络较窄的小厂,为集中力量更有效地利用其资源,减少流通费用,常采用中间商品牌或使用特许方的品牌。他们利用中间商或特许方的品牌、商誉和庞大、完善的分销体系,扩大产品的销售,提高产品的知名度。在西方国家,一些大批发商、大零售商致力于发展自己的品牌。据测算,大批量中间商品牌商品比生产者品牌商品便宜15%~20%,比一般商品也低5%左右。如美国的大零售商西尔斯·罗巴克公司90%以上的商品都使用自己的品牌;上海共康服饰城内近1/3达6 000余种商品也都使用"共康"品牌。又如张家港味精厂在创业初期以每吨支付500~700元,全年支付100多万元使用费的方式得以使用上海天厨集团的佛手商标,使得企业在许多味精厂停产之后却能使产品畅销并迅速发展。在和天厨集团友好分手后,该厂已经发展成为拥有自己的知名品牌——"菊花"的国内最大的乡镇企业味精厂,产量在国内名列前茅。

3. 混合品牌

混合品牌是指对资金雄厚、生产能力过剩的企业,在一部分产品上使用自己的品牌,来树立企业形象,提高自己的声誉;另一部分产品批量销售给中间商使用中间商品牌出售。采用中间商品牌,分担自己过剩的生产能力,这造成了同一产品在市场上以两种相互竞争的品牌出售,有助于扩大产品的销量,企业拥有自己品牌的产品也保持了产品的特色,同时也借助于中间商品牌来提高产品的知名度。如上海中百一店、北京王府井百货大楼的一些商品除有生产者品牌外,还标明上海中百一店或北京王府井大楼监制或经销。

7.6.2.3 品牌家族决策

品牌家族决策是指企业采用自己的品牌后,对不同的产品采用不同的品牌还是采用统一品牌,有四种策略可供选择。

1. 统一品牌

统一品牌是指企业所有的产品都统一使用一个品牌。采用统一品牌一是可以集中力量突出企业一个品牌形象,容易使消费者产生信赖感;二是企业所有的产品都用一个品牌,形成一定的规模,节约促销费用,但任何一个产品的失败都会使整个企业的家族品牌受到损失。如飞利浦公司所有产品(包括影像、电视、灯管、显示器等)都以"Philips"为品牌。佳能公司生产的照相机、传真机、复印机等所有产品都使用"Canon"。美国通用电器公司,对所有的产品都使用"GE"一个品牌。又如TCL、雀巢、康师傅一直采用一个品牌。

2. 个别品牌

个别品牌是指企业的各种产品分别使用不同的品牌。采用这种策略不会因个别产品的失败而有损整个企业的形象,能避免统一品牌下的株连效应;在产品的分销过程中占有更大的货架空间,可吸引多种不同需求的顾客。但是要为每个品牌分别做广告宣传,费用开支较大。如可口可乐公司生产的可口可乐、雪碧、芬达等品牌。上海牙膏厂生产的牙膏,分别采用美加净、中华、白玉、黑白、玉叶、应丰等品牌,以示质量和价格的区别。又如宝洁公司为自己生产的洗发液产品设计了四个品牌:飘柔、海飞丝、潘婷、沙宣。宝洁公司洗发液产品的多品牌策略在中国市场上获得了令人瞩目的市场业绩,飘柔、海飞丝和潘婷三个品牌的市场占有率总共达到了近70%。再如五粮液集团利用“五粮液”这一品牌优势,连续开发出具有不同价位和针对不同层次消费者的白酒新品牌,有五粮春、五粮醇、五粮神、五湖液等。

3. 分类品牌

分类品牌是指企业不同类型的产品使用不同的品牌名称。或在同一类产品中,也可按产品质量把某一类产品分为几个等级,然后为每个等级的产品制定一个品牌。如某企业可以对自己生产经营的服装、鞋帽、化妆品分别赋予不同的品牌名称及品牌标志。健力宝集团,饮料类用“健力宝”,服装类用“李宁”;又如,美国的斯维夫特公司同时生产火腿和化肥两种用途截然不同的产品,该公司以“普莱米姆”(Premium)作为火腿的品牌,以“维哥络”(Vigoro)作为化肥的品牌,避免两类产品的混淆。再如2007年9月海尔打破一直坚持的企业名称加个别品牌策略,推出针对高端市场的新品牌Casarte(卡萨帝)。新品牌主要包括预约定制、整套家电设计、一对一“终生家电顾问”和远程无线操作。海尔的分等级品牌策略能否成功,人们拭目以待。

4. 企业名称加个别品牌

企业名称加个别品牌是指企业将其不同类别的产品分别采用不同的品牌名称,并且在品牌名称之前冠以企业名称。这种策略可以理解为先采用个别品牌策略,然后在个别品牌前加上企业名称。如美国通用汽车公司(GE)的小轿车品牌命名有:通用—凯迪拉克、通用—雪佛莱,通用—别克、通用—欧宝等。又如海尔集团推出了海尔“探路者”彩电、海尔“大力神”冷柜、海尔“小王子”、“大王子”冰箱和海尔“小小神童”洗衣机等。

采用这种策略的最大优点是,对于推出的新产品,完全可以享受企业原有声誉,减少新产品推广的费用,同时又可以保持每一个品牌相对独立性。

7.6.2.4 品牌延伸策略

品牌延伸策略是指公司可能决定利用现有品牌名称来推出一个新产品类别。如中国海尔集团成功地推出了海尔(Haier)冰箱之后,又利用这个品牌及其图样特征,成功推出了洗衣机、空调、电视机等新产品。显然,如果不利用“海尔”这个成功的品牌,这些新产品就不一定能很快地进入市场。又如芳华公司首先推出利用公司命名的“芳华”品牌的洗发露、香皂。当该品牌有了一定的知名度后公司将品牌延伸到沐浴露、洗手液、膏霜等。再如“派克”钢笔质优价贵是身份和体面的标志,许多社会上层人物都喜欢带一支派克笔。然而,1982年新总经理上任后,利用派克品牌生产每支售价仅3美元的低档笔。结果，派克公司非但没有顺利打入低档笔市场，反而丧失了一部分高档笔的市场，其市场占有率大幅下降，销售额及其竞争能力锐减。盲目利用原有品牌进行产品线扩展，毁坏了派克在消费者心目中的高贵形象，而其竞争对手则趁机侵入高档笔市场。又如我国的三九集团以“999”胃泰起家，企业的品牌经营如此成功，以至于消费者把“999”视为胃泰这种药品的代名词，这正是品牌定位所追求的最高境界。然而，三九集团随后进行了品牌延伸，把“999”延伸到啤酒。虽然广告上说的是“九九九冰啤酒，四季伴君好享受”，但是消费者一拿起九九九啤酒，第一个潜意识的反应是联想起999胃泰这种药，喝带有“心理药味”的酒自然不是一种享受。这有点儿像“自相矛盾”的寓言故事一样，完全是自损形象。

因此品牌延伸战略虽然有许多优点，如提高顾客的认知度、降低新产品的市场导入费用等；但也存在很大的风险，当原有品牌名称可能不适用于新产品时会损害原有品牌的形象，过度延伸会出现品牌稀释效果。

7.6.2.5 多品牌决策

多品牌决策是指公司在相同产品类目中引进其他品牌。其目的是为不同购买者提供不同性能或诉求的商品；建立侧翼品牌保护其主要品牌；增加在零售市场的商品陈列位置；迎合许多消费者求新好奇的心理；把竞争机制引进企业内部，使品牌经理之间互相竞争，提高效率；多品牌可使企业拥有几个不同的细分市场，虽然各细分市场的份额减少，但企业总体市场份额增加。但采用这种策略可能使每个品牌只占领很小的市场份额，也可能毫无利润或利润下降；使公司的资源分散，不能集中于高绩效的品牌；也可能使公司内部自相残杀而不是蚕食竞争者。所以公司应建立一套严格的选择新品牌的审查程序，应考虑新品牌是否有新构想，有无说服力，新品牌夺走本企业其他品牌及竞争品的销量有多少，新品牌获取的新增利润能否补偿产品开发和产品促销费用等。如宝洁公司大都是一种产品多个牌子。洗衣粉就有汰渍、洗好、欧洗朵、波特、世纪等9种品牌。

7.6.2.6 品牌再定位决策

品牌再定位决策是指全部或部分调整或改变品牌原有市场定位的做法。当企业受竞争者品牌逼近(竞争者品牌定位于本企业品牌附近，侵占了本企业的品牌市场份额)和部分消费者偏好发生变化，此时企业必须考虑品牌再定位问题。

企业在进行品牌重新定位时，要综合考虑两方面影响因素。①要考虑再定位成本，即把企业自己的品牌从一个市场定位点转移到另一个市场定位点所需要的费用，包括改变产品质量、包装、广告等费用。一般认为，重新定位的距离越远，其再定位成本就越高。②要考虑再定位收入，即把企业品牌定在新位置上所增加的收入。如“维他奶”原来定位为健康饮料，“饮维他奶，更高、更强、更健美”的广告语用了10年，这种定位，曾创造了辉煌的记录。然而，随着时间推移，各种新的、不同品牌的饮料相继粉墨登场。它们纷纷抓住年轻人的心理，突出产品的时代感，相形之下，“维他奶”形象显得落伍了，市场占有率不断萎缩。后来进行了重新定位，塑造品牌时髦、健康、受欢迎的新形象。新的定位通过富有时代气息的广告表现,广告语非常有生气,特别是一句"点支汽水真简单"。既突出了产品优势又深切地把握了年轻人的心理,很快成为社会流行的口头语。维他奶因此成为受年轻人欢迎的饮品,在激烈的市场竞争中稳固下来,扩大了市场。

7.6.2.7 品牌质量决策

品牌质量是指反映产品耐用性、可靠性、精确性等价值属性的一个综合尺度。品牌质量决策是指企业要决定其品牌的最初质量水平,即低质量、一般质量、高质量、优质量。优质产品会使企业投资收益率少量提高,而低质量品牌却会使企业投资收益率大大降低。因此,企业应当提供高质量品牌。随着时间的推移,企业要面临如何管理其品牌质量问题。在这个方面,企业有三种可供选择的决策,即:提高品牌质量,以提高收益和市场占有率;保持产品质量和逐步降低产品质量。如休布雷公司其生产的史密诺夫酒,在美国伏特加酒的市场中市场占有率很高,属于营销出色的公司。当另一家公司推出一种新型伏特加酒,其质量不比史密诺夫酒差而每瓶价格却比它低一美元的时候,休布雷公司将史密诺夫酒的质量提高,价格又提高一美元,同时还推出与竞争对手新伏特加酒一样的另一种品牌——瑞色加酒和另一种质量等级较低而价格相应更低的波波酒品牌,使竞争对手最后不得不退出美国伏特加酒的市场。

7.7 包装策略

7.7.1 包装的含义

包装(packaging)是指对某一品牌商品设计并制作容器或包扎物的一系列管理活动过程。包装是构成产品整体的一部分。一般说来,商品包装应该包括商标或品牌、形状、颜色、图案和材料等要素。包装物分为三个层次:内包装(如酒瓶、装牙膏的软管)、中包装(如酒盒、牙膏纸盒)、储运包装(如瓦楞纸箱)。此外,在产品包装上还有标签。在标签上一般都印有包装内容和产品所包含的主要成分、品牌标志、产品质量等级、生产厂家、质检号、生产日期和有效期、使用方法及用量、编号、储藏应注意事项等。有些标签上还印有彩色图案或实物照片,以促进销售。

7.7.2 包装的作用

在现代市场营销中,包装的功能与作用越来越大,可概括为以下三方面。

(1)保护商品。保护商品在到达消费者之前免遭损坏、腐蚀、霉变、爆炸、散落、变形等风险,这是包装最初的和基本的功能。不同形态、形状、性能的商品,对包装的要求也不同。

(2)方便使用。方便使用既是商品包装的作用,也是对包装的要求。方便使用不仅是生产企业要考虑到商品的包装要便于运输、储存,还要考虑到目标顾客购买的便利性要求。

(3)促进销售。这是因为:①顾客通过包装识别商品。包装是商品留给顾客的第一印象。美观大方、装潢精美、协调、漂亮得体的包装不仅能吸引顾客,而且还可以激发顾客的购买欲望。一项研究表明,大约有53%的购买行为是在审视商品的5秒内决定的,换句话说,如果顾客在超市中5秒内没有注意到你,你几乎有一半的可能将永远被遗忘在货架上。②包装上的标签传递着商品的信息。这些信息包括包装内容和产品所包含的主要成分、品牌标志、产品质量等级、生产厂家、质检号、生产日期和有效期、使用方法及用量、编号、储藏应注意事项等。③包装可以美化商品,使商品达到增值的功能。精美的包装当满足消费者的购买心理时,不仅可以扩大销量,还能增加商品的价值。但包装的精致程度要与商品质量相匹配、一致。如四川人在销售其拳头产品——榨菜时,一开始时用大坛子、大篓子将商品卖给上海人;精明的上海人把榨菜倒装在小坛子后,出口日本;在销路不好的条件下,日本商人又将从上海进口的榨菜原封不动地卖给了香港商人;而爱动脑筋、富于创新的香港商人,以块、片、丝的形式把榨菜分成真空小袋子包装后,再返销日本。从榨菜的"旅行"中不难看出各方商人都赚了钱,其中靠包装赚"大钱"的还是香港商人。

7.7.3 包装的设计与装潢要求

包装的设计与装潢要考虑以下要求。

(1)安全。保护商品安全,保证商品不污染环境。保护商品的安全是包装设计的最基本原则;包装禁止使用有害物质,实施绿色包装,避免污染环境。

(2)质质匹配。包装质量应与商品的价值或质量相适应。"高品质劣包装和精包装劣品质"都不利于企业销售。

(3)鲜明独特。包装应能显示商品的特点和独特风格。对于以外形和色彩表现其特点的商品,设计时要考虑消费者的审美习惯,使消费者能从包装中获得美的享受,并产生购买欲望。如服装、装饰品、食品等,包装应向购买者直接显示商品本身,包装材料一般选择透明材料,以便于选购。

(4)便利。包装应便于运输、陈列,便于消费者购买、携带和使用。为满足顾客的不同需求,包装的体积、容量和形式要各种各样,包装的大小、轻重要适当,便于顾客携带和使用。

(5)客观。包装上的文字说明应实事求是。如产品成分、性能、使用方法、数量、有效期限等要符合实际,以增强顾客对商品的信任。维护和提高企业形象。

(6)禁忌。包装袋装潢应尊重民族习惯。必须尊重不同国家和地区的宗教信仰和风俗习惯等社会文化环境下消费者对包装的不同要求。如第四章介绍过的美国可口可乐公司在进入中东市场时,使用传统的红色包装,遭到阿拉伯国家人民的反对。经调查,才知道红颜色与伊斯兰教义相违背,犯了忌讳。在将包装换为绿色后,才成功地进入了中东市场。

7.7.4 包装策略

包装策略是产品整体营销策略的一个重要组成部分。企业通常采用的包装策略主要有以下几个。

7.7.4.1 统一包装策略

统一包装策略是指企业针对质量水平相近的产品在包装外形上采用类似的图案、近似的色彩、共同的特征,使顾客容易联想到是同一企业生产的,有利于新产品的推出。统一包装策略不仅可以节省包装设计成本,树立企业整体形象,扩大企业影响,而且还可以充分利用企业已拥有的良好声誉,有助于消除消费者对新产品的不信任感,进而有利于带动新产品销售。

7.7.4.2 配套包装策略

配套包装策略是指企业把多种有关联的产品,或不同规格和花色的同品种配套放置在同一容器中,便于消费者使用,而且消费者从配套包装中得到了价格上的优惠。如化妆品、护肤品、茶具饮具、玩具、节日礼品等的成套包装。

7.7.4.3 分级、分类包装策略

分级包装是指企业对自己生产经营的不同质量等级的产品分别设计和使用不同的包装。适应不同需求层次消费者的购买心理,便于消费者识别、选购商品,从而有利于全面扩大销售。分类包装是根据消费者购买目的不同,对同一种产品采用不同的包装。如购买商品用作礼品赠送亲友,可采用精致包装;若购买者自己使用,则可以简单包装。

7.7.4.4 复用包装策略

复用包装策略是指原包装的商品使用以后,包装物可移作它用。如小孩的玩具食品、高档品质的酒瓶等。再如驴胶补血冲剂的瓷碗式包装,在补血冲剂饮完后,剩下的瓷碗既可以盛其他物品,也可以作为儿童的玩具碗来玩耍。此外,这样的包装物上刻有企业的标记,可增强消费者对该商品的印象,刺激消费者重复购买,无形中起到了一定的促销作用。这种包装策略是通过形式产品给消费者某种额外利益而扩大商品销售,但不能使包装的功能超过用户的需要而成为过分包装。

7.7.4.5 赠品包装策略

赠品包装策略是指在产品包装物外面或包装内通过附加一定的赠送物品,如玩具、图片,也可以是奖券来引起消费者的购买欲望和动机。如康师傅方便面在每包中都放有一张不同的旋风卡,如宝贝虎、机灵虎、冲天虎、旋风虎、勇士虎、霹雳虎等卡,这些卡让很多孩子们都爱不释手。为拥有整套旋风卡,只得经常购买附有这种卡片的方便面。一时间,鸡汁味、咖喱味、麻辣味、羊肉串味、牛排味、海鲜味等味道各异的康师傅方便面,随着各种五彩缤纷的旋风卡走进了千家万户。

7.7.4.6 更新包装策略

更新包装策略是指在不断改善产品质量的前提下或一种包装策略无效的情况下,通过改变包装、装潢来促进产品销售,给企业带来良好的效益。如中华牙膏增设各种功能后,也相继改变了产品包装。

7.7.4.7 绿色包装策略

绿色包装策略又称生态包装策略，是指包装材料可重复使用或可再生、再循环，包装废物容易处理或采用对环境影响无害的包装。随着社会的进步和人们生活水平的提高，采用绿色包装已成为必然发展趋势。

本章小结

• 市场营销学的产品是指能够提供给市场，用于满足人们某种欲望和需要的任何事物，包括实物、服务、场所、组织、思想、主意等。即凡是提供给市场的能满足消费者某种需求和欲望的任何有形物品或无形服务均为产品。这一产品的概念拓展了传统的产品概念，形成了产品的整体概念。产品整体概念包括五个层次：核心产品、基础产品、期望产品、附加产品和潜在产品。

• 根据产品的不同特征，可将产品进行分类。按是否耐用和有形，可以将产品分为耐用品、非耐用品和劳务产品三类；根据消费者的购买习惯，可将消费品区分为便利品、选购品、特殊品和非渴求品四种类型；按用途不同，可将产品分为消费品和工业品两大类型；按照工业品进入生产过程的方式和相对价值，可将其分为材料和部件、资本项目以及供应品与服务三类。

• 产品组合是指一个企业提供给市场的全部产品线和产品项目的组合或结构，或者说是一个企业生产经营的所有产品在品种、规格上的构成。它一般由若干个产品线组成。产品线是指具有类似功能而且通过相同的渠道和在一定价格范围内卖给相同的顾客群体的一组产品项目；产品项目是产品线中不同品种、规格、质量和价格的特定产品；产品组合的广度是指企业生产和经营产品线的数量；产品组合的深度是指企业每一产品线的产品项目的数量。产品组合策略是企业根据市场需要及自身条件，选择适当的产品组合广度、深度、关联性来确定经营规模和范畴的策略。通常企业采用的产品组合策略有扩大产品组合策略、缩减产品组合策略和产品延伸策略。如何搭配，这是最佳产品组合的分析方法。具体有三维分析图法、波士顿矩阵法（简称 BCG 法）和通用电气公司法（简称 GE 法）

• 产品生命周期策略是指某产品从进入市场到被淘汰退出市场的全部过程。产品生命周期与产品使用寿命无必然联系。典型的产品生命周期一般分为 4 个阶段：产品投入阶段、市场成长阶段、市场成熟阶段和市场衰退阶段。

• 产品生命周期各阶段的营销策略是为了有针对性地采取市场营销策略。企业营销策略的总要求是：缩短投入期，使产品尽快为消费者接受；延长成长期，使产品尽可能保持增长势头；维持成熟期，使产品能尽量保持较高的销售额，增加利润收入；推迟衰退期，尽量延缓产品被市场淘汰的时间。

• 市场营销学中的新产品是指在结构、性能、材质、技术特征等某一方面或几个方面比老产品有显著改进和提高并为顾客带来新的利益和新的满足的产品。新产品根据其新的程度,可分为以下四大类:全新产品、换代新产品、改进新产品、仿制新产品。

● 开发新产品中常见的问题有调研和预测失误、新产品开发的出发点不对、没有详细的开发计划、部门间的沟通协调困难、人为延长了开发周期、产品策略缺乏创意、缺乏有效管理、轻视产品策划。企业应针对开发的新产品常见问题采取相应的策略,加强新产品的研制与开发,上市是企业占领新市场、提高竞争力的有效途径。

● 新产品开发的方式有四种:独立研制、技术引进、研制与引进相结合、协作研制。新产品开发程序分为七个阶段:创意、筛选创意、概念形成与测试、商业分析、新产品研制、市场试销和商业化投放。

● 品牌是产品整体概念的一个重要组成部分。品牌是一种名称、术语、标记、符号或设计,或是它们的组合运用,品牌具有属性、利益、价值、文化、个性和使用者六层含义。

● 品牌策略包括品牌有无决策、品牌归属决策、品牌家族决策、多品牌决策、品牌再定位决策、品牌质量决策等。

● 包装策略包括统一包装策略,配套包装策略,分级、分类包装策略,复用包装策略,附赠品包装策略,更新包装策略,绿色包装策略等。

● 包装设计要遵循以下原则:安全、质质匹配、便利、鲜明独特、客观、禁忌。

主要概念

产品　产品整体　产品组合　产品生命周期　新产品　品牌　品牌策略　包装策略

基本实训和能力实训

一、判断题

1. 凡是提供给市场的能满足消费者某种需求和欲望的任何有形物品或无形服务均为产品。（　　）

2. 企业选择最佳产品组合策略是企业根据市场需要及自身条件,尽最大努力选择产品组合广度、深度、关联性来确定经营规模和范畴的策略。（　　）

3. 企业产品进入成熟期的某阶段销售增长率为零,利润额达到最大。（　　）

4. 继续生产已进入衰退期的产品,企业无利润可图。（　　）

5. 新开发的产品上市之前必须进行市场测试。（　　）

6. 企业采用的多品牌策略,可以占有更多的货架空间,因而获得更大的利润。（　　）

7. 品牌和商标是有内在联系的两个基本概念,商标是品牌,但品牌不一定是商标。（　　）

8. 对于问题集中、有希望转为明星类的产品可采取发展战略。 ( )
9. 包装的安全问题就是指商品的保护问题。 ( )
10. 品牌与包装属于产品整体概念的附加部分。 ( )
11. 实物、组织、思想、主意等都可以是产品。 ( )
12. 扩大产品组合,就会增加企业利润,充分利用人、财、物资源。 ( )
13. 企业地理位置的差异可能会导致产品差异化。 ( )
14. 中间商品牌终必击败所有企业品牌。 ( )
15. 差异包装决策虽然会增加包装设计费用,但会减少新产品促销费用。 ( )
16. 任何产品都必须经过一段成长期才能到达成熟期。 ( )
17. 当大多数潜在消费者还不了解某种新产品时,采用快速撇脂策略肯定有效。 ( )
18. 产品整体概念的内涵和外延都是以追求优质产品为标准的。 ( )
19. 品牌的实质是卖者对交付给买者的产品特征、利益和服务的一贯性的承诺。 ( )
20. 顾客购买商品实质是购买某种功能。 ( )

二、单项选择题

1. 企业增加产品组合的( ),可以提高企业在某一地区、行业的声誉。
A. 长度 B. 宽度 C. 深度 D. 关联性
2.( )使企业宣传介绍新产品的费用开支较低。
A. 个别品牌名称 B. 分类品牌
C. 统一品牌名称 D. 企业名称加个别品牌
3. 为了有利于企业销售,最好采用( )。
A. 一等产品,三等包装 B. 三等产品,一等包装
C. 产品与包装没关系 D. 一等产品,一等包装
4. 基本产品是指( )借以实现的形式或目标市场对某一需求的特定满足形式。
A. 期望产品 B. 附加产品 C. 核心产品 D. 潜在产品
5. 产品生命周期是由( )的生命周期决定的。
A. 企业与市场 B. 需求与技术 C. 质量与价格 D. 促销与服务
6. 品牌最基本的含义是品牌代表着特定的( )。
A. 消费者类型 B. 文化 C. 利益 D. 商品属性
7. 品牌有利于保护( )的合法权益。
A. 商品所有者 B. 生产商 C. 品牌所有者 D. 经销商
8. 品牌资产是一种特殊的( )。
A. 无形资产 B. 有形资产 C. 潜在资产 D. 固定资产

9. 在新产品开发的(　　)阶段,营销部门的主要责任是寻找、激励及提高新产品构思。

A. 概念形成　　B. 筛选　　C. 创意　　D. 市场试销

10. 处于市场不景气或原料、能源供应紧张时期,(　　)产品线反而能使总利润上升。

A. 增加　　B. 扩充　　C. 延伸　　D. 缩减

11. 企业利用其成功品牌的声誉来推出改良产品或新产品,称为(　　)。

A. 品牌扩展　　B. 品牌转移　　C. 品牌更新　　D. 品牌再定位

12. 附着或系挂在商品销售包装上的文字、图形、雕刻及印制的说明是(　　)

A. 商品说明　　B. 包装标签　　C. 运输标志　　D. 包装标志

13. 品牌资产是企业与(　　)长期动态关系的反映。

A. 供应商　　B. 中间商　　C. 顾客　　D. 政府

14. TOYOTA是丰田汽车的(　　)。

A. 品牌名称　　B. 品牌标志　　C. 品牌象征　　D. 品牌图案

15. 在应用(　　)时,必须注意市场需求的具体特点、消费者的购买能力和产品本身的关联程度大小。

A. 更新包装策略　　B. 附赠品包装策略

C. 配套包装策略　　D. 再使用包装策略

三、多项选择题

1. 企业进行新产品开发需要进行最佳产品组合决策,进行决策的依据是(　　)以及对企业的设备、资源的充分利用等。

A. 技术能力　　B. 未来市场潜在容量　　C. 投资收益率

D. 生产能力　　E. 销售增长率

2. 缓慢渗透策略是指企业以(　　)推出新产品。

A. 高品质　　B. 低促销　　C. 高价格

D. 低价格　　E. 高促销

3. 进入成熟期的产品,企业应采取的营销策略有(　　)。

A. 调整市场　　B. 改进产品

C. 增加新的用途　　D. 变换营销组合

4. 在产品整体概念中下面属于基本产品范畴的有(　　)。

A. 产品品质　　B. 产品特色　　C. 销售服务

D. 产品品牌　　E. 产品维修

5. 新产品开发的程序依次是(　　)。

A. 市场试销　　B. 商业分析　　C. 产品创意

D. 新产品研制　　E. 筛选创意　　F. 产品概念形成与测试

G. 商业化投放

6. 下列说法正确的有(　　)。

A. 品牌质量决策就是要如何提高品牌质量

B. 品牌质量决策首先要决定其品牌的最初质量水平

C. 品牌质量决策可能也会逐步降低品牌质量

D. 品牌质量决策可能会保持品牌质量

7. 品牌是一个集合概念,它包括(　　)。

A. 商标　　B. 包装　　C. 品牌名称

D. 标签　　E. 品牌标志

8. 对于产品生命周期衰退阶段的产品,可供选择的营销策略是(　　)。

A. 集中策略　　B. 扩张策略　　C. 维持策略

D. 竞争策略　　E. 榨取策略

9. 品牌反映的是一种企业与顾客的关系,这种关系的深度与广度通常需要通过(　　)等多方面予以透视。

A. 品牌知名度　　B. 品牌设计　　C. 品牌联想

D. 品牌忠诚　　E. 品牌形象

10. 企业采用统一品牌策略(　　)。

A. 能够吸引不同需求的消费者

B. 可降低新产品宣传费用

C. 有助于塑造企业形象

D. 有助于显示企业实力

E. 适合于企业产品质量水平大体相当的情形下

11. 采用多品牌决策的缺陷是(　　)。

A. 把竞争机制引进企业内部,使品牌经理之间互相竞争

B. 每个品牌可能只占领很小的市场份额,也可能毫无利润或利润下降

C. 使公司的资源分散,不能集中于高绩效的品牌

D. 使公司内部自相残杀而不是蚕食竞争者

12. 分级包装策略是企业对自己生产经营的不同质量等级的产品分别设计和使用不同的包装,它有利于(　　)。

A. 全面扩大销售　　B. 消费者识别商品

C. 扩大企业影响　　D. 消费者购买商品

E. 适应不同需求层次消费者的购买心理

13. 新产品的主要类型有(　　)

A. 仿制产品　　B. 改进产品

C. 换代产品　　D. 全新产品

14. 下列观点正确的有(　　)

A. 企业的新产品对市场而言也是新产品

B. 对市场而言,凡第一次出现的产品即为新产品

C. 第一次生产销售的产品对企业而言是新产品

D. 现有产品通过降低成本投放新市场也谓之新产品

15. 品牌延伸必须要符合以下三个原则:( )。

A. 已有品牌是否适合进入一个新的产品类别

B. 已有品牌进入这个产品类别是否有带动力

C. 已有品牌进入这个产品类别不会对已有品牌造成短期或长期的伤害

D. 企业在进行品牌延伸的时候,只要坚持这三个原则中的任何一个,都可取得成功

四、简述题

1. 产品整体概念给企业营销者在竞争思路上有哪些启发?
2. 什么是新产品? 新产品开发的方式有哪些?
3. 产品生命周期可以划分为几个阶段? 阐述各阶段的特点及营销策略。
4. 新产品的开发往往伴随着较高的失败率,阐述其一般失败的原因。
5. 产品最佳组合的分析方法有哪些?
6. 包装为什么在当前成为重要的营销手段,作用有哪些?
7. 如何认知品牌? 品牌与商标有何区别?
8. 如何理解品牌资产的价值?
9. 外国人对中国产品有"一流的品质,二流的服务,三流的价格,四流的包装"的印象,我们对此应如何改变以提高产品的国际竞争力?
10. 品牌可以给销售者带来哪些好处? 怎样提高品牌的知晓度和品牌偏好?

五、综合实训

案例分析 1 美国一家快餐店出售奶昔的故事

一家希望改进奶昔销售和利润的快餐店先按照产品作了一些分类,再按照顾客的心理特征把他们分成几组,以便能够更准确地了解各自购买奶昔的意愿与倾向。该店召集不同的顾客,问他们如果把奶昔做得更厚、带更多巧克力味、更便宜,是否能够更好地满足他们的要求。该店似乎已经清楚地了解了顾客的需求,但是奶昔的销售和利润没有任何改善。为什么呢? 因为他们没有真正了解顾客到底为什么买奶昔? 于是,他们请了一批新的市场调研者,通过新的调研(连续 18 个小时在店内观察、了解所有买奶昔的人),他们才真正地了解到,该店一天的奶昔销售有两个高峰时间,一个是早晨,一个傍晚,其中早晨的销量占一天销量的一半以上。通过研究,他们发现,早上买奶昔的人都是家离工作地点很远、开车需要很长时间的上班族,他们买奶昔的部分目的是为了防饿,因为虽然他们在早晨的时候并不饿,但是如果不吃点什么到了 10 点左右就会很饿。买奶昔的更大目的在于他们开车途中很无聊,吃个奶昔能够让路途有趣一些。而且,他们还面临很多限制,比如时间非常紧张、穿着上班穿

的服装、由于开车只能腾出一只手。在这种情况下,经过比较奶昔与面包圈、香蕉、香肠、火腿、三明治的优劣,顾客最终决定买奶昔来实现想要达到的多重目的。而每天晚上,情况又有所不同,奶昔都是父母买给吵闹的孩子的。父母的目的在于不想因老对孩子说"不"而显得自己不近人情,反而希望通过购买奶昔让人觉得自己是爱孩子的父母。同样的奶昔,在不同的情境下被用作了不同的目的。

(引自美国哈佛大学教授克里斯滕森的《创新者的出路》)

案例思考:上面的故事说明一个什么道理?该店奶昔应如何做来满足顾客需求?

案例分析 2

一家公司生产出一种新型高效率打字机。该公司宣称,这种打字机工艺先进,重要的是在技术上有重大革新,是市场上最先进、效率最高的打字机,将开创打字效率的新时代。为此,它发起了一场推销打字机的活动。然而在推销过程中,这种打字机却遭到使用人员的坚决抵制,从而导致这家企业推销活动的失败 .最后不得不停止生产这种打字机。为什么性能优越、工艺先进的打字机却不能打入市场呢?经过了解他们发现:使用这种性能全新的打字机,需要使用打字机的人完全改变他们所熟悉的工作方法。正如我们所有的人一样,打字员也受到人类惰性的影响,所以他们就抵制使用这种新型打字机。其实他们也知道,只要经过数月的练习,他们的工作效率会大大提高的。不过,要做到这一点,就意味着他们需要付出代价。而几乎没有人在毫无压力的情况下,会放弃自己熟悉的工作方法,而去适应一种全新并有相当困难的工作。在当时情况下,绝大多数打字员不会对推销人员说出这些想法。由此我们可以看到,新型打字机要想获得成功,就必须让打字员、改变过去的习惯。

案例思考:新型打字机为何不受欢迎?

案例分析 3 小天鹅的整体产品观

无锡洗衣机厂是一家 1978 年组建的国有企业,原来主要生产单缸洗衣机,连年亏损,1989 年亏损达 100 多万元,一群群职工调出去,一批批干部退下来。无锡当时流传这样几句话:"小天鹅掉在金鱼缸里,菊花开在长城脚下,金狮跑在长征路上。"经过 1989 年的痛苦思量,厂领导决定引进日本生产线,上马全自动洗衣机生产线。1990 年,小天鹅全自动洗衣机获得了全国唯一的一块金牌。1992 年 10 月,小天鹅全自动洗衣机实现了"无故障运行 5 000 次"的目标。1995 年,小天鹅一次性通过 ISO 9001 国际质量体系认证;1998 年,全自动洗衣机 15 个品种通过了 CE(欧洲认证体系)和 CS(德国认证体系)的国家安全认证;1999 年,通过了 ISO 14000 环境管理体系认证,这些都标志着小天鹅获得了进入世界全自动洗衣机市场的通行证。2000 年,小天鹅的品牌价值被评估为 56.82 亿元。

经过十多年的拼搏,小天鹅取得了辉煌的成绩。2000 年,产量达 286 万台,实现盈利 2.3 亿元,国有资产增加到 34 亿元,在国内市场的占有率达到 23%,拥有世界洗衣机市场5%的占有率,人均销售额200万元,人均创利20万元,人均上缴利税10万元。小天鹅的成功,得益于整体产品观念的强化。具体分析,有以下几点。

(1)调整产品结构,实现顾客让渡价值。为了满足三口之家的洗涤所需,小天鹅一改传统洗衣机体积大、用水多、耗电快等功能性缺陷,推出了"小宰相"洗衣机——机身轻巧,洗涤容量达3千克,体积却比普通洗衣机缩小了17%。

(2)强化全程服务理念,以优质服务创名牌。小天鹅创建了"全程服务理念"——将服务的范围扩大到售前、售中、售后,将消费者的需求落实到生产与销售的每一个环节。"全心全意小天鹅"、"仔细倾听消费者的声音,并把它视做努力的方向",体现着"顾客的需要就是我们的全部"的现代工业经营理念。小天鹅在全国建立了2 000多个服务部,推出了"1,2,3,4,5"的服务承诺,即上门服务自带一双鞋,进门要说两句话(服务前说:"我是小天鹅公司的服务员,前来为您服务";服务后说:"今后有什么问题随时听候您的召唤。"),随身携带三块布(一块垫机布、一块擦机布、一块擦手布),必须做到四不准(不准顶撞顾客、不准呼喝顾客、不准拿顾客礼品、不准乱收费),整机五年保修。通过建立健全服务体系,实现了由售后服务延伸到售中、售前服务,由"简单服务"到"全方位服务",由"物质服务"到"情感服务"的质的飞跃,使其服务水平上升到一个新台阶。

(3)富有特色的"后营销管理"和"末日管理",使小天鹅始终充满了生机和活力。"后营销管理"的特征为:以维持现有市场为出发点,把营销重点放在现有顾客身上,满足现有顾客需求,培养忠实的消费者群,从而达到低成本、高效率扩大市场的目的。小天鹅营销利润中有85%来自产品的升级换代、维修服务、品牌信誉等"后营销管理"。"末日管理"是指企业经营者和所有员工面对着激烈的市场竞争,都要充满危机感,都要树立企业有盛衰、产品有末日的观念,既不能把宏观市场的不景气作为自己搞不上去的理由,也不能陶醉在一度的卓越之中。为此,小天鹅要求员工都要学会运用四面镜子即放大镜(看同行优点)、显微镜(找自己缺点)、望远镜(展望市场趋势)和反光镜(聚集自己的产品),时刻充满忧患意识,确保小天鹅良好的市场信誉和较高的市场占有率。

案例讨论:

1. 小天鹅的产品整体涉及哪些层面?是如何给消费者提供一种整体产品的满足感?

2. 结合案例阐述产品整体概念给营销者在竞争思路上有哪些启发?

3. 从小天鹅成功的产品延伸策略中可以得到哪些重要启示?

4. 结合本案例,谈谈企业应如何强化产品整体观念,实施正确的产品组合策略?

案例分析4

宝洁公司(P&G),无论是飘柔、潘婷、海飞丝、润妍,还是舒肤佳、玉兰油、碧浪、护舒宝、帮宝适，各种品牌在全中国都是家喻户晓。宝洁公司是一个横跨多种行业、拥有多种产品的企业。关于品牌，宝洁公司(P&G)一贯原则是：如果某一个种类的市场还有空间，最好那些“多品牌”。宝洁构建每一款产品的特性是各不相同的，宝洁的家族中也没有完全相同的两款品牌。举例来说，在美国市场上，宝洁有8种洗衣粉品牌、6种肥皂品牌、4种洗发水品牌和3种牙膏品牌，而且每种品牌的诉求都不一样。宝洁这样在同领域推出不同品牌的做法，与我们传统的营销理念有很大的区别，往往会引起人们的质疑：这种“窝里斗”的做法会不会造成宣传资源的浪费？经过多年的品牌营销实践证明，答案是否定的。宝洁不断在相同领域推出自己不同品牌的做法，正是考虑到市场本身的多元化以及消费者不同性格、不同喜好、不同偏爱、不同需求这一根本差别，宝洁不仅要力争满足全球消费者的共同需要，同时也尽力满足具体市场的独特需求，并且要在各产业都拥有极高的市场占有率。

宝洁的多品牌策略与目前市场上不同档次、不同价位的产品之间相互抄袭或模仿，且心存误导之意的做法有着根本的不同。宝洁的多品牌策略并不是把一种产品简单地贴上几种商标，而是追求同类产品不同品牌的差异，追求每个品牌的鲜明个性，这样，每个品牌都有自己的发展空间，市场也就不会重叠。其具体做法如下：宝洁将目标市场划定为不同区间，推出不同产品品质的品牌。公司的市场部为每一个品牌建立一个品牌小组，为每个独立的产品品牌作长期投资；策划全面服务，使不同品牌的产品有很强的可辨别性和很明确的市场定位。这样可供消费者选择的范围拓宽了，也能让消费者买得明明白白。以洗发水为例，宝洁公司旗下的几个品牌都有其明确的市场定位：最早推出的“海飞丝”着重于去头屑；“飘柔”强调让头发飘逸柔顺，洗发护发二合一；“潘婷”的特色则在于含有维他命原B5，令头发健康，加倍亮泽；“沙宣”则根据著名美发大师维达·沙宣命名，突出在恶劣环境下对头发的保护；“润妍”润发露是专门为东方人设计的，在润发露中加入了独创的中草药精华(含首乌)，能令头发乌黑光泽。宝洁的这几个品牌目前在中国市场都占据了相当的份额，成为耀眼的“五朵金花”。多品牌策略不仅提高了宝洁公司整体的市场份额，也降低了单一品牌的风险。多年来，宝洁的各类产品极少出现被其他品牌挤出市场的情况，其根源就在于宝洁用自己的不同品牌占领了不同定位的市场。

宝洁在中国的成功给中国企业上了一堂生动的品牌管理启蒙课。国内企业在采用多品牌策略的同时还需要充分考虑风险性。多品牌策略的风险，首先表现在高度竞争环境下推出新品牌的高成本；其次是每一品牌有的市场规模较小、获利低；再次是，多品牌策略要求较高的品牌管理水平。宝洁作为百年跨国企业，拥有管理多品牌的雄厚财力和经验，这是大多数刚刚从计划经济脱胎出来的国有企业很难效法的。

因此，我国的企业，必须在学习宝洁成功经验的同时，找到适合自己实力的发展之路。

案例思考：

1. 宝洁公司为何采用多品牌策略？

2. 多品牌策略的优势和风险何在?

3. 我国企业采用多品牌策略可能会碰到哪些问题?

4. 结合宝洁公司的做法,请你谈谈企业应如何合理运用多品牌策略?

参考答案

一、判断题

1. √ 2. √ 3. √ 4. × 5. √ 6. × 7. √ 8. √
9. × 10. × 11. √ 12. × 13. √ 14. √ 15. × 16. ×
17. × 18. × 19. √ 20. ×

二、单项选择题

1. D 2. C 3. D 4. C 5. B 6. C 7. C 8. A 9. C
10. D 11. A 12. B 13. C 14. B 15. C

三、多项选择题

1. BCDE 2. BD 3. ABCD 4. ABD 5. CEFBDAG 6. BCD
7. CE 8. ABE 9. ACDE 10. BCD 11. BCD 12. ABDE 13. ABCD
14. BC 15. ABC

四、简述题

1. 市场营销理论的产品概念是指用于满足人们某种欲望和需要的任何事物。由此延伸了产品的整体概念,包括:核心产品、基础产品、期望产品、附加产品和潜在产品。产品整体概念是市场营销理论的重大发展。它使企业营销者清醒地认识到产品的价值不是由生产者决定的,消费者才是最终裁决者。强调企业在实现核心产品的同时,必须还要重视基础产品、期望产品、附加产品和潜在产品的研究与开发,以全方位地满足消费者需要。

2. 市场营销学中的新产品是指在结构、性能、材质、技术特征等某一方面或几个方面比老产品有显著改进和提高并为顾客带来新的利益和新的满足的产品都可称为新产品。新产品开发的方式有四种:独立研制、技术引进、研制与引进相结合、协作研制。

3. ①产品在投入期的特点是成本高、费用大、销量少、利润率低和竞争者少等。投人期企业为了迅速打开产品销路,站稳市场,取得消费者的信任,就必须进行促销宣传,通过理性诉求广告提高产品的知名度,但促销宣传费用增加又会使产品价格提高。为了处理好价格与促销的关系,有四种策略可供选择:快速撇脂策略、缓慢撇脂策略、快速渗透策略、缓慢渗透策略。

②产品在成长期的特点是销量上升,成本下降,利润增加;市场上出现仿制品,呈现出竞争过度的市场态势。成长期企业应努力提高产品质量,改进产品的性能、色彩、式样及包装等,实行产品的差异化策略;树立产品独特形象;对前期价格较高的产品,应选择适当时机降价,以提高自身的竞争实力;对前期价格较低的产品,也可以适当提高产品价格,以树立产品的市场形象;广告宣传要从介绍商品本身转为宣传商品

特色;积极开拓新的细分市场,增加新的分销渠道,扩大商业网点。

③产品在成熟期的特点是销售量基本稳定,利润达到最大,随后利润开始下滑,为了维持和延长这一阶段,企业要增加促销费用。成熟期企业应寻找新的细分市场和营销机会;设法促使现有顾客增加用量和使用频率;为品牌重新定位,以吸引较大的顾客群;转变非使用者;设法争取竞争者的顾客;企业可通过改变产品特性,吸引顾客,扩大销售;发展产品的新用途;通过变换营销组合,扩大产品的销售。

④产品在衰退期的特点是销售量下降,企业原有的生产能力不能发挥作用,必然压缩生产规模,导致成本上升、生产萎缩、利润下降。衰退期企业应有计划、有步骤地撤换老产品,有目的地开发新产品。可供企业选择的营销策略有:持续营销策略、集中营销策略、榨取营销策略、放弃营销策略。

4. 产品开发失败的原因有以下几种。

①市场调研和预测失误;②新产品开发没有以市场有效需求为出发点;③新品开发没有详细的开发计划;④部门之间的沟通协调困难,人为延长了开发周期;⑤产品策略缺乏创意;⑥新产品开发过多、过滥,缺乏有效管理;⑦重视产品开发,轻视产品策划,盲目投放新产品。

5. 最佳产品组合的分析方法具体有三维分析图法、波士顿矩阵法和通用电气公司法。

6. 许多营销者把包装作为4P之后的第五个P,世界上最大的化学公司——杜邦公司的营销人员经过周密地市场调研后提出著名的杜邦定律:即63%的消费者是根据商品的包装和装潢进行购买决策的。包装具有保护商品、方便顾客识别和使用及促进销售的作用,所以包装成为营销者当前重要的营销手段。

7. 品牌是产品整体概念的一个重要组成部分。消费者是根据品牌选购商品的。享有信誉的品牌是企业的宝贵财富,是企业在复杂多变的市场竞争中占据有利位置的重要因素。成功的品牌之所以经久不衰,是因为它的良好形象在消费者的心目中确立了稳固的地位,即使其商品已历经改良或替换。品牌的定义是:品牌是一种名称、术语、标记、符号或设计,或是它们的组合运用,其目的是借以辨认某个销售者或某群销售者的产品及服务,并使之与竞争对手的产品和服务区别开来。包括品牌名称和品牌标志。“商标”与“品牌”两者之间既有联系又有区别。商标是一个法律术语,偏重于标志(或标记),往往与具体商品联系在一起,商标有专门的使用性和排他性,采用成本法评估后的商标标定的产品,不论其产品是否有市场都有其商标价值,消费者从商标上辨认是哪家企业商品及商品档次;而品牌是一个商业用语,偏重于名称,往往与厂牌同一,未经使用的品牌就没有价值,品牌只有经过国家有关部门注册登记后,获得专用权,受国家法律保护,才称之为商标。商标不等同于品牌,所有的商标都是品牌,但并非所有的品牌都是商标。

8. 品牌资产是一种与某一特定的品牌紧紧联系的超出商品或服务本身利益以外并通过为消费者和企业提供附加利益来体现的价值。若某种品牌给消费者提供的超出商品或服务本身以外的附加吸引力越大,则品牌资产价值也就越高;如果该品牌的名称或标志发生变更,则附着在该品牌的财产也将部分或全部丧失。品牌资产由五大部分构成,即品牌认知度(知晓程度)、品牌联想、感觉品质(对品牌品质的主观判断)、品牌忠诚度和其他品牌资产(附在品牌之上的资产)。品牌资产作为企业财产的重要组成部分,主要有以下几个基本特征:无形性、增值性、难以计量性、波动性及品牌资产是营销绩效的主要衡量指标。

9. 外国人对中国产品有"一流的品质,二流的服务,三流的价格,四流的包装"的印象,不仅说明中国产品在国际市场的现状,也说明中国企业的经营理念存在问题。当中国的科技进入一个新的成长阶段时,中国企业不仅要保证产品最本质的核心要素——品质外,必须强化服务营销理念,通过科学、适宜的包装,制定恰当的价格,在提高产品品质的同时提升企业形象,从而提高中国企业的国际竞争实力。

10.(1)品牌可以给销售者带来以下好处:①便于消费者识别和选购商品;②有利于维护消费者和企业的合法权益;③有利于约束企业的不良行为;④有利于优化产品组合,满足消费需求,适应市场竞争的需要;⑤有利于商品的广告宣传和推销,竖立企业形象。

(2)为提高品牌的知晓度和品牌偏好,首先要准确的品牌定位,使品牌的属性、利益、价值、文化和个性突出表现出来,准确传递到目标消费者;其次要通过不断为消费者提供优质产品和服务,并与消费者进行良好沟通,努力塑造出对消费者具有吸引力的品牌个性,形成与顾客产生共鸣的品牌文化,不断提升品牌价值,逐渐取得消费者的认同,最终获得消费者的好感。品牌偏好的形成是一个长期动态过程,需要企业持之以恒。只有被目标消费群体认知、认同时才能成为有意义、有吸引力的品牌,因此企业经营者要不断提高企业良好形象,搞好企业产品和消费者之间的关系,与时俱进,努力满足顾客不断变化的需求,使在不断竞争中保持有利的地位。

8

定价策略

学习目标与要求

- 了解企业定价时应考虑的因素
- 熟悉企业定价的目标
- 掌握各种不同的定价方法
- 理解并运用企业定价的策略和技巧
- 了解企业面对环境变化采取的各种价格调整策略

价格因素是企业营销组合中最活跃的因素，它与产品、渠道和促销等因素不同，价格随市场环境和消费者需求状况而变化，是促进企业销售、获取利润的关键因素。产品价格的基础是产品价值。而产品价值只有到达消费者手中才得以实现。因此企业定价，就是要依据产品成本、市场需求以及市场竞争状况等影响因素，为其产品制定适宜的价格，使其产品在保证企业利益的前提下，最大限度地为市场接受的过程。能否为自己的产品确定一个合适的价格，是一门科学，也是一门艺术，是当今每一个企业都面对的问题。本章主要阐述企业经营者必须掌握定价的原理、方法、策略和技巧，使企业经营者合理、科学地制定和调整商品价格，配合其他营销策略，实现企业营销目标。

8.1 影响定价的主要因素

价格作为营销组合中最活跃的因素,它应对整个市场变化做出灵活及时的反应。影响价格变化的因素很多,但主要受定价目标、产品成本和市场需求三方面影响。

8.1.1 定价目标

企业的定价目标是指每一商品的价格在实现以后应达到的目的,它和企业战略目标是一致的,并为经营战略目标服务,其总的要求是追求企业利润的最大化。任何企业制定价格,都必须按照企业的目标市场战略的要求来进行,并为经营战略目标服务。定价所应考虑的因素较多,定价目标也多种多样,不同企业可能有不同的定价目标,同一企业在不同时期也可能有不同的定价目标,企业应权衡各个目标的依据及利弊,慎加选择。企业定价目标主要有以下几种。

8.1.1.1 维持生存目标

当企业产品产量过剩,且价格敏感,面临激烈竞争,或试图改变消费者需求和偏好,则需要把维持生存作为主要目标。企业通过大规模的价格折扣来保持企业活力。将价格制定的很低,能弥补可变成本和一些固定成本即可。这种维持生存目标是企业处于不利环境中为了避免倒闭、渡过难关而实行的一种特殊的过渡性目标,企业短期内可以实行亏本销售产品。如有的航空公司在淡季将飞机票价降得很低,甚至有的时间点比火车的软卧还便宜就是采用这种定价目标。

8.1.1.2 当期利润最大化目标

当企业的产品在市场上处于绝对有利地位时,企业总是希望制定一个能使当期利润最大化的价格。但不是高价,因为如果高价格,顾客则不去购买他们的产品,何谈利润? 企业采用当期利润最大化目标需要估计顾客的需求和产品的成本,并据此选择一种价格,使之能产生最大的当期利润、现金流量或投资报酬率。采用这种定价目标是当产品以奇特、新颖位居市场,或属于垄断行业的产品(但不能违背国家对垄断行业产品定价的法律规定)时可以采用这种定价目标。如雷诺公司在人们欢度战后第一个圣诞节时推出一种新型“原子笔”(即现在的圆珠笔),当时其每支成本是 0.5 美元,经营者考虑到顾客的求新、求异心理及人们欢庆时要互相赠送礼品的心理而采用当期利润最大化目标,以 10 美元卖给零售商,零售商又以 20 美元卖给消费者。

8.1.1.3 市场占有率最大化目标

市场占有率是企业经营状况和企业产品在市场上的竞争强弱的一个综合指标。当企业产品处于市场成长阶段时应保持和增加市场占有率作为定价目标。实力雄厚的企业通过规模经济效应,使生产与分销的单位成本随着生产经验的积累而下降,因而制定出尽可能低的价格来追求市场占有率领先地位,同时还通过低价位有效地排斥竞争对手。该定价目标适用于市场对价格高度敏感,企业的低价足以能击退现有和潜在的竞争者。如世界最大零售商沃尔玛公司采用天天低价来提高市场占有率从而达到盈利的目的。又如美国最大的化工企业——杜邦化学公司采用这种定价目标提高市场占有率,获得了长期维持利润的目的。

8.1.1.4 产品质量最优化目标

有一定声誉和知名度的企业,常采用产品质量领先的定价目标。这些企业为了维持和提高产品的质量和信誉,将产品制定到一个较高的价格,使企业有足够的资金来保持产品质量领先地位。如海尔公司的定价目标是产品"质量优先,服务到永远"。又如德国梅塞德斯奔驰汽车的定价目标就是产品质量最优化目标。

8.1.1.5 以应付和防止竞争为定价目标

随着市场竞争的加剧,很多企业采用这种定价目标。实力雄厚的企业为了阻止其他企业的进入,往往将价格定得很低;垄断行业的产品也要考虑竞争者的价格;而中小企业定价时是以市场领导者的产品价格作为依据,保持适当差异。竞争者的产品价格是产品定价的标准。

如佳能照相机的质量如果不如尼康好,那么其价格就应比尼康低。

一般情况下,企业应以一个定价目标为主,最后形成一个重点突出的目标组合。

8.1.2 产品成本

商品的价格由成本、税金和盈利构成,一般来说,市场需求限制了产品的最高价格,产品的成本费用给出了产品的最低价格。从长远看,任何产品的销售价格都必须高于成本费用,才能以销售收入来抵偿生产成本和经营费用,否则就无法经营。企业产品的总成本是由产品的固定成本和变动成本构成。研究成本因素,应区别以下各种成本概念。

8.1.2.1 固定成本

固定成本指为组织一定范围内的生产经营所支付的固定因素的费用,即不随产量的变动而变化的成本。从长远看,固定成本也是可变的。如厂房折旧、租金、财产税、产品设计费、管理人员工资等,不论产量多少,都必须支出。

8.1.2.2 变动成本

变动成本指在同一范围内支付变动因素的费用,即随产量的变动而变化的成本。如原材料、生产工人工资、销售税金及商品运输费用等。

8.1.2.3 总成本

总成本即固定成本与变动成本之和。当产量等于零时,总成本等于固定成本。

8.1.2.4 边际成本

边际成本指每增加或减少一个单位产量所造成变动的数额。由于生产者所关心的是找到一个能获得最大利润的产量,故对产量变动所发生的新增成本比对平均成本更为重视,边际成本的变动与固定成本无关,初期呈下降趋势,低于平均成本,导致平均成本下降,但超过一定限度,则高于平均成本,又导致平均成本上升。如某机器设备设计的额定产品产量是 10 000 台,达到这个额定产量就需要保养和维修。在此范围内企业的月产量由 1 000 台增加到 1 200 台时,200 台的边际成本与固定成本无关,呈下降趋势,低于平均成本,当连续9个月的生产达到额定产量时,再增加产品产量,就会增加保养和维修费用,从而大于平均成本,导致平均成本上升。

8.1.2.5 制造成本和使用成本

企业的产品在销售之前所发生的成本费用,即制造成本。如生产产品需要消耗的原材料成本、生产工人的工资等。

消费者在使用产品时的花费,被称为使用成本,也是影响价格和需求的重要因素。如汽油费、电费、维修费等,被称为使用成本。

8.1.2.6 机会成本

机会成本指企业从事某一项经营活动而放弃另一项经营活动的机会,另一项经营活动所应取得的收益即为某项经营活动的机会成本。因此企业在经营活动中,根据各种可能的途径选择最佳途径,使有限的资源得到合理配置。

8.1.3 市场需求

市场需求是指价格变动而引起的需求量的相应变动的比率,反映需求变动对价格变动的敏感程度。市场需求对企业定价有着重要影响,并受价格和收入变动的影响。需求弹性的大小以弹性系数表示,其计算公式为

$$E=\frac{\frac{\Delta Q}{Q}}{\frac{\Delta P}{P}}$$

式中,E 为弹性系数;Q 为原需求量;ΔQ 为需求变动量;P 为原价格;ΔP 为价格变动量。

由于价格与需求成反比变化,弹性系数是一个负值,采用时取其绝对值。不同的产品具有不同的需求弹性。根据弹性的大小决定企业的价格决策,可考虑如下三种情况:

(1)$E=1$,即标准需求弹性,又称单位需求弹性,反映需求量与价格等比例变化,商品价格的上升或下降会引起需求量等比例的减少或增加。这种情况较复杂,企业进行定价决策时,应认真分析市场状况,可采用随行就市定价策略,同时辅之以其他促销措施。

(2)$E>1$,即需求弹性大,反映需求量的变化幅度大于价格的变化幅度,商品价格稍微上升或下降会引起需求量大幅度的下降或上升。对这类商品,企业可采取维持生存或市场占有率最大化为定价目标,采用降价策略,薄利多销达到增加利润的目的,而涨价时则需慎重考虑,以免引起需求量锐减,影响企业收入。如汽车、计算机、服装、装饰品、旅游等需求弹性较大。

(3)$E<1$,即需求弹性小,反映需求量变化的幅度小于价格的变化幅度,商品价格的较大幅度的上升或下降仅仅引起需求量较小幅度的下降或上升。对这类商品,低价对需求量的刺激不大,薄利也未必多销。如大米、食盐、食油等生活必需品的需

求弹性较小。

市场需求是否富有弹性,是企业经营者制定价格时需要考虑的重要因素。在以下条件下,需求可能缺乏弹性:①市场上没有替代品或没有竞争者;②购买者对较高价格不在意;③购买者改变购买习惯较慢,也不积极寻找较便宜的东西;④购买者认为产品质量有所提高,或者认为存在通货膨胀等,价格较高是应该的。如果某种产品不具备上述条件,那么这种产品的需求就有弹性。一般情况下,当需求弹性充足时,由于需求对价格反应灵敏,企业在降低成本,保证质量的前提下,采用低价策略可以扩大销售,争取较多利润。当需求弹性不足时,由于需求对价格变化反应迟钝,可以适当提高价格增加利润,降低价格则效果不佳。当需求弹性不变时,由于情况复杂,应认真研究市场状况,找出影响需求变化的关键因素,并据此选择相应的价格策略。

8.2 定价的一般方法

企业制定价格必须全面考虑各个方面的因素,采取一系列步骤和措施。一般来说,要采取六个步骤:选择定价目标、估算市场潜量、分析竞争对手的产品与价格及反应、预计市场占有率、考虑企业活动经营的计划、最后选择定价方法。定价方法的确定,要从影响价格变化的主要因素:成本、市场需求和竞争情况三个方面出发,即成本导向、需求导向和竞争导向定价法。

8.2.1 成本导向定价法

成本导向定价法是一种主要以成本为依据的定价方法。企业的成本资料由于具体真实,便于取得,因此,按成本定价是企业经常使用的方法。这种定价法包括成本加成定价法和目标定价法两种。

8.2.1.1 成本加成定价法

企业在生产经营中的各项费用,必须在销售收入中得到补偿,这是成本加成定价法的依据。从理论上讲,产品价格应根据企业的完全成本(固定成本+变动成本+销售费用),加上应纳税金和合理的利润,然后除以产品产量,从而得出单位产品的价格。其公式为

价格=单位完全成本+定额利润+应纳税金

或价格=单位完全成本×(1+成本加成率)

成本加成率=毛利(销售收入-销售成本)/销售成本

其中:单位完全成本是单位变动成本与平均分摊的固定成本之和。

成本加成定价法计算简单,可以预先了解利润的数量,有利于核算、补偿劳动消耗,正常的情况下,能够获得预期收益,也避免行业间的价格竞争。但这种定价方法没有考虑市场供求状况和竞争状况,缺乏灵活性,适应市场变化性能差;当企业为多品种、全方位经营时,对间接费用的分摊非常困难。

8.2.1.2 目标利润定价法

按照盈亏平衡法确立一个盈亏平衡点,即企业的销售总收入等于相应的销售总成本(包括销售税金),这时,企业既无销售利润也无亏损,销售利润处于零的状态。其基本公式

$$销售总收入\ QP = 变动成本\ QV + 固定成本\ F$$

当考虑企业获得一定的目标利润 L 时,其计算公式如下

$$L = QP - QV - F$$

当 $L=0$,产品的保本价 $P = F/Q + V$;

当 $L>0$,由此得到一定目标利润的产品销售价格 $P = \frac{L+F}{Q} + V$。

如某厂年产量为 4 000 件,年固定费用为 200 000 元,每件产品材料费为 2 000 元,人工费用为 400 元,其他费用为 100 元。

(1) 若 4 000 件产品全部售出,保本销售价格应是多少?

(2) 若企业盈利 200 000 元,销售价格应是多少?

解:(1) 4 000 件产品全部售出时:

固定总成本 = 200 000(元)

单位变动成本 = 材料费 + 人工费用 + 其他费用 = 2 000 + 400 + 100 = 2 500(元)

每件产品保本销售价 = $F/Q + V$ = 200 000/4 000 + 2 500 = 2 550(元)

(3)企业盈利 200 000 元时:

产品销售价 $P = \frac{L+F}{Q} + V$ = (200 000 + 200 000)/4 000 + 2 500 = 2 600(元)

答:若 4 000 件产品全部售出,保本价格是 2 550 元。若企业盈利 200 000 元,销售价格应是 2 600 元。

8.2.1.3 边际贡献定价法

企业为了维持生存,或拓展市场,以高于变动成本的价格出售商品,并用边际贡献来补偿固定成本。所谓边际贡献,是指企业每多出售一单位的商品而使总收益增加的数量,可用总收入减去变动成本后的余额来计算。边际贡献不足以补偿固定成本,则出现亏损。这种定价法适应于竞争十分激烈、市场形势严重恶化的情况。

其基本公式:

价格 = 单位变动成本 + 单位边际贡献

单位边际贡献 = 价格 - 单位变动成本

利润 = 边际贡献 - 固定成本

如某企业生产的产品,单位固定成本为 5 元,产品产量为 40 000 件,固定成本 200 000 元,单位可变成本为 15 元,因此该企业的单位成本为 20 元。这意味着价格低于 20 元就要亏损。现在假设某顾客愿意以 16 元购买这批产品,这时企业应不应该抓住这个机会呢?答案是,如果市场竞争激烈,企业的短期目标是生存,而且企业

生产能力过剩,或者固定成本已经收回,可以利用边际贡献定价法,抓住这一机会。因为16元除了可以弥补15元的单位变动成本之外,还可以弥补1元的单位固定成本。

8.2.2 需求导向定价法

成本导向定价法是站在企业的角度(卖方)确定产品的价格。价格是商品价值的货币表现,商品的价值只有通过消费者的认可后才得以实现。因此还必须站在消费者的角度(买方),根据消费者的认知程度和需求强度确定产品的价格。需求导向定价法又称为顾客导向定价法,就是指企业根据市场需求状况和消费者认知程度分别确定产品价格的一种定价方法。即在市场需求强度较强时,可以适当提高价格;而在需求强度较弱时,则适当降价。需求导向定价法包括认知价值定价法、反向定价法和需求差异定价法三种。

8.2.2.1 认知价值定价法

认知价值定价法就是指企业根据购买者对产品的认知价值来制定价格的一种方法。这是消费者根据自己对产品的功能、效用、质量、档次等多方面的印象,综合购物经验,对市场行情和同类产品的了解而对价格做出的评判。其实质是商品的效用价格比。认知价值定价的关键,在于准确地计算产品所提供的全部市场认知价值并使企业通过有目的、有针对性的广告宣传及销售环境布置,使消费者产生一种定向判断,提高消费者的认知价值,特别是同竞争对手的同类产品相比较而言的认知价值,从而以相应的价格销售。企业如果过高地估计认知价值,便会定出偏高的价格;如果过低地估计认知价值,则会定出偏低的价格。为准确把握市场认知价值,企业必须进行市场营销调研,预估在此价格下所能销售的数量,再根据这一销售量决定所需要的产能、投资及单位成本;接着,管理人员还要在计算在此价格和成本下能否获得满意的利润。如果获得满意的利润,则继续开发这一新产品,否则,就要放弃这一产品。

如凯特皮勒公司运用认知价值定价法,通过公开说明,将其拖拉机的价格定为10万美元,比其他竞争者的同类产品高出1万美元。该公司是这样说明原因的:

(1)与竞争者产品质量相同,应定价为90 000美元;

(2)因耐用性高于竞争者产品,应加价7 000美元;

(3)因可靠性高于竞争者产品,应加价6 000美元;

(4)因维修服务好,应加价5 000美元;

(5)因保证零部件供应期限,应加价2 000美元。所以:

$$\text{最终价格} = \text{总价值} - \text{折扣} = 110\,000 - 10\,000 = 100\,000(\text{美元})$$

如此说明后,消费者的购买不但未见减少,反而大增。结果该公司获得了不少的收益。其原因有三个方面:

(1)凯特皮勒公司采用积极的创造方法,使消费者确信该公司产品的真实价值是110 000美元,而不是100 000美元,这是其成功的最根本保障;

(2)凯特皮勒公司让消费者感觉他正在获得超额享受;

(3)明确无误地说明给消费者10 000美元折扣,不仅有利于提高企业的美誉度,而且培养了消费者对企业产品的偏爱度。

8.2.2.2 反向定价法

反向定价法是指企业依据消费者能够接受的最终销售价格,计算出自己从事经营的成本和利润后,逆向推算出产品的批发价和零售价。这种定价方法不以实际成本为主要依据,而是以市场需求为出发点,力求使价格为消费者接受。分销渠道中的批发商和零售商多采用这种定价方法。在出口定价中也可以用这种方法推算FOB价。如假定国外市场可以接受的价格是100美元,将去除40%的零售商毛利,零售商的成本就是60美元。减去经销商15%的毛利(60×15%),经销商的进货成本是51美元。减去10%的关税(51×10%=5.1)后的价位是45.90美元,减去运费保险费5美元,则得出FOB(出口净价)价格为40.90美元。又如由美国沃尔弗林环球股份公司生产的"安静的小狗"是一种松软猪皮便鞋的牌子,当"安静的小狗"问世时,该公司为了了解消费者的心理,采取了一种独特的试销方法:先把100双鞋无偿送给100位顾客试穿8周。8周后,公司派人登门通知顾客收回鞋子,若想留下,每双付5美元。其实,公司老板并非真想收回鞋子,而是想知道5美元一双的猪皮便鞋是否有人愿意购买。结果,绝大多数试穿者把鞋留下了。得到这个消息,沃尔弗林公司便大张旗鼓地开始生产、推销。结果,以每双7.5美元的价格,销售了几万双"安静的小狗"。

8.2.2.3 需求差异定价法

需求差异定价法既是一种定价方法,也是一种定价策略。这是指根据不同的市场需求制定不同的商品价格,综合考虑了产品成本、产品生命周期、市场购买能力、产品销售地区、消费者购买心理等多种因素。如根据消费者的年龄不同可实行不同的差别价格;根据顾客不同层次采用不同的价格;还可以根据消费者职业、消费水平、消费地区和季节的不同而制定不同的价格。又如同样的建筑材料,卖给经常采购的建筑单位要比卖给一般用户的价格低一些;以产品式样为基础的差别定价,同等质量和规格的产品,式样老的可定低价,式样新的可定高价;高档产品和低档产品,价格也可拉开差距;根据地理位置和时间差别定价。

采用需求差异定价法的条件是:①市场要能够细分,且细分市场的需求程度的差别明显;②差别价格不会引起消费者反感。

8.2.3 竞争导向定价法

竞争导向定价法,是指企业根据市场竞争状况,以竞争对手的价格为基础,与竞争品价格保持一定的比例确定商品价格的一种定价方式。竞争导向定价法主要有以下两种形式。

8.2.3.1 随行就市定价法

它是以本行业竞争者的价格,即同行业企业的一般水平作为企业定价的基础。这种方法在实践中运用比较普遍。随行就市定价,既充分利用了行业的集体智慧和反映市场供求情况,避免价格竞争带来的风险,又能保证企业适当的收益,还有利于协调与同行业其他企业的关系,促进行业成长。采取这种定价方法的条件是:①难以估算产品成本;②企业打算与同行和平共处;③如果另行定价,很难了解购买者对本企业的价格的反应。

8.2.3.2 投标定价法

投标定价法是买方引导卖方通过竞争择优成交取得最低商品价格的定价方法。一般适用于建筑工程、大型设备制造、政府的大宗采购等。买方密封递价(又称标的),公开招标,卖方则竞争投标。投标人为争取中标,以低于其他投标人的价格递价。并不按照企业的成本费用或市场需求来制定价格。但低价不能低于企业成本水平,否则不能保证企业适当的收益。

8.3 产品定价策略

企业在确立了定价目标后,制定产品价格是往往不是依据一种定价方法,即从影响定价一个方面出发制定价格,而是考虑多方面的影响,最终选择使企业的经济效益最佳措施。因此,定价策略是指企业在确定的价格决策目标指导下,根据商品的特点、市场供求状况和竞争状况、产品成本变动状况以及消费者购买行为的动向等,采取的各种定价措施和手段。定价策略的正确性和科学性关系到企业能否实现定价目标和获得最佳经济效益。因此,定价策略不仅是一门科学,更是一门经营艺术。

8.3.1 新产品定价策略

新产品的市场定价策略有撇脂定价策略、渗透定价策略和满意价格策略三种。

8.3.1.1 撇脂定价策略

撇脂定价策略也称高价策略,是指企业在产品生命周期的投入期或成长期,利用消费者的求新、求奇心理,抓住激烈竞争尚未出现的有利时机,有目的地将产品价格定得很高,以便在短期内获取尽可能多的利润,尽快地收回投资的一种定价策略。撇脂定价策略适用于需求弹性较小的细分市场。产品技术独特、难以仿效、生产能力不易迅速扩大等特点的新产品可考虑选择此种策略。撇脂定价策略是一种追求短期利润最大化策略,从长期发展的观点来看是不可取的。其优点是提高产品身价,树立高质形象,刺激顾客购买,尽快收回成本,获取利润,并为以后实施降价策略留有充分余地。缺点是高价令人望而生畏,抑制购买,高利润容易诱发竞争,吸引竞争者加入。如美国雷诺公司的“原子笔”,我国的“呼拉圈”、“大哥大”都曾采用这种定价策略。又如我国一些中外合资企业采用高价策略在国内市场推出高新医药产品,获得了成功。

8.3.1.2 渗透定价策略

渗透定价策略也称低价策略,是指在新产品投放市场时制定比较低的价格,以物美价廉的形象,吸引和刺激消费者的需求,提高市场的占有率。企业可以通过增加需求、扩大产销量、降低成本,实现企业的利润目标。一般适用于需求弹性大的商品,其工艺技术较为简单并能进行规模生产、市场需求量和需求潜力都较大的新产品。其优点是低价容易为消费者所接受,有利于迅速打开销路,提高市场占有率;薄利不易于诱发竞争行为,便于企业长期占领市场。其缺点是投资回收期较长,价格调整空间较小,要求企业有较强的实力。

8.3.1.3 满意定价策略

满意定价策略也叫温和价格策略,是指一种介于撇脂定价策略和渗透定价策略中间的一种价格策略,它兼具上述两种价格策略之长,以适中水平定价,这种价格策略既能保证企业获得满意的利润,又能为消费者所接受,使双方都满意。其优点是风险较小,在正常情况下可按期实现目标利润。但较为保守,容易使企业造成高不成低不就局面,失去高额利润或市场机会。

8.3.2 差别定价策略

差别定价也叫价格歧视,是指企业按照两种或两种以上不反映成本费用的比例差异的价格销售某种产品或劳务。差别定价有四种形式。

8.3.2.1 顾客差别定价

顾客差别定价是指企业按照不同的价格把同一种产品或劳务卖给不同的顾客。如某汽车经销商按照目标价格把某种型号的汽车卖给新顾客 A,同时按照较低价格把同一型号的汽车卖给老顾客 B。这种价格歧视表明,顾客的需求强度和购买频次有所不同。

8.3.2.2 产品形式差别定价

产品形式差别定价是指企业对不同型号或形式的产品分别制定不同的价格,但是,不同型号或形式产品价格之间的差额和成本费用之间的差额并不成比例。如某百货大楼在奥运会期间,对式样新颖的服装和标有奥运会标志的衣服定的价位就较高,以满足顾客追求时尚、求新求异的心理;对式样过时的服装或没有奥运会标志的衣服定的价位就低,以便清理库存,减少资金占用。

8.3.2.3 产品部位差别定价

产品部位差别定价即企业对处于不同位置的产品或服务分别制定不同的价格,且使这些产品或服务的成本费用没有任何差异。如购买房屋,不同楼层的价位则不同,虽然不同楼层的成本费用一样,但给予消费者的便利性和满足感不同。又如牛肉的部位不同,其价位也不同。

8.3.2.4 销售时间差别定价

销售时间差别定价即企业对于不同季节、不同时期甚至不同钟点的产品或服务也分别制定不同的价格。如包头市百货大楼,某些商品从早上 9 点开始,限人限量促销一部分日常食品,从而也带动了其他商品的销售额大幅度增加的好效果。又如电信行业运作的促销活动,在不同的时间,(白天、晚上、节假日等),播打电话的费用不同。

8.3.3 心理定价策略

企业经营者针对消费者的不同消费心理,制定相应的商品价格,以满足不同类型消费者需求。心理定价策略一般包括习惯定价、尾数定价、声望定价、整数定价、招徕定价和最小单位定价等。

8.3.3.1 习惯定价

习惯定价策略是指企业经营者利用消费者对某些商品的预期价格认知心理制定商品的价格策略。某些商品，由于消费者需要经常重复购买，这些商品的价格在消费者心理已形成定势，成为一种习惯性的价格。如日用品中的火柴、酱油、肥皂、卫生纸等，即使产品质量或功能提高和增加，或产品成本降低，从而使产品价位提高或降低，也会引起消费者对品质的不满或怀疑。

因此，这类产品进行价格调整时，可在包装上进行适当的变动，调整的幅度不能过大，使消费者逐渐接受价格的变动。这种定价策略一般适用于需求弹性大的商品。企业可通过规模经济，降低成本，实现企业的利润目标。

8.3.3.2 尾数定价

尾数定价策略是指企业经营者利用消费者数字认知的某种心理，尽可能在价格数字上不进位，而保留零头，没有超过消费者预期心理，使消费者感到便宜，产生价格低廉和卖主经过认真的成本核算才定价的感觉，从而使消费者对企业产品及其定价产生信任。这种策略适用于价格较低的商品。现在有些商家把系列产品用尾数定价方式区别他们的功能。如本应定价 200 元的商品，现定价 198 元，虽只低 2 元，但感觉上却便宜了许多，还给人定价精确的感觉。这种策略适用于单位价值较低的日常生活用品。如我国超市上的商品，大多数都是奇数尾数定价，如 6.45 元、1.25 元、5.90 元等。一双皮鞋标价 149.90 元，而不标 150 元；某种牙膏标价 3.90 元，而不标 4 元等。又如心理学家的研究表明，价格尾数的微小差别，能够明显影响消费者的购买行为。如某小贩用一大卡车在 A 地区卖土豆，声称土豆是包头固阳产的（该产地在当地非常认可），质地均匀，又沙又面，非常可口。每公斤 1.2 元，不还价。结果，当人们看完土豆问价时，多数人离去了。生意很冷落。该小贩等了好长时间发现不见起色，于是，把车开到 B 地区销售，仍然是刚才的宣传，只是把价格降到 1.1 元/公斤，结果，人们纷纷去买，最后，还让一个开食堂的小老板以 1.0 元/公斤的价格把剩余的土豆全部买下。

8.3.3.3 声望定价

企业经营者利用顾客“一分价钱一分货”和仰慕名牌商品或名店的声望所产生的某种心理，制定高于其他同类产品的价格。顾客购买名牌产品不仅仅是为了消费，还要显示他们的身份和地位。这种声望定价不仅在零售业中广泛应用，在饮食、服务、修理、科技、医疗、文化教育等行业也被广泛应用，适宜于那些质量不易鉴别的商品，如药品、保健品、化妆品等。但是采用此定价策略时一定要慎重。一般商品和商店如乱用此策略，将会失去市场。如微软公司的 Windows98（中文版）进入中国市场时，一开始就定价 1 998 元人民币，便是一种典型的声望定价。另外，用于正式场合的西装、礼服、领带等商品，且服务对象为企业总裁、著名律师、外交官等职业的消费者，则都应该采用声望定价，否则，这些消费者就不会去购买。又如金利来领带，一上市就以优质、高价定位，对有质量问题的金利来领带他们决不上市销售，更不会降价处理。从而给消费者这样的信息，即金利来领带绝不会有质量问题，低价销售的金利来绝非真正的金利来产品。从而极好地维护了金利来的形象和地位。再如德国的奔驰轿车、瑞士莱克司手表、巴黎里约时装中心的服装以及我国的一些国产精品也多采用这种定价方式。

8.3.3.4 整数定价

整数定价是指企业经营者利用消费者购买产品不仅要购买产品的功能，还要显示其地位、身份，满足其心理需要。整数定价是指将产品价格采取舍零凑整的办法，这样给人以高档的感觉。如将价格定为 1 000 元，就比 999 元显得高一个档次，炫耀性商品、贵重物品，如名画、古董、成套的邮票等适合整数定价。

8.3.3.5 招徕定价

招徕定价是指企业经营者利用部分顾客求廉心理，特意将几种商品(处理商品)的价格定的较低，以吸引顾客，借机带动其他商品的销售，以扩大销售业绩。如超市经营生鲜成本很高，价格却较低，这是为了吸引前来购物的主妇顺手又买一些卫生纸、洗衣粉之类的商品，从而带动了其他商品的销售。超市定期还对一些生鲜食品制定特别低的价格，以此招揽顾客。

8.3.3.6 最小单位定价策略

最小单位定价策略是指企业经营者利用顾客心理错觉，把同种商品按不同的数量包装，以最小包装单位量制定基数价格。销售时，参考最小包装单位的基数价格与所购数量收取款项。一般情况下，包装越小，实际的单位数量商品的价格越高，包装越大，实际的单位数量商品的价格越低。如高级食品(中秋月饼、点心)、饮料(小包装的咖啡)、茶叶等常采用这种最小单位定价策略。

8.3.4 折扣定价策略

折扣定价策略是指企业经营者为了鼓励顾客及早付清货款、大量购买、淡季购买，或配合促销，常常给予顾客一定的价格折让或折扣。常见的折扣定价的形式有以下五种。

8.3.4.1 现金折扣

现金折扣是指企业经营者给那些当场付清货款的顾客的一种减价。企业采取现金折扣的目的就是鼓励顾客按期或提前付款，以加快企业资金周转，减少呆账发生。如顾客在 30 天内必须付清货款，如果 10 天内付清货款，则给予 2% 的折扣；20 天内付清货款，给予 1% 的折扣。在付款条件中一般注明“2/10，1/20，n/30”。

8.3.4.2 数量折扣

数量折扣是指企业经营者给那些大量购买某种产品的顾客的一种减价，以鼓励顾客购买更多的物品。数量折扣方式分为累积和非累积数量折扣两种。

(1)累积数量折扣，指按顾客在一段时间内的购货总量计算折扣，或者由销售商规定一定时期内应达到的购买总量或购买总金额给予数量折扣,以鼓励购买者集中向一个供应商多次进货,连续购买,建立固定的商务关系。如很多商场当顾客的购买销售额达到商场规定的要求时,为顾客办理一个"荣誉顾客卡",购买数额累计一年结算一次,给予1%的折扣。

(2)非累积数量折扣,又称为一次性折扣,是指企业经营者按顾客一次购货的数量计算折扣,以鼓励购买者大批量购买。从而降低企业销售成本,对买卖双方都有利。如某百货商店对于顾客购买某种产品200元以上给予七折价格折扣,200元以下给予九折价格折扣。

8.3.4.3 功能折扣

功能折扣又叫交易折扣,是指企业经营者给某些批发商或零售商的一种额外折扣,促使他们执行某种市场交易功能(如推销、储存、服务)。一般给予购买批量大的中间商的折扣大于购买批量小的中间商的折扣。

8.3.4.4 季节折扣

季节折扣是指企业经营者给那些购买过时商品的顾客的一种减价,即反季节销售的一种让价策略。这种季节折扣以鼓励顾客提前购买或在淡季购买,使企业的生产和销售在一年四季保持相对稳定。

8.3.4.5 价格折让

这是另一种类型的价目表价格的减价。包括:以旧换新折让、促销折让、运费让价等折让。如一辆小汽车标价为4 000美元,顾客以旧车折价500美元购买,只需付给3 500美元,这叫做以旧换新折让。如果经销商同意参加制造商的促销活动,则制造商卖给经销商的物品可以打折扣,这叫做促销折让。如果企业为了鼓励远方的顾客购买本企业的产品,在产品的价格上给予一定的折扣,以弥补部分或全部运输费用,这是一种运费让价策略。

8.3.5 地区定价策略

一般地说,一个企业的产品,不仅卖给当地顾客,而且同时卖给外地顾客。而卖给外地顾客,把产品从产地运到顾客所在地,需要一些费用。所谓地区性定价策略,就是企业要决定:对于卖给不同地区(包括当地和外地不同地区)顾客的某种产品,是分别制定不同的价格,还是制定相同的价格。地区性定价的形式包括:FOB原产地定价、统一定价、分区定价、基定点价、免收运费定价。

8.3.5.1 FOB原产地定价

FOB原产地定价是指卖方负责在约定的地点(如车站、码头、机场等)将货物运到买方指定的运输工具上(如卡车、火车、船舶、飞机等)交货,并承担此前的一切风险和费用。交货后的一切风险和费用包括运费则由买方承担。这种定价对远方的顾客不利。所以这种定价策略是在企业产品有一定名气、企业的声誉和美誉度都很高,企业的产品销路非常好的情况下适用。

8.3.5.2 统一定价

统一定价是指企业对不同地区顾客实行统一价格，按照相同的厂价加上相同的运费即平均运费计算，实际上是让近处的顾客承担了部分远方买主的运费，这种定价简便易行，有利于争取远方顾客，但对近处的顾客不利，且便于计算管理。如我国邮资定价。又如消费者在家电城购买各种家电设备，不论消费者居住在何处，商家都是以统一价销售，免费运输安装。

8.3.5.3 分区定价

分区定价是指企业把自己的目标市场分为若干价格区，企业的某种产品在不同地区，分别制定不同的地区价格。距离企业远的地区，价格定得较高:距离企业近的地区，价格定得较低。在同一个地区范围内实行一个价。采用这种方法要注意各区域差价之间的协调配合。注意各地区产品供应量的调剂，严格控制各地区产品的价格，谨防串货。

8.3.5.4 基点定价

基点定价即企业选定某些城市作为定价基点，然后按照厂价加上基点到顾客所在地的运费来定价。有些企业为了提高灵活性，选择多个基点城市，按照最近的基点计算运费，这样有利于生产企业市场的扩大。

8.3.5.5 免收运费定价

免收运费定价是指企业在市场竞争激烈的情况下急于同某个顾客或某个地区做成生意，企业自己负担部分或全部运费，而不向买方收取，这样增加的销售额，使平均成本降低而足以补偿这部分运费开支，从而达到市场渗透的目的。

8.3.6 产品组合定价策略

当企业同时经营多种产品时，定价需着眼于整个产品组合的利润实现最大化，而不是单个产品。具体的定价策略有以下几种。

8.3.6.1 产品线定价法

在许多行业，企业定价时，要为一个产品线内产品确定明确价格点，以显示在这条产品线中各系列产品的需求和功能的差异性。让消费者明确该系列产品的高、中、低档的差距。高价位的产品作为产品的品牌质量标志;低价位的产品作为引诱品，吸引顾客购买该类产品。如服装店可以将其男式西服定在 3 种价格水平上:800 元、1 000元和 1 800 元。有了这三个价格点，消费者就会联想到这分别代表了低质量、中等质量和高质量。

注意在制定产品线的价格间距时要全面考虑产品线的成本差异、顾客对不同品种特征的评价和竞争者的价格。

8.3.6.2 选择品定价

许多企业在提供主要产品的同时，还会附带一些可供选择的产品或特征。棘手的是企业经营者必须明确哪些是主要产品，哪些是选择品，是主要产品定高价，选择品定低价，还是相反定价。如饭店的顾客除了订购饭菜（主要产品)外也买酒类、饮料(选择品)。许多饭店将酒价定得很高,而食品的价格相对较低。食品收入可以弥补食品的成本和饭店其他成本,而酒类则可以带来利润。这就是为什么服务人员极力要求顾客购买酒类、饮料的原因。当然,这类饭店规定顾客不许自带酒类、饮料。也有的饭店会将酒价定得较低,而对食品制定高价,以吸引爱饮酒的消费者。

8.3.6.3 互补品定价

互补品定价也称俘虏产品定价。是指企业将同时生产与主要产品一起使用的附属或补充产品(俘虏产品)有意识提高,而主要产品(引诱品)的价格降低。当顾客以低价购买了引诱品后,不得不以高价去购买俘虏品。如把剃须刀的价格定得较低,而把配套的刀片价格定得较高。采用这种策略的条件是俘虏品具有不可替代性。又如某种型号的剃须刀片是其他刀片不能替代的。再如美国的一个彩照实验室 1988 年推出了一个“俘虏”消费者的新招。它首先在各大学普遍散发宣传其彩色胶卷新产品的广告,除了说明新彩卷性能优越外,还说明由于是新产品,故定价不高,每卷只要 1 美元(柯达胶卷价格为每卷 2 美元多),以便让消费者有机会试一试。经济拮据的大学生们纷纷寄钱去购买。几天后,他们收到了胶卷以及一张“说明书”,其上写道:这种胶卷由于材料特殊,性能优良,因此,一般彩扩中心无法冲印,必须将拍摄后的胶卷寄回该实验室才行。说明书上还列出了冲印的价格,这些价格比一般的彩照扩印店的价格贵一倍。但是,每冲印一卷,该实验室将无偿赠送一卷新胶卷。精明的大学生仔细一算,发现损益相抵后,胶卷、冲洗、印片三者的总价格仍高于一般水平,无奈已先花费了 1 美元的“投资”,只得忍气吞声做了“俘虏”。

8.3.6.4 分部分定价

是服务性行业常采用的一种定价策略。是指服务性企业先收取一笔固定费用,再加上可变的使用费用。如游乐园一般先收门票费,如果游玩的地方超过规定,就再交费。又如电信行业取销了坐机费的收费,而采用不同金额的套餐制,在选定的套餐范围内按优惠的收费标准收取,使用费超过规定金额的不享受优惠价,采取另一种收费标准。如被称为“移动套餐”的安徽移动电话新话费方案从 2001 年 3 月 21 日起在全省正式施行。“移动套餐”的”花式”共有 7 种。月租费较低的是 30 元和 981 元两种。比较高一些的是 568 元和 788 元两种,而属中间状态的有 168 元、268 元和 388 元三种。缴纳月租费的“档次”不同,被“赠与”的免费通话时间也就差别很大。总的原则是:月租费缴得越多,“被赠”的时间就长,“折扣”越大。月租费缴 30 元的,每月“被赠”的通话时间是 48 分钟;而月租费缴 788 元的,每月“被赠”的通话时间达 2 588 分钟。

服务性企业一般收取较低的固定成本,利润从消费者使用费中获取,以推动消费者购买服务。

8.3.6.5 副产品定价

副产品定价是指企业根据其在生产加工食用肉类、石油产品和其他化学产品中产生的副产品价值而定价。该定价策略适应于副产品对某些顾客群具有价值,其销售收入在企业整体收入中占据很大比例，从而使公司有足够的实力降低主产品的价格来提高市场占有率，增强企业的市场竞争力。

8.3.6.6 组合产品定价

组合产品定价是指企业以某一价格出售一组产品，这一组产品的价格必须低于单独购买其中每一产品的费用的总和。而且低于的幅度要有足够的吸引力。因为顾客可能并不打算购买其中所有的产品。如果有些顾客不需要整个产品系列，就要求将产品系列拆开。在这种情况下，如果企业节约的成本大于向顾客提供其所需商品的价格损失，则公司的利润会上升。如化妆品、计算机、假期旅游公司等他们为顾客提供的一系列活动方案。这一组产品的价格必须低于单独购买其中每一产品的费用的总和。如某顾客来到某一家电城要买一台计算机，该家电城的零售商为这位顾客提供了三种选择方案：只买计算机，每台 6 000 元；只买打印机，每台 2 800 元；计算机和打印机都买，每套 8 000 元。

8.3.7 商业信用定价策略

商业信用定价是指企业之间以赊销、预付形式提供的与商品交易直接联系的一种信用购货方式。商业信用与折扣不同，它不是让价的百分比，但又与价格有着联系。商业信用形式通常有以下两种。

8.3.7.1 赊销

赊销是指企业利用短期信用方式，不向买方收取其他费用，但必须要求买方在规定期限内付清货款的一种定价策略。这种赊销可给买方一定融通资金的时间，是商业信用的一种主要形式。当然，这种信用方式，作为债权人的卖方要承担一定的风险，付出一定的代价。要慎重考虑对方的资质，是否是自己的目标顾客。但这种策略在竞争激烈的情况下，能够起到吸引顾客购买的作用。这种定价适应于买卖双方有长期的贸易合作关系，且对方都有牵制对方的资源要素。

8.3.7.2 分期付款

分期付款是指企业对一些价值较大、生产周期长的产品，要求购买者首期支付一定的预定金，其余货款分若干期支付的一种销售方式。预定金一般为货款的 10% 左右，它的性质仍然是一种现货交易。分期付款在国外是一种非常流行的购物方式，特别是价值较大的耐用品，如住房、家用电脑、汽车等。这种方式，实质上是一种优惠策略，可以吸引潜在购买者购买企业推销的产品，加快商品流通。我国许多地方已采用这种销售方式。采用分期付款是建立在买卖双方互相了解基础上的一种高级信用交易方式，在房地产市场、汽车市场上应用的比较广泛。

8.4 价格调整策略

辩证唯物论认为，变化是绝对的，不变是相对的。企业处在一个不断变化的环境之中，为了生存和发展，有时需对竞争者的变价做出适当的反应，降价或提价，以适应激烈的市场竞争。

8.4.1 企业降价

8.4.1.1 企业降价原因

(1)企业的生产能力过剩。由于企业的生产能力过剩,因而需要扩大销售,但企业又不能通过产品的改进和扩大销售渠道网络来解决生产能力过剩问题。在企业的产品需求弹性比较大时,就可以考虑降价,通过降价促销手段刺激消费者的购买欲望,采取购买行动。

(2)企业的市场占有率正在下降。当企业的产品进入成长期的后期或衰退期,或顾客的偏好发生变化、转移,市场占有率正在下降时,企业为了生存和发展,在没有其他更有效的措施解决时,企业必须考虑降价。

(3)企业为了提高市场占有率,击退竞争对手,在竞争市场中获得支配地位,也可采取降价手段。

8.4.1.2 企业降价时顾客的反应

企业降价时顾客会认为企业实力强大,通过规模生产降低了成本,降价是一种企业回报顾客的行为,是企业让利于顾客;或是企业想占有更大的市场,占据支配地位而采取的降价措施。如果企业的降价策略不太妥当时,顾客会认为企业的产品卖不出去了,产品质量有问题;或产品存在某些缺陷;或产品已经过时,即将被淘汰;甚至会认为企业资金周转出现困难,可能难以继续经营下去,产品的价格还将继续下跌,以后再买。因此,认真分析顾客的反应是至关重要的。如美国的一家日用杂货品商店在一个炎热的夏天,购进了一批单人凉席,定价每领1美元。本来,这样炎热的天气,凉席会很快销售一空的,但购买者并不踊跃,商店只得降价销售。但由于进价过高,每领凉席只能降价2美分,奇怪的是,顾客马上纷至沓来,凉席再也不愁销不出去了。这位老板在有了这个惊喜的发现后,马上照葫芦画瓢,大量进货,居然每试不爽。

8.4.1.3 企业降价策略

企业降价对社会公众都会产生影响,对消费者来说是好事,会刺激消费者的需求,增大产品销量,但如果企业不讲究降价的策略和技巧,是会弄巧成拙的。因此当企业产量过多、库存积压严重、渠道的拓展又有限的情况下,企业可以间接降价。如增加免费服务项目(送货上门、免费安装、免费维修期延长、承诺份量加大等)、随产品赠送优惠券或礼品、增加产品功能、提高产品质量、改变产品包装、给予中间商更多的优惠条件(分期付款,赊销,向代理商、经销商保证,降价后对他们原来的进货或存货,按新价退补降价损失等)。企业也可以经常开展一些促销活动,抓住各种机会,包括中国传统的节假日黄金周和西方的节假日、企业周年庆典、公益活动、公共关系公关等,通过促销手段达到降价目的。

8.4.2 企业提价

8.4.2.1 企业提价原因

提价一般会引起顾客和中间商的不满,但在下面几种情况下,企业不得不考虑提高价格。

(1)通货膨胀引起成本增加,企业无法在内部自我消化。

(2)企业产品供不应求,无法满足所有顾客的需求,通过提价抑制部分需求,满足强度更大的顾客。

(3)为补偿产品改进费用而提价。

(4)出于竞争的需要,企业要进行产品的向上延伸策略,以树立企业高档产品形象而提价。

企业在具体操作中,还要注意区分是一次大幅度提价还是多次小幅度提价,从顾客的认知规律角度来看,小幅度提价顾客更容易接受;从顾客的购买心理角度考虑,顾客购买时往往是买涨不买跌。

8.4.2.2　企业提价时顾客的反应

任何价格变动都会对消费者、竞争对手、分销商产生影响,也会引起政府的关注。消费者对价格调整的反应是检验调价是否成功的主要标准,因此企业营销人员必须对此进行慎重分析和研究。如果举措恰当会使顾客认为这种产品是"热门"的,它代表了企业非常优良的价值,企业产品质量好,价格自然高;产品畅销,供不应求,以后价格可能还要涨,应尽早购买,如果不马上购买,可能买不到这种产品。但如果企业营销组合策略运用不当,就会使顾客认为厂家想多赚钱,随便乱涨价;影响企业其他产品的销售及企业在顾客心目中的良好形象。如美国亚利桑那州一家珠宝店采购到一批绿宝石,由于数量较大,店主担心短时间内销不出去,影响资金周转,便决定只求微利,以低价销售。本以为会一抢而光,结果却事与愿违。后来店老板急着要去外地谈生意,便在临走时匆匆留下了一纸手令:我走后若仍销售不畅,可按1/2的价格卖掉。几天后老板返回,见绿宝石已销售一空,一问价格,却喜出望外。原来店员们把老板的指令误读成按1~2倍的价格卖。他们开始还犹豫不决,后来购买者反而越来越多。从案例中可以说明薄利多销未必一贯正确,有时高价策略反倒更能促进销售。

8.4.2.3　企业提价策略

提价经常引起顾客和中间商的不满。企业市场营销人员一定要为提价给出恰当的理由,加强与顾客的沟通,让顾客有所准备,并需采用不同的提价策略,来平抑提价引起的不满,争取顾客的理解和支持。主要策略如下。

(1)限时提货。当企业产品供不应求,无法满足所有顾客的需求时,企业可采取限制采购量和采购次数的方式进行。当顾客或中间商需求量大时,可采取去掉一些免费的附加服务方式或增加附加服务方式,提高产品价格。

(2)在供货合同中载明随时调价的条款。规定在合同期内根据某个价格指数来计算调整价格。企业通过供货合同,保护企业随市场变化而灵活调整价格的权益。

(3)对商品的附加服务收费或取消附加服务。采用这种做法,让顾客清楚附加服务理应收费,只是以前进行促销活动让利顾客罢了。

(4)减少或取消折扣和津贴。让顾客或中间商理解折扣和津贴是进行促销活动的一种方式，一种让利于顾客和中间商的手段，这种让利程度会随着时间和环境的变化而进行调整。

(5)使用更便宜的材料和配件组成产品；在包装材料和包装质量上要降低；减少产品的某种功能或分量等，或配合其他营销手段，消除提价的负面影响。

(6)事前给价格上涨一个合理的解释，提价前让顾客知道。这样顾客可以有所准备，事先多采购些以避免价格上涨前的短时抢购。

(7)推迟报价。企业产品在制成或交货时才提出最后价格。一些工业建筑和重型设备制造业常采用这种策略。

(8)分项定价。企业为了保持其产品价格，把产品进行分解，分别按每个零部件或构件定价出售。

8.4.3 竞争者对企业调价的反应

企业调价的效果取决于竞争者的反应，因此竞争者的反应是企业调价时所要考虑的重要因素。当企业采取降价策略时，竞争者可能认为：①该企业想提高市场占有率，占据市场主导地位；②该企业想促使全行业降价来刺激需求；③该企业经营不善，想改进销售状况，提高资金周转速度；④该企业可能有新产品上市，急于抛销老式产品。竞争者对本企业降价的不同认识，将导致他们采取不同的应对行为。同样，当企业调高价格后，竞争者会考虑自己如果不提高价格，则对自己来说，获取的利润空间有多大，原来企业会继续保持提高的价位吗？如果跟随提价，提价的幅度应达到多少可获最大利润？那么，企业怎样才能预期到竞争者可能做出的反应呢？假如企业面对的是一个强大的竞争者，可以有两种估计法。①假定竞争者以既定的方式做出反应，应雇佣竞争者以前的职员建立一个单位，其工作任务就是模仿竞争者的立场、观点、方法思考问题。这时可以预估竞争者的反应。②假定竞争者把每一次价格的变更作为一种新的挑战，此时，企业必须分析竞争者意图和资源：自身利益在什么地方、它的财务状况、最近的销售能力与生产能力、忠诚的顾客和公司目标等。如果竞争者的目标是提高市场占有率，竞争者有可能降低价格；如果他的目标是获取最大利润，有可能在某些战略上做出反应，如提高广告投入或改进产品质量。预先对竞争者的反应进行估计的准确性和及时性，成为企业调价是否成功的关键。

8.4.4 企业对竞争者调价的对策

在市场竞争中，如果竞争对手率先调整了价格，那么企业也要采取相应的对策。在同质产品市场中，若竞争者降价，企业也必须跟随降价，因为大多数顾客愿意到价格最低的竞争者那里去买；若竞争者提价，企业就要分析提价对自己是否有好处，分析的结果，如果对本行业及自己不会获得好处，如提价后市场容量小，或属于短时行为，则会促使竞争者取消提价。在异质产品市场中，企业对竞争者的价格变动有更多的选择自由。因为顾客在选择卖主时不仅考虑产品的价格，而且考虑产品的质量、服务、性能、外观、可靠性等因素。顾客对价格的微小变动并不在意。因此，企业必须首先了解竞争者调价的有关问题。

8.4.4.1 竞争者调价的有关问题

竞争者调价时本企业应考虑的问题。

(1)竞争对手为什么要调价？其产品的生命周期处在什么阶段？在产品投资组合中处于什么地位？

(2)竞争对手调价是为了侵占市场，还是生产能力过剩？是因为成本发生变动，还是领导全行业价格变动来刺激需求？

(3)竞争对手的产品成本费用随着销量和产量的变化而有什么样变化？

(4)竞争对手的调价行为是短期的还是长期的？

(5)竞争对手的调价会对本企业产生什么影响？

(6)其他企业对竞争对手的调价有何反应？

(7)竞争者和其他企业对于本企业的每一个可能的反应又会有什么反应？

8.4.4.2 应付竞争者调价的对策

弄清以上几个方面的问题后，企业可以采取适当的对策。

(1)维持原价格。企业维持原来价格和利润幅度，不会因降价而失去很多的利润，也不会失去很多的市场份额；必要时，如能抓住好的大顾客，而放弃一些较差的顾客给竞争者，会重新获得市场份额。如企业对购买频率高的产品可以经常调整其价格；而对购买频率低的产品尽量保持价格稳定。对产品标准化(差异)程度小的产品，价格不可经常变化；对个性化、差异大的产品，可以因市场变化而经常调整价格。

(2)维持原价格，提高被认知的质量。即企业维持原价格但要提高被认知的产品质量，增加提供的产品的价值。改进企业的产品、服务和信息沟通以便使顾客能看到更多价值。企业可以发现维持原价和花钱去改进它所提供的产品比降价和以较低毛利来经营要便宜得多。

(3)降价。企业通过降低自己的产品价格，以达到竞争者价格的水平。这样做的前提条件是：企业产品的成本将随着数量增加而下降；因为本市场对价格是敏感的，不降价将失去很多的市场份额；一旦企业失去市场份额后，再想重新获得市场份额将需付出很大努力，而且，在短期内企业的利润会减少，因此此时企业要降价且降价时应努力去维持它所提供的产品的价值。如企业的产品到了衰退阶段只能降低价格。企业为周转资金或提高市场占有率而必须降低价格。

(4)提高价格同时改进质量。企业可以提价同时改进产品质量来维护企业的形象，并引入一些新品牌商品去回应那些进行攻击的品牌商品。如新上市阶段的产品可以定较高的价格。在经济高增长期，人们对价格变化敏感性较低时，可提高产品价格同时改进质量。

(5)推出低价进攻性产品进行反击。这时可以采取增加廉价品种，或者另外创立一个廉价品牌的办法。如果某个正在丧失的细分市场是对价格敏感的，这种做法非常必要，可以避免恶性价格竞争形成的恶性循环。

本章小结

• 价格是决定企业市场份额和盈利率的一个决定性因素，是市场营销组合中的一个重要因素。企业在制定商品价格时，必须考虑影响价格的各种因素，如成本、市场需求、竞争及国家政策等。

• 明确企业的定价目标。企业的定价目标有维持生存目标、当期利润最大化目标、市场占有率最大化目标、产品质量最优化目标、以应付和防止竞争为定价目标。定价目标不同，定价方法也不同。要使企业产品的价格定得既为消费者乐于接受，又能为企业带来较多的利润，充分发挥价格的杠杆作用，取得竞争优势。

• 定价方法主要有成本导向定价法、需求导向定价法和竞争导向定价法。采用某种定价方法确定的价格，只是基本价格。

• 为了提高价格对顾客的吸引力，在基本价格的基础上，还需要运用一定的定价策略和技巧进行适当的调整。这些定价策略包括新产品定价策略、心理定价策略、差别定价策略、折扣定价策略、地区定价策略、产品组合定价策略和商业信用定价策略。

• 企业处在一个不断变化的环境中，为了生存和发展，有时候需主动削价或提价，有时候又需对竞争者的变价做出适当的反应。

主要概念

价格　定价目标　需求导向定价法　成本导向定价法

基本实训和能力实训

一、判断题

1. 价格是商品价值的表现形式，因此决定商品价格的唯一因素是价值。（　）

2. 产品成本是影响产品价格的主要因素。（　）

3. 企业定价总的要求是追求利润的最大化。（　）

4. 对于卖给不同地区顾客的某种产品，分别制定不同的价格属于差别定价策略。（　）

5. 竞争导向定价法包括随行就市定价法和需求差异定价法。（　）

6. 在企业难以估算成本而且打算和同行和平共处的情况下，企业往往采取随行就市定价法。（　）

7. 基点定价是企业选定某些城市作为基点，然后按一定的厂价加上从基点城市到顾客所在地的运费来定价，按照顾客最远的基点计算运费。（　）

8. 产品形式差别定价是指企业对不同型号或形式的产品分别制定不同的价格，且价格之间的差额和成本费用之间的差额成正比例。（　）

9. 顾客对产品的降价既可能理解为这种产品有某些缺点,也可能认为这种产品很有价值。 ( )

10. 声望定价一般适用于高档耐用消费品的定价。 ( )

11. 产品形式差别定价是指企业对不同型号或形式的产品制定不同的价格,但它们的价格与成本费用之比却相同。 ( )

12. 最小单位定价策略是指企业经营者利用顾客心理错觉,把同种商品按不同的数量包装,以最小包装单位量制定基数价格。 ( )

13. 短期内企业要实现利润最大化,必须让价格大于边际成本。 ( )

14. 提价会引起消费者、经销商和企业推销人员的不满,因此提价不仅不会使企业的利润增加,反而导致利润的下降。 ( )

15. 当竞争对手提价时,企业维持原价可获取更多的利润。 ( )

16. 消费者改变购买习惯较慢,也不积极寻找较便宜的东西时需求可能缺乏弹性。 ( )

17. 如果企业的市场占有率下降之后很难得以恢复,企业往往维持价格不变。 ( )

18. 成本加成定价法没有考虑市场供求状况和竞争状况,缺乏灵活性,适应市场变化性能差。 ( )

19. 市场需求显示对价格极为敏感时可采用渗透定价法。 ( )

20. 选定最后价格时必须要考虑消费者的心理。 ( )

二、单项选择题

1. 影剧院里不同座位的票价有所不同,这种定价策略属于( )

A. 折扣与折让策略　B. 心理定价策略
C. 地区定价策略　D. 差别定价策略

2. 一般说来,生活必需品需求弹性比高档耐用消费品的要( )

A. 大　B. 小　C. 相等　D. 不一定

3. 如果某品牌的价格弹性高,最适加成就应相对( )些。

A. 高　B. 低　C. 稳定　D. 不变

4. 为鼓励顾客购买及时交纳现金,企业在付款条件中一般注明"2/10,1/20,n/30"。这种折扣定价策略称为( )。

A. 功能折扣　B. 数量折扣　C. 季节折扣　D. 现金折扣

5. 投标过程中,投标商对其价格的确定主要是依据( )定的。

A. 市场需求　B. 企业自身的成本费用
C. 对竞争者的报价估计　D. 边际成本

6. 某种产品的价格上升,引起另外一种产品销售量上涨,则这两种产品为( )关系。

A. 互补　B. 替代　C. 不相关　D. 零配件与整体关系

7. 在强大竞争者的压力之下,企业的市场占有率(　　),在这种情况下,企业就需考虑降价。

A. 下降　　B. 上升　　C. 波动　　D. 不变

8. 企业的产品供不应求,不能满足所有顾客的需要。在这种情况下,企业就必须(　　)。

A. 降价　　B. 提价　　C. 维持价格不变　　D. 降低产品质量

9.(　　)属于心理定价策略。

A. 分区定价策略　　B. 招徕定价策略

C. 满意定价策略　　D. 选择品定价策略

10.(　　)属于需求导向定价法。

A. 边际贡献定价法　　B. 理解价值定价法

C. 目标利润定价法　　D. 盈亏平衡定价法

11. 在订货合同中不明确价格,而是在产品制成以后或者交货时才进行定价的方法是(　　)的一种(　　)定价策略。

A. 提价　　B. 推迟报价　　C. 降价　　D. 按合同预定价格

12. 当市场上有足够的购买者,且他们的需求缺乏弹性时可以采用(　　)。

A. 撇脂定价　　B. 渗透定价　　C. 心理定价　　D. 尾数定价

13. 招徕定价是指(　　)利用部分顾客求廉的心理,特意将某几种商品的价格定得较低以吸引顾客。

A. 生产者　　B. 竞争者　　C. 批发商　　D. 零售商

14. 对某些商品实行低价策略以"放长线,钓大鱼",这属于(　　)定价目标。

A. 维持生存或市场占有率最大化

B. 当期利润最大化

C. 产品质量最优化

D. 以应付和防止竞争

15. 市场领导者面对中小企业的降价采取的应对策略有(　　)。

A. 维持原价格　　B. 提高产品质量

C. 降价　　D. 提高产品价格同时推出廉价品种

三、多项选择题

1. 当产品市场需求富有弹性且生产成本和经营费用随着生产经营经验的增加而下降时,企业便具备了(　　)的可能性。

A. 渗透定价　　B. 撇脂定价　　C. 尾数定价　　D. 招徕定价

2. 差别定价的主要形式有(　　)。

A. 顾客差别定价　　B. 产品包装差别定价

C. 产品部位差别定价　　D. 销售时间差别定价

E. 产品形式差别定价

3. 影响企业定价的主要因素有(　　)等。

A. 定价目标　　B. 产品成本　　C. 市场需求　　D. 经营者意志

E. 竞争者的产品和价格

4. 地区定价的形式有(　　)等。

A. FOB 原产地定价　　B. 分区定价

C. 补充产品定价　　D. 基点定价

E. 运费免收定价

5. 市场领导者在遭到其他企业的进攻后,有(　　)策略可供选择。

A. 提高产品质量　　B. 提价　　C. 维持价格不变

D. 降价　　E. 降低服务水平

6. 引起企业提价的原因主要有(　　)。

A. 通货膨胀引起成本增加　　B. 产品供不应求

C. 产品需向上延伸　　D. 补偿产品改进费用而增加的成本

E. 企业市场占有率下降

7. 心理定价的策略主要有(　　)。

A. 声望定价　　B. 分区定价　　C. 尾数定价　　D. 基点定价

E. 招徕定价

8. 产品组合定价策略主要有(　　)。

A. 统一交货定价　　B. 选择品定价　　C. 产品大类定价

D. 分部分定价　　E. 副产品定价

9. 一般说来,顾客对于企业提价可能有以下一些理解:(　　)。

A. 产品有某些缺点,销售不畅　　B. 价格会进一步下跌

C. 卖主想尽量取得更多利润　　D. 产品很有价值

E. 产品很畅销,不赶快买就买不到了

10. 下列(　　)可能缺乏弹性。

A. 耐用消费品　　B. 生活必需品

C. 市场上没有替代品的商品　　D. 与 C 相反

11. 目标定价法里的目标可以是(　　)。

A. 成本　　B. 销售量　　C. 产量　　D. 销售额

12. 采用渗透定价应具备(　　)条件。

A. 需求缺乏弹性　　B. 需求富有弹性

C. 不会引起实际和潜在的竞争

D. 生产成本会随经营量的增加而下降

13. 产品线定价的条件是(　　)。

A. 品种较多,成本差别较大

B. 系列产品存在需求和成本的内在联系

C. 领袖产品应制定为高价　　D. 领袖产品应制定为低价

14. 差别定价策略的形式有(　　)。

A. 购买对象不同价格不同　　B. 购买时间不同价格不同

C. 位置不同价格不同　　D. 成本不同价格不同

15. 下列(　　)产品可以采取声望定价。

A. 生活必需品　　B. 非生活必需品

C. 质量不易鉴别的商品　　D. 所有的商品

16. 心理定价策略有(　　)。

A. 基点定价　　B. 尾数定价　　C. 招徕定价　　D. 声望定价

四、简述题

1. 影响企业定价的因素有哪些?

2. 简述定价的主要方法有哪些?

3. 企业如何利用心理因素定价?

4. 简述企业在哪些情况下可能需要采取降价策略?

5. 企业调价时应如何估计竞争者可能做出的反应?

6. 企业可以通过哪些办法不必提价就可以弥补高额成本或满足过量需求?

7. 企业如何进行产品线定价?

8. 为什么说正常生产、合理经营的成本是企业定价的最低经济界限?

9. 一家时装经营企业,经常有少量服装以低于成本价出售,你认为这样经营正常吗? 为什么?

10. 企业在什么情况下应主动调价?

五、计算题

1. 某种品牌的洗衣粉每袋从18元降到12元后,需求量由原来的2 000万袋增加到3 100万袋,试计算原价格条件下的需求弹性系数,并说明运用降价策略能否增加收益?

2. 某厂生产某种商品10 000件,固定总成本40万元,变动总成本60万元,预期利润率20%,试按成本加成定价法计算每件商品的销售价格。

3. 某企业的年固定成本为20万元,每件商品的单位变动成本为40元,如果订货量为5 000件时,其保本点价格应是多少?

六、综合实训

案例分析1　休布雷公司巧定酒价

休布雷公司是美国生产和经营伏特加酒的专业公司,其生产的史密诺夫酒在伏特加酒市场享有较高的声誉,市场占有率达20%以上。20世纪60年代另一家公司推出一种新型伏特加酒,其质量不比史密诺夫酒低,每瓶价格却比它低1美元。

面对此种情况,按照惯常做法,休布雷公司将采用三种对策:①降低1美元,以保住市场占有率;②维持原价,通过增加广告费用和推销支出与对手竞争;③维持原价,听任其市场占有率降低。

然而该公司的市场营销人员经过深思熟虑后,却采取了对方意想不到的第四种策略,即将史密诺夫酒的价格再提高1美元,同时推出一种与竞争对手新伏特加酒价格一样的瑞色加酒和另一种价格低一些的波波酒。其实这三冲酒的味道和成本几乎相同。但该项策略却使该公司扭转了不利局面:一方面提高了史密诺夫酒的地位,使竞争对手的新产品成为一种普通的品牌;另一方面不影响公司的销售收入,而且由于销量增长,使得利润大增,令人拍案叫好。

案例思考:

1. 休布雷公司如何进行产品价格的调整?

2. 休布雷公司的竞争对手对此可能有什么样的反应?

案例分析2　法林地下自动降价商店

美国的波士顿市中心有一家“法林联合百货公司”,在其商场的地下室门口挂着“法林地下自动降价商店”的招牌。走进之后,你会发现货架上的每一件商品除了标明售价以外,还标着该件商品第一次上架的时间,旁边的告示栏里说明,该件商品按上架陈列时间自动降价,陈列时间越长,价格越低。比如某种商品陈列了13天还没有售出,就自动降低20%,又过6天,降价50%,再过6天,降价75%。如果该件产品标价为500美元,到第13天只能卖400美元,到第19天只能卖250美元,到第25天时只能卖125美元。到第25天后,再过6天仍无人购买,就把该件商品从货架上取下来送到慈善机构去了。

案例思考:

1. 价格与销售之间是一个什么样的关系?

2. 如何使降价取得最好的促销效果?

案例分析3　国产手机急速降价为哪般

2003年“五一”前夕,手机市场掀起了价格风暴。国产手机巨头波导公司宣布,一次性将十几款机型在全国市场同时降价,单机降价力度最大达到500元,时间将持续至“五一”后相当长一段时间。其中,波导将一款折叠手机降至799元,一款双屏折叠机跌破千元,双双刷新折叠手机和双屏折叠机型市场最低价记录。在此之前,康佳集团宣布彩屏手机全线降价,其中双显折叠2.5代GPRS彩屏手机C869从2 998元狂降到1 890元,降价幅度高达1 108元,一举跌破双显折叠彩屏机2 000元的心理价格底线。

1. 波导全线出击

波导的降价是全线出击,高中低档全面覆盖,原市场价格1 500元以上的中高端机型降价的达到8款,连卖得相当好的热销机型V09、SC02也各降数百元。特别值得关注的是,此次有多达5款彩屏机型降价。

波导高层认为,此番降价绝对不是价格战,而是在一定的利润空间下让利于消费者,夺取更大市场份额的一种手段。手机业的竞争是品牌、服务、价格三位一体的竞争,规模、成本则是综合实力的集中体现。有关人士表示,上述机型大多是波导完全自主研发的,成本比其他公司同类产品低,同时,规模的扩大,又有成本优势,因而有能力降价。据悉,由于去年波导的市场规模急剧扩大,从2001年的200多万台销量到2003年的一个月100万台以上的销量。采购成本降低,制造技术进步,制造工艺也在不断改进,总的制造成本下降显著。

2. 争夺市场占有率

波导公司2003年年底就放出话来,2004年的销售目标是1 500万台,显然,波导全线降价是冲着这个目标去的。据透露,波导目前的策略是要抢占尽可能大的市场份额。"国产品牌手机的全面反攻势头决定波导必须顺应形势",一位人士如此评论说。

案例思考

1. 波导公司进行大范围、大规模的产品价格下调,其目的是什么?

2. 波导公司商层认为,此次降价是在一定的利润空间上让利于消费者,那么,为什么不在产品一上市就让利于消费者呢?

参考答案要点

一、判断题

1. × 2. × 3. √ 4. × 5. × 6. √ 7. × 8. × 9. × 10. √ 11. × 12. √ 13. × 14. × 15. × 16. √ 17. × 18. √ 19. √ 20. √

二、单项选择题

1. D 2. B 3. A 4. D 5. C 6. B 7. A 8. B 9. B 10. B 11. BA 12. A 13. D 14. A 15. C

三、多项选择题

1. AD 2. ACDE 3. ABCE 4. ABCDE 5. ABCD 6. ABCD 7. ACE 8. BCDE 9. BCD 10. BC 11. BCD 12. BCD 13. ABD 14. ABC 15. BC 16. BCD

四、简述题

1. 影响企业定价的因素主要有定价目标、产品成本和市场需求。

2. 企业定价的一般方法有三种。①成本导向定价法。这是一种主要以成本为依据的定价方法,包括成本加成定价法、边际贡献定价法和目标定价法。②需求导向定价法。这是一种以市场需求强度及消费者感受为主要依据的定价方法,包括认知价值定价法、反向定价法和需求差异定价法三种。③竞争导向定价法。这是一种以本企业主要竞争对手的价格为基础和依据的一种定价方法,包括随行就市定价法和投标定价法。

3. 企业经营者针对消费者的不同消费心理，制定相应的商品价格，以满足不同类型消费者需求的策略。企业经营者针对消费者需要经常重复购买的商品如生活日用品采用习惯定价策略；对价格低廉商品采用尾数定价策略，使消费者产生卖主是经过认真的成本核算才定价的感觉，从而使消费者对企业产品及其定价产生信任；对于品牌商品或价值较高能显示消费者身份和地位的或那些质量不易鉴别的商品采用声望定价策略；当消费者购买产品不仅要购买产品的功能，还要显示其地位、身份，满足其心理需要时采用整数定价策略；当经营者将处理商品的价格定的较低，以吸引顾客，借机带动其他商品的销售时采用招徕定价策略。企业经营者利用顾客心理错觉，把同种商品按不同的数量包装，以最小包装单位量制定基数价格时采用最小单位定价策略。

4. 当面临以下几种情况时，企业可能需要降价：①企业的生产能力过剩，需要扩大销售，但企业又不能通过产品改进和加强销售工作等来扩大销售；②在强大的竞争压力之下，企业的市场占有率下降；③企业的成本费用比竞争者低，企图通过降价来掌握市场或提高市场占有率，从而扩大生产和销售量，降低成本费用。

5. 假如企业面对的是一个强大的竞争者，可以有两种估计法。一是假定竞争者以既定的方式做出反应，这时可以预估竞争者的反应；二是假定竞争者把每一次价格的变更作为一种新的挑战，此时，企业必须分析竞争者意图和资源。如果竞争者的目标是提高市场占有率，可以预估竞争者可能采取的措施及反应的剧烈程度，竞争者有可能跟随价格变更，降低价格；如果他的目标是获取最大利润，有可能在某些战略上做出反应，如提高广告投入或改进产品质量。

6. 企业提价必然会引起顾客和中间商的不满。企业市场营销人员可以通过以下办法不必提价就可以弥补高额成本或满足过量需求。①限时提货。当企业产品供不应求，无法满足所有顾客的需求时，企业可采取限制采购量和采购次数的方式。当顾客或中间商需求量大时，可采取去掉一些免费的附加服务方式。②减少或取消折扣和津贴。让顾客或中间商理解折扣和津贴是进行促销活动的一种方式，一种让利于顾客和中间商的手段，这种让利程度会随着时间和环境的变化而要进行调整的。③使用更便宜的材料和配件组成产品。④在包装的材料和包装的质量上要降低。⑤减少产品的某种功能或分量等推迟报价。企业产品在制成或交货时才提出最后价格。⑥分项定价，分别按每个零部件或构件定价出售。

7. 当企业生产的系列产品存在需求和成本的内在关联性时，可采用产品线定价策略，在定价时首先确定某种产品的最低价格，让它充当产品线中的领袖价格，以吸引消费者购买产品线中的其他产品；其次，确定产品线中某种商品的最高价格，它在产品线中充当品牌质量和收回投资的角色；再次，产品线中其他产品也分别依据其在产品线中的角色不同而制定不同的价格。

8. 企业在生产经营中的各项费用，必须在销售收入中得到补偿，企业在制定产品价格时不仅要补偿企业的生产经营中完全成本（固定成本 + 变动成本 + 销售费用），而且要补偿应纳税金和企业维持生存所必须得到的合理利润，因此维持正常生产、合理经营的成本是企业定价的最低经济界限。

9. 当企业处在市场竞争非常激烈时期,企业为了维持生存或为了提高市场占有率,以高于变动成本,而低于总成本的价格出售,则是正常经营行为;若出售的价格低于变动成本,则企业生产一件就亏本一件,这种经营是不正常的经营。

10.(1)企业只有在以下情况下才考虑主动降价。

①企业的生产能力过剩需要扩大销售,但企业又不能通过产品的改进和扩大销售渠道网络来解决生产能力过剩问题。而企业的产品需求弹性又比较大时,就需要考虑降价调整。②企业的市场占有率正在下降,企业为了生存和发展,在没有其他更有效的措施解决时,企业必须考虑降价调整。③企业为了提高市场占有率,击退竞争对手,在竞争市场中获得支配地位,采取主动降价手段。

(2)企业在以下情况下主动提价。

①通货膨胀引起成本增加,企业无法在内部自我消化;②企业产品供不应求,无法满足所有顾客的需求,企业应主动提价以抑制部分需求,满足强度更大的顾客;③为补偿产品改进费用,企业应主动采取提价策略;④出于竞争的需要,企业要进行产品的向上延伸策略,以树立企业高档产品形象时应主动采取提价策略。

五、计算题

1. 设原来的价格为 P_0,需求量为 Q_0,变化后的价格为 P_1,需求量为 Q_1,ΔP 为价格的变动额,ΔQ 为需求量的变动额。

(1)原价格条件下的需求弹性系数为

$$\begin{aligned} E &= \Delta Q/\Delta P \times P_0/Q_0 \\ &= (3\,100 - 2\,000)/(18 - 12) \times 12/2\,000 \\ &= 1.1 \end{aligned}$$

(2)运用降价后的收益

降价前的收益:$R_0 = P_0 Q_0 = 12 \times 2\,000 = 24\,000$(万元)

降价后的收益:$R_1 = P_1 Q_1 = 18 \times 3\,100 = 55\,800$(万元)

由于 $R_1 > R_0$,所以降价后收益增加。从需求弹性系数 E 也可以说明问题:由于 $|E| = 1.1 > 1$ 该产品富有弹性,价格下降的幅度小于需求量下降的幅度,因而会使收益增加。

2. 解:产品的单位成本 $C = \dfrac{400\,000 + 600\,000}{10\,000} = 100$(元)

每件商品的销售价格 $P = C(1 + R) = 100 \times (1 + 20\%) = 120$(元)

因此,每件商品的销售价格为 120 元。

3. 解:订货量为 5 000 件时的总成本 $C = 200\,000 + 5\,000 \times 40 = 400\,000$(元)

根据总成本 = 总销售收入　即 $C = QP$

$$P = C/Q = 400\,000/5\,000 = 80\text{(元)}$$

即保本点价格应是 80 元。

9

促销策略

学习目标与要求

- 了解促销的含义及四种促销方式的特点
- 掌握企业促销组合策略的原理
- 分析广告媒体的特性及选择、广告的设计与语言形象
- 掌握制定企业广告促销方案的步骤
- 掌握公共关系的作用、分类及活动方式
- 掌握推销队伍的设计和人员推销的基本技术

促销是市场营销中一个重要内容,如何使企业生产或经营的产品信息迅速传递给消费者、传递给市场,并有效地对消费者进行外部刺激(即环境因素、营销因素的刺激),增强消费者需求的强度,影响消费者购买决策过程,诱导消费者购买自己的商品,把潜在的消费者变为自己的现实消费者并在消费者心目中树立起企业的形象,实现企业利润最大化的目标。而且促销是企业市场营销组合中最富有变化、最显活力和最易引起人们关注的部分,也是现代营销理论发展和变化最快的内容之一,它要求企业必须与顾客、供应商、中间商、政府、社会公众进行广泛、迅速和连续的信息沟通活动,并能科学地制定、合理地运用促销策略。这些就是本章所要阐述的主要内容。

9.1 促销与促销组合

促销是促进销售的简称,是指企业通过人员和非人员的方式把企业的产品及提供的服务信息传递给顾客,激发顾客的购买欲望,影响和促成顾客购买行为的全部活动的总称。

从以上促销的概念可以看出,促销在市场营销中的重要地位,是衔接企业生产、销售的重要环节,是能否实现企业目标的关键环节之一。为了更好地掌握促销的实质与内涵,下面从促销的实质、作用、手段及组合等方面展开论述。

9.1.1 促销的实质及作用

9.1.1.1 促销的实质

现代营销理论特别强调企业促进销售的实质是信息的沟通与激发活动及现代意义上的整合营销(Integrated Marketing Communication),强调企业在经营活动中不仅是生产的主体,更应该是一个很好的信息的传播与沟通者,原因在于:①市场竞争日益激烈,商品信息纷繁多样,对于消费者来说是被动的接受信息并会把有效刺激的信息转化为购买行为;②消费者的需求是一个变化很快的变数,要想抓住市场就要时刻了解消费者的需要与需求,及时与消费者沟通才能进行准确的市场定位,同时消费者在大量的信息面前有时处于无意识状态,暂时没有现实的需求,这就需要企业及时地把信息以最佳的方式传递给消费者并与消费者有效沟通,才能使消费者的潜在需求转化为现实。由此可见,在理解促销的含义时必须要把握促销的实质,具体应注意以下几点。

1. 从顾客出发

营销者在制定营销策略时,要从顾客出发,反过来选择和界定最恰当和最有效的营销信息、接触方式和沟通渠道,放弃营销者所习惯的按照自己的意愿或老经验,从传统的4Ps转向4Cs,即从现有和潜在的顾客出发,通过调研收集信息,制定营销沟通的目标、选择沟通的信息和最佳的媒体接触方式,并制定整合的传播媒体计划,最终通过有效的执行达到预期的营销沟通目标和效果。

2. 运用一切接触方式

IMC运用一切恰当的接触方式作为沟通渠道,不拘泥于任何一种沟通方式,一些公司开始尝试使用其他接触方式来建立品牌认知和品牌形象。如方正电脑为伊利公司提供奖品,联通为蒙牛牛奶提供15分钟的免费IP电话卡。

3. 步调一致,获取协同优势

“用同一个声音说话”,即要求无论是广告、公共关系、人员推销、销售时点广告、赞助活动等,都必须协调一致。品牌活动中的主题或卖点,需要有销售人员反复强调,在促销活动中形成焦点,在产品包装上得以体现,在赞助营销中得以强调,在售点广告中要引人注目,总之,一切沟通手段传递的都是一个信息。

4. 建立顾客关系

成功的营销沟通能够在品牌和消费者之间建立一种持久的联系即重复购买甚至忠诚。

9.1.1.2　促销的作用

促销的主要任务是传递信息、增加销售。归纳起来主要有以下几个方面的作用。

(1)有助于沟通信息,消除生产者和消费者之间由时空和信息分离引起的矛盾。在现代市场营销中,信息流是商流和物流的前导,因为市场营销既以市场为起点又以市场为终点,伴随营销活动始终的信息流动也遵循这一流程。一种商品进入市场以后,或将要进入市场的时候,为了使更多的消费者知道这种商品,就需要生产者或经营者及时提供商品信息,主动介绍商品的性能、特点、用途、价格、使用方法、保管知识及企业可能提供的服务等,引起社会各方面的关注,吸引顾客购买。

(2)有助于刺激市场、创造需求、开拓市场。生产企业向中间商和消费者宣传介绍商品,不但可以诱导需求,有时还能创造需求,尤其是在某种商品的销售量下降时,通过适当的促销活动,可以促使需求得到某种程度的恢复,为此,传递信息内容和形式应该与消费者或用户的购买心理的变化过程相吻合,唤起消费者产生购买某种商品的欲望,而且还要将其逐步诱导到更高的阶段。

(3)有助于突出企业和产品的特色。在同类商品竞争比较激烈的市场上,由于商品较多,并且相互之间的差别细微,消费者的辨认和识别就显得很困难,这时,企业可以通过适当的促销活动宣传本企业的产品区别于竞争产品的不同之处,使消费者加深对本企业产品的了解,认识到本企业产品的使用能够得来的特殊利益,刺激消费者的购买欲望,最终促成销售的实现。

(4)有助于稳定销售和协调配合。由于市场竞争日益激烈和企业自身的各种因素,使有的企业全年销售量呈曲线式波动,这是市场地位不够稳定的表现。为使更多的消费者或用户形成对本企业产品的偏爱,扩大市场的规模,达到稳定销售的目的,企业仅有质量上乘的产品和通畅的流通渠道是不够的,还必须通过本企业得力的促销活动,使消费者在市场竞争中能够识别本企业的产品,加深对本企业产品的了解,从而促进购买,达到稳定销售、稳定企业市场地位的目的。同时,促销还具有协调和配合其他营销策略的作用,有助于企业整体战略的实施及总体营销目标的实现。如针对冬天应用空调、电暖气后,室内空气干燥的情况,亚都加湿器给皮肤喝点水的广告——“皮肤的肌纤维由大量水溶性胶源蛋白构成,水份的流失会导致肌纤维收缩变形,乃至形成不可恢复的皱纹,使用空调或者电暖器的房间空气尤其如此。”尽管它把“胶原蛋白”写成了“胶源蛋白”,尽管皮肤中从来没有什么“肌纤维”,但这个看起来像化妆品的广告,却取得了良好的销售业绩。又如金龙鱼的广告词“1:1:1”。金龙鱼认为人体饮食中饱和脂肪酸、单不饱和脂肪酸和多不饱和脂肪酸达到1:1:1的比例时,最有益于健康。尽管有广告人认为这个概念普通消费者很难看懂,其科学性值得怀疑,但通过推广“1:1:1”,金龙鱼大大减轻了“鲁花”的压力。它是第一个和消费者讲道理，深度传播自己产品有益于“健康”的创新行为——从此以后，再不是只有保健品才和消费者讲道理了。

9.1.2 促销的方式

促销作为企业与市场联系的主要手段，包括了多种活动，现代市场营销学认为，促销方式主要包括人员促销和非人员促销两大类，具体分为人员推销、广告宣传、公共关系和营业推广四种。

9.1.2.1 人员推销

人员推销是一种既传统又现代的促销方式，一般有两种形式。

(1)企业派出推销人员与消费者或用户直接面谈推销业务，通过面对面的交谈，向消费者或用户介绍产品，传递信息。

(2)生产企业设立销售门市部，通过销售人员向消费者或用户推销产品，传递信息或者利用专家以自己的专业知识向消费者传递商品信息；或者利用消费者的亲朋好友，在日常交往中进行宣传，介绍产品。

9.1.2.2 非人员推销

非人员推销是一种现代的促销方式，一般有三种形式。

1. 广告宣传

广告宣传是指由确认的商业组织、非商业组织或个人支付费用的、旨在宣传构想、商品或者服务的任何大众传播行为。它是商品经济的产物，是随着商品经济的发展而逐渐发展起来的。随着我国经济体制改革的不断深化，市场经济体制的建立，企业作为独立的商品生产者和商品经营者，科学地运用广告宣传，对传播信息、促进生产、指导消费、扩大销售、加速商品流通和提高经济效益都有着十分重要的作用。

2. 公共关系

公共关系是企业通过种种活动使社会各界公众了解企业，以取得他们的信赖和好感，从而为企业创造一种良好的舆论环境和社会环境。公共关系的核心是交流信息，促进相互了解，宣传企业的经营方针、经营宗旨、经营项目、产品特点和服务内容等，提高企业的知名度和社会声誉，为企业争取一个良好的外部环境，以推动企业不断向前发展。

3. 营业推广

营业推广是指工商企业在比较大的目标市场中，为刺激早期需求而采取的能够迅速产生鼓励作用、促进商品销售的一种促销手段。营业推广的形式很多，大致可以分为三类：第一类是直接对消费者的；第二类是属于促成交易的；第三类是鼓励推销人员。

9.1.3 促销组合及基本策略

企业四种促销方式各具特色，各有各的优缺点。因此，在促销过程中，企业常常将多种促销方式组合运用，以求得最佳的促销效果，促销组合也可以称为营销信息组合，就是企业根据产品的特点和营销目标，综合各种影响因素，对各种促销方式进行选择、编配和运用，使企业的全部促销活动互相配合协调，最大限度地发挥整体效果，以顺利实现促销目标。所以，企业在制定促销策略时，应综合考虑不同商品的特点、营销目标、企业内部条件、外部市场环境、消费者需求等因素进行选择。具体分析如下。

9.1.3.1 产品的性质

不同的产品有不同的用途，满足不同消费者的需求，因此应采取不同的促销组合。一般来说，高技术工业品宜采用人员推销；而生活消费品，由于技术性较差，标准化程度高，市场面广，消费者人数多，宜采用非人员促销。

9.1.3.2 产品市场生命周期

在产品市场生命周期的不同阶段，由于促销目标不同，应相应地选择、编配不同的促销组合策略。

1. 导入阶段

一般来说在市场导入阶段，应以报道性广告为主。在这个时期，用户对于商品根本不了解或知之不多，促销的目的在于扩大商品的知名度，诱导中间商进货和消费者试用，因而主要采用广告这一促销手段对商品进行一般的宣传和介绍，以期望在更广泛的领域扩大商品的知名度，必要时可辅以人员推销。但从原则上讲，商品在导入阶段不宜采用营业推广，以免用户对商品产生误解而导致商品夭折。

2. 市场成长阶段

在市场成长阶段，企业的促销手段仍以广告为主，但重点在于宣传企业及产品品牌，树立产品特色，使更多的用户对本企业或企业的产品产生偏爱，增加兴趣，从而扩大产品的销售量。在这一阶段广告仍是促销的主要手段，但此时的重点已经不是介绍产品了，而在于增加消费者的好感与偏爱，树立产品的特色。因而，需要不断改变广告形式，以争取更多的消费者或用户，特别是争取本企业产品的品牌爱好者。

3. 市场成熟阶段

产品进入成熟阶段，将有大批的竞争者进入市场。这时的促销手段以广告为主，但注重于竞销，此时广告的内容多侧重于强调产品的价值和给消费者或用户带来的利益，以保持并扩大企业产品的市场占有率。同时，可以辅之以营业推广，设法吸引消费者或用户，以巩固和坚定其在成熟期继续购买本企业产品的信心。

4. 市场衰退阶段

一般来讲，产品步入衰退阶段后，企业很少继续花费大量精力和财力进行促销，因为处于衰退阶段的产品特色已为消费者所了解或熟悉，并且偏好已经形成。但是这一阶段也不是无事可做，企业可做一些提示性广告或与营业推广相结合，刺激产品的销售，维持尽可能多的销售量。

9.1.3.3 市场性质

不同特点的市场需要采取不同的促销组合策略。一般来说，向小规模本地市场促销,应以人员推销为主;若是广泛的市场,则应以广告和文字宣传为主;市场比较集中,渠道短,销售力量强,产品需经过示范、退换的,应采用人员促销策略;而产品销售分散,渠道多而长,产品差异性大,消费趋势已很明显,有必要快速告知消费者的,最好采用非人员促销策略;消费品市场买主多而分散,主要用广告宣传和营业推广吸引顾客;生产资料市场的用户少而销售额却大得多,应以人员推销为主。

9.1.3.4 现实或潜在顾客的状况

企业常按照购买商品的时间把顾客分为最早采用者、早期采用者、中期采用者、晚期采用者和最晚采用者,应对不同类型的顾客采用不同的促销方式,同时,企业在分析中还应考虑消费者的心理变化过程。

9.1.4 制定促销预算

对企业来说,在促销方面支出多少及如何制定促销预算历来是个重要的、十分矛盾的问题。企业常用的方法有以下几种。

(1)量力支出法。这是一种量力而行的方法,即企业根据自己估计的本企业的能力而大致估算出促销活动的经费,是一种能拿得出多少就花多少的做法。此方法忽略了促销与整个企业销量的关系,且企业每年财力不一,促销预算波动也较大,这使企业很难制定有效的长期规划。

(2)促销额百分比法。即企业依照销售额的一定百分比来制定促销预算。

(3)竞争对等法。即企业根据主要竞争者的支出来确定自己的促销预算。此法的支撑点建立在竞争者的支出是合理的基础上。因为竞争者的支出代表整个行业的集体智慧,有重要参考价值。

(4)目标与任务法。此法要求企业根据以下方面来制定促销预算:①有明确目标;②决定为达到这些目标必须执行的任务;③估计执行这些任务的成本。这些成本的总和即为预定的促销预算。此法的优点在于企业明确了所需支出、展露水平、试用率及其正常使用量之间的关系,使促销预算制度化。至于在市场营销组合中促销应占的比重有多大,则需视产品所处的生命周期阶段、市场供求状况及前景等因素确定。

9.2 人员推销

9.2.1 人员推销的特点

人员推销与促销组合中其他非人员促销方式的最大区别是,推销人员与潜在顾客直接接触,信息沟通过程呈双向性,推销人员可以当场获得信息反馈并据此对信息的内容及信息的表达方式做出相应的调整。

(1)双向性。双向的信息沟通是区别于其他促销手段的重要标志。在推销过程中,一方面,推销人员必须向顾客介绍商品本身和与商品有关的信息,如商品质量、功能、用途、价格、所能提供的服务等,通过向顾客传递信息,招徕顾客,从而促进商品的推销;另一方面,推销人员还必须把从顾客那里了解到的有关对所推销产品及对企业的信息反馈给企业,为企业的经营决策提供依据,从而有利于企业取得良好的营销效果。

(2)灵活性。在人员推销过程中,推销员能与顾客保持直接的联系,可以根据各类顾客特殊的需要、动机和行为,设计具体的推销策略,并随时加以调整,可以及时发现和开拓顾客的潜在需求,对于产品的性能、质量、使用和保管方法,不仅能向顾客直接介绍,还可以进行示范表演,消除消费者对产品不够理解而产生的各种疑虑,诱发购买欲望,促成购买。

(3)情感性。推销员在推销产品的过程中与顾客直接接触,可以彼此在买卖关系的基础上,交流情感,增进了解,产生信赖,建立深厚的友谊,而感情的培养与建立必然会使顾客产生购买动机,从而确立稳定的购销关系,促进商品销售。如全球赫赫有名的希尔顿饭店首任经理曾有过一段传奇故事。

一天夜里,已经很晚了,一对年老的夫妻走进一家旅馆,他们想要一个房间。前台侍者回答说:对不起,我们旅馆已经客满了,一间空房也没有剩下。看着这对老人疲惫的神情,侍者又说:但是,让我来想想办法……他当然不忍心深夜让这对老人出门另找住宿。而且在这样一个小城,恐怕其他的旅店也早已客满打烊了,这对疲惫不堪的老人岂不会在深夜流落街头?于是好心的侍者将这对老人引到一个房间,说:也许它不是最好的,但现在我只能做到这样了。老人见眼前其实是一间整洁又干净的屋子,就愉快地住了下来。第二天,当他们来到前台结账时,侍者却对他们说:不用了,因为我只不过是把自己的屋子借给你们住了一晚——祝你们旅途愉快!原来如此。侍者自己一晚没睡,他就在前台值了一个通宵的夜班。两位老人十分感动。老头儿说:孩子,你是我见到过的最好的旅店经营人。你会得到报答的。侍者笑了笑,说这算不了什么。他送老人出了门,转身接着忙自己的事,把这件事情忘了个一干二净。没想到有一天,侍者接到了一封信函,打开看,里面有一张去纽约的单程机票并有简短附言,聘请他去做另一份工作。他乘飞机来到纽约,按信中所标明的路线来到一个地方,抬眼一看,一座金碧辉煌的大酒店耸立在他的眼前。原来,几个月前的那个深夜,他接待的是一个有着亿万资产的富翁和他的妻子。富翁为这个侍者买下了一座大酒店,深信他会经营管理好这个大酒店。这就是全球赫赫有名的希尔顿饭店首任经理的传奇故事。

9.2.2 销售人员的分类

在多种多样的商务活动领域中,有许多人从事着推销活动或销售工作,其职业名称也各式各样,如售货员、推销员、销售代表、业务代表、住区代表、客户经理、销售顾问、销售工程师、营销经纪人、代理人等,他们可能是在为零售商、批发商、代理商工作,或为制造商、房地产公司、保险公司等销售产品。从销售管理的角度,对销售人员进行分类,能够进一步认识人员推销的职能和承担的任务。

9.2.2.1 争取者、订单处理者和销售支持者

按销售人员执行的基本销售职能——争取订单、处理订单和销售支持，可以将其分为以下三类。

(1)订单争取者。争取订单事实上意味着要花费相当多的精力去寻找实际的购买者，建立新的业务关系，促进公司业务的发展，他们一般擅长推销技术，其主要任务是：寻找新顾客、查明原因、与顾客沟通、开展销售演讲和说服购买以及提供某些服务。因此，他们通常被称为专业推销员，如制造销售代表、房地产经纪人、股票经纪人、保险代理人等，他们对公司业务的发展具有举足轻重的作用，公司也对他们寄予厚望，给予高薪，希望他们在激烈的市场竞争中为企业的生存与发展发挥重要作用。

(2)订单处理者。处理订单是他们的日常工作。当一个顾客通过订单争取者或销售支持人员或通过广告对公司的产品产生兴趣后，订单处理者通常是回答询问，并完成交易涉及的一系列销售工作，如介绍推荐产品、回答询问、提货、打包、装运等。在制造商、批发商和零售商等组织中有许多销售职员从事订单处理工作，他们完成最多的销售额，维持与顾客的业务关系，使销售蒸蒸日上。

(3)销售支持者。有两类销售支持人员：传教型销售人员和技术支持型销售人员。传教型销售人员通常为一个制造商工作，但有时也为经纪人、制造商代理人工作，并不追求直接从客户那里获取定单。销售传教士与宗教传教士之间的共同之处在于，他可以被看作是一个信息传播者，当他们为生产商工作时，其任务是访问经销商和顾客，发展友好关系，帮助中间商培训销售人员，并可能和中间商一起推销产品，激发中间商的顾客购买产品的兴趣。在销售传教士工作的过程中，他并不直接为顾主争取订单。如医药行业，医药销售代表从事医药产品的推销，其主要任务是做医生的工作，向医生提供有关药物的功效等信息，并劝说医生为患者开这些药品；而另一类医药生产商的销售代表则属于订单争取者，他们将医药产品销售给批发商或药品零售商。

技术支持型销售人员的主要职责是为已有的顾客提供技术服务或建议。技术类、机械类或大型设备行业的制造商普遍配有这类人员，他们一般是擅长专业技术的工程师或专家，可以帮助最终用户设计程序、安装设备、培训以及提供服务。

9.2.2.2 柜台销售、实地销售和电话销售

人员销售会在各种不同的环境中从事销售工作，而具体的销售环境决定了他所应该采用的有针对性的销售方式。按销售环境的特点，可以区分出以下三种常见的销售类别。

(1)柜台销售。柜台销售是指零售业采用的销售方式，在自选商店从事柜台销售的人员通常都是订单处理者，当你需要了解某一特定商品的有关信息时，你可以向他们询问。

如在导购式服装专卖店里，销售人员就会采取建议销售的方式，向你介绍款式和颜色，为你的选购提出建议，并力图激发顾客的购买欲望，促成购买。

(2)实地销售。在实地或上门销售环境下，销售人员通常分为：专业销售人员、全国性客户经理、传教士型销售人员和辅助销售人员。专业销售人员是指订单争取者。全国性客户经理是指具有很高销售技能的高级销售人员，其职责是拜访关键客户的总部。

(3)电话营销。有些公司专门从事电话营销，即利用电话来完成调查、销售或与客户沟通的任务。电话营销的优点是双向沟通、及时迅速和低成本。电话营销可以是输出型的，即销售人员主动打电话与客户保持联系以争取订单。

9.2.3 销售人员的素质与培训

9.2.3.1 推销员的素质

推销人员素质是指推销人员在商品销售过程中，其品质、作风、知识结构、性格等内在因素有机结合所表现出来的各种能力。一个合格的推销人员应具备以下素质。

(1)政治素质。推销人员应具有强烈的事业心和责任感，具有集体利益高于个人利益的思想境界，具有公道、正派的思想作风和合作共事的精神。

(2)知识修养。推销人员经常与各种各样的顾客打交道，需要具备较广的知识面。知识面宽广与否，在一定程度上制约着推销人员的推销能力。所以推销人员应有旺盛的求知欲，善于学习并掌握多方面的知识，这样运用起来才会游刃有余。一般来说，一个优秀的推销人员应该懂得政治法律知识，懂得经济学、市场营销学和推销业务知识，懂得社会学、心理学等多种知识。

(3)实际工作能力。合格的推销人员应具有业务推销能力、处理人际关系的能力、为顾客服务的能力以及较强的应变能力。

(4)个性素质。推销工作的特殊性决定了对推销人员的特殊性格要求。合格的推销人员应该具有感情外露、热情奔放、活动能力强、当机立断的外向性格特征。

9.2.3.2 推销人员的培训

培训推销员，首先要制定良好的培训计划。为此，应考虑下列问题：培训计划的目标、培训的内容、由谁来主持培训、培训的时间、培训的地点、培训的方法、培训的效果评价。培训计划的制定要有针对性，即根据继续培训、主管人员培训、新进人员培训等不同类型的培训，确定不同的培训内容和培训方法。

推销人员培训的内容主要有以下一些：

(1)一般知识，包括企业的历史、战略目标、组织目标、组织机构、财务状况、主要商品的销售情况和政策、市场竞争对企业的影响等；

(2)产品知识，包括本企业营销商品的范围、结构，自己所负责推销的商品性能、用途、使用和保管方法等；

(3)市场知识，包括本企业目标顾客的分布、需求特点、购买水平、购买机构、购买行为、消费习惯以及市场情况、本企业的市场地位，竞争者商品的市场地位和营销措施；

(4)推销技巧，包括推销原则和推销策略、推销人员的工作程序和责任、良好的个性、处理公众关系和人际关系的能力等。

9.2.4 人员推销技巧

人员推销技巧是指推销人员在实施推销过程中，针对不同的推销对象或顾客，为达到推销目标所运用的方式、方法、技能、谋略等综合措施。推销技巧的运用是否恰当、得体和成功，标志着推销人员素质、观念、业务水平等能力的高低，关系到推销活动的成败。人员推销的技巧贯穿于推销工作的全过程，内容丰富，以下介绍一个合格推销人员应掌握的一些基本技巧。

1. 寻找潜在顾客、识别合格顾客

推销者首先必须了解：谁是你所推销的产品的潜在的需求者？谁是潜在顾客，他们在哪里？然后，通过各种可选择的途径搜集资料，寻找潜在顾客的可能来源，参照表9.1。

表9.1 获取潜在顾客的资料来源表

种类	辨认技巧
外部来源	派生方法：向每一位潜在顾客询问另一位成为潜在顾客的名字 社区交际：向朋友和熟人询问可能成为潜在顾客的名字 介绍法：由一个潜在顾客通过电话、信件或亲身介绍其他潜在顾客 联系组织法：从服务性娱乐部和商业会员中寻求销售线索 无竞争关系的销售人员：从无竞争关系的销售人员寻求渠道 制作易见的报告：制作能影响其他购买者的易见的具有影响力的报告
内部来源	浏览公司资料库、人名地址簿、电话本、员工名单和其他书面文件 回应电话：对潜在顾客的电话进行回应
自身来源	亲身观察：通过看、听来寻找真正的潜在顾客 深入访问：对潜在顾客进行深入访问
其他方面	网上浏览：通过姓名和位置确认潜在顾客 召开商业展销会：召开或参加直接面向潜在顾客的商业展销会 挖掘策略：让初级销售人员设定潜在顾客、由高级销售人员与之联系 销售专题讨论会：潜在顾客以组为单位学习关于销售产品的主题内容

而对合格顾客则通过三项标准来鉴别：①需要和欲望；②购买能力；③接受性和可接近性。

2. 接近

在所有的推销活动中，最重要的就是以正确的方式接触有可能成为购买者的客户，并进行一次最恰当的展示活动，而最初几分钟是最为关键的时刻，甚至有人将与顾客第一次见面称为销售最重要的30秒，因为，这时的表现使购买者形成了对推销者的印象。具体通过三步来进行。①预先接触。在接近顾客之前，销售者必须尽可能多地了解潜在顾客，这是推销者在正式与客户接触之前必须完成的工作，可向一般的信息提供者咨询,或向那些可能了解有关情况的熟人询问。预先接触的目的在于确定接触方式:亲自拜访、电话访问、信函或其他方式。②接触。在初次会晤阶段,推销者应努力引起客户的注意。推销者在与客户初次接触时必须很好地推销自己,应该考虑如何问候,使双方的关系有一个良好的开端,这包括仪表、开场白和随后谈论的内容,衣着要得体,对客户要殷勤有礼貌,表现出诚恳,避免动作过多和盯着对方看,在接下来的谈话中,要会倾听和适时回答或提问,并在接触中与客户建立相互信任,利用这个机会尽可能好地表现自己,推介公司的产品。③识别问题。在初次见面时,推销者向客户讲解,当双方互动时,推销才启动,这种互动或讨论的第一部分便是识别过程,即双方一起讨论、分析。推销者在这一阶段要进行大量提问并仔细聆听,以从中发现顾客的需要和面临的问题,推销者应运用提问技巧,通过提问,确认顾客的需要和问题所在。

3. 处理异议

顾客很少会在销售讲解和展示之后就立即敲定要购买产品,他们通常会提出异议或有关建议的问题,他们可能认为价格太高,或认为获取的信息还不足以决定是否购买等,推销者必须学会正确识别异议类型和产生根源,采取正确的策略处理异议。

9.3 广告宣传

英文的 advertising 源自拉丁文 Adverture,意为注意某件事,引起别人的注意,通知别人某件事,到了 17 世纪末,advertise 专门指刊登广告的行为。

9.3.1 广告基本概念

9.3.1.1 广告的概念

不同的理论学派对广告的认识各抒己见,众说纷纭,但不会影响我们对广告的认识,下面是两个有代表性的定义。

(1) 美国广告协会对广告的定义:广告是付费的大众传播,其最终目的为传递信息,改变人们对于广告的态度,诱发其行为而使广告主得到利益。

(2) 美国市场营销协会对广告定义:广告是由特定的出资者,以付费的方式,通过各种传播媒体,对商品、服务和观念等所作的任何形式的非人员介绍及推广。

9.3.1.2 广告的构成要素

广告本身是一个系统,包括广告主体、广告中介、广告内容和广告客体四个构成要素,缺一不可。

1. 广告主体

广告主体是广告活动的提议者、策划者、创意者和实施者,主要有三个方面,即广告主、广告经营者、广告发布者。根据《中华人民共和国广告法》,广告主特指“为推销商品或者提供服务,自行或者委托他人设计、制作、发布广告的法人、其他经济组织或者个人”;广告经营者特指“受委托提供广告设计、制作、代理服务的法人、其他经济组织或个人”;广告发布者特指“为广告主委托的广告经营者发布广告的法人或其他经济组织”。广告主体是广告活动的基础。

2. 广告中介

广告中介是主体传递信息、影响公众的纽带。为了赢得广大公众的理解、信任和支持,向公众展示和宣传自己的整体形象特别是产品形象,需要借助一系列的具有说服力和影响力的传播途径,它起着沟通广告主与公众之间双方信息的作用,为企业的存在与发展创造良好的公众基础和市场基础。

3. 广告内容

广告内容是广告宣传的基本信息,是消费者了解企业的基本渠道,但由于受制于时间和版面的局限性,所以就要求广告策划者精心挑选具有较强说服力和感染力的信息,有效地冲击公众的感觉系统和心理世界,进而产生出较好的市场效应。

4. 广告客体

广告客体就是广告宣传需要影响的公众,包括现实的消费者和潜在的消费者。

9.3.1.3 广告的功能

(1)广泛告之的功能。广告能使受众知晓市场上的新品牌或新产品,告知有关新产品或新品牌的特征和利益,或产品的新用途,促使受众建立正面的肯定性的品牌形象。广告是以相对低廉的单位接触成本与大量受众进行沟通的有效形式,因此,利用广告的重复传播,有助于新产品、新品牌的推出,也有利于知名度不高的品牌提高受众对其品牌的认知度。

(2)劝说消费者的功能。有些消费者熟知某些品牌,但还没有付诸行动,广告的另一个重要功能就是劝说消费者试用所宣传的产品或服务,发挥广告说服的艺术作用,改变消费者的心理和购买行为。

(3)为企业增值的功能。营销者借助广告能够影响消费者的感知,为品牌资本增加价值成功的广告能使品牌看起来更杰出、更有特性;有效的广告能够增加市场份额和利润。

(4)树立产品形象,提高企业知名度。消费者在商品繁多、以买方市场为主的市场上,购买弹性较大,选择性较强,因而在自觉与不自觉中,常有参考广告来选购商品的习惯。企业为了加强顾客的记忆和好感,巩固和扩大市场占有率,就要充分发挥广告的竞争力,在消费者心目中树立深刻的商品形象和企业声誉。

9.3.1.4 广告的种类

广告有多种分类方法,从不同的角度有不同的方法。

(1)按媒介物分类有平面广告和空间广告。平面广告包括印刷媒体、邮寄媒体、印刷型的包装和礼品媒体等,空间广告是指使用电波媒体、户外媒体、售点媒体、人体媒体作为载体的广告,如表 9.2 所示。尽管媒体的种类非常多,但占主体地位的是 4 大媒体,即电视、报纸、杂志和广播,其特点如表 9.3 所示。其中广播是听觉媒体,报纸、杂志是视觉媒体,而电视则为视觉和听觉媒体。

表 9.2 广告媒体分类

序号	媒体类型	媒体表现形式
1	电波媒体	广播、电视、电影、因特网、电话、短信
2	印刷媒体	报纸、杂志、书籍、传单、画册、说明书
3	户外媒体	广告牌、路牌、霓虹灯、灯箱、交通工具、招贴、街头装饰、气球
4	邮寄媒体	商品目录、订单、销售信、说明书
5	售点媒体	门面、橱窗、货架陈列、实物演示、店内广告
6	人体媒体	时装模特、广告宣传员
7	包装媒体	包装纸、包装盒、包装袋
8	礼品媒体	年历、手册、小工艺品、印刷品
9	其他媒体	烟火、飞艇、激光

表 9.3 四类大众传播媒体的优缺点

媒体类型	优缺点
电视媒体	优点：覆盖面广、传播速度快、送达率高；集形、声、色、动态于一体，生动直观、易于接受、感染力强
	缺点：展露瞬间即逝、保留性不强；对观众的选择性差，绝对成本高
报纸媒体	优点：信息传递及时、读者广泛稳定、可信度比较高；刊登日期和版面的可选度较高、便于对广告内容进行较详细的说明；便于保存、制作简单、费用较高
	缺点：时效短、转阅读者少；印刷简单因而不够形象和生动，感染力较差
广播媒体	优点：覆盖面广、传递迅速、展露频率高；可选择适当的地区和对象、成本低
	缺点：稍纵即使、保留性差、不宜查询；受频率限制缺少选择性，直接性与形象性较差，吸引力与感染力较弱
杂志媒体	优点：读者对象比较确定、易于送达特定的广告对象；时效长、转阅读者多、便于保存；印刷比较精美、有较强的感染力
	缺点：广告信息传递前置时间长、信息传递的及时性差、有些发行量是无效的

(2)按广告主可以分为商业广告和非商业广告。商业广告用来传播有关商品或企业的信息，如产品广告用以向消费者介绍产品，使之了解其性能、用途、价格等，进而诱导产生需求；品牌广告侧重宣传品牌形象与个性，所提供的利益和价值，形成与竞争品牌的显著差异，增加消费者对品牌的认知度，增加品牌资本；企业形象广告意在树立企业声誉，建立正面良好的形象，影响消费者对企业的认知。非商业广告用来传播非商业目的或不以盈利为目标的信息，主要有公益广告、政治宣传广告等，其他非商业广告有招聘、寻人、征婚、挂失、求职、承租、社会宣传教育等方面的广告。

(3)按对象域分类有国内广告和国际广告。国内广告又可分为全国性广告和区域性广告。全国广告是指在全国范围传播品牌信息的广告，此时广告主意在谋求全国市场；区域性或地方广告是针对一个特定的区域市场而发布的广告，广告主通常是在该地域市场中经营的厂商，但也有许多全国品牌在地域性的电视、报纸媒体上发布广告的情况。国际广告也称全球广告，是指大型跨国公司实施全球营销战略而在各个目标细分市场上发布的广告,其中既有统一的战略性广告,也有适合当地市场的定制广告。

(4)按广告目标分类有告知广告、劝说广告和提示广告。告知广告,从广告的功能来看,主要用于产品的导入期,目的是传播新产品或新品牌的信息,建立最初的需求,也可以通知价格的新变化。如生产酸奶这一新产品的企业必须通过广告告诉消费者,酸奶有什么营养。通过广告,企业可以向市场宣告一项新产品的推出,介绍一项老产品的新用途,宣布产品价格的变化,说明产品的性能与功效,介绍可以提供的服务,纠正消费者某些方面的错误印象,减少消费者对使用产品的顾虑或创造一个新的企业形象等等。

劝说广告,是为了鼓励消费者购买本品牌的产品,改变他们对本品牌的认知,激发他们试用,鼓励他们重复购买,最终建立品牌忠诚。如一个企业可以通过广告使消费者相信,它的产品与市场上其他任何品牌的同类产品都不同,言外之意,当然是比其他品牌都优越得多。劝说性广告可用来促进和激发消费者对企业产品的偏爱,吸引正在使用竞争产品的消费者,改变消费者对产品特性的偏爱,促使消费者立即购买以及使顾客有心理准备乐于接受人员促销。

提示广告,从记忆的机理来考察,就是为了保持消费者对品牌的记忆,保持消费者的熟悉度,继续购买该品牌的产品。如可口可乐公司经常在电视、路牌、杂志等媒体上作广告,其目的就是提醒人们关注可口可乐饮料的存在。

9.3.2 广告的策略

广告策略是指企业根据市场分析、消费者分析和产品分析等,在企业营销战略和广告目标的指导下,对广告活动的开展方式、媒体选择和宣传劝说重点的总体原则做出来的决策。具体策略如下。

9.3.2.1 广告的心理策略

广告宣传活动是一种心理影响活动,它通过引起公众的注意、刺激公众的消费欲望来引发公众的购买行为,并强化公众的记忆,因此,在整个广告的创意、策划、设计过程中,应该重视公众心理的分析,根据公众的心理特性和心理需要,制定出科学的心理策略,提高广告宣传的科学性与艺术性。

(1)吸引注意策略。注意是公众的心理活动对特定对象的指向和集中,表现出人的主观意识对客观事物的警觉性和选择性,主要受制于刺激程度和需求意向,所以,吸引公众对广告的注意,特别是无意注意,应该科学掌握八大规律,主要有注意的强度规律、注意的对比规律、注意的背景规律、注意的动静规律、注意的需求规律、注意的艺术规律、注意的新奇规律和注意的社会规律。如可口可乐(CocaCola)公司的取名。

1886年,在美国乔治亚物兰大市,约翰·彭伯顿偶然发明了一种颇受欢迎的有色饮料。他想开发这一饮料,又苦于资金不足,于是他便联合当地一名叫鲁宾逊的有钱人合伙开发。为了笼络鲁宾逊,彭伯顿将为饮料命名的权力让给他。认字不多的鲁宾逊绞尽脑汁地想了一天,翻遍了字典也没有找到一个满意的名字。傍晚,过度的疲倦使他不知不觉地坐在书房的椅子上睡着了。醒来时已是深夜1点钟，望着满天的星斗，他突然想到饮料是清凉的，应该用Cold(冷)来代表，可Cold不能独立成为名字，必须再加上一个字。他又开始翻字典查找，结果还是一无所获。恰好这时，报晓的雄鸡叫了，他一下子跳了起来："对了，就用公鸡这个名字吧！"可是"冷公鸡"和"公鸡冷"讲不通啊。他仰望星空，冥思苦想。这时有颗流星划过天际，一下启发了他的灵感：将"Cock Cold"中的"K"和"D"都换成了"star"中的"a"。当彭伯顿询问"CocaCola"的含意时，鲁宾逊说："它们本身没有什么意义，可是，你看看它们的结构，不是非常有意思吗？"彭伯顿读了几遍，高兴地喊道："妙极了，除非是你，谁也想不出这样好的名字，既好拼，又好念，更容易记，不管谁看一遍都会记得它。作为产品名称，真是再好也没有了！"又如555牌香烟是从列车编号中得到了启示。

列维是爱尔达丝烟草公司的创始人，起初这家公司名气很小，他一直努力想找到一个能叫得响的香烟名称，但长期未能如愿。1947年的一天，列维在喧闹的纽约火车站挤车，突然该辆列车的编号999映入眼帘。他异常兴奋，多么奇妙的数字组合，就用它作为自己产品的品牌名称吧。想到此，不禁脱口而出："宝贝儿，可找到你了！"招致周围乘客的惊异眼光。随后，在一段时间里，列维一口气推出了从111,222,333，直到999牌号的香烟。虽然列维对999牌号最为偏爱，但顾客最喜欢的却是555牌，最后他只好忍痛割爱，只保留了555牌。没过几年，555牌香烟便风靡全球。有趣的是，999在40多年后却成了中国药品的著名品牌。

(2)增强记忆策略。广告的目标之一是提高企业形象、商品品牌和商品信息的知名度，知名度在公众心理活动中主要表现为记忆。提高公众对广告作品的记忆程度是策划广告的重要任务，那么，如何增强记忆的技巧呢？主要有以下六大规律：记忆的需求规律、记忆的简化规律、记忆的形象规律、记忆的适度重复规律、记忆的新奇规律和记忆的理解规律。如日本三叶咖啡店的老板曾多次试验决定用什么颜色的杯子盛咖啡。他发现不同颜色会使人产生不同的感觉，但选用什么颜色的咖啡杯最好呢？于是他做了一个试验：邀请了30多人，每人喝4杯浓度相同的咖啡，但4个咖啡杯分别是红色、咖啡色、黄色和青色。最后得出结论，几乎所有的人认为使用红色杯子的咖啡调的太浓了，使用咖啡色杯子认为太浓的人数约有1/3，使用黄色杯子的感觉是浓度正好，而使用青色杯子的都感觉太淡了。从此以后，三叶咖啡店一律改用红色杯子盛咖啡，既节约了成本又使顾客对咖啡质量和口味感觉满意。

(3)需求导向策略。即企业利用广告宣传活动持续化地对公众需要心理施加刺激，引导公众不断针对企业及商品产生消费欲望，做出消费行为，并转化为理想化、稳定化消费模式的策略。在具体运用中其策略技巧主要有以下三个方面：①积极诱发公众对企业、商品产生合理的需要；②及时引导公众把需要心理转化为行为动机；③不断刺激公众产生新的需要。

(4)标新立异策略。在广告中，标新立异是一种理想化的策划境界，能够有效地影响公众的心理，从而提高宣传活动的客观效果。

9.3.2.2 广告的文化策略

在现代社会中,公众的文化性消费心态日趋成熟,在商品的消费过程中越来越强调文化品位和艺术格调,为了提高现代广告的有效性,需要从源源流长的民族传统文化和现代文化中汲取营养,主要有文化适应策略、文化包装策略、文化导向策略。

9.3.2.3 广告的宣传策略

从某种角度来看,广告主要表现为宣传活动,企业传递商务信息、公司形象和消费观念,都离不开媒介的宣传,全面掌握各种媒介的特点,正确理解广告媒介的选用、组合原则,根据公众的信息接受心理特性和企业的市场目标,科学地选择具体的广告媒介,确定行之有效的宣传策略,是非常重要的。广告的策略是多方面的,常见的主要有信息加工策略、媒介宣传策略、明星宣传策略和时间编排策略。

9.4 公共关系

公共关系一词,其英文为 public relations,缩写符号是 P.R,简称是公关,美国公共关系研究与教育基金会对公共关系的定义是:公共关系是一种独特的管理职能,它协助建立与维持一个组织与其公众之间的便于传播、了解、接受与合作的渠道;参与问题与纠纷的处理,协助管理当局对民意保持灵通及采取反应;解释及强调管理当局为公众利益而服务的责任;协助管理当局顺应并有效利用变化着的环境,担任早期预警系统的角色,协助预测未来趋势;以研究工作及合乎道德的正确的沟通技术为其主要工具。这个定义是目前有关公共关系定义中最完整最全面的,它指出了公共关系就是组织与大众的沟通过程,强调公共关系的管理职能,涉及了公共关系的三个基本原则:

(1)公共关系是一个组织与其公众之间的关系;

(2)公共关系是一种特殊的思想和活动;

(3)公共关系是现代组织管理的独立职能。

9.4.1 公共关系的功能

9.4.1.1 塑造形象

塑造组织形象是公共关系最基本的职能。一个组织在公众心目中树立了良好的形象,就意味着它具有良好的社会声誉,可以取得大众的信任和支持,这也就是我们通常所说的无形资产。在当今时代,无形资产变得越来越重要。可口可乐 连续多年在无形资产评估活动中名列前茅,有人开玩笑说,如果有一天可口可乐遍及世界的工厂一夜之间被大火烧光,那么,第二天报纸的头条新闻一定是各国的大银行争先恐后地向它贷款。公共关系的最根本任务是塑造组织形象,以便使组织具有更多的无形资产。各个组织都在努力突出自己的形象特点,于是在公共关系学发展的同时,有一门专门研究组织形象识别的学说也慢慢地发展起来,这就是组织企业识别系统设计。

企业的识别系统 CI 由理念识别(MI)、行为识别(BI)和视觉识别(VI)三个子系统综合构成。其中，理念识别系统处于主宰和支配的地位，是整个形象识别的关键，而行动识别和视觉识别则是理念识别的延展和推广。理念识别系统，是指企业经营过程中实际形成的经营理念、经营信条、经营战略、企业使命、企业目标、企业精神、企业哲学、企业文化、企业性格和座右铭的一体化。行为识别系统，是指企业在实际经营活动中所具有的操作规范、协调机制和管理方式的一体化。企业的内部行为识别包括生产管理、干部管理、员工教育、服务态度、接待技巧、行为准则、生活福利、工作环境、公害对策等等。外部的行为识别包括：市场调查、产品开发、促销活动、广告代理、金融咨询、股市对策、社会公益、文化活动、公共关系等等。视觉识别系统，是指企业的全部可见事物所传递的视觉信息的一体化，是 CI 中项目最多、层面最广、效果最直接的传递信息的形式，视觉识别系统包括基本要素和应用要素两大部分。基本要素有：企业的名称、品牌标志、品牌标准字体、企业标准色、象征图案、宣传口号和专用歌曲等。应用要素有：事务用品、办公设备、室内装潢、建筑外观、标牌旗帜、产品广告媒体、服装服饰、交通工具等。

9.4.1.2 协调关系

任何一个社会组织，都将面对两方面的公众，一是组织内部的公众，一是组织外部的公众。公关人员在组织里，要协助领导处理好这两方面的关系，在内部使组织保持团结和活力，在外部又有一个良好的人际环境，所以有人将公关人员称为组织的关系协调员。

9.4.1.3 提高素质

员工素质是指组织员工的知识技能、情感态度、价值观以及道德、法律观念等方面的综合品质。员工素质状况决定着组织整体的质量。组织将公共关系纳入组织的管理体制，将大幅提升全体员工的素质。

9.4.1.4 优化环境

因为公共关系活动的直接目的就是为组织营造良好的关系网络，但是公共关系活动本身大多具有社会性和公益性的。如赞助社会公益事业福利事业，主办文艺、体育比赛，宣传社会先进文化，进行社会服务活动，都可以直接或间接地推动社会环境的改善，具体可以表现为优化社会经济环境、政治环境、文化环境和心理环境。又如美国可口可乐公司，近年连续对我国西北贫困地区的教育事业进行赞助，前后投资1500 万元人民币建设希望小学，对西部大开发起到了积极的促进作用，得到了我国政府和人民的好评。

9.4.2 公共关系的专题活动

公共关系专题活动，是指社会组织为了某一明确目的，围绕某一特定主题而精心策划的公共关系活动。公共关系专题活动是社会组织与广大公众进行沟通，塑造自身良好形象的有效途径。因此，国内外许多组织经常采用公共关系专题活动的形式来扩大影响，提高声誉。

9.4.2.1 公共关系专题活动的基本特征

(1)必须有明确的一个主题。

(2)必须经过精心策划才能实现。

(3)通常与某一种类型的公众进行重点沟通。

(4)必须是针对某一个明确的问题而开展的,具有极强的针对性。

9.4.2.2 公共关系专题活动意义

公共关系专题活动对于改善组织的公共关系状态有着极为重要的意义。①它能使组织集中地有重点地树立和完善自身的形象,扩大自己的社会影响。②公共关系专题活动施加影响的对象并非是组织的所有公众,只是以其中某一部分公众为重点。③公共关系专题活动既有利于同某一部分公众进行沟通,又有利于加强组织在社会中的整体竞争地位。④它是一种目的明确、对象确定、影响面深远的公共关系过程。

9.4.2.3 公共关系专题活动方式

1. 赞助活动

赞助活动,是指社会组织以不计报酬的捐赠方式,出资或出力支持某一项社会活动,某一种社会事业。

1)赞助活动的目的

公共关系专题活动有利于提高企业的知名度,树立企业在社会公众中的美好形象,是企业生存和发展的重要条件。以此为目的的公共关系赞助活动,是实现这一条件的有效手段。赞助活动的目的主要有四个方面。①出资赞助社会公益事业,为企业经济效益的提高创造社会大环境。故赞助以提高社会效益为重要目的。②关心和支持社会公益事业,表明企业作为社会的一员,为社会作出了贡献,从而树立企业的美好形象。故赞助以承担企业的社会责任和尽义务为主要目的。③以资证明企业的经济实力,赢得社会公众的信任,谋求社会公众的好感。故赞助以增进感情的融通为主要目的。④以赞助活动为手段,使之成为公共关系广告,扩大企业知名度,增强企业商业广告的说服力和影响力。故赞助以扩大影响为主要目的。

2)赞助活动的主要对象

(1)体育事业。对体育事业的赞助不仅可以带动人民体质的提高,而且可以最大限度地提高企业的知名度。

(2)文化事业。企业赞助社会文化事业,不仅可以培养公众的情操,提高民族文化素养,而且可以大大提高企业美誉度,提高企业社会效益。

(3)教育事业。赞助教育事业是百年大计,它体现了企业对社会的责任,也为企业提供了长期发展的后备力量。

(4)社会福利和慈善事业。为社会分忧解难,是企业的义务。赞助福利和慈善事业,是企业谋求与政府和社区两大公众的最佳关系的手段。

3)开展赞助活动的程序

(1)调查研究,确定对象。企业的赞助活动可以自选对象,也可以按被赞助者的请求来确定。但无论赞助谁,赞助形式如何,都应作好深入细致的调查研究。特别需要指出的是,企业的赞助活动,必须是社会公众最乐于支持的事业和最需要支持的事业。另外,调查研究应该以经济和社会效益的同步增长为依据,重点分析投资成本与效益的比例,量力而行,保证企业与社会共同受益。

(2)制定计划,落到实处。企业的赞助活动应是有计划的公共关系的一部分。在调查研究的基础上,赞助计划应具体详尽。

(3)实施计划,争取效益。在制定计划的基础上,企业应派出专门的公共关系人员,去实施赞助方案。在实施过程中,公共关系人员要充分利用有效的公共关系技巧,创造出企业内外的“人”和“气氛”,尽可能扩大赞助活动的社会影响。

(4)评价效果,以利再战。对每一次公共关系活动的效果,都应该做出客观的评价,这样可使今后的活动搞得更好。

国外企业在提供赞助时,多遵循如下原则:赞助的对象是非盈利性组织;被赞助的活动或团体,要有利于本企业的生存和发展;视企业的经营情况,衡量财政预算情况决定赞助费用的额度和范围。

2. 庆典活动

庆典活动,是指组织在其内部发生值得庆祝的重要事件时,或围绕重要节日而举行的庆祝活动,组织一般将其视为一种制度和礼仪。它可以是一种专题活动,也可以是大型公关活动的一项程序。庆典活动往往给公众留下“第一印象”。现代组织的管理者应想尽办法利用庆典,利用合情合理的活动,让人们自觉自愿地接受。显然,这是与现代公共关系为建立信誉而扩大知名度,提高美誉度的思路相吻合的。

庆典活动在形式上,一般有开幕庆典、闭幕庆典、周年庆典、特别庆典和节庆活动等五种。

(1)开幕庆典,即开幕式,就是指第一次与公众见面的、展现组织新风貌的各种庆典活动。

(2)闭幕庆典是组织重要活动的闭幕式或者活动结束时的庆祝仪式。

(3)周年庆典是指组织在发展过程中的各种内容的周年纪念活动。

(4)特别庆典是指组织为了提高知名度和声誉,利用某些具有特殊纪念意义的事件或者为了某种特定目的而策划的庆典活动。

(5)节庆活动是指组织在社会公众重要节日时举行或参与的庆典活动,这里的重要节日可以是传统的节日,还可以是改革开放后源自西方的节日。

组织的庆典活动,代表着组织的形象。它体现着一个组织和其领导者的组织能力、社交水平和文化素质,往往会成为社会公众取舍、亲疏的标准。

因此,组织这类活动过程中,一定要注意这样一些问题。①要有计划。庆典活动应纳入组织的整体规划,应使其符合组织整体效益提高之目的。组织者应对活动进行通盘考虑,切忌想起一事办一事,遇到一节庆一节。②要选择好时机。调查研究是组织开展公共关系活动的基础,庆典活动也应在调查的基础上,抓住组织(企业)时机和市场时机,应尽可能使活动与组织、市场相吻合。③科学性与艺术性相结合。公共关系活动是科学地推销产品和树立形象的过程,但要赋予其艺术性的化身,使其更具有魅力，这样会有更好的宣传效果，使企业形象更佳。④要制造新闻。公共关系活动应能够为公众的代表——新闻媒介所接受，它的反应是衡量活动成功与否的标尺，也是组织形象能否树立的重要环节。所以，庆典活动应尽量邀请新闻记者参加，并努力使活动本身具有新闻价值。⑤要注意总结。组织的公共关系活动应讲求整体性和连续性，作为整体公共关系一部分的庆典活动，应与其他公共关系活动协调一致。为保持组织形象的一体化，保证今后开展活动的连续性，对每一次庆典活动的总结，就显得十分必要。

3. 开放组织

开放组织，是公共关系活动中的重要手段之一。它是组织通过直接的人际接触，来传递组织信息，谋求社会公众的好感与信任的最有效手段之一。组织利用开放的机会接待来访者，直接向来访者展开宣传攻势，证实组织存在的价值，同时最直接地了解到公众的看法。这不仅可以得到公众的理解、信任与好感，而且可以做到双向沟通，是提高美誉度的最好契机。

要搞好开放组织活动。任何一个组织，特别是企业要想搞好开放组织活动，必须从以下方面去考虑。①明确目的。组织的任何一次对外开放活动，都应确定一个明确的主题，即通过这次活动让对象公众留下怎样的印象，取得什么效果，达到什么目的。②安排时间。组织对外开放的时间以不影响组织的正常工作为标准，同时要考虑选择公众方便的时候开放。另外，要有足够的时间来准备开放组织活动的工作。③成立专门机构。为使开放组织活动办得有声有色，尽善尽美，最好成立一个专门的筹备委员会，其成员可包括组织的领导成员、公关人员、行政和人事部门人员等。④做好宣传工作。要想使开放组织活动获得成功，最重要的是做好各种宣传工作。如编写通俗易懂的解说词、准备一份简单明了的说明书、搞好环境卫生和参观地点的装饰、场景的布置、实物的陈列等。⑤做好向导。应当有专人做向导工作，有向导陪同参观者沿划好的参观路线进行参观，并设置明显的路标为参观者导向，在人们可能最感兴趣的地方，安排专人做集中讲解。⑥做好服务接待工作。对参观者应热情友好，服务周到，认真做好接待工作，要提供休息场所，还可适当提供一些娱乐活动，开放俱乐部等。有条件的可准备一些茶水、饮料、点心等，还可准备签名册，以作纪念。

4. 展览会

展览会是指组织通过集中的实物展示和示范表演，配之以多种传播媒介的复合传播形式，来宣传产品和组织形象的专门性公共关系活动。展览会是较为重要的公共关系专题活动之一，他以极强的直观性和真实感，给观者以极强的心理刺激，不仅会加深参观者的印象，而且会大大提高组织和产品在参观者心目中的可信度。同时，展览会还可以吸引众多的新闻媒介的关注，由记者将展览会的盛况传向社会，取得更大的宣传效果。所以说展览会是一种集多种传播媒介于一身的宣传形式。

5. 危机公关

危机公关并不是常规的公共关系工作，它只是在组织发生危机事件时才存在。但危机处理意识和机制应当是常备的。危机公关是组织公共关系工作的重要内容，在组织的发展道路上，危机事件的出现是在所难免的。特别是现代社会中，在信息知识“爆炸”，社会变动复杂，企业竞争激烈的条件下，更增加了组织危机事件出现的可能性和严重性。及时控制、降低或清除危机事件的不良影响，是每一个组织公关人员需要认真加以对待的重大问题。

1)危机事件的基本类型

危机事件有以下类型。

(1)由不可抗拒的外部力量所引起的事件。包括天然性的自然灾害和突发性的全国或世界商业危机、经济萧条、社会政治大变革、战乱等。

(2)非组织成员有意或无意造成的事件。

(3)公众的误解所引发的事件。

(4)组织管理方面的责任所引起的事件。

2)危机处理的一般程序

危机中进行公共关系，这是公共关系的一种特殊表现形式，是组织的公共关系水平的综合显示。有效的危机公关工作不仅有助于避免组织不期望的事情发生，而且也是组织自我保护，维护形象的客观要求，它对于防止组织形象的下降，保卫已有的公共关系工作成果有着不可替代的效用。同时有效地开展危机公关活动有助于在广大公众心目中树立一种特殊的“危机公关形象”以及有助于提高组织的公关水平，提高组织成员的公关意识。因此，不能把危机事件完全看成坏事，它是可以转化为好事的坏事。正因为如此，必须制定出一个反应迅速、正确有效的危机公关程序，以避免急迫过程中的盲目性和随意性，防止公关危机中的重复和空位现象。

(1)采取紧急措施，防止事态发展。组织遭受突发性的公共关系危机，往往是猝不及防的，然而在此关键时刻，需要的是冷静，并采取紧急措施，防止事态的发展、蔓延、扩大。因为现代社会信息传播高度发达，任何组织的公关危机事件都有可能被迅速传播，如不加以紧急控制，就可能使组织陷入灭顶之灾，或者损失惨重。而采取紧急措施，一方面可以使组织形象与声誉损失降到最低点；另一方面则赢得了宝贵的时间，以使组织能了解危机事件真相，并妥善地处理危机。

(2)坦诚告知，表明诚意。组织一旦发生危机，便会受到社会与公众的关注，人们急于了解危机发生的真相，作为舆论代表的新闻界来采访时，组织只有两种态度：一种是掩盖问题，隐藏真相；另一种是坦诚告知，表明诚意。事实证明，隐瞒事情真相，往往使公众产生怀疑，扩大了危机的波及面，其结果势必无法处理危机；而坦诚告知，表明诚意，才是最佳的选择。

(3)调查情况，收集信息。对于突发性公关危机的处理，最终是建立在针对事件真相，采取相应、得体的公关措施的基础之上，因此，调查危机事件的真相就显得非常重要。也就是说，在灾难得到遏止，危机得到初步控制后，就要立即展开对危机的范围、原因和后果的全面调查，查明原因是为危机处理决策提供依据，也是成功处理危机的关键所在。

(4)针对对象，确定对策。在对危机事件真相调查分析的基础上，就可以针对不同的对象确定相应的对策。这些对策大体上包括以下五个方面:①组织内部对策;②受害者的对策(包括认真了解受害者的情况,实事求是地承担相应的责任,并诚恳地道歉;冷静地倾听受害者的意见,及时了解和满足有关赔偿损失的要求;给受害者尽可能多的安慰和同情,并尽可能提供他们所需要的服务;专人负责与受害者接触,在整个事件处理过程中,不随意更换处理工作的人员);③上级主管部门的对策;④业务往来单位的对策;⑤对其他公众的对策。

(5)评价总结,改进工作。组织在平息危机事件后一方面要注意从社会效应、经济效应、心理效应和形象效应等方面,评估消除危机的有关措施的合理性和有效性,并实事求是地写出处理报告,为以后处理类似事件提供依据;另一方面要认真分析事件发生的深刻原因,收集公众对组织的看法、意见和议论,总结经验教训,以便改进组织工作,从根本上杜绝类似事件再度发生。

9.5 营业推广

9.5.1 营业推广含义

营业推广是一种适宜于短期推销的促销方法,是企业为鼓励购买、销售商品和劳务而采取的除广告、公关和人员推销之外的所有企业营销活动的总称。

9.5.2 营业推广的作用

营业推广有以下作用。

(1)可以吸引消费者购买。这是营业推广的首要目的,尤其是在推出新产品或吸引新顾客方面,由于营业推广的刺激比较强,较易吸引顾客的注意力,使顾客在了解产品的基础上采取购买行为,也可能使顾客追求某些方面的优惠而使用产品。

(2)可以奖励品牌忠实者。因为营业推广的很多手段,譬如销售奖励、赠券等通常都附带价格上的让步,其直接受惠者大多是经常使用本品牌产品的顾客,从而使他们更乐于购买和使用本企业产品,以巩固企业的市场占有率。

如中国联通公司为回报客户长久以来对其支持与厚爱,对使用联通移动业务客户实施积分褒奖计划,对顾客的每一项通信消费、在网的每个月增值业务消费,联通都会加分积累,积分越多,回报顾客越丰厚。具体褒奖事宜如下表。

表 9.4 联通为回报客户褒奖事宜表

用户已达兑换门槛积分	赠送积分	礼品(任选其一)	奖励保留积分
1 500	1 000	25 元购物卡　25 元购书卡　便携式保温杯	500
2 500	2 500	50 元购物卡　50 元购书卡　50 元保温壶	600
3 000	4 000	70 元购物卡　70 元购书卡　70 元多功能灯	1 000
4 000	8 000	120 元购物卡　120 元购书卡　120 元汽车美容卡	1 000
7 000	19 000	260 元购物卡　260 元购书卡　260 元汽车美容卡	1 500

续表

用户已达兑换门槛积分	赠送积分	礼品(任选其一)	奖励保留积分
8 500	27 500	360元购物卡　360元购书卡　360元汽车美容卡	2 000
13 000	57 000	700元购物卡　700元购书卡　700元汽车美容卡	5 000
16 000	74 000	900元购物卡　900元购书卡　900元汽车美容卡	5 000
22 000	13 800	1 600元购物卡　1 600元购书卡　1 600元汽车美容卡	10 000
25 000	195 000	2 200元购物卡　2 200元购书卡　2 200元汽车美容卡	10 000
30 000	290 000	3 200元购物卡　3 200元购书卡　3 200元汽车美容卡	15 000

(3)可以实现企业营销目标。实现企业营销目标是企业的最终目的。营业推广实际上是企业让利于购买者,它可以使广告宣传的效果得到有力的增强,破坏消费者对其他企业产品的品牌忠实度,从而达到本企业产品销售的目的。

9.5.3 营业推广的不足

营业推广有以下不足。

(1)影响面较小。它只是广告和人员销售的一种辅助的促销方式。

(2)刺激强烈,但时效较短。它是企业为创造声势获取快速反应的一种短暂促销方式。

(3)顾客容易产生疑虑。过分渲染或长期频繁使用,容易使顾客对卖者产生疑虑,反而对产品或价格的真实性产生怀疑。

9.5.4 营业推广的方式

9.5.4.1 面向消费者的营业推广方式

(1)赠送促销。向消费者赠送样品或试用品,赠送样品是介绍新产品最有效的方法,缺点是费用高。样品可以选择在商店或闹市区散发,或在其他产品中附送,也可以公开广告赠送,或入户派送。

(2)折价券。在购买某种商品时,持券可以免付一定金额的钱。折价券可以通过广告或直邮的方式发送。

(3)包装促销。以较优惠的价格提供组合包装和搭配包装的产品。

(4)抽奖促销。顾客购买一定的产品之后可获得抽奖券,凭券进行抽奖获得奖品或奖金,抽奖可以有各种形式。

(5)现场演示。企业派促销员在销售现场演示本企业的产品,向消费者介绍产品的特点、用途和使用方法等。

(6)联合推广。企业与零售商联合促销,将一些能显示企业优势和特征的产品在商场集中陈列,边展览边销售。

(7)参与促销。通过消费者参与各种促销活动,如技能竞赛、知识比赛等活动,获取企业的奖励。

(8)会议促销。如各类展销会、博览会、业务洽谈会期间的各种现场产品介绍、推广和销售活动。

9.5.4.2 面向中间商的营业推广方式

(1)批发回扣。企业为争取批发商或零售商多购进自己的产品,在某一时期内给经销本企业产品的批发商或零售商加大回扣比例。

(2)推广津贴。企业为促使中间商购进企业产品并帮助企业推销产品,可以支付给中间商一定的推广津贴。

(3)销售竞赛。根据各个中间商销售本企业产品的实绩,分别给优胜者以不同的奖励,如现金奖、实物奖、免费旅游、度假奖等,以起到激励的作用。

(4)扶持零售商。生产商对零售商专柜的装潢予以资助,提供POP广告,以强化零售网络,促使销售额增加;可派遣厂方信息员或代培销售人员。生产商这样做目的是提高中间商推销本企业产品的积极性和能力。

9.5.4.3 面对内部员工的营业推广方式

主要是针对企业内部的销售人员,鼓励他们热情推销产品或处理某些老产品,或促使他们积极开拓新市场。一般可采用的方法有:销售竞赛、免费提供人员培训、技术指导等形式。

9.5.5 营业推广的设计

9.5.5.1 确定推广目标

营业推广目标的确定,就是要明确推广的对象是谁、要达到的目的是什么。只有知道推广的对象是谁,才能有针对性地制定具体的推广方案。

如为达到培育忠诚度为目的,还是鼓励大批量购买为目的。

9.5.5.2 选择推广工具

营业推广的方式方法很多,但如果使用不当,则适得其反。因此,选择合适的推广工具是取得营业推广效果的关键因素。企业一般要根据目标对象的接受习惯和产品特点、目标市场状况等来综合分析选择推广工具。

9.5.5.3 推广的配合安排

营业推广要与营销沟通其他方式如广告、人员销售等整合起来,相互配合,共同使用,从而形成营销推广期间的更大声势,取得单项推广活动达不到的效果。

9.5.5.4 确定推广时机

营业推广的市场时机选择很重要。如季节性商品、节日商品、礼仪商品,必须在季前节前做营业推广,否则就会错过了时机。

9.5.5.5 确定推广期限

确定推广期限是指营业推广活动持续时间的长短。推广期限要恰当,过长,消费者新鲜感丧失,产生不信任感;过短,一些消费者还来不及接受营业推广的实惠。

本章小结

- 促销是指企业以各种有效的方式向目标市场传递有关信息,以启发、推动或创造对企业产品和劳务的需求,并引起购买欲望和购买行为的一系列综合性活动。促销的本质是企业同目标市场之间的信息沟通。广告策略、人员推销策略、公共关系策略、营业推广策略有机搭配构成促销组合。如何对这四个方面进行组合,要考虑很多因素。

● 促销作为企业与市场联系的主要手段,包括多种活动,现代市场营销学认为,促销的方式主要包括人员促销和非人员促销两大类,具体分为人员推销、广告宣传、公共关系和营业推广四种。

● 人员推销是一种既传统又现代的促销方式,一般有两种形式。主要是指企业派出推销人员与消费者或用户直接面谈推销业务,通过面对面的交谈,向消费者或用户介绍产品,传递信息。另外则是生产企业设立销售门市部,通过销售人员向消费者或用户推销产品,传递信息或者利用专家以自己的专业知识向消费者传递商品信息;或者利用消费者的亲朋好友,在日常交往中进行宣传,介绍产品。

● 广告宣传是指企业通过一定的媒介物,公开而广泛地向社会介绍企业的营销形式和产品品种、规格、质量等信息的一种宣传方式。

● 公共关系是企业通过种种活动,使社会各界公众了解企业,以得到他们的信赖和好感,从而为企业创造一种良好的舆论环境和社会环境,以促进销售。

● 营业推广是指企业在比较大的目标市场中,为刺激早期需求而采取的能够迅速产生鼓励作用、促进销售的一种措施。

主要概念

促销　广告　人员推销　营业推广　公共关系　企业形象　企业识别系统　产品生命周期

基本实训和能力实训

一、判断题

1. 促销的实质是一种沟通、激励活动。　(　)
2. 人员推销是单向传播信息的。　(　)
3. "推"式促销策略要求制造商以中间商为主要的促销对象。　(　)
4. 公共关系的目标是塑造组织形象。　(　)
5. 企业制定促销策略时不需要考虑产品的性质。　(　)
6. 促销是促进销售的简称,是指企业通过人员和非人员的方式把企业的产品及提供的服务信息传递给顾客,激发顾客的购买欲望,影响和促成顾客购买行为的全部活动的总称。　(　)
7. 广义的广告包括经济广告和非经济广告。　(　)

8. 诱导性人员推销策略即刺激－反应策略。 ( )

9. 电视广告的优点是感染力强、艺术性高、对观众有很强的吸引力。 ( )

10. 公共关系有利于增强企业内在的凝聚力,协调与外界的关系。 ( )

11. 产品进入市场衰退阶段以后,企业也并非无事可做,它还可以利用报道性广告与营业推广结合的方式,刺激产品的销售,维持可能多的销量。 ( )

12. 人员推销有上门推销、柜台推销及会议推销三种形式。 ( )

13. 中小企业多选用区域性广告,而地方性广告的广告主多为商业零售企业、地方性工作、服务性行业等。 ( )

14. 营业推广常常能有效刺激需求,在短期内达成交易。 ( )

15. POP 广告即售点广告。 ( )

二、单项选择题

1. 现代市场营销学认为,促销方式包括人员促销和( )两大类。

A. 非人员促销　B. 广告宣传　C. 营业推广　D. 公共关系

2. 人员推销的策略有( )和“启发—配方”策略、“需要—满足”策略。

A.“推”式策略　B.“拉”式策略

C.“刺激—反应”策略　D. 广告策略

3. 公共关系的对象是( )。

A. 群众　B. 公众　C. 顾客　D. 中间商

4. 在人员推销这种形式中,当推销人员不十分了解顾客需求的情况下,可采取( )。

A. 诱导性策略　B. 针对性策略　C. 试探性策略　D. 赠品促销

5. 与消费品的其他类别相比,选购品是( )。

A. 可以大量获得,很少需要促销

B. 在消费者意识到自己需要时立即购买

C. 一般比便利品贵,消费者购买时要反复挑选和比较

D. 消费者经常和随时需用,不用计划购买

6. 制造商推销价格昂贵、技术复杂的机器设备时,适于采取( )方式。

A. 广告宣传　B. 营业推广　C. 经销商品陈列　D. 人员推销

7. 营业推广的目标通常是( )。

A. 了解市场,促进产品适销对路　B. 刺激消费者即兴购买

C. 降低成本,提高市场占有率　D. 帮助企业与各界公众建立良好关系

8. 按广告的范围分类,可以把广告分为全国性广告、区域性广告和( )。

A. 地方性广告　B. 户外广告

C. 邮寄广告　D. 电子媒体广告

9. 在以下几种主要的广告媒体中,最具有针对性的媒体是( )。

A. 报纸　B. 杂志　C. 电视　D. 广播

10. 在产品的成熟期时,促销的重点是(　　)。
A. 建立产品的"知晓度"　　B. 建立产品的"创新度"
C. 建立产品的"美誉度"　　D. 建立产品的"偏爱度

11. 科技用品市场主要的促销工具是(　　)。
A. 广告　　B. 公关　　C. 营业推广　　D. 人员推销

12. 以取得政府或社会公众的支持为主的广告称为(　　)。
A. 倡议广告　　B. 影响广告　　C. 激励广告　　D. 塑造广告

13. 选择特定媒体工具的第一个步骤,应是决定(　　)。
A. 在每种媒体工具上花多少钱　　B. 各媒体工具的特点是什么
C. 企业的市场定位　　D. 企业的资金实力

14. (　　)不是报纸媒体的优点。
A. 弹性大　　B. 易被接受和易被信任
C. 对当地市场覆盖率高　　D. 时效长

15. 人员推销的主要缺点是(　　)。
A. 难以物色到有才干的推销人员　　B. 成本费用较高
C. 顾客心理难以把握　　D. 覆盖的范围有限

三、多项选择题

1. 企业在制定促销组合时,首先会遇到(　　)两个主要问题。
A. 企业到底需不需要促销　　B. 应花多少投资来进行促销活动
C. 投资在各种促销工具之间如何进行分配　　D. 促销人员的确立

2. 企业运用公关广告时,必须坚持的原则有(　　)。
A. 真实性　　B. 创新性　　C. 含蓄性　　D. 适时性

3. 与非人员促销方式相比,更适应采用人员促销的产品有(　　)。
A. 单位价值高的新产品　　B. 地产地销的产品
C. 根据用户需求特别设计的产品　　D. 单位价值比较低的日用品

4. 推销人员的考核方式有(　　)。
A. 销售定额完成率　　B. 访销次数完成率
C. 新客户访销率　　D. 新客户销售率

5. 对中间商的营业推广形式有(　　)。
A. 批量折扣　　B. 期间补贴　　C. 现金折扣　　D. 折价优待

6. 对消费者的营业推广形式主要有(　　)。
A. 赠送样品　　B. 付费赠送　　C. 赠券或印花　　D. 赠送优惠券

7. 企业媒体策划人员在选择媒体种类时,必须考虑的因素有(　　)。
A. 目标沟通对象的媒体习惯　　B. 产品特性
C. 信息类型　　D. 媒体使用成本
E. 媒体的多少

8. 公共关系的活动方式主要有(　　)。

A. 赞助活动　B. 庆典活动　C. 开放组织　D. 有奖促销

9. 广播媒体的优点是(　　)。

A. 费用较大　B. 传播速度快　C. 传播覆盖面广　D. 形象逼真

10. 面向中间商的营业推广方式有(　　)。

A. 批发回扣　B. 推广津贴　C. 销售竞赛　D. 树立形象

11. 非人员推销是一种现代的促销方式,一般有(　　)。

A. 广告宣传　B. 公共关系　C. 营业推广　D. 报纸广告

12. 按销售人员执行的基本职能划分,可以将其分为(　　)。

A. 争取者　B. 订单处理者　C. 销售支持者　D. 订单划分者

13. 销售人员应具备的素质主要有(　　)。

A. 政治素质　B. 知识修养

C. 实际工作能力　D. 个性素质

14. 制定促销预算的方法主要有(　　)。

A. 量力支出法　B. 促销额百分比法

C. 竞争对等法　D. 目标与任务法

15. 人员推销的特点(　　)。

A. 双向性　B. 灵活性　C. 情感性　D. 意识性

16. 危机事件的基本类型有(　　)。

A. 由不可抗拒的外部力量所引起的事件

B. 非组织成员有意或无意造成的事件

C. 公众的误解所引发的事件

D. 组织管理方面的责任所引起的事件

17. 营业推广的不足主要表现在(　　)。

A. 影响面较小　B. 刺激强烈,但时效较短

C. 顾客容易产生疑虑　D. 影响面较大

18. 面向消费者的营业推广方式主要有(　　)。

A. 赠送促销　B. 折价券　C. 包装促销　D. 抽奖促销

四、简述题

1. 简述企业在产品生命周期的不同阶段采取的促销组合策略。

2. 营业推广的主要形式有哪些?

3. 美国雪佛莱汽车厂积压了一批 1986 年生产的“托罗纳多”轿车,导致资金周转不灵,库存费用增大,工厂处于倒闭的边缘。该厂管理层检讨了企业管理方面的问题后,决定“买一送一”,即凡是买走一辆托罗纳多轿车的人即可开走一辆南方牌轿车,使得原本“门前冷落车马稀”的营销部门一下子变得门庭若市,积压轿车被一售而空。

请问这是什么促销模式?

4. 试比较分析"推"式策略和"拉"式策略。
5. 促销手段都有哪些？企业制定促销策略组合时，应考虑哪些因素？
6. 试述广告的作用。
7. 人员推销具有哪些特点？
8. 广告从不同的角度划分，可以有哪些不同的种类？
9. 公共关系专题活动的基本特征有哪些？
10. 企业解决危机公关的程序有哪些？

五、综合实训

案例分析1 "亚都"成功的公关促销

"亚都加湿器" "是由北京亚都环境科技公司总经理何鲁敏发明的。他的出现说明了随着人们生活水平的提高，生活方式的改变，产生了新的市场需求。"湿度"对人们来说，是和"温度"同样重要的生活指标。人类生活最适宜的相对湿度是45%~50%，而我国北方气候干燥，冬季室内的湿度通常只有10%~15%。超声波加湿器的功能和价值就在于利用超声波原理，为人们营造最佳湿度的"小气候"。亚都加湿器就在此时应运而生，并迅速风靡北京，其热销之势压倒了同行，销售额占首都小家电市场零售总额的38%，连续两年首都市场总销量均突破4万台。冬季旺销季节，日销量达500台以上，在同类产品中市场占有率达93%。

然而，"亚都加湿器"在北京如此畅销，可在天津却受到了冷遇，连续三年，总销量仅400台。这令总经理何鲁敏很困惑：京津两地，气候、纬度、居民的收入水平等均差不多，何以"亚都"在天津问者寥寥。

公司总经理请来了市场专家、传播专家、公关专家、广告专家共同研究，得出了一个结论："亚都"在天津缺乏公共关系活动。于是"亚都"公司从了解市场消费者着手，了解天津的生活，了解天津的购物情形，咨询天津顾客的购买心理，请来天津发行量占前12位的报社营销人员，比较他们的发行范围、广告价格、广告周期、广告风格……

经调查，做出了"亚都加湿器向天津市民有偿请教"的活动方案。1991年11月15日、16日在《天津日报》、《今晚报》、《广播节目报》的最显著的广告位置，"亚都有偿请教"的广告语，充满了人情味、知识性，向天津市民诚挚地请教为什么"亚都"不能畅销天津。

选择15日、16日两个日期推出广告，可谓用心良苦。11月15日是天津市统一供暖的日子，16日是周末，一家人团聚的日子，提出"干燥""湿度"等概念，易于理解，便于一家人商议。11月17日，星期天，40名经过专项培训，做好充分准备的公关人员等在天津各大商场，身佩绶带，向过往的顾客散发"有偿请教"的各类宣传品，回答人们提出的"人工环境"、"湿度与健康"等方面的疑问。这样，"亚都"成了天津人的话题，10天里，发出各类宣传品14万件，接触了60万人次的天津市场顾客，收到1 200

多封消费者来信，具有建设性意见的有4 000余条，计80多万字，为“亚都”出谋策划。

“亚都”公司趁热打铁，继续推出新的招数：向1 200多名来信的消费者回复“感谢函”，随函寄出“感恩卡”，该卡可特价购买“亚都”家湿器一台；在天津国际商场举办公开答谢活动；将1 200多名消费者按姓氏笔画刊登在《今晚报》上，这在全国尚属首例。

经过这次公关活动，“亚都”在天津家喻户晓，据统计：“亚都”超声波加湿器两个月在天津市场的销售量达4 000台，相当于3年销售量总合的10倍。

案例思考：

1.“亚都”加湿器为何受阻于天津？

2.“亚都”公司是如何设计公关方案的？采用了何种公关策略？你还有更好的方案吗？

3.“亚都”公司采用公关促销方式除了增加销售外，还会产生哪些营销效果？从此案例中你可以得到哪些启示？

案例分析2　同舟共济的伙伴

美国通用食品公司，每逢圣诞节都准备一套本公司的罐头样品，分送给每一位股东，股东们对此感到十分骄傲，产生了强烈的认同感。他们不仅全力向外人夸耀和推荐本公司的产品，而且在每年圣诞节前准备好一份详细的名单寄给公司，由公司按名单将罐头作为圣诞节礼物寄给他们的亲友。因此，每到圣诞节前，通用食品公司都要额外地销售一大批商品。股东们固然受到折扣优待，公司方面也赚了一大笔钱。

案例思考：

1. 通用食品公司在股东关系上采取了哪些措施？

2. 通用食品公司为什么要重视股东关系？

案例分析3　RSD的营销策略

RSD集团的主导产品全自动洗衣机从1993年起连续四年产销量全国第一，1998年出口量达到全国洗衣机出口总量的6%。然而，1998年以来，该集团面临着国内市场疲软．竞争激烈，国外市场危机迭起。面对上述严峻的市场挑战，RSD人及时调整思路，制定新战略，积极开发新产品，拓展新市场。在认真细致的市场调研的基础上，果断决策与国际著名家电公司美泰克合资合作，投资8亿元人民币兴建全能冰箱生产线，开发研制新一代冰箱。

1999年初，集静音、节能、保鲜、新造型、长寿命、绿色环保、健康设计于一身，整体品质优秀的全能冰箱在全国上市，立刻引起轰动，销量急速上升，在北京和合肥两市场分别创下日销量200台和300台的新纪录，并且以迅雷之势席卷全国，刮起了一阵RSD冰箱旋风。

RSD选择黄金时间集中投放电视广告。春节过后即在中央电视台一套、二套、六套，以每天20余次的频度播出，随后在中央二套和北京电视台做电视剧的贴片广告；RSD选择了报纸、广播、杂志等多种媒介，形成立体的宣传攻势，持续时间均在两个月以上，而且媒体的宣传点都集中在“全能”一点的宣传上；夏季到来之前，RSD在全国各大城市开展“精挑细选，比过再买”的促销活动，通过促销广告、店堂展示、销售解说等方式，使得全能冰箱的高档精品形象深入民心。

全能冰箱的上市引起国内新闻媒体的极大关注，RSD集团很好地利用了这种新闻效应带来的契机，向广大消费者充分阐释“全能冰箱”的科学性和合理性，成功地避免了因企业集中宣传而可能产生的负面效应，使“全能冰箱”得以平稳、安全、顺利地导入市场。

新冰箱上市两个月，在全国600家商场、41个冰箱品牌销量统计排名中就位居17，这是以前新上市冰箱所没有过的。6月份冰箱旺季刚到，RSD全能冰箱的销量更是以每周23%的速度递增，在全国3 000元以上高价位冰箱总销量中，RSD已经占据了近20%的份额，其中北京地区40%，成为北京市场十大畅销品牌之一。

案例思考：根据促销原理，请评价RSD公司的促销策略。

案例分析4 克莱斯勒公司的折价促销

克莱斯勒公司折价促销做法尤其绝招。它印制了烫金边的精美礼券寄给40万经过筛选的老克莱斯勒用户，并附加由该公司总裁署名的一封信，以感谢他们在该公司黑暗时期购买克莱斯勒汽车。凡购买1985年克莱斯勒任何品种的汽车，均可抵500美元。该公司发言人称：此次促销活动极为成功。仅几个月，销售量就较前年同期增长了30%。据估计共有13万辆克莱斯勒汽车受此促销活动影响而顺利售出。

案例思考：分析克莱斯勒公司的促销策略。

参考答案

一、判断题

1. √ 2. × 3. √ 4. √ 5. × 6. √ 7. √ 8. ×
9. √ 10. √ 11. √ 12. √ 13. √ 14. √ 15. √

二、单项选择题

1. A 2. C 3. B 4. C 5. C 6. D 7. B 8. A 9. B
10. C 11. D 12. A 13. B 14. C 15. D

三、多项选择题

1. BC 2. AD 3. AC 4. ABCD 5. ABCD 6. ABCD 7. ABCD
8. ABC 9. BC 10. ABC 11. ABCD 12. ABC 13. ABCD
14. ABCD 15. ABC 16. ABCD 17. ABC 18. ABCD

四、简述题

1. 在产品生命周期的不同阶段采取的促销组合策略如下。

(1)一般来说在市场导入阶段,应以报道性广告为主。在这个时期,用户对于商品根本不了解或知之不多,促销的目的在于扩大商品的知名度,诱导中间商进货和消费者试用,因而采用广告这一促销手段对商品进行一般的宣传和介绍,以期望在更广泛的领域扩大商品的知名度,必要时可辅以人员推销。

(2)在市场成长阶段,企业的促销手段仍以广告为主,但重点在于宣传企业及产品品牌,树立产品特色,使更多的用户对本企业或企业的产品产生偏爱,增加兴趣,从而扩大产品的销售量。

(3)产品进入成熟阶段,将有大批的竞争者进入市场。这时的促销手段以广告为主,但注重于竞销,此时广告的内容多侧重与强调产品的价值和给消费者或用户带来的利益,以保持并扩大企业产品的市场占有率。同时,可辅之以营业推广,设法吸引消费者或用户,以巩固和坚定其在成熟期继续购买本企业产品的信心。

(4)产品步入衰退阶段后,企业很少继续花费大量精力和财力进行促销,耗费大量的费用改变用户的习惯已经很难,因为处于衰退阶段的产品特色已为消费者所了解或熟悉,并且偏好已经形成,但是,处于这一阶段也不是无事可做,企业可做一些提示性广告并与营业推广相结合,刺激产品的销售,维持尽可能多的销售量。

2. 营业推广主要有三种方式:

(1)面向消费者的营业推广方式:①赠送促销;②折价券;③包装促销;④抽奖促销;⑤现场演示;⑥联合推广;⑦参与促销;⑧会议促销。

(2)面向中间商的营业推广方式:①批发回扣;②推广津贴;③销售竞赛;④扶持零售商。

(3)面对内部员工的营业推广方式:主要是鼓励他们热情推销新产品或处理某些老产品,或促使他们积极开拓新市场。一般采用方法有:销售竞赛、免费提供人员培训、技术指导等形式。

3. 雪佛莱汽车厂采用的是赠送促销的方式。

4."推"式策略是将产品按销售渠道向最终消费者推销,即生产商采取积极措施把产品推销给批发商,批发商采取积极措施把产品推销给零售商,零售商,再采取积极措施把产品推销给消费者。这种策略是以中间商为主要促销对象,通常通过销售队伍促销、对中间商的营业推广等形式,说服中间商购买企业产品,再层层渗透给消费者。"拉"式策略是通过刺激最终消费者对产品的兴趣和需求,使得他们向零售商要求购买这一产品,零售商就会向批发商要求购买这一产品,批发商转而向生产商购买。拉式策略以最终消费者为主要促销对象,通常采用大规模广告轰炸和消费者营业推广的方式使顾客产生需求,层层拉动购买。

5. 促销手段主要有人员推销和非人员推销两大类,非人员推销又包括广告、营业推广和公共关系。

企业在制定促销组合时应考虑以下因素:产品的性质、产品所处的生命周期阶段、市场的特点和促销预算四个因素。

6. 广告的作用主要有:①广泛告之的功能;②劝说消耗者功能;③为企业种值功能;④树立企业形象,提高企业知名度。

7. 人员推销的特点主要有:①双向性;②灵活性;③情感性。

8. 广告有多种分类方法,从不同的角度有不同的方法。

(1)按媒介物分类有平面广告和空间广告。

(2)按广告主分类有商业广告和非商业广告。

(3)按对象域分类有国内广告和国际广告。

(4)按广告目标分类有告知广告、劝说广告和提示广告。

9. 公共关系专题活动的基本特征有下到几项:

(1)必须有一个明确的主题;

(2)必须经过精心策划才能实现;

(3)通常与某一种类型的公众进行重点沟通;

(4)必须是针对某一个明确的问题而开展的,具有极强的针对性。

10. 企业解决危机公关的程序主要有:

(1)采取紧急措施,防止事态发展;

(2)坦诚告知,表明诚意;

(3)调查情况,收集信息;

(4)针对对象,确定对策;

(5)评价总结,改进工作。

10

营销渠道策略

学习目标与要求

- 理解市场营销渠道的概念及其对企业营销活动的意义
- 了解分销渠道职能与类型的相关概念,能灵活运用分销渠道进行营销活动
- 了解中间商的概念、作用与类型,能够正确选择中间商开展营销工作
- 了解渠道选择与评估的方法,能够及时调整分销渠道
- 了解物流管理的概念及作用

在社会化大生产和市场经济条件下,产品的生产和消费不仅存在着时间和空间的矛盾,而且存在产品供需数量、结构上的矛盾。商品和劳务只有到达消费者或用户手中才是现实的产品,才能实现其价值和使用价值。因此企业必须选择一定的方式、路径确保在恰当的时间、地点送达给目标顾客。大部分生产商都是通过位于生产商和终端顾客之间的众多营销中介来销售自己的产品,这些营销中介形成了一条条分销渠道。一个生产企业,除了重视产品策略、定价策略,合理地制定促销策略以外,选择配置中间商和有效地安排商品的运输和储存,也是企业市场营销的重要工作,这将直接影响到企业经济效益的提高。

10.1 分销渠道的概述

10.1.1 分销渠道的概念

分销渠道又称销售渠道或配销通路，是指产品（服务）从生产者向消费者（用户）转移所经过的路线。产品在这个运行过程中，通常要发生两种形式的运动：一种是作为买卖结果的价值形式运动，即商流，它使产品所有权从一个所有者转移到另一个所有者，直至消费者手中；另一种是伴随着商流所发生的产品实体的空间移动，即物流。商流和物流通常都会围绕产品价值的最终实现，形成从生产者到消费者（用户）的一定路线或通道，这些通道从营销角度来看，就是分销渠道。参与和帮助产品从生产者向消费者转移的渠道实体是一系列专门为购销服务的组织和个人，包括各种类型的营销中介机构和处于渠道起点及终点的生产者、消费者（用户）。因此，菲利普·科特勒认为："销售渠道是使产品或服务能被使用或消费而配合起来的一系列独立组织的集合。"分销渠道决策是企业营销工作中最重要的决策之一。企业所选择的渠道不仅会影响其产品是否能"物畅其流"，而且将直接影响其他市场营销决策，如产品包装、定价和促销决策。一个企业培养一条有效的渠道，需要花费大量资金、精力和时间，而渠道一旦选定，就很难经常调整。因此，选择渠道应当兼顾眼前的和未来的销售环境。恰当的渠道选择，必将增强企业的竞争能力。

10.1.1.1 分销渠道的特点

(1)分销渠道反映某一特定商品价值实现的全过程所经由的通道。其一端连接生产，另一端连接消费，是从生产领域到消费领域的完整的商品流通过程。在这个流通过程中，主要包含着两种转移：一是商品所有权的转移，二是商品实体的转移。这两种转移，既相互联系又相互区别。商品实体的转移是以商品所有权的转移为前提的，它也是实现商品所有权转移的保证，两者的起点和终点是结合的。但在现代化大生产的条件下，中间往往是分离的。

(2)分销渠道的主体是参与商品流通过程的各类市场营销中介机构。主要有买卖中间商（如批发商、零售商）、代理中间商（如代理商、经纪人）和辅助商（运输公司、独立仓库、银行和广告代理商）。这些组织与个人共同为解决产品的销售问题而执行各自不同的功能，因共同的经济与社会利益结成共生伙伴关系，同时，他们也有各自独立的经济利益，有时也会发生各种矛盾和冲突，需要管理和协调。

(3)商品从生产者流向消费者（用户）的过程中，商品所有权至少转移一次。在特定条件下，商品生产者可以将其产品直接销售给消费者（用户），这时，销售渠道最短。但在绝大多数情况下，生产者必须经过一系列中介机构转卖或代理转卖产品，在较长的销售渠道中多次转移商品所有权，这样，商品的分销渠道就较长。分销渠道长短的选择，通常取决于比较利益。

(4)在分销渠道中，与商品所有权转移直接或间接相关的，还有一系列流通辅助形式，如物流、信息流、货币流、促销流等(如图 10.1)。它们围绕商流相继发生，在时间、空间上并不一定与商流一致，其功能发挥与协调效果也不尽相同。因此，渠道的分销效率，不仅仅取决于其主导成员(中间商)，也取决于其相关支持系统，即辅助商系统，如商业服务机构(运输公司、仓库、银行、保险公司等)、销售服务机构(广告公司、销售调研公司、咨询公司等)。

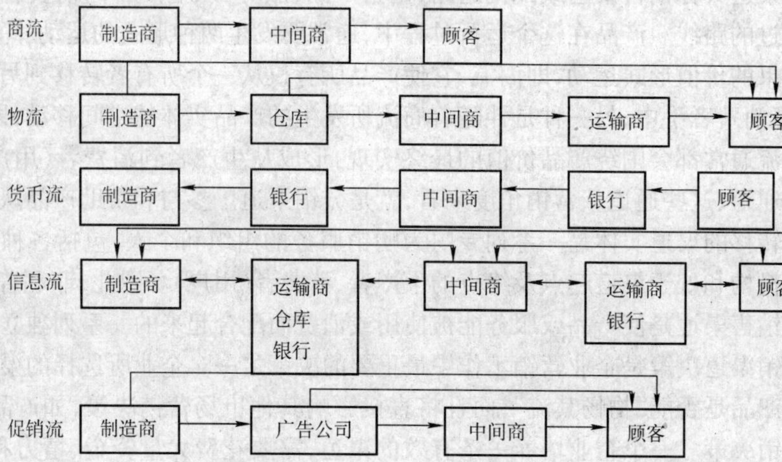

图 10.1 销售渠道中五种不同的"流"

10.1.2 分销渠道的类型

分销渠道可以按照不同的标准，从不同的角度进行划分。不同的渠道类型，其渠道模式也不同。

10.1.2.1 直接渠道与间接渠道

直接渠道与间接渠道是按商品在流通过程中经过的流通环节的多少进行划分的。

1. 直接渠道

直接渠道是指没有中间商参与，产品由生产者(制造商)直接销售给消费者(用户)的渠道类型。近年来，直接销售渠道在世界范围内得到迅速发展，主要包括生产者直接销售产品，派员上门推销、邮寄，电话、电视直销及网上销售。如雅芳公司的推销代表基本上通过上门向妇女推销化妆品；某些运动器材制造商通过电视直销传递信息；佐丹奴通过自己的连锁店销售服装等。

图 10.2 列出了销售渠道的基本类型，(a)、(b)中的零阶渠道均为直接渠道类型。

直接渠道是工业品销售的主要方式。大型机器设备、专用工具以及技术复杂、需要提供专门服务的产品，几乎都采用直接渠道销售。在消费品市场，直接渠道也有扩大的趋势，鲜活商品和部分手工业品、特制品，有着长期传统的直销习惯。随着计算机的普及和网络技术的发展，网上销售这种直销方式将得到迅速发展。

直接渠道的优点是有三点。①对于用途单一、技术复杂的产品，可以有针对性地

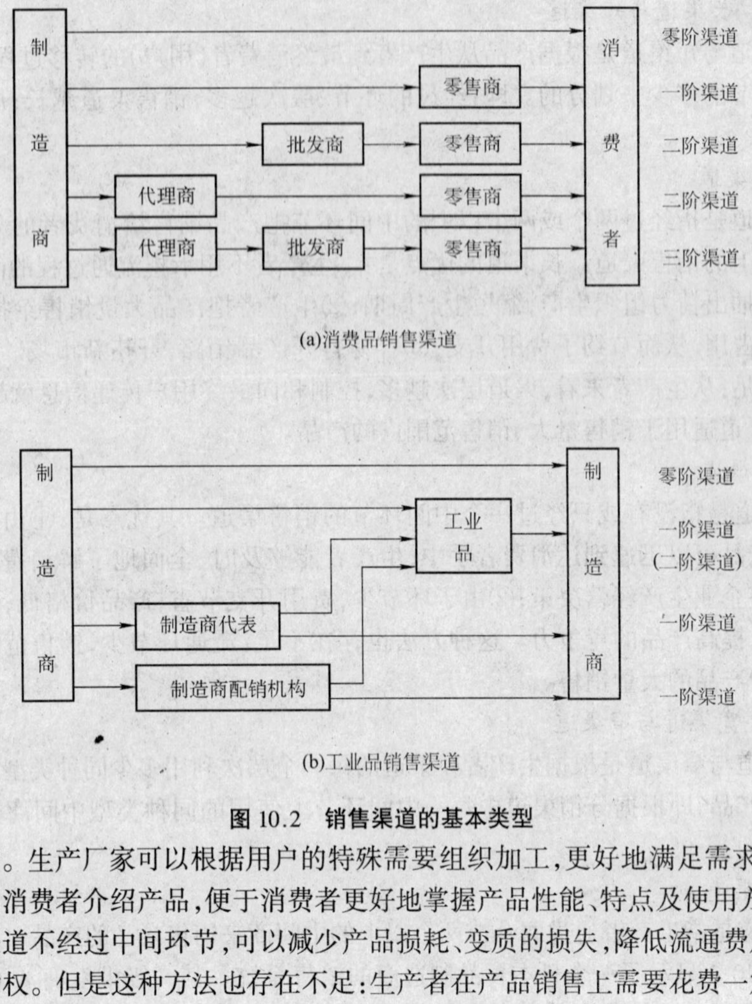

图 10.2 销售渠道的基本类型

安排生产。生产厂家可以根据用户的特殊需要组织加工,更好地满足需求。②生产者直接向消费者介绍产品,便于消费者更好地掌握产品性能、特点及使用方法。③由于直接渠道不经过中间环节,可以减少产品损耗、变质的损失,降低流通费用,掌握价格的主动权。但是这种方法也存在不足:生产者在产品销售上需要花费一定的人力、物力、财力,使销售范围受到较大限制,从而会影响销售量。

2. 间接渠道

间接渠道是指有一级或多级中间商参与,产品经由一个或多个商业环节售给消费者(用户)的渠道类型。如图 10.2 标示的一阶、二阶和三阶渠道。同直接渠道相比,间接渠道是较长的销售渠道,也是消费品销售的主要方式,许多工业品也采用间接渠道。

间接渠道的优点是:①中间商的介入,使交易次数减少,节约流通领域的人力、物力、财力和流通时间,降低了销售费用;②中间商的介入,不仅使生产者可以集中精力搞好生产,而且可以扩大流通范围和产品销售,有利于整个社会生产者和消费者。但是这种方法也存在不足:由于中间商的介入,生产者和消费者不能直接沟通信息,生产者不易准确地掌握消费者的需求,消费者也不易掌握生产者的产品供应情况和产品的性能特点,生产者难以为消费者提供完善的服务。

10.1.2.2 长渠道与短渠道

长渠道与短渠道是根据产品从生产者到最终消费者(用户)的转移过程中所经历的中间环节的多少来划分的。即:经过的环节、层次越多,销售渠道越长;反之,销售渠道越短。

1. 长渠道

长渠道是指经过两个或两个以上的中间环节把产品销售给消费者的分销渠道,即二阶以上的销售渠道。长渠道的优点是:①生产者不用承担流通过程的商业职能,因而可以抽出精力组织生产,缩短生产周期;②生产者把产品大量销售给批发商,减少了资金占用,从而节约了费用开支;③容易打开产品销路,开拓新市场。这种方法也存在不足:从生产者来看,渠道层次越多,控制和向最终用户传递信息就越成问题。因此,长渠道适用于销售量大、销售范围广的产品。

2. 短渠道

短渠道是指没有或只经过一个中间环节的销售渠道。其优点是:①由于流通环节减少,产品可以迅速到达消费者手中,生产者能够及时、全面地了解消费者的需求变化,调整企业生产经营决策;②由于环节少,费用开支节省,产品价格低,便于开展售后服务,提高产品的竞争力。这种方法也存在不足:流通环节少,销售范围受到限制,不利于产品的大量销售。

10.1.2.3 宽渠道与窄渠道

宽渠道与窄渠道是根据生产者在渠道的每一个层次利用多少同种类型中间商来销售某种产品,即根据分销渠道中每一中间环节上使用的同种类型中间商数目的多少来划分的。

1. 宽渠道

宽渠道是指生产者通过两个或两个以上的中间商来销售自己的产品。

如图 10.3 显示了一个日本食品制造商的销售系统。其一级批发商 A 可以介绍一级批发商 B 进入销售网执行某些功能或负责某些地区市场。每一销售层次都有若干分销商参与,但各有自己的任务。这是一个较宽的销售渠道模式。

宽渠道的优点是:①通过多家中间商,分销广泛,可以迅速地把产品推入流通领域,使消费者随时随地买到需要的产品;②促使中间商展开竞争,使生产者有一定的选择余地,提高产品的销售效率。不足之处在于:由于每个层次的同类中间商较多,各个中间商推销某一种产品不专一,不愿意花更多的时间、精力推销某一产品;同时,生产者与各中间商之间的关系比较松散,在遇到某些情况时关系容易僵化,不利于合作。

2. 窄渠道

窄渠道是指生产者只选用一个中间商来销售自己的产品。其优点是:①由于每一层次中同类中间商较少,生产者与中间商的关系非常密切,生产者可以指导和支持中间商开展销售业务,有利于相互协作;②销售、运货、结算手续大为简化,便于新产

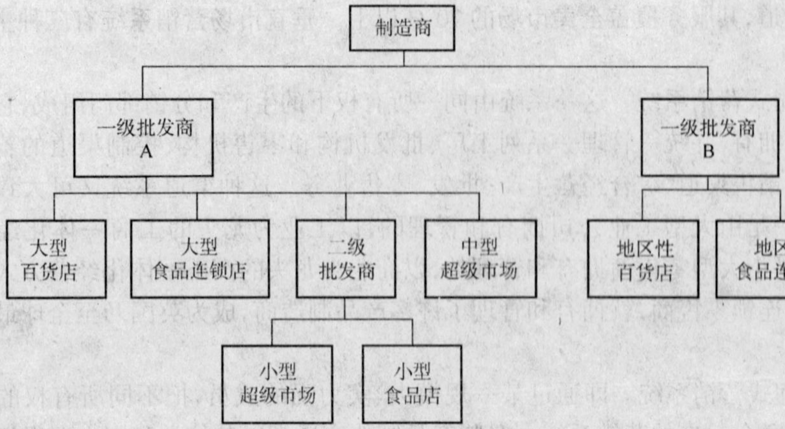

图 10.3 日本食品制造商的销售渠道

品的上市、试销,迅速取得信息反馈。不足之处在于:生产者对某一中间商的依赖性太强,情况一旦发生变化(如中间商不想再与生产者合作),容易使生产者失掉所占领的市场;只限于使用一个中间商销售,容易使中间商垄断产品营销,或因销售力量不足而失掉消费者;产品销售渠道范围较窄,市场占有率低,不便于消费者购买。因此,窄渠道适用于专业技术性较强、生产批量小的产品销售。

10.1.3 分销渠道的系统结构

按渠道成员相互联系的紧密程度,分销渠道亦可分为传统渠道和渠道系统两大类型

10.1.3.1 传统渠道

传统渠道是指由独立的生产者、批发商、零售商和消费者组成的分销渠道。这种渠道的每一个成员均是独立的,他们各自为政,各行其是,都为追求其自身利益最大化而与其他成员短期合作或展开激烈竞争,即使为此牺牲整个渠道系统的全面、长远利益也在所不惜,没有一个渠道成员能完全或基本控制其他成员。因此,随着科技进步和社会经济的发展,传统渠道面临严峻挑战,正在被淘汰。

10.1.3.2 渠道系统

渠道系统是指在传统渠道中,渠道成员采取不同程度的联合经营或一体化经营而形成的分销渠道。渠道系统主要包括以下四种营销系统。

1. 垂直市场营销系统

这是由制造商、批发商和零售商联合组成的统一体。该系统成员或者属于同一家公司,或者以某一品牌或专利特许权为纽带相互连接,或者以足够强大而相互认可的管理方式相互合作。垂直市场营销系统可能由制造商,也可能由批发商或零售商进行控制,是实行专业化管理与集中性控制的网络。它能控制渠道成员的行为,消除由于独立成员追求各自目标而引起的冲突。各渠道成员通过规模经济、提高讨价还价的实力和减少重复服务而获得效益。在美国,垂直市场营销系统已成为消费品市

场的主要渠道,其服务覆盖全美市场的70 %以上。垂直市场营销系统有三种主要形式。

(1)公司式营销系统。这一系统由同一所有权下的生产和分销部门组成,它通常由一家公司拥有,并统一管理一系列工厂、批发机构和零售机构,控制渠道的若干层次甚至整个销售渠道,综合经营生产、批发、零售业务。这种渠道系统又可大致分为两种方式:一是由大型工业公司拥有和管理的,以工业为龙头的工商一体化经营方式;另一种是由大型零售商拥有和管理的,以商业为龙头的商工一体化经营方式。如英国的马狮连锁零售商,就拥有和管理了许多产品制造商,成为英国乃至全球最优秀的公司之一。

(2)管理式营销系统。即通过某一规模大、实力强的成员,把不同所有权的生产者和分销商联合起来的营销系统。名牌产品制造商通常以其信誉和实力赢得经销商的有力合作和支持。如柯达、吉列、宝洁等公司,无论在商品陈列、柜台位置,还是在定价和促销等方面,都能得到经销商的积极合作。

(3)合同式营销系统。即不同层次的独立的制造商和中间商,以合同为基础建立的联营系统。这一系统被人称之为“增值伙伴关系”,近年来得到长足发展,十分引人注目。具体形式有以下几种。①批发商倡办的自愿连锁店,系由批发商组织独立零售商成立自愿连锁,与大型零售店抗衡。②零售商合作组织,系由零售商牵头组成联合体,实行联购分销、联手促销,甚至从事批发和生产业务,如荷兰的中小零售商组成的“采购联营组织”,统一直接向国外订购商品。③特许经营组织,系以特许专卖权为纽带,将生产、分销过程的几个阶段衔接在一起,有三种类型:一是制造商组织的零售特许经营系统,如汽车公司特许众多汽车经销商直接销售其产品,石油公司特许成千上万的加油站挂着它的牌子,出售其品牌的石油制品;二是制造商组织的批发特许经营系统,如饮料行业的可口可乐公司,授权各地瓶装厂(批发商)购买其浓汁,进行加工、装瓶,然后出售给零售商;三是服务公司组织的零售特许经营系统,如美国麦克唐纳汉堡包、肯德基炸鸡的特许专卖店遍及全美国以及世界上许多地方。垂直营销系统的发展,无疑大大改变了营销系统的格局,使得那些没有进入垂直营销系统的企业处于不利地位。与此同时,另一种水平营销系统也发展起来。

2. 水平市场营销系统

这是分销系统中同一环节企业间的联合,因此,由单一公司所有的零售连锁集团就属于水平营销系统。如著名的沃尔玛(Wal - Mart)公司和凯马特(K - mart)公司。当然,这些巨型零售连锁公司均拥有强大的采购中心和配送中心,承担了实质上的批发职能,但从商品所有权转移的角度看,他们毕竟只购买了一次,且主要从事零售经营。而且,大型零售连锁的发展,主要是针对制造商为首的垂直营销系统对流通领域的控制而来,实质是传统上分散的零售业对传统上较为强大和集中的制造业的反控制。

还有一种可称为共生营销的水平式营销系统,即同一层次的若干企业合资或合作寻找新的营销机会。这些公司或因资本、生产技术、营销资源不足,无力单独开拓市场;或因不愿冒风险,或因看到与其他公司合作可以带来巨大的协同效益,因而组成水平营销系统。如坐落在同一街区的零售商共同修建一停车场,共同使用;又如银行在百货公司内设办事处或自动提款机,银行降低了开办成本,而百货公司为顾客提供了方便的金融服务;再如通用汽车公司和 P & G 公司联合举办一种汽车赠送活动,消费者如果在 P & G 公司的牙膏、清洁剂或其他产品内找到一支特别的塑料钥匙,就可获得一辆新的雪佛莱汽车。所有这些合作,可以是在暂时或永久性的协议下进行,也可以是共组另一家新公司,专门合作新业务。

3. 多渠道市场营销系统

多渠道市场营销系统是指同一公司对同一或不同的细分市场,采取多条渠道进入的营销系统。过去,大多数公司只通过一条渠道进入一个市场。随着细分市场和潜在渠道的增多,越来越多的公司采用多渠道分销方式。如通用电气公司不但经由独立的零售商(百货公司、折扣商店、邮购商店),而且还直接向建筑承包商销售大型家电产品。IBM 公司除通过自己的销售部门及利用经销商销售产品外,还采用邮购、电话订购等方式销售产品,近年来,更开拓了网上销售渠道,使销售更加广泛、快捷。

多渠道营销系统大致有两种形式,一种是制造商通过两条以上的竞争性分销渠道,销售同一品牌(商标)的产品,这通常会导致不同渠道之间的激烈竞争,带来疏远原有渠道的危险。另一种是制造商通过多条分销渠道销售公司生产的不同商标的差异性产品。如美国一家酿酒商通过各种类型的零售商店(超级市场、独立食品店、廉价商店、方便店等)销售同一种威士忌酒,但这些酒分别使用不同商标。更有一些公司通过同一产品在销售过程中的服务差异化(即提供不同内容和方式的服务),形成多条渠道,以满足不同顾客的需求,扩大销售效果。

4. 网络营销系统

这是一种新兴的销售渠道系统,也是对传统商业销售运作的一次革命。生产或经营企业通过互联网络,发布商品及服务信息,接受消费者(用户)的网上定单,然后由自己的配送中心或直接由制造商通过邮寄或送货上门。可以分为两种模式。一种是企业之间的交易,称为“B—B ”方式。它是一个将买方、卖方以及中介机构(如银行)之间的信息交换和交易行为集合到一起的电子运作方式,这种方式交易的金额大,有严格的电子票据和凭证交换关系。另一种是企业与消费者之间的交易,称为“B—C ”方式。消费者利用电子钱包可以在瞬间完成购物活动,足不出户就能买到世界上任何地方的产品。这种销售过程彻底改变了传统的面对面交易和一手交钱一手交货的购物方式,缩短了产、供、销与消费者之间的距离,加快了资金、商品的流动,是一种崭新的、很有效的、保密性好的、安全可靠的营销系统。现在有许多企业已设立了网上销售系统,如网络书店、网络花店、网络药店等。但是,目前我国企业开展网络营销的条件尚未完全具备,需要建立发达的物流体系和完善的个人信用体系,另外,计算机的普及、网络的建设、EDI 的实施、网上交易立法等问题也有待解决。

10.2 中间商

中间商是指处于生产者与消费者之间,参与商品流通业务,促进买卖行为发生和实现的组织或个人。中间商是社会分工和商品经济发展的产物。根据不同的分类标准,可以对中间商从两个角度加以区分:一是按其是否拥有产品所有权,可分为经销商和代理商;二是按其在流通过程中的地位和作用,可分为批发商和零售商。经销商必须通过购买,取得产品所有权,然后再出售,要承担风险;而代理商并不拥有产品所有权,只是帮助购销双方转移产品所有权,基本上没有风险。

10.2.1 中间商的功能

在现代化大生产和市场经济条件下,商品由生产者直接销售给消费者(用户)的情况相对来说比较少。多数情况下,商品从生产者流向消费者(用户)的过程中,必须经过或多或少的中间环节,即要有各种类型中间商的参与。中间商的具体功能表现在以下几个方面。

10.2.1.1 减少交易次数,降低流通费用

图 10.4 表明了使用中间商的经济效益。(a)表示生产者直接将产品售予 3 个顾客,需要进行 9 次交易;(b)表示在同样条件下,通过一个中间商则只需完成 6 次交易。这样,使用中间商就减少了必须进行的工作量。

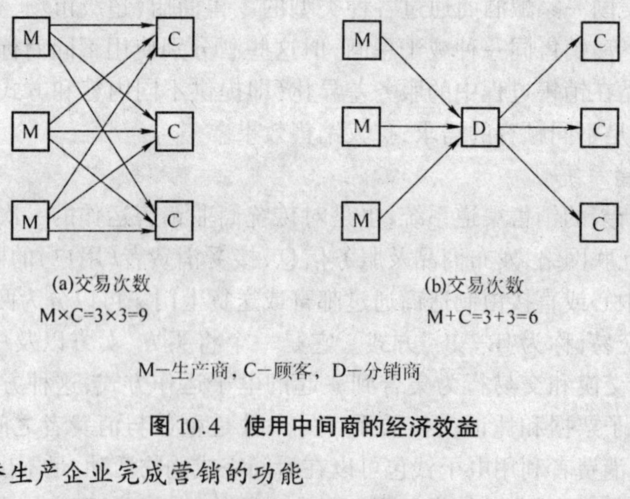

图 10.4 使用中间商的经济效益

10.2.1.2 代替生产企业完成营销的功能

如果没有中间商,生产企业就要担负起市场调查、广告宣传、商品储存和运输以及为消费者服务等职能,这样就会分散从事商品生产的精力,不能有效地完成生产和经营任务。而让中间商承担这部分功能,不仅可以降低成本,而且可以扩大商品流通,加速再生产进程。

10.2.1.3 集中、平衡和扩散商品的功能

集中功能就是通过采购活动把若干生产企业的产品集中起来;平衡功能就是将

各种不同的商品根据不同的细分市场需要加以平衡分配,满足各种需要;扩散功能就是将集中采购的大量商品运销各地,从而满足不同地区消费者的需要。

10.2.1.4 沟通信息的功能

在现代社会,生产者既要随时掌握消费者对企业和产品的意见和要求,又要让消费者了解自己的企业和产品,生产者和消费者之间需要信息沟通。而中间商连接产销双方,耳灵腿长,接触面广,最了解市场状况,掌握市场信息,可以随时向生产企业和消费者传达信息,使产品能适销对路,既可以避免生产的盲目性,又能指导消费。

10.2.2 中间商的类型

10.2.2.1 经销商和代理商

1. 经销商

经销商是指从事商品流通业务并取得商品所有权的中间商。包括零售商和批发商。

2. 代理商

代理商是指接受生产者委托,从事商品交易业务,但不取得商品所有权的中间商。他们从事代购、代销或提供销售信息、咨询服务等,促成商品交易的实现,从而获得一定的服务手续费或佣金。代理商主要有以下几种类型。

(1)企业代理商。系指受生产者的委托签订销货协议,在一定区域内负责代销生产企业产品的中间商。产品售出后生产者按销售额的一定比例付给企业代理商佣金,生产者与代理商之间是委托代销关系。代理商不需要有资金,也不必承担任何风险,实际上类似于生产者的推销员。生产者可以委托若干个企业代理商在不同地区为其推销产品。其优势是:代理商熟悉市场行情,又有专业知识,努力推销,而且收费较低。因此,生产企业在产品消费对象少且分布面广以及推销新产品、开拓新市场时,往往借助于企业代理商。

(2)销售代理商。这是一种独立的中间商,受生产者委托,全权负责、独家代理生产者的全部产品。其销售范围不受地区限制,并拥有一定的售价决定权,双方关系一经确定,生产企业自身不能再进行直接的销售活动,而且同一时期生产者只能委托一个销售代理商,销售代理商也不能再代销其他企业的商品。销售代理商要对生产企业承担较多的义务,在销售协议中,一般会规定一定时期内的推销数量,并为生产企业提供市场调查、预测的情报,负责进行商品宣传、促销等活动。

(3)寄售商。系指受生产企业的委托,为生产企业进行现货代销业务的中间商。生产企业将产品交付给寄售商,根据销售额的大小提供一定比例的手续费或佣金。双方议定价格,销售后将所得货款扣除佣金和有关销售费用后,再交付给生产企业。寄售商要自设仓库、经营场所,以便储存、陈列商品,使顾客能及时购买现货。寄售商在发掘潜在购买力、开辟新市场、处理滞销商品方面能发挥积极作用。如果寄售商品没有全部售出,寄售商不承担任何责任。

(4)经纪商(也称经纪人)。系指在买卖双方交易洽谈过程中起着沟通和促成交易媒介作用的机构或个人。他与任何买卖双方都没有固定的关系,往往为买卖双方牵线搭桥,协助谈判,促成交易。交易达成后,提取小量佣金。

10.2.2.2 批发商与零售商

1. 批发商

批发是指将商品或服务销售给为了转售、进一步生产加工或其他商业用途而进行购买的人的各种活动。也就是说,把商品卖给最终消费者以外的任何购买者,都称为批发。专门从事这类买卖活动的组织和个人就是批发商。

1)批发商的功能

批发商是联系生产者与零售商及其他用户的桥梁和纽带。在分销渠道结构中,扮演了重要角色。批发商的独特功能是生产者或零售商无法替代的。这些功能包括以下几个。①批购批销。批发商一方面扮演零售商或用户购买代理人的角色,从生产单位大量购进产品,另一方面又以生产企业销售代理人的身份向零售商或用户批销产品。对于消费面宽、量大、品种丰富的产品来说,通过批发商的购销服务,可以节省产销(消)双方的时间、精力和费用。②分装搭配。生产者基于专业化大规模生产和运输的经济性要求,往往更愿意提供大包装商品和散件运输。为适应零售商方便销售和用户的消费要求,批发商能发挥其重组产品功能,即汇集不同生产者的多种类型产品,按购买者要求重新归类分配,将散件装配为成品,将大包装拆开分装,将不同式样花色合理搭配。③储运服务。批发商通常有较完善的运输设备和储存设备,可以为生产者和零售商适时、适地、适量购销提供最佳产品储运服务。批发商的特殊地位,决定了其大规模调运、储存商品更节省费用,能减轻用户储运成本负担,为购销双方带来更高效益。④信息咨询。批发商"眼宽腿长"、"点多面广",熟悉市场行情,掌握大量供求信息,能向购销双方提供有关竞争动态、产品技术变化、供求趋势、价格行情以及人员培训、改善经营管理等方面的咨询服务。⑤承担风险。批发商拥有商品所有权,承担商品在运输、储存、销售过程中的损耗、失窃、过时等各种风险。⑥财务融通。批发商一方面可向顾客提供信贷,为其融通资金;另一方面,也可通过提前订货、准时付账,为供应商融通资金。

2)批发商的类型

批发商有许多类型,不同类型的批发商,其发挥功能的形式和程度有一定差别。一般地说,批发商类型的复杂程度,与该国家或地区的经济及市场的发达程度密切相关。批发商可以按不同的标准进行分类,按其经销的商品,可分为一般批发商和专业批发商;按其服务的地域,可分为地方性批发商、区域性批发商和全国性批发商。这里按所有权关系和基本经营方式,把批发商分为四类。①商人批发商。它是独立经营者,又称独立批发商,对其经营的产品拥有所有权,是批发商中最主要的部分。它又可以分为完全服务批发商(执行全部批发职能)和有限服务批发商(执行部分批发职能)。②居间经纪商。与商人批发商不同,居间经纪商对所经营的商品没有所有权,只为买卖双方提供交易服务,收取一定佣金。主要类型有代理商、经纪人、委托商、拍卖公司等。③自营批发机构。这是由制造商和零售商自设机构经营批发业务的批发商。主要类型有制造商与零售商的分销部和办事处。分销部有一定的商品储存,其形式如同商人批发商,只不过隶属关系不同;办事处没有存货,是企业驻外的业务代办机构,有些零售商在一些中心市场设立采购办事处,主要办理本公司的采购业务,也兼做批发业务,其功能与经纪人和代理商相似。④其他批发商。主要指存在于其他特殊经济部门、行业的专业批发商。如为农产品集散服务的农产品收购调运商;为石油集散服务的中转油库;为某些特殊购销方式服务的拍卖公司等。

2. 零售商

零售是包括所有直接销售商品和服务给最终消费者,以供其用作个人消费或用于非盈利用途的各种活动。凡从事这类活动,不论何种机构(生产商、批发商或零售商),怎样销售(经由个人、邮寄、电话或自动售货机),在何处销售(在商店、马路上或消费者家中),都属于零售范畴。但是,参与零售活动的机构,并不一定就是零售商。许多生产商、批发商也有少量的零售业务,但不能认为它们都是零售商。零售商是指以经营零售业务为主要收入来源的商业企业和经营者。零售商的主要业务活动是将商品直接销售给最终消费者,是联系生产者、批发商和消费者的桥梁,是产品价值实现"惊险一跃"的关键。通过零售活动,不仅可以帮助生产者扩大商品销售、开拓市场,而且可以及时地向生产者反馈市场供求、消费者对商品的意见及建议等信息,作为生产者营销决策的重要参考依据。因此零售业的发展状况,对整个经济的发展有着重要影响,在国民经济中占有重要地位。

为了适应快速变化的环境,零售商业在不断发展和变化,新的业态层出不穷,很难用一种统一的标准来进行分类。这里,我们根据其营业有无店铺及所有权行使方式,将零售商划分为商店零售、无店铺零售和零售组织三种类型。

1)商店零售

商店零售又称为有店铺零售,特点是在店内零售商品与服务。其形式主要有10种。

(1)传统综合商店。又称传统杂货店,是以经营日常生活必需品为主的商店,多设在农村乡镇基层。如供销社基层店,乡镇个体商店等。

其经营的产品线较宽,但产品项目有限,通常仅限于必需品种,经营方式较为粗放。

(2) 专业商店。这是一种专业化程度较高的零售商店。专业商店的产品线较窄,但每个产品线内的产品品种、规格、花色比较齐全,便于消费者充分选择。

如服装店、鞋帽店、文具商店、花店、书店、儿童用品商店、妇女用品商店等。

专业商店或以单一产品线甚至单一品牌经营而成为专营店;或以某一顾客群为服务对象,经营有限产品线而成为专门店;甚至可以定制各种产品(如量体裁衣)成为超级专业商店。专业商店适应了不同消费者的个性需求,近年来得到快速发展。

(3)百货商店。百货商店经营范围广泛,品种繁多,规格齐全,购物环境较为舒适,多设在城市交通中心和商业区中心,能为顾客提供商品咨询、送货与维修等多种服务,有些百货商店还设有娱乐场所、餐厅、茶室等,为顾客提供多种方便。如1852年于法国巴黎开业的“好市场”是公认的全世界第一家百货商店,此后百货商店在各国迅速发展起来。二战以后,西方国家的百货公司在同业竞争、新的业态竞争和市中心区购物吸引力下降的冲击下,销售量和获利能力大大降低,进入零售业生命周期的衰退期,我国目前的百货商店也呈现出同样的局面。面对竞争和挑战,百货商店采取了许多应变措施,如在郊区设立分店;改建装修店堂;增设专柜,将一些独立专营店吸纳进来;开设邮购、电话订购、网上购货业务;引进超市、方便店、廉价货场等,实行多角化经营。

(4)超级市场。超级市场是一种大规模、低成本、薄利多销、自选式的零售机构。特点是商品分类上架,顾客自取自选,集中结算付款。超级市场一般以经营食品、家庭日用品为主,以方便、廉价吸引顾客。如1930年8月美国零售商库仑在纽约开设了第一家超级市场,实行薄利多销,取得成功。为增强竞争能力,超级市场正朝着面积越来越大,经营范围越来越广,设施越来越齐全的方向发展。许多超级市场经营范围已扩大到成药、家电、唱片、运动器材、小五金、园艺用品、照相器材、通讯产品,甚至汽车。在店面外观和内部装修、扩大停车场面积、延长营业时间、促销等方面也下了不少工夫。今天,超级市场的营销方式已扩展到其他行业,敞架自选成为许多其他类型零售的重要方式。

(5)便利商店。这是设在居民区及活动场所附近的小型商店。主要经营周转率高的便利品,但商品品种有限。便利商店营业时间长(有的昼夜营业),节假日照常营业,方便顾客作临时性的“补充式”购买。由于它为顾客提供了方便,能较好地满足顾客的需求,可用较高的价格获得加高毛利。

(6)折扣商店。这是一种以低价方式销售标准化商品的商店。那种偶尔减价或特卖的商店,不能称作折扣商店。折扣商店有六种特征:①多位于租金便宜但交通繁忙地段;②通常以低价销售商品,且品种较齐全;③主要经营全国性品牌产品,保证商品质量;④实行自助式售货;⑤设施较少,尽量降低费用;⑥大力开展广告促销宣传。折扣商店是顺应消费者对商品价格的敏感而发展起来的。近年来,折扣商店面对百货商店的降价竞争,已逐渐从经营普通商品发展到经营专门商品。如体育用品折扣商店、电子产品折扣商店和折扣书店等。

(7)减价商店。这是以低价和大量销售为特征的另一种零售商店。折扣商店一般以正常价格从批发商那里进货,以较低利润率出售实现低价。而减价商店则通过非正常渠道低价进货,集中经营那些市场行情变化较大、质量较高的商品,如家具、服装、鞋类产品等。减价商品有三种类型:①工厂代销店,由制造商拥有和经营,通常经销制造商不再生产的或过时的产品,是制造商产品直销的一种形式;②独立减价零售店,通常由个人拥有、经营,或作为大零售商的分支机构出现,直接从工厂进货,或从批发环节以优惠价进货,低价售出;③货仓式商店,是一种集仓储、批发、零售于一体的自选商场，以多功能、大批量和简易装修降低成本，低价销售，多采用会员制，销售品牌范围有限的食品、杂货、服装、生活用品，向会员提供购物折扣，向小企业、政府机关、团体成员、非盈利组织提供服务。

(8)目录展示商店。这是将目录展示与折扣商店结合起来的零售形式。销售品种较多的、毛利率高的、周转快的名牌产品，如珠宝饰品、照相机、玩具、家庭用品、运动器材等。这种商店定期发行彩色产品目录，标明每一种产品的价格和折扣，顾客可以根据商品目录电话订购、要求送货上门，或到商店看样选购。

(9)购物中心。这是由众多大小商店组成的商场。西方大型购物中心一般设在市区，占地面积大，以一两家著名大店为主，有几十或上百家不同行业的中小型店铺加盟。小型购物中心则主要设在居民住宅中心或附近。购物中心通常提供购物、餐饮和娱乐等多种服务，满足顾客综合消费需求。

(10)服务店。分别提供包括住宿、就餐、维修、美容、干洗、婚礼等服务的机构。随着经济的发展，服务业正以比商品零售业更快的速度发展。

2)无店铺零售

无店铺零售是指不经过店铺销售商品的零售形式。主要有以下几种。

(1)直销。指生产者自己或通过推销人员(直销员)向消费者销售产品。包括集市摆卖、上门推销、举办家庭销售会等。集市摆卖是我国和东南亚国家的农民及小工业生产者的传统自销方式。上门推销源于古代和中世纪的行商，今天仍然显示着风采。如雅芳公司通过雅芳小姐推广其"家庭主妇的良友、美容顾问"概念，在全世界约有 100 万名直销商，每年创造 20 亿美元以上的销售额，成为全世界最大的化妆品公司和头号直销商。传销是直销的一种。它是依靠会员(传销商)以销售网、以网促销、按绩效分层分享销售利润的直销方式。如安利公司征集独立商人作为其产品的分销商，再由他们去征集下线分销商并向他们销售，下线分销商再去征集下一层分销商并销售产品，如此持续下去。传销以强烈的利益驱动机制产生极高的销售效应，但其行为难以监管、控制，容易为不法经营者钻空子，损害下线及消费者利益。除集市摆卖外，其他直销方式成本高昂，销售人员佣金通常为销售货款的 20 %以上，而且还需要支付销售人员的培训、管理及奖励费用。

(2)邮购与电话订购。向特定潜在顾客邮寄信函、折叠广告、商品目录，甚至录像带、电脑软盘等宣传品，顾客收到并做出购买决策后，可通过公司设立的免费电话选购所需商品，公司派人送货上门，或通过邮局汇款邮购。如日本富士生活服务公司通过邮寄订购出售各种流行产品，包括室内用品和照相机等。又如上海麦考林国际邮购公司通过邮寄出售服装、饰品、化妆品。

(3)电视营销。通过闭路电视频道，宣传介绍产品，极具说服力和感染力，顾客可通过免费电话订购或到指定地点购买。这种方式较多用于新产品及化妆品、家用电器、健身器材的销售。

(4)网络营销。这是应用计算机网络的营销方式，通过互联网发布产品信息，宣传介绍产品,顾客利用计算机终端订购屏幕上显示的产品,指示银行划款,公司接获信息后即送货上门。如上海麦考林国际邮购公司就设置了自己的网站,迄今已发布8 000多种商品信息,顾客可以上网浏览,甚至可以利用网上的模特儿进行服装的试穿、搭配,以决定是否配套购买。

(5)自动售货。即通过自动售货机销售商品和服务。这是二战以后零售设施的一项重要发展,主要用于一些方便的购买品。如饮料、香烟、糖果、报纸、书籍、化妆品、胶卷、唱片等,这种售货机在西方国家随处可见,昼夜服务,为消费者带来了极大便利。不过由于营销成本昂贵,自动售货价格比一般商店高10%~20%。近年来,自动售货机不仅在有形商品的零售中迅速发展,而且发展到服务行业,如自动点唱机、自动洗衣机、自动出纳机等。

(6)购货服务。这是一种专为某些特定的顾客服务的零售形式,通常由学校、医院、政府机关等大单位派采购人员参加购货服务组织,该组织选择一些零售商与之建立长期业务关系,对组织成员凭购货证给予价格优待。

3)零售组织

这是组合式零售类型。主要有下面五种类型。

(1)正规连锁。即单一资本运营,由两家或两家以上同类商店组成的联合经营组织。它是最典型的连锁,最容易形成权力集中的大资本。各连锁分店实行统一形象、统一进货、统一经营、统一管理。正规连锁比单店经营具有价格优势,由于总部的配送中心统一大量进货,可以获得更大的折扣并降低运输成本,而且同一广告和统一的促销手段可使各分店同样受益,降低促销费用。因此,正规连锁具有零售的规模效益。

(2)自愿连锁和零售商合作社。自愿连锁是由批发企业牵头,成员在保持资本独立的前提下自愿组成的零售集团,他们依托批发企业从事大量采购和共同销售业务。零售商合作社是独立零售商按自愿原则组成的联合组织,集中采购,联合促销。这些组织以合作达到降低成本,增强实力的目的,以对抗正规连锁的价格挑战。

(3)消费合作社。这是由消费者自愿投股成立的零售组织,目的是避免中间商的剥削,保护自己的利益。消费合作社按一人二票原则选举代表,实行民主管理,社员按购货额分红;或定低价只供应社员,不对非社员开放。在美国有数千个消费合作社,主要设在大学校区。

(4)特许经营组织。这是由拥有特许权的授权者(生产商、批发商或服务企业)与特许权的接受者(购买某种特许权的独立零售商)之间,通过契约建立的一种组织。一些独特的产品、服务、专利、商标或管理模式,常常采用特许经营组织方式经营。如麦克唐纳汉堡包、肯德基炸鸡的特许专卖店遍及全球,特许权的所有者,通常都是些享有盛誉的著名企业。

(5)商店集团。这是一种商业上的垄断组织,包括各行业的若干商店,通常是多角化经营,在一个控股公司的操纵下实行统一的分销和管理。如奶品农场公司除了在香港和台湾经营惠康超市连锁店外,还在香港、深圳经营曼宁药店和便利店,形成零售商店集团。它与连锁店既相似又有区别,经营的商品属于不同类型,所属商店各有自己的风格。

10.3 渠道选择与评估

对于生产者来说,在熟悉分销渠道类型,明确销售渠道中各种中间商类型的特点、功能及业务性质的基础上,还必须科学地进行销售渠道选择和决策。一般来说,要选择一条有效的销售渠道,首先必须分析影响销售渠道选择的因素,然后进行销售渠道选择决策,最后还要完成一系列销售渠道的管理工作。

10.3.1 影响销售渠道选择的因素

企业决定所用分销渠道的长短、宽窄以及是否使用多重渠道,要受到一系列主、客观因素的制约。从分销渠道选择的角度来说,营销人员要考虑以下问题:面对的是何种市场、消费有何特点、销售的是何种产品以及企业的资源、中间商的特性、经济形势。

10.3.1.1 市场因素

市场因素包括以下几个。

(1)目标市场范围。市场范围宽广时,宜用较宽、较长渠道;相反,可用较短、较窄渠道。

(2)顾客的集中程度。顾客较为集中,可用较短、较窄渠道;顾客分散,多用较宽、较长渠道。

(3)顾客的购买量。购买量小,购买频率高,宜采用较长、较宽的渠道,一般消费品多用此类渠道。反之,顾客一次购买量较大,购买频率低,如生产者、社会集团购买,则采用较短、较窄渠道。

(4)消费的季节性。消费有明显季节性的产品,一般应充分发挥中间商的调节作用,以便均衡生产,较多采用长渠道。

(5)竞争状况。通常,同类产品应与竞争者采取相同或相似的销售渠道;在竞争特别激烈时,则应寻求有独到之处的销售渠道。

10.3.1.2 产品因素

产品因素包括以下几个。

(1)产品理化性质。体积小、较轻的产品,宜用较长、较宽的渠道;体大笨重的产品(如大型设备、矿产品),应努力减少中间环节,尽量采用直接渠道。易损易腐的产品、危险品,应尽量避免多次转手、反复搬运,宜用较短渠道或专用渠道。

(2)产品单价。一般来说,价格昂贵的工业品、耐用消费品、享受品应减少流通环节,采用较短、较窄渠道;单价较低的日用品、一般选购品,则可采用较长、较宽渠道。

(3)产品时尚性。式样、花色多变、时尚性程度高的产品(如时装、家具、高档玩具),多采用较短渠道;款式不易变化的产品,可用较长渠道。

(4)产品标准化程度。标准化程度高、通用性强的产品,渠道较长、较宽;非标准化产品,渠道较窄、较短。

(5)产品技术复杂程度。产品技术越复杂,用户对有关销售服务尤其是售后服务的要求越高,宜用直接渠道和短渠道。

10.3.1.3 企业自身因素

企业自身因素有以下几个。

(1)企业的财力、信誉。财力雄厚、信誉良好的企业,有能力选择较固定的中间商经销产品,甚至建立自己控制的分销系统,或采取短渠道;财力薄弱的企业,就更要依赖中间商。

(2)渠道的管理能力。有较强的市场营销能力和经验的企业,可以自行销售产品,采用短渠道或垂直渠道营销系统。反之,管理能力较低的企业,多采用较长渠道。

(3)企业控制渠道的愿望。有些企业为了有效控制销售渠道,而花费较高的渠道成本,建立短而窄的渠道;也有一些企业因为成本等因素不愿意控制渠道,而采取较长且宽的渠道。

10.3.1.4 中间商因素

中间商因素包括以下几个。

(1)合作的可能性。中间商普遍愿意合作,企业可以根据需要选择;如果中间商不愿合作,只能选择较短、较窄渠道。

(2)费用。利用中间商分销要支付一定费用。如费用较高,只能采用较短、较窄渠道。

(3)服务。如果中间商能提供较多的高质量服务,企业可采用较长、较宽渠道;反之,若中间商无法提供所需服务,企业只有选择较短、较窄渠道。

10.3.1.5 经济形势及有关法规

(1)经济形势。经济景气,形势看好,企业选择销售渠道的余地较大;当出现经济萧条、衰退时,市场需求下降,企业就必须减少一些中间环节,使用较短渠道。

(2)有关法规。国家的政策、法律,如专卖制度、进出口规定、反垄断法、、税法等,都会影响销售渠道的选择。

10.3.2 选择销售渠道的策略

企业在选择销售渠道时,要根据上述各种影响因素做出决策,这一决策过程包括:确定渠道模式、确定中间商数量、规定渠道成员的交易条件及责任。

10.3.2.1 确定渠道模式

它决定渠道的长度。企业首先要根据上述各种影响因素,决定采取什么类型的销售渠道,是直接销售还是利用中间商推销产品。如果采用直接销售渠道,要考虑营销成本。近年来,直销方式不仅在工业品市场,而且在消费品市场得到快速发展。电话、计算机的普及,使信息沟通日益方便,加上传统商业渠道费用上升,使得直销渠道具备了良好的发展前景。但是,间接渠道仍然是当代的主流,在多数场合,企业仍然需要选择中间商作为合作伙伴,以发挥其职能,克服现代化大生产条件下产销双方在时间、空间、信息、价格及供求数量、花色品种等方面存在的矛盾。因此,辨明适合承担销售业务的中间商类型,仍然十分重要。企业可以根据目标市场及现有中间商的状况,参考同类产品生产者的经验,确定自己的销售渠道模式。有时可抛开传统渠道,开辟新的渠道。如北京一家生产小型羊肉切片机的企业,通过传统销售渠道——食品加工机专卖店销售,效果不佳,后来有人灵机一动,把机器放在北京最大的涮羊肉餐馆——"东来顺"的餐厅中现场展示,羊肉现切现卖,结果大获成功。另外,陆续引进到我国的自动售货、电视广告销售、销售俱乐部、网络营销等新型销售方式也值得借鉴。

10.3.2.2 确定中间商数目

它决定渠道的宽度。这主要取决于产品本身的特点、市场容量的大小和需求面的宽窄。通常有三种可供选择的形式。

1. 密集分销

即通过尽可能多的分销商销售产品,使渠道尽可能加宽。这种策略的重心是扩大市场覆盖或快速进入一个新市场,使众多消费者能随时随地买到该产品。消费品中的便利品(如香烟、日用品、食品等)、工业品中的标准件及辅助用品(办公用品等),适于采取这种分销形式,以提供购买上的最大便利。但这种策略也存在不足:由于中间商的经营能力、水平高低不同,生产者要花费较多精力和费用。

2. 独家分销

即在某一地区只选择一家中间商专门销售本企业产品,实行独家经营。独家分销是最极端的形式和最窄的分销渠道,这一策略的重心在于控制市场,控制货源,以便取得市场优势。通常产销双方要协商签订独家分销合同,规定经销商不得同时经营竞争者的品牌,生产方则承诺在该地区市场范围内只对该中间商独家供货。这种方式需要产销双方密切合作,适用于某些技术性强、具有品牌优势或有专门用户的产品。如青岛啤酒进入美国市场就运用了这种策略,作为独家经营的纽约布鲁克林公司做了大量的促销宣传,使其知名度大增,价格比当地同类产品还高出一倍,而且销路较好。独家分销对于生产者的好处是可以控制中间商,提高他们的经营水平,加强对顾客服务,也有利于树立产品形象,增加利润,还可排斥竞争者利用此渠道,但也存在一定风险,如果中间商经营不善或发生意外情况,生产者就要蒙受损失。

独家分销对于中间商的好处是:可以获得生产者对产品营销与广告活动的支持,销售独家产品线也可提高威望,独家品牌不会面临价格竞争,能取得比较稳定的收益;但中间商也将受到生产者一定程度的制约,且中间商在设备等方面要作部分投资,一旦生产者失败或取消合同,中间商将蒙受较大损失。

3. 选择分销

选择分销,即从所有适合经营本企业产品的中间商中精心挑选若干最合适的中间商销售其产品。这一策略的中心是维护本企业产品的良好信誉,建立稳固的市场竞争地位。消费品中的选购品、特殊品以及工业品中的某些零配件,最适合采用这种分销形式。它比独家分销面宽,有利于开拓市场,扩大销路,展开竞争;比密集分销面窄,既节省费用,又易于控制中间商,不必分散太多精力,有助于加强彼此间的了解和联系,密切产销关系。

10.3.2.3 分销渠道成员的条件与责任

生产者在决定了渠道的长度和宽度之后,还必须规定各渠道成员参与交易的条件和应负的责任。在交易关系组合中,这种责任主要包括以下四方面。

(1)价格政策。这是关系到生产者和中间商双方经济利益的一个重要因素。生产者必须制定出价格目录和折扣计划,该价格和折扣应是公平合理的,也是得到中间商认可的。

(2)销售条件。指付款条件和生产者保证。如对提前付款的分销商给予现金折扣、对产品质量的保证、对市场价格下降时的降价或不降价的承诺等,以消除中间商的后顾之忧,促使其大量购买。

(3)经销区域权。这是渠道关系的一个重要组成部分。一般来说,中间商都希望了解生产者将在何地利用其他何种中间商,还希望在其区域内所发生的销售实绩能获得生产者的完全信任,而不论这些销售实绩是否是他们努力的结果。生产者对此应一一加以明确。

(4)各方应承担的责任。通常应通过指定相互服务与责任条款,来明确各方责任。服务项目不明,责任不清,必然会影响到双方的经济利益及合作关系,不利于双方的共同发展,尤其是在选择特许经营和独家代理中间商时,更要规定得尽量具体、明确。如麦当劳向其特许经销商提供店面、促销支持、文件保管系统、培训、通用管理和技术支持等。与此对应,特许经销商必须达到有关物质设备标准,适应新的促销方案,提供所需信息及购买指定的食品原料等。

10.3.3 评估销售渠道方案

在这一阶段,需要对几种初拟方案进行评估并选出能满足企业长期目标要求的最佳方案。评估标准主要有三个,即经济性、可控性和适应性。

10.3.3.1 经济性标准

经济性主要是指每一条渠道的销售额与渠道成本之间的关系。在正常情况下,不同的分销渠道方案会有不同的销售额与渠道成本,生产者应对此做出评估。如生产者是利用自己的销售人员直接推销还是利用代理商销售?下面用图 10.5 来说明这一问题。

由图 10.5 可以看出,当销售额为 S_B 时,两种分销渠道的成本相等。销售额小于 S_B 时,利用代理商是较佳的分销渠道方案;销售额大于 S_B 时,则由生产者直接销售为佳。一般说来,规模较小的企业或在较小市场从事营销的大企业,还是利用销售代

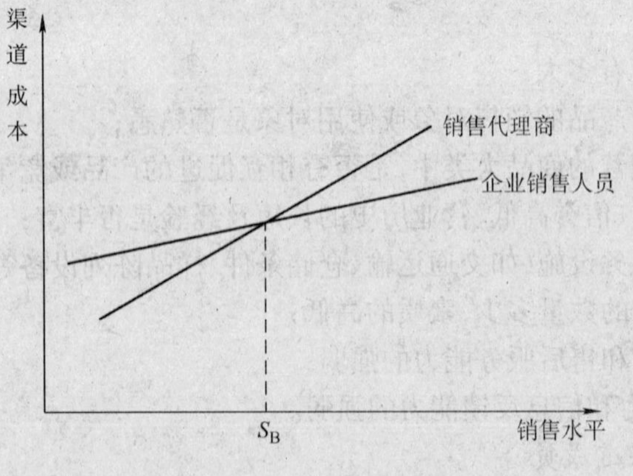

图 10.5 企业销售人员与销售代理商的经济性

理商为宜。

10.3.3.2 可控性标准

在对销售渠道的控制方面,生产者自己直接销售费用肯定要高于利用销售代理商的费用。这是因为销售代理商是独立的商业企业机构,他有自身的经济利益,注重对商品购买有重大影响力、能为他带来最高收益的客户,而对一般生产者的产品不会特别感兴趣。此外,销售代理商对生产者产品的技术细节可能不甚了解,也很难有效地协助生产者开展促销活动。对此需要进行多方面的利益比较和综合分析。

10.3.3.3 适应性标准

分销渠道的适应性也是生产者在评估时必须考虑的一个问题。生产者利用销售代理商,可能要与其签订几年的合同,如果在此期间市场环境发生变化,这些承诺将降低生产者的灵活性和适应性。为此,生产者应考察在每一种渠道方案中承担义务与经营灵活性之间的关系,包括承担义务的程度和期限。对一种涉及长期(如5年以上)承担义务的渠道的选择,应在经济或控制方面有非常优越的条件时,才能予以考虑。

10.3.4 销售渠道的管理

在选定分销渠道方案后,企业还需要完成一系列管理工作,包括对各类中间商的具体选择、激励、评估以及根据情况变化调整渠道方案和协调渠道成员间的矛盾。

10.3.4.1 选择渠道成员

为选定的渠道招募合适的中间商,这些中间商就成为企业产品分销渠道的成员。一般来说,那些知名度高、享有盛誉、产品利润大的生产者,可以毫不费力地选择到合适的中间商。而那些知名度较低,或其产品利润不大的生产者,则必须费尽心机,才能找到合适的中间商。不管是容易还是困难,生产者挑选中间商时应注意以下基本条件:

(1)能否接近企业的目标市场;

(2)地理位置是否有利(零售商应位于顾客流量大的地段,批发商应有较好的交通及仓储条件)；

(3)市场覆盖有多大；

(4)中间商对产品的销售对象或使用对象是否熟悉；

(5)中间商经营的商品大类中，是否有相互促进的产品或竞争产品；

(6)资金多少、信誉高低、营业历史的长短及经验是否丰富；

(7)拥有的业务设施(如交通运输、仓储条件、样品陈列设备等)情况如何；

(8)从业人员的数量多少，素质的高低；

(9)销售能力和售后服务能力的强弱；

(10)管理能力和信息反馈能力的强弱。

10.3.4.2 激励渠道成员

各渠道成员的结合，是他们根据各自的利益和条件互相选择，并以合同形式规定应有权利和义务的结果。一般说来，渠道成员都会为了各自的利益努力工作，但是由于中间商是独立的经济实体，与生产者所处的地位不同，考虑问题的角度也不同，必然会产生矛盾。生产者要善于从对方的角度考虑问题，要明白中间商不是受雇于己，而是一个独立的经营者，有他自己的目标、利益和策略。中间商首先是顾客的采购代理，其次才是生产者的销售代理，只有顾客愿意购买的产品，中间商才有兴趣经营。中间商一般不会对各品牌分别做销售记录，有些原始资料也不一定注意保存，除非给予特殊的激励。因此，生产者要制定一些考核和奖励办法，对中间商的工作及时监督和激励，必要时也可给予惩罚。对于经营效果较好的中间商，应争取建立长期产销合作关系，也可派专人驻商店协助推销并收集信息。激励中间商的基本点是了解中间商的需要，并据此采取有效的激励手段。企业在处理与中间商的关系时，通常可采取三种方法：合作、合伙与经销规划。

1. 合作

大多数生产者为取得与中间商的合作，采用“胡萝卜加大棒”政策，软硬兼施。一方面使用积极的激励手段，如高利润、特殊优惠待遇、额外奖金、广告津贴等；另一方面采用制裁措施，对表现不佳或工作消极的中间商则降低利润率、推迟供货或终止合作关系等。这种政策的缺点是没有真正了解中间商的长处和短处，不关心他们的需要和问题，仅仅依据单方面的“刺激—反映”模式将众多的激励因素拼凑在一起，自然难以收到预期的效果。

2. 合伙

生产者着眼于与中间商建立一种长期的合伙关系，达成一种协议。首先生产者要仔细研究并明确自己应该为中间商做些什么，如产品供应、市场开发、技术指导、售后服务、销售折扣等；也让中间商明确他的责任和义务，如他的市场覆盖面、市场潜量以及应提供的咨询服务和市场信息等，然后根据协议执行情况对中间商支付报酬并给予必要的奖励。

3. 经销规划

这是一种最先进的激励方式。主要是建立一个有计划的、实行专门化管理的垂直营销系统，把生产者和中间商的需要结合起来。生产者在其营销部门中设立一个分销关系规划室，专门负责与中间商的关系规划，其任务是了解中间商的需要，制定交易计划，帮助中间商实现最佳经营。具体做法是由该室与中间商共同决定产品销售目标、存货水平、产品陈列计划、销售培训计划、广告促销计划等，引导中间商认识到他们是垂直营销系统的重要组成部分，积极做好相应的工作，以便从中获得更高的利润。

总之，企业对中间商应当贯彻"利益均沾，风险共担"的原则，尽力缓和矛盾，密切协作，共同搞好营销工作。对渠道成员的激励是协调、管理分销渠道，使之有效运作的重要一环。激励方式很多，而且还在不断创新。

10.3.4.3 评估渠道成员

对中间商的工作绩效要定期评估，正确评价分销渠道成员的工作业绩。生产商在与分销渠道的合作过程中，必须定期评价中间商的销售工作。当某一中间商的工作业绩低于应达到的目标时，生产商应分析原因，并寻找补救的办法或解决的途径。分析评价中间商的目的，使生产商及时了解市场情况，发现问题，以便更有针对性地对中间商开展激励和帮助，提高销售效率。

评估标准一般包括：销售指标完成情况、平均存货水平、产品送达时间、服务水平、产品市场覆盖程度、对损耗品的处理情况、促销和培训计划的合作情况、货款返回情况、信息的反馈程度等。一定时期内各中间商实现的销售额是一项重要的评估指标。生产者可将同类中间商的销售业绩分别列表排名，目的是促进落后者进步，领先者努力保持绩效。但是，由于中间商面临的环境有很大差异，各自规模、实力、商品经营结构和不同时期的重点不同，有时销售额列表排名评估往往不够客观。正确评估销售业绩，应在做上述横向比较的同时，辅之以另外两种比较：一是将中间商销售业绩与前期比较；二是根据每一中间商所处的市场环境及销售实力，分别定出其可能实现的销售定额，再将其销售实绩与定额进行比较。正确评估渠道成员的目的在于及时了解情况，发现问题，保证营销活动顺利而有效地进行。

10.3.4.4 调整销售渠道

企业的分销渠道在经过一段时间的运作后，往往需要加以修改和调整。原因主要有消费者购买方式的变化、市场扩大或缩小、新的分销渠道出现、产品生命周期的更替等；另外，现有渠道结构通常不可能总在既定的成本下带来最高效的产出，随着渠道成本的递增，也需要对渠道结构加以调整。渠道的调整主要有三种方式。

1. 增减渠道成员

增减渠道成员即对现有销售渠道里的中间商进行增、减变动。做这种调整，企业要分析增加或减少某个中间商，会对产品分销、企业利润带来什么影响，影响的程度如何。如企业决定在某一目标市场增加一家批发商，不仅要考虑这么做会给企业带来的直接收益(销售量增加),而且还要考虑到对其他中间商的需求、成本和情绪的影响等问题。

2. 增减销售渠道

当在同一渠道增减个别成员不解决问题时,企业可以考虑增减销售渠道。这么做需要对可能带来的直接、间接反应及效益作广泛地分析。有时候,撤消一条原有的效率不高的渠道,比开辟一条新的渠道难度更大。

3. 变动分销系统

变动分销系统是对企业现有分销体系、制度作通盘调整,如变间接销售为直接销售。这类调整难度很大,因为它不是在原有渠道基础上的修补、完善,而是改变企业的整个分销政策。它会带来市场营销组合有关因素的一系列变动。

上述调整方法,第一种属于结构性调整,立足于增加或减少原有渠道的某些中间层次或具体的中间商;后两种属于功能性调整,立足于将工作在一条或多条渠道的成员重新分配。企业的现有分销渠道是否需要调整,调整到什么程度,取决于销售渠道和分销任务是否平衡。如果矛盾突出,就要通过调整解决问题,恢复平衡。分析分销渠道成员之间产生冲突或矛盾的原因,并采取相应的对策进行协调。

10.3.5 分销渠道的冲突管理

分销渠道成员之间的矛盾冲突,本质上是各自独立的分销渠道成员之间的经济利益的矛盾表现。其中一些冲突是正常的、健康的,而另一些冲突则需要进行协调,以免给分销渠道成员造成不必要的损失。一般来说,分销渠道成员之间在营销过程中会产生以下两个方面的冲突。

(1)横向渠道成员之间的冲突。这种冲突是指为同一目标市场服务的同类中间商之间为争夺顾客而发生的竞争。在一定限度内,这种竞争是有益的,它能使顾客在产品价格和服务等方面获得广泛选择。但是,如果这种竞争过于激烈,会使经济效益下降,这时需要有影响力的生产商出面协调。

(2)纵向渠道成员之间的冲突。这种冲突是指同一渠道中各类中间商之间发生的利益冲突,包括生产商与批发商、零售商之间的冲突;批发商与代理商或零售商之间的冲突;代理商与零售商之间的冲突等。生产商与批发商之间的冲突可以由多种原因引起,如生产商认为,批发商未积极推销自己的产品,没有发挥储运功能或服务质量太差等;而批发商则认为,生产商要求过高,增加了不属于批发商职责范围的工作,将顾客比较分散的地区交给自己等。这时就需要双方坐下来通过谈判求得和解。

10.4 物流管理

10.4.1 物流管理的概念

物流管理是指对产品从生产者手中运到消费者手中的空间移动过程的管理,也称商品实体流动或商品实体分配的管理。物流管理的基本功能是在需要的时间和需要的地点向消费者供应产品,创造时间地点效用。

在市场经济条件下,产品实体的流通十分重要。这是因为,只有当商品的实体通过一系列的运转,到达最终消费者手里时,产品分销活动才算真正完成。离开了商品实体流通,任何商品交易活动都是虚拟的,不现实的。随着商品经济的发展,商品交易范围日益广泛,许多商品市场已由原来的地区性市场扩展到全国性乃至世界性市场,在商品流通中时间和空间分离的矛盾更加突出,客观上要求安全、及时、高效、经济地完成商品的实体运动过程,否则就无法适应社会经济的发展,也使企业失去扩大市场的机会。同时,合理安排商品的实体分配,能加速商品流通、节约流通费用、降低产品成本。这既保证了整个社会的经济效益,又提高了企业的经济效益。在许多企业的生产成本中,流通费用一般是仅次于原材料和工资的开支项目。因此,要降低产品成本,不仅要做好产品的设计、生产工作,同时也应重视物流管理这一环节。实践证明,决定科学的存货水平和合理的运输方法及途径对增加企业的盈利具有很大的潜力,因此有人把节约流通费用视作"第三利润源泉"。

10.4.2 物流管理的职能

物流管理的职能主要包括包装、运输、仓储、装卸搬运、库存控制、订单处理等。

(1)包装。包装分为销售包装和运输包装。销售包装又称内包装或小包装,目的是向消费者展示商品,以吸引顾客,方便零售。运输包装又称外包装或大包装,目的是保护商品,便于运输和储存。物流管理中的包装是指运输包装。实体分配中包装形式的确定、包装材料和包装方法的选择都要与实体分配的其他要素相适应。如不同的装卸方式要求有不同的包装形式,仓库堆码的高度、商品特性、运输工具以及运输距离等也对包装提出了不同的要求。

(2)运输。运输是指借助于各种运输工具实现商品空间位置上的转移。运输决策一般包括两类:一是运输方式决策,即根据所运商品以及运输时间与运输条件的具体要求,选择合适的运输方式。如公路运输、水路运输、铁路运输、航空运输、管道运输、联合运输等;二是运输路线决策,即根据所运商品的特性,决定运输的批量、运输的时间以及最佳的运输路线等。

(3)仓储。仓储是指利用一定的仓库设施,收藏、保管商品的活动。仓储决策一般包括三个步骤:①决定是否使用仓库;②使用仓库的方式(是自建还是租赁或购买);③决定自建仓库以后,选择仓库的规模、结构、类型和地点等。

(4)装卸搬运。包装和运输都离不开装卸搬运。装卸搬运的基本内容包括商品的装上卸下、移动、分类、堆码等。在商品的实体运动中,装卸次数的多少、装卸质量的好坏,对于实体分配成本有很大的影响。

(5)库存控制。库存控制包括决定产品的存放地点、产品的储存结构和合理的储存量、顾客需要的发货期和发货批量等。其中,最关键的是决定储存量的大小。任何企业都希望即节约库存费用,又能保持足够的库存水平,以便在顾客需要时及时组织供货。

(6)订单处理。订单处理包括接收、查核、记录、整理、汇集订单和准备发运商品等工作。生产商收到订单以后,首先要检查订单是否正确,然后按订单要求的商品品种、数量、式样、规格、型号把商品发运给顾客。订单处理每一环节所用的时间和工作质量都直接影响着产品实体分配的效率和对顾客的服务水平。

物流管理就是将上述六个方面的决策结合起来形成“物流管理决策组合”。根据有关统计,物流成本(即流通费用)已经占到全部营销成本的50%左右,而且总额还在迅速上升,与生产成本的不断下降形成了鲜明的对比。在物流总成本中,运输和仓储费用占了最大的比例,如在美国,运输费用占整个物流总成本的46%,仓储费用占26%。

10.4.3 物流决策的主要内容

此处重点探讨物流管理决策中的运输决策、仓储决策以及存货决策。

10.4.3.1 商品的运输决策

产品运输决策,就是企业选择什么样的运输方式和运输路线,把产品运送到销售地点。运输方式和运输路线的决策是物流管理中最具有节约潜力的领域。商品的运输一般来说包括三方面内容。

1. 运输方式

生产商选择的运输方式一般有五种:管道运输、水路运输、铁路运输、公路运输和航空运输。生产商通过对送货速度、频率、可靠性、运载能力和运输费用的考虑以及不同运输方式的可行性做出正确的选择。

(1)管道运输。管道运输是一种费用低廉的运输方式,如天然气和石油一般都使用管道运输。

(2)水路运输。水路运输又分为内河驳船运输、近海运输和远洋运输。水运一般适用于笨重的非易腐商品,如铁矿石、煤、谷物、杂物、机械等。水运的特点是运量大、运费低,但运期较长,并易受地理环境影响。

(3)铁路运输。铁路运输适宜于运距长、批量大、单位价值较低的笨重的商品。

(4)公路运输。公路运输的主要特点是灵活、迅速、适应面广。水路运输和铁路运输最终都要通过其他运输方式进行倒装,而公路运输能够实现“门对门”供货,减少了装卸次数和损耗,特别适宜于中小批量商品的运输。一般来说,相对于铁路费用,公路运输费用较高,但有时为了抓住转瞬即逝的市场机会,即使运途较长、运费较高,也需要采用公路直达运输。

(5)航空运输。航空运输是速度最快、费用最高的运输方式。一般来说,只有高价值、易腐败产品或精密产品才采用航空运输,如鲜花、鲜活水产品、贵重金银首饰等。航空运输迅速可靠,能为顾客提供良好的服务,降低销售地存货水平,有助于提高企业抢占市场的竞争力。

除上述五种基本运输方式以外,集装箱联运是20世纪以来运输方式最重大的发展。集装箱使货物能在不同的运输工具之间方便地转移,实现了联合直达运输,又称"门对门"运输。集装箱运输以集装箱为中心,实现了整个物流过程的集装箱化:出现了专门运载集装箱的火车、汽车、轮船、飞机;专门的装卸工;专门的集装箱码头以及专门存放集装箱的货场、仓库。所以,有人说集装箱运输是一场"物流革命"。

2. 运输路线

生产商确定运输方式以后,就要选定运输路线。一般来说,生产商在选定运输路线时,要从三个方面考虑:①所选定的运输路线能够保证以最短的时间把货物运送给顾客;②选定的路线能够保证减少生产商的运输费用;③选定的路线能够保证用户得到较好的服务。

3. 发货批量

一般来说,用户是欢迎分批少量发货的,而生产商则愿意成批大量发货,因为这样做可以取得运价上的折让。同时,成批大量发货还可以节约仓库储存面积,节约存储费用。如铁路运输中,整车运货的运价比较低;公路运输中也是满载运货运价较低。

10.4.3.2 商品的仓储决策

产品由生产者到达消费者(用户)手中,不仅要有所有权的转移,而且要经由订货、运输、仓储、存货管理、分装等活动,实现产品实体的空间转移。产品在最终销售出去之前,必然有或长或短的储存过程,这是由于生产和消费周期很少吻合,仓储的作用就在于消除生产和消费之间在时间上和数量上的矛盾。而且,有些产品必须经过一定时间的储存,才能达到标准质量,如烟草、酒类产品需要储存相当时间,经历一个生化过程才能达到其成色品质标准。产品的储存决策包括仓储地点、仓库类型和仓储设备的选择。

1. 仓储地点

企业选择仓储地点、数量和仓库规模要根据目标顾客的数量、市场范围、交通运输条件、客户要货数量和服务要求来决定。存货点越多、规模越大,意味着能更快地满足客户的供货要求,但仓储费也会增加。因此,要综合考虑各方面因素,选择合适的地点。

2. 仓库类型

仓库类型包括多重选择。①从功能考虑,选择储存仓库还是配送仓库。前者适用于对产品作中、长期的储存;后者侧重配送,即接受来自企业和中间商的货物,然后根据客户订单,进行分装、编配,尽快将货物送到客户手中。②从所有权考虑,选择自备仓库还是租用仓库。前者能适合企业自身的业务特点,但租赁仓库更灵活,而且节省投资和管理的麻烦。

3. 仓储设备

从仓库的形态考虑,选用平房仓库还是多层仓库,即仓库的储存及搬运装卸系统等设备。目前,由中央计算机控制的自动化仓库正在兴起,是否使用现代化设施,应当综合分析物流系统的服务目标与成本之间的关系,根据实际情况妥善处理。

10.4.3.3　商品的存货决策

存货决策对生产商来说,存货水平越高,越能满足顾客的需要,提供高效率的服务,如及时向顾客发运商品,有利于增加销售,但这需要占用较大的仓库面积和较多的商品资金,并在一定程度上造成商品的损耗;反之,存货水平低,虽然能降低各种费用,但也降低了为顾客提供服务的水平。因此,生产商必须权衡关系,求出利润最高时的存货水平。

对订货企业来说,订货批量都会遇到两个互相矛盾的成本因素:储存费(商品的资金占用费、损耗、保管费、保险费以及承担的利息等)和订货费(订货手续费、运输费等)。如果订货批量小,则订货次数就多,订货费用就高,但存储费用较低;反之,如果订货批量大,订货次数少,可以减少订货费用,但要增加存储费用。订货费用、存储费用与订货批量之间的关系如图 10.6 所示。

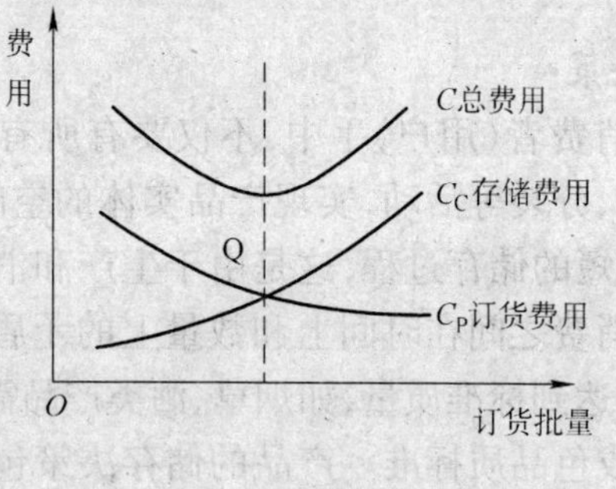

图 10.6　订货费用、存储费用与订货批量之间的关系

从图 10.6 中可知,当订货费用和存储费用相等时,两者之和保持在最低水平,即 Q 点时,该订货量发生的订货费用最低,所以 Q 点一般称为经济订货量。

年订货费用的计算公式:

$$C_{\mathrm{p}} = \left(\frac{D}{Q}\right) \cdot CD$$

式中:C_{p} ——订货费用;

C_{c} ——存储费用;

D ——年货物的需求量;

Q ——年存储费用;

C ——总费用。

年存信者费用的计算公式为:

$$C_c = \frac{1}{2QPI}$$

式中：P——单价；

I——存储费率。

根据企业年购储总费用最小的原理，经济订货批量的计算公式为：

$$Q=\sqrt{\frac{2DC_P}{PI}}$$

如某企业每年使用物资225吨，每次订货费用150元，单位物资的年储存费用为300元，则该企业经济订货量

$$Q=\sqrt{\frac{2\times 225\times 150}{300}}=15(\text{吨})$$

即每次的订货量为15吨。

本章小结

• 分销渠道决策是企业营销工作中最重要的决策之一。企业所选择的渠道不仅会影响其产品是否能“物畅其流”，而且将直接影响其他市场营销决策，如产品包装、定价和促销决策。一个企业培养一条有效的渠道，需要花费大量资金、精力和时间，而渠道一旦选定，就很难经常调整。因此，选择渠道应当兼顾眼前的和未来的销售环境。恰当的渠道选择，必将增强企业的竞争能力。

• 中间商起着联系生产与消费、减少交易次数、加速资金周转、沟通信息等作用。生产者进行渠道选择时要根据市场特点、产品特点、企业自身状况、环境因素及经济形势等因素，确定中间商的类型、数目及渠道成员的责任，并运用选择、激励、评估、调整等措施对渠道成员加以有效管理。

• 物流中仓储提供时间效用，运输提供空间效用，仓储和运输管理的发展趋势是先进的储存、装卸、管理手段与标准化、系列化的运输工具的有机结合。新型连锁业的发展也给商品配送带来了新的课题。

• 商品销售渠道会随着社会生产力的发展而不断演进，目前要密切关注网络营销方式带给传统营销渠道的革命性影响，有人预言这是新世纪营销渠道的热点，将夺取传统中间商的饭碗，迫使零售商向文化娱乐与餐饮休闲方面发展，从营销“商品”转向营销“感觉”。合理安排商品的实体分配，能加速商品流通、节约流通费用、降低产品成本。这既保证了整个社会的经济效益，又提高了企业的经济效益。

主要概念

分销渠道　直接渠道　间接渠道　宽渠道　窄渠道　中间商　零售商　批发商　订货批量　物流管理

基本实训和能力实训

一、判断题

1. 分销渠道是反映某一特定商品价值实现的全过程所经由的通道。（　）

2. 有一级或多级中间商参与，产品经由一个或多个商业环节售给消费者（用户）的渠道类型为直接渠道。（　）

3. 根据分销渠道中每一中间环节上使用的同种类型中间商数目的多少可以划分为长渠道与短渠道。（　）

4. 中间商是处于生产者与消费者之间，参与商品流通业务，促进买卖行为发生和实现的组织或个人。（　）

5. 经销商是指取得商品所有权的中间商。（　）

6. 在买卖双方交易洽谈过程中起沟通和促成交易媒介作用的机构和个人，称为经纪人。（　）

7. 批发商是联系生产者与零售商及其他用户的桥梁和细节。（　）

8. 物流管理也被称为商品实体流动或商品实体分配的管理。（　）

9. 宽渠道中渠道成员越多越好。（　）

10. 对生产商来说，存货水平越高，越能满足顾客的需要。（　）

二、单项选择题

1.（　）是指没有中间商参与产品由生产者直接销售给消费者的渠道类型。

A. 直接渠道　　B. 间接渠道

C. 长渠道　　D. 短渠道

2. 有一级或多级中间商参与产品经由一个或多个商业环节售给消费者的渠道类型（　）。

A. 直接渠道　　B. 间接渠道

C. 长渠道　　D. 短渠道

3. 经过两个或两个以上的中间环节把产品销售给消费者的分销渠道即两级以上渠道称之为（　）。

A. 直接渠道　　B. 间接渠道

C. 长渠道　　D. 短渠道

4. 没有或只经过一个中间环节的渠道称之为（　）。

A. 直接渠道　　B. 间接渠道

C. 长渠道　　D. 短渠道

5. 根据中间商的数目来划分的渠道有（　）。

A. 长渠道和短渠道　　B. 直接渠道和间接渠道

C. 宽渠道和窄渠道　　　　　　D. 零渠道和多渠道

6.(　　)是指处于生产者与消费者之间,参与商品流通业务,促进买卖行为发生和实现的组织或个人。

A. 经纪人　　　　　　B. 中间商

C. 寄售商　　　　　　D. 代理商

7.(　　)是指从事商品流通业务并取得商品所有权的中间商。

A. 经纪人　　　　　　B. 中间商

C. 寄售商　　　　　　D. 经销商

8.(　　)是指接受生产者委托,从事商品交易业务,但不取得商品所有权的中间商。

A. 经纪人　　　　　　B. 代理商

C. 寄售商　　　　　　D. 经销商

9.(　　)是指受生产者的委托签订销货协议,在一定区域内负责代销生产企业产品的中间商。

A. 企业代理商　　　　　　B. 销售代理中间商

C. 寄售商　　　　　　D. 经销商

10.(　　)是一种独立的中间商,受生产者委托,全权负责、独家代理生产者的全部产品。

A. 企业代理商　　　　　　B. 销售代理商

C. 寄售商　　　　　　D. 经销商

三、多项选择题

1. 按商品在流通过程中经过的流通环节的多少可以划分为(　　)。

A. 长渠道　　　　　　B. 短渠道

C. 直接渠道　　　　　　D. 间接渠道

2. 根据产品从生产者到最终消费者的转移过程中所经历的中间环节的多少来划分有(　　)。

A. 长渠道　　　　　　B. 短渠道

C. 直接渠道　　　　　　D. 间接渠道

3. 根据分销渠道中每一中间环节上使用的同种类型中间商数目的多少来划分有(　　)。

A. 宽渠道　　　　　　B. 窄渠道

C. 长渠道　　　　　　D. 短渠道

4. 中间商的功能是(　　)。

A. 减少交易次数,降低流通费用　　B. 代替生产企业完成营销功能
C. 集中、平衡和扩散商品的功能　　D. 沟通信息的功能

5. 批发商的类型有(　　)。
A. 商人批发商　　B. 居间经纪人
C. 国营批发机构　　D. 其他批发商

6. 根据营业有无店铺及所有权行使方式,将零售商分为(　　)。
A. 商店零售　　B. 无店铺零售
C. 零售组织　　D. 其他批发商

7. 评估销售渠道方案的标准主要有(　　)。
A. 经济性标准　　B. 可控性标准
C. 适应性标准　　D. 激励性标准

8. 企业处理中间商关系时,通常用到的三种方法是(　　)。
A. 合伙　　B. 合作
C. 经销计划　　D. 电子商务

9. 调整销售渠道的方式有(　　)。
A. 增减渠道成员　　B. 增减销售渠道
C. 变动分销系统　　D. 扩大潜在规模

10. 物流管理的职能包括(　　)。
A. 包装　　B. 运输
C. 仓储　　D. 装卸等

四、简述题

1. 何谓营销渠道,其类型有哪些?
2. 何谓中间商,其类型有哪些?
3. 影响销售渠道选择的因素有哪些?
4. 如何解决分销渠道的冲突问题?
5. 物流管理决策的主要内容是什么?

五、综合实训

案例分析 1　北京卡夫的渠道策划

中美合资北京卡夫食品公司是美国卡夫通用食品有限公司与北京华冠乳品公司合资兴建的。卡夫在京率先推出的新产品卡夫雪凝酸牛奶,采用独特的配方制作,非常吸引消费者。酸奶属于市场畅销品,零售量很大又不易久储,产销周期较短。所以要求有较短的流通时间,尽可能采取较短的营销渠道。根据这一特性,该公司采用以

下销售渠道以达到广泛分销目的。

(1)一阶渠道。公司设有专门针对零售商的销售代表,每人向约500个零售商开展业务,通过这一渠道销售的产品约占总销量的2/3。

(2)二阶渠道。即产品经过批发商、零售商到达消费者手中。公司以批发商为对象的销售代表,每人掌握约10个批发商,每个批发商分别联系的零售商数目为20~150个不等。公司要求自己的每个销售人员做到进柜台协助零售商开展销售及公关工作,并随时将批发商、零售商的反映及意见反馈回公司,以提供尽可能完善的服务。1996年5月,由于需求量大增,公司还赠送800台保鲜柜给京城各地的零售商,以保证产品质量。但公司发现其销售渠道也存在许多问题。

(1)某些零售商进货时索取回扣,否则就不进货或对外销售时态度消极,如将产品放到柜台下消费者看不到的地方。

(2)某些批发商为了控制更多零售商,私自降价,扰乱了市场。这实际上是少数批发商之间在争夺零售商,导致公司无法有效地对中间商进行控制,反而受制于某些批发商。

(3)中间商每天或隔天向公司进货,待每月底结清货款,但某些中间商仍拖欠货款,使公司资金周转困难。

据此,公司对销售渠道策略做了如下调整。

(1)卡夫公司的产品属当地产当地销的商品,生产者对批发商依赖较小。因此,公司决定不再给批发商以厚利,而以吸引零售商为重点。价格上给零售商以幅度较大的让利,建立现行出厂价2.00元/瓶,对批发商再让利10%即1.80元/瓶的价格制度,这样批发商只有10%的差价,有效地控制了其私自降价。

(2)在直接向消费者促销的同时,向中间商促销,对大量购货的批发商、零售商按比例免费提供一定数额的产品,用合法的销售折扣鼓励中间商经销。

(3)严格挑选批发商。与有实力、讲信誉的批发商建立良好的合作关系,对于好的批发商,公司提供储运条件加以扶持。

案例思考:

1. 结合本章内容的学习,联系实际,寻找目前市场上新型营销渠道,并加以分析对比。

2. 选择你熟悉的一家生产企业,试为其制定合适的分销渠道方案。

3. 如何理解"网络营销是对传统销售渠道的一次革命"这种说法?它的优势和在我国发展的前景如何?

4. 从案例提供的资料来看,你认为卡夫公司的渠道选择和调整策略是否正确?还应从哪些方面加强对中间商的激励和管理?

案例分析2 乐华彩电渠道革命

自2001年11月份以来，乐华电器大张旗鼓地铺设“一县一点”的销售网点，将分公司开到了各县市，在全国组成了30个分公司，上百个销售点。但是，这种做法导致摊子过大，公司运营成本急剧增加，利润锐减。为提高利润，公司对彩电执行高价政策后，这不但没有增加销售额反而使得原有彩电市场迅速萎缩。

2002年4月，乐华集团董事长吴少章召集乐华彩电所有管理层，包括各地分公司经理召开“闭门会”。吴认为，彩电业渠道变革已到了事关企业“生死存亡”的关头。因此，在进入5月份以来，“砍掉分公司，实行代理制”的改革在乐华正式启动，为了推行代理制，乐华砍掉旗下30多家分公司及办事处；同时，乐华对代理商也提出了较为严格的要求，即“必须现款现货”，目的就是为了迅速弥补损失，并且“现款现货”也可以解决以往彩电业头痛的库存难题，资金周转速度会加快，彩电营销费用也可以大幅度降低。但由此开始，乐华与渠道商的矛盾迅速激化。

早在2001年9月份，商场的乐华彩电就一直处于缺货状态。北京国美电器于2001年11月撤销了乐华彩电柜台，而与乐华合作关系最久的北京大中电器在2002年也撤销乐华彩电专拒，使销售处于停滞状态。另外，又因乐华彩电维修部门已人去楼空，彩电出现问题无人理睬，从而引发大量的顾客投诉电话，其所造成的影响不仅仅挫伤了原有的彩电市场，也使乐华的其他产品同样受到了连累。2002年夏季，广东大型家电连锁的某销售总监说：“假如说没有‘彩电变革风波’，乐华空调今年有可能卖到100万台，而实际上只卖到30万台。总结其销售下滑的原因，最主要的问题就是市场形象受到影响，其次就是售后服务还没跟上。”此次乐华彩电渠道变革最终以失败告终。

一、乐华变革之错

在彩电的微利时代，传统的庞大销售渠道已经成为企业最大的包袱，当企业不可能再通过降低人工和材料成本来提高利润的时候，最有可能的利润来源就是压缩原有成本比例较大的渠道费用；因此全面实行代理制从大方向上来看是正确的。但是，在目前商业资本尚不成熟的情况下，厂家“完全放手”必然会产生一定风险。乐华产品多以中低端电视为主，销售旺地也多在二三级城市市场，乐华一鼓作气地砍掉各地分公司的这种做法犹如砍掉了自己的手足，这种方式必然很难被商家接受，导致失败也在情理之中。分析各种原因总的看来是乐华忽视了一些根本性的问题。

1. 忽视了制造业和流通业的矛盾

制造业集中度高，规模大；而流通业比较分散，规模也比较小。在这样一个矛盾下，必然会造成想控制流通业比较困难的格局，因为流通时必须有强而有力的中间商、代理商；但是目前在中国这样的经销商数量还是太少了。这也就导致了中国的制造商需要自己来铺设渠道。明知道这样做要花费大量的人力、物力、财力，但却又不得不这样做。因此，乐华在这种现状下试图另辟蹊路，也不是件容易的事。

2. 提升了合作的难度

因为渠道是制造商和经销商处理关系的一个场所,这个场所就是谁的讨价还价能力强,谁就能占领主导地位。但是,在彩电市场的供求上,制造商没有讨价还价的能力,或者说比其他行业要弱一些。因此,在这种环境下,提出“现款现货”的要求,就等于制造商提高了讨价还价的筹码,经销商当然可以不买账。因此,合作不能够成功也是在情理之中。

3. 利益格局已转变

从原有分公司的渠道转向代理制,这里涉及利益格局的改变。从内部来看,对原有的分公司,尽管乐华是可以控制的,但在具体的操作过程中分公司是有自己独立利益的。因此,这种渠道改革,必然会引起内部人员的不满,以至部分高层人士在关键时期离职易位。从外部来看,对代理公司提出“现款现货”的要求,也是没有照顾到代理公司的利益,乐华的本意是希望把原来花在一些分公司上的钱和库存费用,返还给经销商,以提高经销商的积极性。但是,由于部分经销商已经形成了长期实行的赊销的习惯,而在付款取货后,就相当于把产品积压、占用资金的风险转嫁到了代理商身上,因此接受的难度也就大大加强。

4. 看不清自己的位置

乐华在去年销售看好的时候还只算是一个居于中上游的三线品牌,而在它这次变革时,提出几乎是一线品牌的企业才敢提的要求,是不是有点太看不清自己的位置,对自己的处境太乐观了。

二、乐华变革之需

从专业化的角度来看,这次乐华的渠道变革可以通过市场分工最大限度地降低市场成本,同时也可以很好地解决以往彩电业头痛的库存难题,资金周转速度会加快,费用也可以大幅度降低。从大方向上来看,这种想法是没有错的;但是从实际来看,乐华却把自己推到了危险境地,并且严重地影响了其品牌的生命力。通过乐华的这次事件,其他企业在进行变革时也许可以从中总结出一些经验。我们在此列举一二。

1. 从解决内部问题平稳过渡

从代理制这个角度来看,乐华在变革之初应该用充分的时间把准备工作做到位,再开始正式运作。因为,恶疾不是一天形成,治疗也不是“一刀切”换个销售渠道就可以把连带问题也一并解决掉。在实行全面代理制之前,乐华还存在着一个内部管理混乱的问题。所以,先解决了以往管理松散、贪污、人浮于事、销售链过长的现状后,再推出一种新的渠道模式,这样阵痛就会小得多。然后去与代理商沟通你的理念、设计成因和探讨未来渠道的方案,形成一个大家都能够接受的方案。其次,在比较有代表性的地区做改革试点,在此过程中发现问题,改变、完善方案,使改革于己于人都可以接受后再开始大规模地推广。第三,将原有的分公司体制平稳地转移到代理分销体系上。有几种方式可以尝试:①将分公司改造成一个独立的代理公司,乐华可以占一部分股份，产权的改造不触及经营体系的彻底转变，这样的转变可能比较稳妥些；②把原有的经销渠道转到现有的代理分公司里来，这样既提高了讨价还价的能力，又使代理商具备了现成的可以利用的渠道，这样会使风险降低。

2. 销售渠道需多元化发展

终端市场是个复杂、庞大的市场，不同的地域有不同的销售环境和接受方式，因此，这也就决定了多样化的销售渠道。所以，乐华在进行渠道变革时，为什么一定要给自己制定个框架，制定了唯一的一个代理制销售模式呢？

帕勒咨询有限公司董事罗清启先生认为，真正成熟的代理商在现阶段并不存在。所以，众多的更知名的家电厂商(如长虹、海尔等)都采用两条腿走路：一方面依靠传统的零售商进行销售；另一方面就是与国美、苏宁等新兴业态进行合作。如此比较，不难看出，还是两条腿走路较为稳妥一些。

(资料来源：http://www.icxo.com(2004—01—30))

案例思考：

1. 通过案例描述乐华彩电的市场定位。

2. 结合渠道策略，分析乐华彩电应选择怎样的渠道策略？

3. 在我国目前市场状态下，彩电行业应采用怎样的渠道结构？

【参考答案要点】

一、判断题

1. √　2. ×　3. ×　4. √　5. √　6. √　7. √　8. √　9. ×　10. √

二、单项选择题

1. A　2. B　3. C　4. D　5. C　6. B　7. D　8. B　9. A　10. B

三、多项选择题

1. CD　2. AB　3. AB　4. ABCD　5. AB　6. ABC　7. ABC　8. ABC　9. ABC　10. ABCD

四、简答题

1. 分销渠道又称销售渠道或配销通路，是指产品(服务)从生产者向消费者(用户)转移所经过的路线。根据流通环节的多少划分为直接渠道与间接渠道；根据产品从生产者到最终消费者(用户)的转移过程中所经历的中间环节的多少划分为长渠道与短渠道；根据分销渠道中每一中间环节上使用的同种类型中间商数目的多少划分有为宽渠道与窄渠道。

2. 中间商是指处于生产者与消费者之间，参与商品流通业务，促进买卖行为发生和实现的组织或个人。中间商的类型分：经销商和代理商、批发商与零售商。

3. 影响营销渠道选择的因素有：①市场因素；②产品因素；③企业自身因素；④

中间商因素;⑤经济形势及有关法规。

4.(1)化解高水平渠道冲突的积极对策有:①沟通,通过沟通使渠道成员之间相互理解、依赖乃至紧密合作;②激励,通过开展促销活动、资金资助,协助分销商搞好经营管理、提供情报、结成长期伙伴关系;③构建长期合作关系,如通过垂直市场营销系统使企业分销商长期结合在一起;④建立产销战略联盟,通过签订协议方式形成风险利益联盟体。

(2)化解高水平渠道冲突的消极对策有:①谈判;②调解;③仲裁;④法律手段;⑤清除渠道成员。

5.物流管理决策主要包括以下三方面:①商品的运输决策,包括运输方式、运输路线、发货批量;②商品的仓储决策,包括仓储地点、仓库类型、仓储设备;③商品的存货决策。

11

客户关系管理策略

学习目标与要求

- 理解客户关系管理的概念
- 掌握提高顾客忠诚度的方法
- 分析客户投诉的原因，掌握处理客户投诉的处理方法
- 了解客户流失的类型以及客户流失的原因
- 能够根据客户流失不同的情况分析对策，采取措施

近年来，客户关系管理成为营销人员的重要职责之一。通过参与对客户科学而有效的分析与管理，营销人员可以从中了解客户整体的销售状况及其发展动态，以对市场需求状况做出正确的判断，并采取相应的对策，真正实现以客户为中心的经营理念，提高企业销售业绩。

11.1 客户关系管理概述

11.1.1 客户关系管理的概念

客户关系管理（CRM，Customer Relationship Management），是指通过培养企业的最终客户、分销商和合作伙伴对本企业及其产品更积极的偏爱或偏好，留住他们并以此作为提升企业业绩的一种营销策略。CRM 的营销目的已经从以一定的成本取得新顾客转向想方设法地留住现有顾客，从取得市场份额转向取得顾客份额，从发展一种

短期的交易转向开发顾客的终生价值。总之,CRM 的目的是从顾客利益和公司利润两方面实现顾客关系的价值最大化。

CRM 首先是一种管理概念,其核心思想是将企业的客户(包括最终客户、分销商和合作伙伴)作为最重要的企业资源,通过完善的客户服务和深入的客户分析来满足客户的需要,保证实现客户的终生价值。

CRM 也是一种旨在改善企业和与客户之间关系的新型管理机制,它实施于企业的市场营销、销售、服务与技术支持等与客户相关的领域。通过向企业的销售、市场和客户服务的专业人员提供全面、个性化的客户资料,并强化跟踪服务、信息服务能力,使他们能够协同建立和维护一系列与客户和生意伙伴之间卓有成效的一对一关系,从而使企业得以提供更快捷和周到的优质服务,提高客户满意度,吸引和保持更多的客户,从而增加营业额。另外,通过信息共享和优化商业流程来有效地降低企业经营成本。CRM 的实施,要求以客户为中心来构架企业,完善对客户需求的快速反应的组织形式,规范以客户为核心的工作流程,建立客户驱动的产品、服务设计,进而培养客户的品牌忠诚度。

CRM 又是一种管理软件和技术,它将最佳的商业实践与数据挖掘、数据仓库、一对一营销、销售自动化以及其他信息技术紧密结合在一起,为企业的销售、客户服务和决策支持等领域提供一个业务自动化的解决方案,使企业有了一个基于电子商务的面对客户的系统,从而顺利实现由传统企业模式到以电子商务为基础的现代企业模式的转化。

11.1.2 客户关系管理系统设计的内容

CRM 的基本内容主要包括客户信息管理、联系人管理、时间管理、潜在客户管理、销售管理、电话销售、客户服务、电子商务等。企业的客户关系管理主要是围绕着上述几个方面来展开的。具体内容简要介绍如下。

1. 客户信息管理

客户信息管理包括客户基本信息、与此客户相关的基本活动和活动历史、联系人的选择、订单的输入和跟踪、建议书和销售合同的生成、客户的分类、客户信用限度的分析与确定等。

2. 联系人管理

联系人管理包括联系人概况的记录、存储和检索;跟踪与客户的联系,如时间、类型、简单的描述、任务等,并可以把相关的文件作为附件;客户的内部机构的设置概况等。

3. 时间管理

时间管理包括设计约见、活动计划;进行事件安排,如会议、电话、电子邮件、传真;备忘录;进行团队事件安排;查看团队中其他人的安排,以免发生冲突;把事件的安排通知相关的人;任务表;预告/提示;记事本;电子邮件等。

4. 潜在客户管理

潜在客户管理包括业务线索的记录、升级和分配;销售机会的升级和分配;潜在客户的跟踪。

5. 销售管理

销售管理包括销售管理组织和浏览销售信息,如具体客户、业务描述、联系人、销售时间、销售阶段、营业额、可能结束时间等;产生各销售业务的阶段报告,并给出业务所处阶段、成功的可能性、历史销售状况评价等信息;对销售业务给出战术、策略上的支持;对地域(省市、邮编、地区、行业、相关客户、联系人等)进行维护;把销售员归入某一地域并授权;地域的重新设置;根据利润、领域、优先级、时间、状态等标准,用户可定制关于将要进行的活动、业务、客户、联系人、约见等方面的报告;销售费用管理;销售佣金管理;应收账款管理。

6. 电话销售

电话销售管理包括电话本、电话列表管理,并把它们与客户、联系人和业务建立关联。把电话号码分配到销售员,记录电话细节、电话内容草稿、电话录音、电话统计和报告、自动拨号并安排回电。

7. 客户服务

客户服务管理包括服务项目的安排、调度和重新分配;事件的升级;跟踪与某一业务相关的事件;事件报告;服务协议和合同;订单管理和跟踪;问题及其解决方法的数据库。

8. 呼叫中心

呼叫中心管理包括呼入呼出电话的处理;互联网回呼;呼叫中心运行管理;电话转移;路径选择;报表统计分析;通过传真、电话、电子邮件、打印机等自动进行资料发送;呼入呼出调度管理;客户投诉管理。

9. 电子商务

电子商务管理包括个性化界面、服务的设置;网站内容管理;店面订单和业务处理;销售空间拓展;客户自助服务;网站运行情况的分析和报告。

11.1.3 客户关系管理的意义

如何评价客户关系管理及相关系统的作用,确实十分困难。一套真正有价值的CRM应用系统,既然是先进的经营管理理念和AT技术相结合的产物,就会通过对企业竞争实力的补充和增强,为企业增加新的利润点——它自身的成功实践将会是其价值的最有力说明,因此所做出的评价最好是多谈效果,少提价值。

1. 整合企业资源

随着市场竞争的愈演愈烈,传统的静态平面企业管理系统越来越难以胜任对动态客户渠道和关系的管理,Internet催生的CRM系统给企业带来了经营管理方式上的重大变革。它的作用首先体现在整合企业资源体系方面。

因为一套完整的CRM系统在企业资源配置体系中是承前启后的。向前,它可以朝企业的全面渠道各方向伸展，既可以综合传统的电话中心、客户机构，还可以结合企业门户网站、网络销售、网上客户服务等电子商务内容，构架“动态”的企业前端；向后，它能逐步渗透至生产、设计、物流配送和人力资源等部门，整合 ERP、SCM 等系统，使企业的信息和资源流在网络经济的“E 化商业”模式中高效顺畅地运行。

CRM 方案在实施过程中，企业、产品提供商或咨询厂商需要详细规划和分析企业自身的具体业务流程的资源体系。通过广泛地征求雇员意见，了解他们对销售过程的理解；争取企业高层管理人员的积极参与，对整个业务过程做出全面考察，消除不必要的步骤；然后从业务和销售人员的角度出发，确定对其有益的及所希望使用的系统功能：支持销售管理人员的市场预测、销售渠道管理等工作，和销售人员的销售额控制、销售建议、产品目录以及客户历史资料提供等工作；能够对各种销售、服务活动进行追踪，记录员工与客户的交往，帮助企业比较全面地了解客户，并根据客户需求进行交易；系统用户可不受地域限制，随时随地地访问企业的业务处理系统，获得客户信息：还能够从不同角度提供成本、利润、生产率以及风险分析等信息，并对客户、产品、职能部门和地理区域等进行多维分析。采用 CRM 系统解决方案，可以整合企业的全部资源，用以创建成熟的、综合的商业过程，这一点已经为众多具有远见的领先企业实施 CRM 技术方案在自身内部产生的巨大变化所证实。

可以肯定，如果应用得当，CRM 为企业带来的令人激动的好处，首先将主要体现在整合了企业的全部业务环节和资源体系，带来了企业运营效率的全面提高，实现企业范围内的信息共享，使得业务处理流程的自动化程度和员工的工作能力大大提高，企业的运营更为顺畅，资源配置更为有效。

2. 促进市场增值

企业应用 CRM 系统，能够对其市场活动进行规划、评估、全方位透视，并定量地评价市场活动的效果；提供电话、传真、网络等多种渠道，让客户选择自己喜欢的方式与企业建立联系，实现双方的及时沟通，可以提升客户满意度；同时整合了各种联系渠道，实现信息的共享，企业员工之间、与客户之间的沟通更为便捷；企业还能拥有对市场活动、销售活动、服务活动的分析能力，对客户互动信息的搜集和加工以及产生的客户智能可以帮助企业拓展业务模式，扩大经营活动范围，及时把握新的市场机会。

CRM 的作用还极为明显地体现在，它不仅能很好地促进企业和客户之间的交流，协调企业不同部门的客户服务资源，对客户做出最及时的反应，而且拓展了开发新客户的渠道，在 CRM 的支持下客户关系将贯穿客户的整个生命周期。通过对客户资料的管理和挖掘，能够根据客户特定的需求为他们量身定做产品和服务，能真正做到“以客户为中心”，从而赢得客户的“忠诚”。客户关系管理系统在企业外部市场上的作用，可以归纳为：第一，客户的满意度得到提高，保留了更多的老客户，吸引了新客户；第二，扩大企业经营活动的范围，及时把握新的市场机会，占领更多的市场份额。

一句话，CRM的应用优化了企业的市场增值链条，既使原本“各自为战”的销售人员、市场推广人员、服务人员、售后维修人员等开始真正围绕市场需求协调合作，为满足“客户需求”这一中心要旨组成了强大团队，又提供了一个使企业各业务部门可共享信息和自动化的工作平台，使企业可以在所有的业务环节更好地满足客户需求和降低运营成本，从而达到保留现有客户和发掘潜在客户并提高企业盈利的目的；而对企业后台的财务、生产、采购和储运等部门而言，CRM又成为反映客户需求、市场分布、产品销售状况等信息的重要来源。

3. 先进企业竞争制胜的法宝

客户关系管理系统的运用，可以整合企业的资源，优化企业的市场链条，其成果经得起销售额、用户满意度、用户忠诚度、市场份额等“硬指标”的检测，为企业新增的价值是看得见、摸得着的。它为企业直接增加的价值主要体现在以下方面。

(1)通过对用户信息资源的整合，帮助企业捕捉、跟踪、利用所有的客户信息在全公司内部达到资源共享，从而使其更好地管理销售、服务和客户资源，为客户提供更快速周到的优质服务，吸引和保持更多的客户。

(2)通过对业务流程的重新设计，更有效地管理客户关系。不断扩展销售和服务体系，与企业资源规划结合以改善产品的发布和生产周期，以使企业在适当的时间，针对适当的客户，推出适当的产品；企业通过CRM还可进一步降低生产和销售成本；CRM还提供了丰富数据和智能化的分析，成为企业进行决策和经营活动的科学依据。

(3)总的来说，CRM给企业带来Internet时代生存和发展的管理制度和技术手段，成为企业成功实现电子商务的基础，能帮助企业顺利实现由传统企业模式到以电子商务为基础的现代企业模式的转化。

客户关系管理解决方案的出现，清楚地表明了处于市场领导地位的先进企业是如何接受CRM这一概念和与其相关的技术方案的历程。一些渴望实现“在线飞行”的企业已朝着这个方向建设客户关系管理系统，以实现面向客户的综合商业过程。因此有充足的理由相信，CRM将成为先进企业“在线飞行”、竞争制胜的法宝——在为企业带来更先进的经营理念的同时，为它们创造更加光明的未来。如联邦快递公司是美国物流行业的领先企业，也是世界物流和配送业的主导型企业。其业务范围不仅包括各种针对一般客户的快递业务，更包括与多家企业合作，担负其物流配送的工作，比如联邦快递为惠普公司的打印机提供库存和配送，为以主销闻名的戴尔公司提供在接到顾客的订单后供应物料、组装、配送等业务。

联邦快递的业务迅速发展与其一贯秉持的客户为重的战略，同客户建立良好的互动关系是分不开的。在联邦快递看来，虽然公司的一个客户一个月只带来1 500美元的收入，但是如果着眼于将来的话，假如客户的生命周期是10年，那么这个客户可以为公司带来的1 500 × 12 × 10 = 360 000美元的收入。如果再考虑到口碑效应，一个满意的、愿意和公司建立长期稳定关系的客户给公司带来的收益还要更多。因此，联邦快递加强与所有客户的互动和信息交流，联邦快递的所有顾客都可通过其网站www.fedex.com同步追踪货物的状况。网站的在线交易软件BusinessLink可协助客户整合线上交易的所有环节，从订货到收款、开票、库存管理一直到将货物交到收货人手中。此外，联邦快递还特别强调针对顾客的特定需求如生产线地点、办公地点等等，与顾客配合一起制定配送方案。这种以客户为中心的高附加值的服务主要有：提供整合式维修运送服务；扮演客户的零件或备料仓库；协助顾客简化、合并业务流程。联邦快递提供的这些服务，与它利用的先进客户信息和服务系统以及全体员工客户至上的理念和努力是分不开的。

联邦快递实施客户关系管理的最突出特点在于，它强调了全体员工树立客户至上的理念，认识到员工在客户关系中扮演的重要角色，认识到了良好的客户关系不是单靠技术就能实现的，从而突出地强调员工的主观能动性。联邦快递主要通过以下三个方面的措施鼓励和管理员工努力提高客户的满意度。首先是建立呼叫中心，听取来自客户的意见和需求，比如在联邦快递的台湾分公司，700名员工中有80人在呼叫中心工作，其主要任务除了接听来自客户的询问电话外，还包括主动打电话与客户联系、收集客户信息等。联邦快递为保证与客户接触的一线员工的素质和他们能给客户留下良好的印象，对员工进行了严格的培训。呼叫中心中的员工要先经一个月的课堂培训，再接受两个月的操作训练，学习与顾客打交道的技巧，考核合格后，才能正式参加工作、接听和回应客户的来电。其次是着力提高一线员工的素质。仍以联邦快递台湾分公司为例，为保证与客户接触的运务员符合企业形象和服务要求，联邦快递在招收新员工时要进行心理和性格测验；对新进的员工入门培训中进行深刻的企业文化灌输，先接受两周的课堂训练，接下是服务站的训练，然后让正式的运务员带半个月，最后才独立作业。再次联邦快递还采取了有效的激励和奖励机制并鼓励员工与客户建立良好的关系。联邦快递认为只有善待员工，才能让员工热爱工作，不仅做好自己的工作，而且主动为客户提供服务。所有这些措施都保证了在客户面前，联邦快递的所有员工，从话务员、运务员到经理都体现出较高的整体素质和以客户为中心的企业理念。

4. 培育核心竞争力

(1)新经济时代，以往代表企业竞争优势的企业规模、固定资本、销售渠道和人员队伍已不再是企业在竞争中处于领先地位的决定因素。由于新竞争对手和新机遇不断涌现，企业必须创造出新的结构以适应变化需求。依赖于客户生存的企业必须学会如何对待具有不同背景的客户，并借助相关系统满足客户的需求，加强对客户的吸引力。客户关系管理不仅将帮助企业在管理客户关系方面表现更佳，而且将帮助企业更快更好地打造核心竞争力。

(2)经济全球化和电子商务的发展广泛而深入地改变着所有企业业务运作和管理方式，这使得企业核心竞争力的某些构成要素在形式和内容上将发生变化。由于企业竞争的基础和竞争优势的本质已经发生了变化，这主要是因为信息时代使地理和环境不再具有以往的意义，规模和权力也不再能确保市场份额，技术发展和全球化趋势减弱消除了许多过去曾妨碍经济增长的障碍。企业与客户都可以在全球范围内建立彼此之间以及与各类信息之间的连接，这不仅使客户可以寻找到能够满足其需求的最佳服务供应商，而且消除了现存市场上固有的进退壁垒。一句话，企业在市场中获胜所需的要素组合，例如资源、人力、资本、信息等可以很快被竞争对手复制。所以，企业的核心竞争力成为企业竞争制胜的唯一特有优势，而其中企业全面掌握的客户信息、对客户需求的了解以及良好的客户关系本身，在核心竞争力体系中的地位就更加突出。

(3)CRM的出现，使企业真正能够全面观察其外部的客户资源，并使企业的管理全面走向信息化，从而促使企业全面地关注其核心竞争力的打造。企业想在瞬息万变的市场环境中立于不败之地，就必须依托现代化的管理思想和管理手段，有效地对企业的内部资源和外部资源进行整合。以CRM为代表的先进计算机管理系统管理软件在企业的内部资源整合和外部资源的整合中，将不仅改变企业的管理和运营模式，也直接地影响到企业竞争能力。CRM的出现体现了两个重要的管理趋势的转变。①企业从以产品为中心的模式向以客户为中心的模式的转移。这是有着深刻的时代背景的，那就是随着各种现代生产管理和现代生产技术的发展，产品的差别越来越难以区分，产品同质化的趋势越来越明显，因此，通过产品差别来细分市场从而创造企业的竞争优势也就变得越来越困难。②CRM的出现还表明了企业管理的视角从“内视型”向“外视型”的转换。众所周知，Internet的发展和经济全球化、国际化的趋势下，企业之间几乎变成了面对面的竞争，企业仅依靠“内视型”的管理模式已难以适应激烈的竞争，因此必须转换自己的视角“外向型”地整合自己的资源。正因如此，CRM将促进企业建设自身核心竞争力的速度和深度。

(4)企业通过CRM系统实施形成的统一的客户联系渠道和全面的客户服务能力，将同样成为企业核心竞争力的重要组成。企业细心了解客户的需求、专注于建立长期的客户关系，并通过在全机构范围内实施“以客户为中心”战略来强化这一关系，通过统一的客户联系渠道为客户提供比竞争对手更好的客户服务，这种基于客户关系和客户服务的核心竞争力因素，都将在市场和绩效中得到充分的体现。优质的服务可以促使客户回头购买更多的产品或服务，企业整个业务也将从每位客户未来不断的采购中获益。

(5)CRM系统将为企业创造出先进的客户智能和决策支持能力，这为打造企业核心竞争力中的战略决策能力和总体的规划都将起到重要的保障和促进作用。CRM能够使企业跨越系统功能和不同的业务范围，把营销、销售、服务活动的执行、评估、调整等与相关的客户满意度、忠诚度、客户收益等密切联系起来，提高了企业整体的营销、销售和业务活动的有效性；同时对客户信息和数据进行有效的分析，为企业决策提供分析和支持，这将从根本上总体保障企业投入足够而适当的资源建设其核心竞争力。

(6)CRM 系统还将保证企业核心竞争力的持续提高。因为 CRM 在功能方面实现了销售、营销、服务、电子商务和呼叫中心等应用的集成,其目标是持续提高企业的运营和管理的先进性、自动化水平。CRM 系统自身具有能动的持续进步的能力,将保证企业不断根据其资源状况和市场竞争情况,调整竞争战略、突出产品或技术优势,在拥有良好而稳定的长期客户关系的基础上获得不断的市场成功。这些能力对于企业核心竞争力中的相关构成要素将起到持续的推动和促进作用。

(7)CRM 将创建企业基于互联网络的管理应用框架,使企业完全适应在电子商务时代的生存和发展,那么它也将推动企业在 Internet 环境下打造自身的核心竞争力。企业只有通过全面的改革和 CRM 实施应用,才能具备在 Internet 环境下适应变化、不断创新、不断超越的能力,这也正是 Internet 和网络经济赋予企业核心竞争力的新含义。如英国的 Capital One 财务公司于 1994 年从 Signet 金融公司中分离了出来,当时只是一家很小的金融公司,但现在它已位列美国 10 大信用卡发行商的行列中,拥有 1 670 万个客户和 174 亿美元的总余额。Capital One 成功的秘诀,就在于它充分利用了先进的信息技术和管理系统来开展所谓的"知识竞争"。Capital One 的 CRM 系统的成功运行,为它培育了强大的核心竞争力,从而奠定了坚实的成功基础。

Capital One 的电话中心每周要接听百万次以上的电话,客户来电询问的问题从信用卡的余额到为什么他们的利率猛增,各类问题纷繁复杂。处理这些事宜的不仅仅是电话中心的工作人员,还有功能极其强大的 CRM 系统。从一个客户的电话被接入的那一刻开始,运行着 CRM 的庞大的计算机系统就开始工作,这些计算机中装载着七分之一美国家庭的各种资料及数以百万计的公司客户的全面数据。通过这个庞大的数据库,CRM 系统能够辨认是谁来的电话并预测来电话的原因。然后当电话转给适当的工作人员后,CRM 系统会为接电话的工作人员提供一些客户的相关资料及有关问题的回答方法,它可以根据情况选择最优选项,也会提供一些选项供工作人员选择。在一定程度上,CRM 系统甚至还可以预测来电的客户需要什么,当来电的要求处理完毕后,就可以通知销售人员前去推销。当这一次通话完毕,客户所带来的信息又被 CRM 系统分析处理后存储起来,作为今后 CRM 客户智能的资料。所有这一切,都是 CRM 在极少的人工干预下自动完成的。

Capital One 公司的 CRM 系统所做的并不仅仅限于以上工作,它的一项更为重要的任务是利用所获得的大量客户信息,对公司的新产品——各种新类型的信用卡进行智能化的分析和测试。换句话说,CRM 帮助 Capital One 用科学的方法设计信用卡。它所带来的成果是惊人的,仅去年一年,Capital One 公司关于新产品、新广告策略、新兴市场和新兴商业模式等的测试就达 28 000 次,这使公司得以在正确的时间、以正确的价格、向正确的客户销售正确的产品。Capital One 公司总共提供 6 000 种的信用卡,每一种的期限、要求和利益都略有差别。这正是 Capital One 公司实施 CRM 后改进产品设计和提供的结果。

因此对 Capital One 公司来讲，CRM 系统的实施，伴随着从根本上改革其管理的方式和业务流程，实现了核心竞争力的重新构筑，也伴随着更为飞速的发展和巨大的成功。

11.2 培养顾客忠诚度

顾客服务的目标是通过对顾客的关怀，为顾客提供满意的产品和服务，满足顾客的个性化需求，在与顾客的良好互动关系中培养顾客的忠诚度。

11.2.1 确定顾客服务的内容

顾客服务的方式多种多样，内容也很丰富，依照不同的划分标准可以对顾客服务进行不同的分类。在这里主要按照时间顺序，把顾客服务划分为售前服务、售中服务和售后服务。

11.2.1.1 售前服务

售前服务是指在销售商品之前为顾客所提供的服务。主要是充分研究分析顾客的心理，用各种服务方式激发顾客的购买欲望，是企业销售任务的重要环节。主要内容包括：

(1)进行市场调研活动，了解顾客的需要，并据此组织生产和经营活动，以最大限度地满足顾客的需求；

(2)进行广告宣传，将产品的质量、性能、用途等以广告宣传的形式通过媒体传达给顾客，向顾客介绍并说明产品的特点，激发顾客的兴趣，引起顾客的关注；

(3)多种形式为顾客提供有关商品的信息咨询，提供样品或产品说明书，使顾客充分了解产品的功能及使用方法等，以此来赢得顾客的信赖，从而促成购买行为的产生；

(4)接受电话订货，或提供邮购服务；

(5)开设技术培训班，帮助顾客掌握有关的技术资料和方法，增强顾客的购买信息；

(6)布置销售场所，为顾客提供良好舒适的购物环境；

(7)为顾客提供有关的配套加工服务；

(8)合理安排营业时间。

11.2.1.2 售中服务

售中服务是指在销售过程中所提供的服务。主要内容包括：

(1)销售人员以良好的态度招待顾客，使顾客心情舒畅；

(2)热情周到地为顾客介绍商品的性能、质量、用途、保养知识等，帮助顾客充分了解商品的特点；

(3)为顾客在同类商品之间做比较，使顾客明确各产品的优点和缺点，以便进行选择；

(4)耐心地解答顾客提出的疑难问题；

(5)为顾客做现场的操作示范、表演或请顾客当场试用，亲身感受商品的特点；

(6)针对不同顾客的特殊要求，为其推荐商品，做好顾客的参谋；

(7)为美观或便于携带，替顾客包装商品；

(8)为顾客代办各种购买手续、合同和托运等，使顾客高兴而来，满意而归。

11.2.1.3 售后服务

售后服务是指在商品出售以后所提供的服务。售后服务既是一种促销的手段，又是扩大企业影响、树立企业形象的良好方法，必须予以足够的重视。售后服务的主要内容包括：

(1)提供设备的安装、调试服务；

(2)保证设备的正常运行；

(3)提供送货上门服务，解决顾客在技术上遇到的难题；

(4)在商品操作方法比较难以掌握的情况下，为顾客提供专门的培训；

(5)及时提供零件和备用件，保证货源充足；

(6)建立维修网络并提供巡回检修服务；

(7)建立顾客指导制度，跟踪商品的使用和维修情况；

(8)实行“三包”服务制，即包修、包换和包退。

11.2.2 评估顾客满意度

企业可以借助于调查问卷每半年或一年进行一次客户满意度调查：根据企业的规模确定问卷发放量，以重要性为权重计算出满意度综合得分。为使调查更有效，问卷设计应做到：使被调查者容易得到答案；使之容易回答；便于统计处理；问卷不宜太长，问题不应重复，最适合的长度是 20～30 个问题。

顾客对服务质量的满意度是一种非财务的评估方法，它是营销绩效非财务衡量的一个重要内容。研究人员发现，有 9 个因素在衡量服务质量方面起着关键作用。

(1)信赖感。指固定的行为准则和令人信任的感觉。这表示：企业第一次就能很好地提供服务，也指企业兑现自己的承诺，它包括：开发票时的高度准确、正确地做记录、按指定时间提供服务。

(2)责任感。包括雇员乐于向顾客提供服务的意愿，它包括与顾客接触的职员的知识和技能、公司经营人员所具备的知识和技能、机构的研究水平。

(3)可接近性。包括便捷利用服务的程度及易于接触性举措。具体为：①通过打电话可以容易地获得服务，如电话不占线和电话接通后不让顾客等候太长时间；②为了接受服务而等候的时间不会太长；③合适的、方便的经营时间的安排；④服务设施所处地点的适当安排。

(4)礼节。包括与顾客接触的雇员的礼貌，尊重别人及对顾客的友善态度。具体为：①考虑到保护顾客的财产，如在顾客家中，不能因雇员穿的鞋弄脏顾客的地毯；②与顾客交往接触的公关人员的整洁的仪表。

(5)交流。指用顾客能够听懂的语言来向顾客传达信息,也指公司要对不同的顾客使用不同的语言表达方式,让各种层次的顾客都满意。它具体包括:①讲解公司的服务;②顾客为得到服务而急需支付的费用;③说明服务与费用之间的交易细节;④向顾客说明公司能解决合作中出现的问题。

(6)信赖感。指公司值得信赖的程度。公司诚实能使消费者极感兴趣。有助于消费者信任公司的因素有:①公司名称;②公司信誉;③与顾客接触的雇员的自身特点;④公司与顾客交往过程中的销售努力程度。

(7)保障。使顾客免遭危险、风险及不使顾客有任何疑惑。它包括:①人身安全。如我会被自动出纳欺骗吗?②金融证券。如公司关注我的股权证明在哪儿吗?③保密度。如我与公司的交易当做我个人的私事,应采取保密。

(8)理解、了解顾客。包括努力了解顾客的需要,它是指:①了解顾客的特殊要求;②表示对每个顾客的关注;③熟悉经常光临的顾客。

(9)有形资产。也包括有形服务,主要指:①实物投资;②雇员的外表;③提供服务的工具设备;④享用服务设施的其他顾客。

另外,员工满意度与客户满意度有很大关系。研究结果表明:员工满意度提高5%,会连带提升1.3%的客户满意度,同时也提高0.5%的企业业绩,也就是说,重视提高员工满意度,最终可以给企业带来收益。内部员工满意度反映了企业的士气、向心力和团队精神,是外部客户满意的动力。根据马斯洛的需求层次理论,企业可以建立内部员工满意度指标体系,包括以下内容:①生理——薪资待遇、医疗保健、工作时间、福利保障、工作环境;②安全——就业保障、退休养老保障、健康保障、意外保险、劳动防护;社交——上下级间沟通、团体活动、娱乐、教育训练、同事关系;③尊重——薪水等级、晋升机会、奖励、参与、企业形象认同感与骄傲感、自豪感;④自我实现——参与决策、工作挑战性、发挥个人特长等。员工满意度可利用问卷进行调查,选择问卷涵盖的议题前,应确定调查的目的,并与员工沟通,深入了解他们所关心的话题,然后有针对性地设计问卷。员工满意度调查至少一年进行一次,定期做调查可以对比出改进效果,从而提高工作业绩。

11.3 客户投诉的处理

11.3.1 正确对待客户的不满和抱怨

11.3.1.1 分析客户抱怨的原因

客户不满就是客户因自己的期望没有得到满足时的一种心理上和行动上的反应,通常表现在产生抱怨和提出异议两个方面。

抱怨是客户对自己的期望没有得到满足的一种表述。由于市场竞争日趋激烈,顾客面前有多种选择,所以会变得越来越挑剔。正因为人的欲望永无止境,顾客要求物更美、价更廉、服务更完善,然而商品的改进和服务的范围毕竟是有限的,因此顾客产生不满情绪便成为自然而然的现象了。对企业来说，客户抱怨是一个弥补服务或产品欠佳带来的损失、挽回不满意的顾客的机会，抱怨可以称得上是客户送给企业的一份礼物，企业只需小心地打开这个特殊的礼包，再看看里面有些什么，便能从中获益。

1. 提供的产品不良

提供的产品不良，一般可以从制造商的制造责任、经营者的管理责任和消费者自身的责任加以追究。

从顾客的角度来说，零售商遭受他们抱怨、异议等任何形式的不满都是正常的。如罐装酸奶中出现异物时，零售业者并非全然没有责任。以往在遭遇这种问题时，零售商通常站在消费者这一边，共同谴责制造商。但是，最近的趋势已不再如此，因为卖方同样有监督商品的责任。假如卖方引进了次品而不知道，将这些次品出售，对一个零售店来说，根本无法免除遭受批评的责任。

此外像食物这种贮存条件要求很高的商品，就更需要零售商严格的质量管理。所以，商品质量存在问题，不仅制造商要负责，零售店也必须负起相当的责任。我们在超级市场买到的生鲜食品，经常会有标示期限过期或不新鲜的情况产生，这些都可以认为是零售业者的责任。还有饭店或酒店的鲜度管理以及色香味的管理，也属于这个范围之内。商品的品质标示、使用上的注意标示，通常是制造商贴在商品上的，零售商在引进这些商品时应该先加以确认。商品污损、破裂，可以归咎于推销员没有详加检查、陈列时管理不当、出售时检查有疏忽等。所以，这些都可以说是零售商的责任。

最后，如果因消费者使用不当而使商品破损的责任，按理说应由消费者承担，但成功的经营者应主动向消费者详细介绍产品的使用方法，并力争让顾客了解和掌握。如果某些经营场所在售货时对产品有关知识不详而导致商品出现问题，商店也应负有一定的责任。

由以上的例子来看，次品的出现绝大多数都应当归咎于零售商没有在进货、陈列、出售时加强商品的管理，以至于使顾客产生不满。因此，为了不使顾客买到次品，在售出商品之前，应当对商品进行仔细地检查，以确保产品质量符合顾客的要求。事实上，顾客一旦产生了不满，要想重新建立值得信任的形象并不是简单的事，需要许多时间、金钱和精力才可能改变。

2. 提供的服务不佳

这里所说的“服务”是指招徕顾客的“服务方式”。企业销售出去的商品属于硬件物质，而“服务”是软件的“精神商品”，服务的好坏是影响顾客满意与否的关键因素。

(1)应对不得体。顾客对零售商的服务有所不满大多数是营业员在应对上不得体而产生的。如缺乏语言技巧，不会打招呼，也不懂得回话，说话没有礼貌，说话口气生硬等。

(2)态度不好。如不管顾客的反应，一味地说明；只顾自己聊天，不理会顾客；紧跟在顾客身后，唠叨地怂恿顾客购买；顾客不买时，马上板起面孔，不理会顾客或强迫顾客购买；不愿意将展柜中陈列的精美商品拿出来供顾客挑选；瞧不起顾客，言语中流露出蔑视的口气，尤其是当那些衣着寒酸的顾客在挑选商品的过程中表现出犹豫不决或试图压低价格时，营业员便以“买不起别买”之类的话来羞辱顾客；表示对顾客的怀疑；对顾客挑选商品表现出不耐烦，甚至冷嘲热讽等。

(3)员工自身的不良行为。如营业员在工作时抱怨不满现在的工作环境、待遇等；对其他顾客评价、议论；衣着不整，奇装异服，浓妆艳抹，纪律性差；营业员之间不合，发生争吵，互相拆台等。

(4)说明不足。商品的使用说明不够详细，用了没多久就坏了；说明不实，以至于买错了商品。

(5)金钱上的疏忽。少找了零钱给顾客；算错账，向顾客多要了钱。

(6)礼品包装不当。忘了撕下价格标签，使客人丢脸；弄错了贺卡。

(7)不遵守双方的约定。顾客依照约定的日期前来提货，却发现商品还没有订购；顾客要求把裤子裁短，可是过了一星期却还没有弄好。

(8)运送不当招致抱怨。货物送得太迟、送错地方、使商品污损等。

(9)商品标示与内容不符。标签上标示着红色的毛巾，回家拆开才发现里面装的是蓝色的毛巾；买了5个，却发现里面只有4个，等等。

3. 使用新产品、新材料不当引起的不满

我们经常听到的，也是很难解决的不满就是新型衣料的保管和清洗。如现在流行用金银丝掺和在衣料中来增加亮丽的感觉，但是此种衣料和其他布料混合在一起洗涤就会失去光泽，而且用普通洗衣粉还会褪色，因此给顾客造成了许多不便。

目前由于新材料以及纤维的种类不断增加，在洗涤上产生的问题也越来越多。因此，出售这些新商品时，员工应该事先了解商品的特性以及使用方法、保存方法、洗涤方法，然后详细地说明，让顾客了解，这样才不至于产生太多问题。

11.3.1.2 客户抱怨是企业建立客户忠诚的契机

不要认为没有客户抱怨就没有不满意的客户，实际上也可能出现顾客与其向企业抱怨，还不如离开，减少和避免再次打交道的情形。通常一个客户的抱怨，代表着另外25个没有向企业抱怨的客户的心声。有研究表明，提出抱怨的客户，若问题得到圆满解决，其忠诚度会比从来没有抱怨的客户高。员工解决问题的友好态度，会让客户有依赖感，为未来的合作奠定基础。如麦肯锡公司对客户抱怨所做的统计数字：有了大问题但没有抱怨的顾客，有再度惠顾意愿的占9%；有了大问题会抱怨的顾客，不管结果如何，愿意再度惠顾的占19%；抱怨并获得圆满解决的顾客，有再度惠顾意愿的占54%；抱怨并快速获得圆满解决的顾客，有再度惠顾意愿的占82%。

由此可见，顾客有抱怨是至关重要的，所谓没有消息就是坏消息，与顾客关系淡漠的一个信号就是顾客不再抱怨了。没有人是永远满意的，尤其是一段时间后，顾客要不是有话直说，就是再也联系不到了。

对企业来说，有顾客抱怨，说明企业还是被市场关注的。正确对待和解决好顾客的难题是企业生存和发展的关键。顾客是市场竞争中的“法官”，顾客可以决定企业的存亡，所以，顾客的意见和脸色就是企业经营的准绳。因为顾客不满的原因正是企业问题所在，如果及时解决了企业中存在的问题，完善了工作方法，使顾客从不满意转变为满意，就不会失去原来的顾客，长久地积累这些顾客，便成为企业的忠诚的顾客群。如果员工对顾客的不满置之不理或污言恶语，伤害了顾客就等于减少自己的市场，没有顾客也就没有不满，工作中的问题也就无所谓解决不解决，不被市场关注就意味企业被“判了死刑”。员工的表现就是企业的广告，员工是企业的化身，每一个员工接触每一个顾客，每一个顾客都有一份感觉，有“不满意”的存在是企业成长中的必然因素，顾客对企业的批评、指责是企业“治病”的“良药”。这样，企业就能逐步完善自身的制度和措施并健康成长和壮大，顾客也会更多。

11.3.2 客户抱怨与投诉的处理

11.3.2.1 巧妙处理客户抱怨的策略

客户与企业的沟通中，因为存在沟通的障碍而产生误解，即使如此，也决不能与客户进行争辩。当客户抱怨时，往往有情绪，与客户争辩只会使事情变得更加复杂，使客户更加情绪化，导致事情恶化，结果是赢得了争辩，却失去了客户与生意。在坚持上述原则的基础上，应学习一些处理客户抱怨的策略。

1. 对客户的抱怨要有足够的重视

当客户投诉或抱怨时，不要忽略任何一个问题，这可能说明一些深层次的原因。重视客户的抱怨，不仅可以增进企业与客户之间的沟通，而且可以诊断企业内部经营与管理所存在的问题，可利用客户的投诉与抱怨来发现企业需要改进的领域。

2. 分析抱怨的原因

客户因为不同的原因而产生抱怨，处理客户抱怨时，首先应仔细地分析客户产生抱怨的原因。如一个客户在某商场购物，对于他购买的产品基本满意，但他发现了一个小的问题，提出来替换，而售货员不大礼貌地拒绝了他，这时他开始抱怨，投诉产品质量。事实上，他的抱怨中，更多的是售货员服务态度问题，而不是产品质量问题。

3. 及时解决问题

对于客户的抱怨应该及时地处理，拖延时间只会使顾客的抱怨变得越来越强烈，使得客户感到自己没有受到足够的重视。如客户抱怨产品质量不好，企业通过调查研究，发现主要原因在于客户的使用不当，这时应及时告知客户维修产品，告诉客户正确的使用方法，而不能简单地认为与企业无关，不加以理睬，虽然企业没有责任，这样也会失去客户；如果经过调查，发现产品确实存在问题，应该给予赔偿，尽快告诉客户处理的结果。

4. 做好客户情况记录

对于客户的抱怨与解决情况要做好记录，并且企业应定期总结，发现在处理客户抱怨中存在的问题：对产品质量问题，应该及时通知生产方；对服务态度与技巧问题，应该向管理部门提出,加强教育与培训。这种记录不是在商场简单登记,而是作为系统管理的一个部分。

11.3.2.2 有效处理客户抱怨的技巧

企业的员工在处理客户抱怨时,除了依据客户处理的一般程序外,要注意与客户的沟通,改善与客户的关系。掌握一些技巧,有利于减少与客户之间的隔阂,赢得客户的谅解。

1. 以不变应万变的技巧

对于顾客的抱怨,员工最好以不变应万变,始终保持一种平和的心态,做到你气我不气,你恼我不恼,心静如水,以柔克刚。顾客抱怨时常常带有情绪,比较冲动,作为员工应该体谅顾客的心情,以平常心对待顾客的过激行为,不要把个人的情绪变化带到抱怨的处理之中。另外,要坚持认为顾客总是有理的,当然,这并不是说顾客总是正确的,这是两个不同的概念。其实,一个人不可能永远是正确的,实际上有些顾客的抱怨往往是错误的。但即使是错误的意见,也并非说顾客不能抱怨,内容的差误不等于行动上的差误。试想一下,在为了满足需求的前提下,谁最有理由抱怨需求没有得到充分满足呢? 当然是顾客。作为购买者的顾客完全有理由抱怨,哪怕他们的抱怨并不是那么正确。顺着这一思路,只要以不变应万变,就不会在洽谈中窝着冤枉气,也不会争辩真理究竟在谁手里,比试一番谁强谁弱。以不变应万变,这是员工对待和处理顾客抱怨的基点。

2. 以微笑应对顾客抱怨的技巧

顾客的抱怨对于企业来说,其危害性是不容轻视的,因为抱怨将给顾客以极大的消极心理刺激,使顾客在认识上和感情上产生对员工直至对企业的对抗。一个顾客的抱怨可以影响到一大批顾客的尖刻评价,比广告宣传更具有权威性。抱怨直接损害产品与企业的形象,在此,保持微笑应对顾客的抱怨是十分必要的。俗话说:"伸手不打笑脸",员工真诚的微笑能化解顾客的激愤情绪,满怀怨气的顾客在面对春风般温暖的微笑时会不自觉地减少怨气,与企业合作,达到双方满意的结果。

3. 以重视的态度应对顾客抱怨的技巧

员工在应对顾客的抱怨时,一定要以重视的态度来对待,要站在企业生死存亡的高度来看待顾客的抱怨,切不可以个别顾客抱怨无关大碍的麻痹心理来应对顾客。如果轻视顾客的抱怨,不仅有损于员工个人的形象和信誉,同时,更影响到企业信誉,甚至还可能会给企业带来极大的损失。

4. 以非语言沟通应对顾客抱怨的技巧

当人感情冲动时,心跳加快,有人双手颤抖、呼吸急促,有人甚至捶胸顿足、又蹦又跳,为的是解心中闷气。这个时候,积极运用非语言沟通平息顾客怒气,比用其他方式更起作用。如用眼神关注顾客,使他感受到被重视;在他讲述过程中,不时点头,表示肯定与支持。这些都可以鼓励顾客表达自己真实的意念。当然,还可以运用敬重的方式,比如友善地握手,给人以诚相见的印象,这是应有的礼节。正确的握手姿势与力度，可以控制抱怨顾客的情绪，起到镇定的作用，解除对方可能指手画脚的“企图”，使得双方动口不动手。顾客如果一时拒绝握手，员工可以借故反复多次试探，对方盛情难却，现场气氛便会很快融洽起来。

5. 以移情的方式应对顾客抱怨的技巧

顾客抱怨的时候，总爱寻求旁观者的支持，也就是说抱怨时现场的人越多，他的指责就越苛刻、越离谱，这是顾客的一种普遍心理。遇到这种顾客，员工应该迅速将当事人带离现场，到办公室或人群稀少的地方商谈。要莫在公众面前与之争辩。应急的一个办法是当面请顾客谅解，这是与顾客联络感情的有效方式。如果顾客还不能表示完全的同情，员工至少也应该在某一点上持请求谅解的态度，对顾客表述“多亏您的指点……”，“您有理由不高兴……”，“对这个问题我也有同感……”，“感谢您对这个问题的提醒……”这样的话往往会使抱怨的顾客息怒消气。

6. 以拖延方式应对顾客抱怨的技巧

如果员工对顾客的抱怨一时找不到其中的缘由，或者有些抱怨根本就不能成立，或弄清了缘由但一时无法解决，这时应对顾客的最好办法就是拖延了。碰到此类情况，老练的员工大多采取拖延的办法，把眼前的纠纷搁置一旁，暂缓处理，如答复对方：“我马上去厂里调查一下情况，明天给你回音”，“等厂长回来后我们研究研究，保证解决您的问题”。特别是遇到冲动而性急的顾客时，不要急于马上着手处理抱怨，草率行事。员工可以停顿一下，先与顾客谈点别的话题，如天气、社会新闻、对方情况，目的是使顾客平心静气地提意见，理智地谈问题，这种方法也能有效处理顾客的抱怨。

11.3.2.3 客户投诉管理

对于大多数公司而言，客户抱怨中只有10%客户可以有机会向公司明确表述出来；而剩下的90%客户没有机会向公司表述，这些抱怨只能反映到一些行为中。如拖欠公司的应付账款，对一线的客户服务人员不够礼貌，等等。而且，借助于lnternet，这些不开心的客户很容易会让上千人知道他的感受。

因此企业必须要在这个不愉快的事情发生之前快速解决，尽量给客户一个倾诉抱怨的机会，让他们说出心中的不畅，同时尽量解决这些心情不畅的问题。企业可以根据客户响应时间、客户趋势分析来设立公司的准则。在国外，“职员抱怨监控”是高层用来决策的一个重要工具。另外，服务不周造成的危害是显而易见的，弥补这种危害带来的影响应被视为一次机遇，而不仅仅是痛苦的例行公事。解决客户抱怨的时候，应从两方面入手，一是为客户投诉提供便利，二是对这些投诉进行迅速而有效的处理。

1. 建立健全各种规章制度

要有专门的制度和人来管理顾客投诉，并明确投诉受理部门在公司组织中的地位。要明文规定处理投诉的目的，规定处理投诉的业务流程，根据实际情况确定投诉部门与高层经营者之间的沟通关系。另外，还要做好各种预防工作，减少顾客投诉。

2. 确定受理投诉的标准

在处理投诉上关键的一件事情，就是要把处理的品质均一化。当处理同一类型的投诉时，如果经办人处理办法不同或同时对各个投诉者有不同的对待态度，势必会失去客户的信赖。因此，不管从公正处理的角度，还是从提高业务效率的角度来说，都应该制定出合乎本企业的投诉处理标准。

3.一旦出现客户投诉，应及时处理

对于客户投诉，各部门应通力合作，迅速做出反应，力争在最短的时间里全面解决问题，给客户一个满意的答复，拖延和推卸责任会进一步激怒投诉者，使事情复杂化。试想，客户购买的商品发生了故障，偏巧遇到周末，如果不能立刻修理，顾客不得不始终想着这件烦人的事情，这使得原本应该很轻松的周末变得有点沉重。反之，如果客户与企业联系后，立刻得到回应，必然会争取到顾客对企业的好感与信赖，因此，企业应规定投诉的受理时间。如 IBM 公司明确规定，必须在 24 小时内，对用户的咨询与投诉做出明确的答复，其具体的做法是设置用户服务子系统、开通投诉热线、安排专人记录，并将信息传递给相关部门。

4. 处理问题时应分清责任，确保问题妥善解决

不仅要分清造成客户投诉的责任部门和责任人，而且需要明确处理投诉的各部门、各类人员的具体责任与权限以及客户投诉得不到及时圆满解决的责任。对于处理投诉的责任人，究竟应该给予怎样的责任与何种程度的权限，事先需有书面的规定。同时，对接待人员尽量给予大的权限。如果事事均向上级请求，会降低客户对接待人员的信赖，甚至强化不满情绪。

5. 建立投诉处理系统

建立处理系统，对每一起客户投诉及处理都要做出详细的记录，包括投诉内容、处理过程、处理结果、客户满意度等。用计算机管理客户投诉的内容，不断改进客户投诉处理办法，并将获得的信息传达给其他部门，做到有效、全面地收集统计和分析客户意见，立即反应，做出明确适时的处理，并经常总结经验，吸取教训，为将来更好地处理客户投诉提供参考。

随着市场竞争手段、竞争意识的知识化、专业化，提供高质量、高技术的产品，提供优质服务是企业永恒的主题，而有效的客户投诉管理是企业获得竞争优势的重要途径。因此，企业必须重视和加强对客户投诉的有效管理使其更加规范化、系统化，从而培育更加融洽的客户关系，以便在激烈的市场竞争中立于不败之地。

11.4 客户流失管理

在激烈的市场竞争中，即使是满意的客户，也有可能随时“背叛”你，而“投靠”你的竞争对手。所以，绝对不能满足于能够吸引多少客户，更重要的是能够留住多少客户。很多的企业都做着“一锤子买卖”，他们在产品投放市场初期很注重吸引客户，千

方百计地让客户对自己的产品感兴趣,购买自己的产品;但在售后服务方面却做得很差,使这种购买变成了一次性的交易。很多企业都面临着客户流失问题,使企业花费了大量力气吸引来的客户很轻易地就流向了竞争对手。

11.4.1 客户流失的分类

客户流失一般包括两种情况:客户主动选择转移到另外一个供应商,使用他们的产品或服务,称之为主动流失的客户;而那些由于恶意欠款等原因被企业解除服务合同的客户则是被动流失客户。下面将详细描述这两类流失客户的具体模式和情况。

11.4.1.1 主动客户流失

现在的用户最关心的已经不是单纯的产品或服务的价格了,而是相应的产品或服务是否能够满足他们的需求。只有在一切都能符合其需求时,他们才可能考虑价格。据调查,有些用户主动流失的原因是因为他们不能充分理解供应商所提供的产品或服务的特性。如电信业的各种通话方式及多样组合的收款方式和服务等等。

他们的疑惑和迷茫造就了他们去选择竞争对手。如果供应商的产品或服务的说明更贴切客户,服务更周到,并且帮助客户从通话质量、覆盖率、售后服务、产品特性等多方面了解产品或服务优势后,客户也许会改变主意。

还有些客户选择主动流失是因为他们没有被告知企业新的产品或服务,或者给予明晰的关于采用新技术的产品的功能和特性方面的介绍。这使客户无法了解现有供应商所能够提供的产品或服务的最新背景,转而选择其认为技术创新强的竞争对手。

可以说,随着新的服务、应用的增长,用户有了比以往更多的选择空间。这使现有供应商不得不面临更大的挑战。

11.4.1.2 被动客户流失

由于恶意欠款或者累计债务等原因导致供应商被迫终止其业务的用户被称为被动流失的客户。这些问题的发生其实是由于供应商未能有效地监控到那些具有信用风险的客户,并且没有适时采取措施。如能够发现那些被动流失的用户相对于其他正常用户有着不同的服务使用模式,这都需要供应商采取各种分析和跟踪手段来加以解决。

11.4.2 主动客户流失的原因及对策

主动客户流失的原因主要有以下三种类型。

11.4.2.1 自然流失

这种类型的客户流失不是人为因素而是客观原因造成的,如客户的搬迁和死亡等。自然流失占的比例很小。企业可以通过广泛建立连锁服务网点和经营分公司,或者提供网上服务方式,让客户在任何地方、任何时候都能方便快捷地使用企业的产品或服务,减少自然流失的发生。

11.4.2.2 竞争流失

由于企业竞争对手的影响而造成的流失称为竞争流失。市场上的竞争突出表现在"价格战和服务战上。在当前日益激烈的市场竞争中,企业首先要考虑的是保留住自己现有客户,在此基础上再去吸引和争取新的客户。

通过市场竞争分析,包括市场占有率分析、竞争对手发展情况分析、供应商行为分析、合作商行为分析等,可以防止部分流失的发生。市场占有率分析使市场进入者了解不同时间段内、不同业务品牌的产品或服务的市场占有率情况,了解市场中最有价值的产品或服务,了解不同产品的主要竞争对手是谁,从而为市场经营提供指导。从竞争对于客户发展情况、竞争对手客户收入情况、竞争对手客户呼叫行为、竞争对手营销策略、竞争对手服务质量5个方面,对竞争对手发展情况进行分析预测。

面对激烈的市场竞争,企业一般可以采取三种策略。

(1)进攻策略:集中力量,发挥自身优势,主动发起攻势,改进产品和服务质量,提高产品声誉,加强品牌优势。

(2)防守策略:如果企业自身能力有限,就应当努力提高服务水平和质量,实行优惠价格,尽量保持和巩固现有市场。

(3)撤退策略:企业通过市场分析或前景预测,如果感到前景对自己不利,就干脆放弃这种产品或服务品种,以节约资源开发新产品,占领新市场。

11.4.2.3 过失流失

上述两种情况之外的客户流失称为过失流失。这些流失都是由于企业自身工作中的过失引起客户的不满意而造成的。如企业形象不佳、产品性能不好、服务态度恶劣等。

导致过失流的因素主要有以下几种。

1. 产品质量与价格

产品的质量与价格是导致客户流失的主要因素之一。为客户提供品质优良的产品是企业必须尽到的义务。粗制滥造或性能不达标的产品必然导致客户的流失。所以,企业开展各种商业活动都必须以产品的高质量为根基。产品或服务的个性化也可以有效地降低企业的客户流失率。

2. 对客户不闻不问

客户的抱怨和询问不能得到妥善的处理会造成他们的离去。企业应当认真倾听客户的意见,给予及时妥善的解决,并将处理的结果反馈给客户,让他们感觉到自己受到了尊重。这样做不仅可以提高客户的满意度和忠诚度,而且还能从客户那里收集到免费的建议,以便于不断改善企业的产品或服务。通过多种渠道建立有效的反馈机制能帮助企业有效地与客户进行沟通和交流。

3. 忽视员工的关心和培养

为了保持客户,企业必须首先赢得自己的员工,特别是那些直接与客户打交道的人员。企业员工的流失,可能导致和他长期保持联系的重要客户的流失。频繁的员工流动不仅增加了企业员工培训的成本,还会使客户不得不重新认识和熟悉新的接触对象,这可能增加了他们的不适而导致流失发生。为了减少客户流失率,要求企业必须拥有高素质的、稳定的员工群体。

4. 不注重企业形象

良好的企业形象会增加客户的信赖感。企业应该在各方面尽量避免产生负面的社会影响,以优质的产品或服务、良好的企业文化、完善的售后服务机制和积极进取的企业目标来赢得客户的信赖,从而减少流失的发生。

5. 思想消极、故步自封

客户的需求是不断变化的。企业如果不能了解客户需求的变化,及时更新产品或服务,让客户有更多的选择余地,而故步自封,满足于现状,就会造成客户的流失。

11.4.3　被动客户流失的原因及对策

被动客户流失的原因主要有以下几个方面。

11.4.3.1　非恶意性被动流失

非恶意性被动流失比较容易避免,而且出现这种情况的可能性本身就不多。一个有效的避免方法就是为客户提供业务提醒服务。如电信部门可以在交纳电话费的限定日期对客户进行语音提醒,以防止客户忘记交费的情况发生。

11.4.3.2　报复性被动流失

报复性被动流失指客户因对企业的产品或服务不满而实施的流失行为。从根源上讲,报复性被动流失责任不在客户。要防止和减少这类流失,企业必须及时妥善地处理客户的抱怨和投诉,整顿企业的管理机制,不断改善产品性能和功能。

11.4.3.3　恶意被动流失

恶意被动流失一般是由于客户的信用度低或客户故意诈骗等原因导致的。对此类客户没有保留的必要。

可以采取以下措施预防和避免客户的恶意被动流失行为。

1. 建立完善的客户资料库

在与客户合作初期就要求客户填写详细的有关信息并验证其有效性,以便能够在客户"失踪"之后找到他们。同时,在日常的合作中,也要与客户保持紧密的联系。

2. 对客户信誉度进行评估

详细记录客户交易活动的历史数据,建立客户信誉度评估机制,对客户的欺诈行为进行预测。

3. 采用预付费方式

如通过预付电话费可以有效防止客户欠费后的流失行为。

4. 通过法律措施

随着各项法律、措施的完善,企业可以运用法律的手段来解决客户的恶意欺诈行为。如电信企业可以加强对用户的认证监管,并与公安、司法部门联合打击用户的恶意被动流失。

本章小结

• 客户关系管理(CRM,Customer Relationship Management),是指通过培养企业的最终客户、分销商和合作伙伴对本企业及其产品更积极的偏爱或偏好,留住他们并以此提升企业业绩的一种营销策略。

• CRM的基本内容主要包括客户信息管理、联系人管理、时间管理、潜在客户管理、销售管理、电话销售、客户服务、电子商务等。

• 顾客服务的方式多种多样,内容也很丰富,依照不同的划分标准可以对顾客服务进行不同的分类。按照时间顺序,把顾客服务划分为售前服务、售中服务和售后服务。

• 客户与企业的沟通中,因为存在沟通的障碍而产生误解,即使如此,也决不能与客户进行争辩。有必要掌握处理客户抱怨的策略:对客户的抱怨要给予足够的重视、分析抱怨的原因、及时解决问题、做好客户情况记录。

• 客户流失一般包括两种:主动流失的客户和被动流失客户。

主要概念

客户关系管理　顾客忠诚度　客户抱怨　客户流失　主动客户流失　被动客户流失　非恶意性被动流失　报复性被动流失　恶意被动流失

基本实训和能力实训

一、判断题

1. CRM是一种旨在改善企业和与客户之间关系的新型管理机制,它实施于企业的市场营销、销售、服务与技术支持等与客户相关的领域。(　　)

2. CRM的作用体现在可以对客户做出最及时的反应,可以拓展开发新客户的渠道,这些属于CRM在整合企业资源方面的作用。(　　)

3. CRM的出现,使企业真正能够全面观察其外部的客户资源,并使企业的管理全面走向信息化,从而促使企业全面的关注其核心竞争力的打造。(　　)

4. 销售人员以良好的态度招待顾客,使顾客心情舒畅,可以有效提高顾客满意度。(　　)

5. 为保证消费者对公司的信任,只要注重公司名称和公司信誉两方面就可以。(　　)

6. 客户不满是客户因自己的期望没有得到满足时的一种心理上和行动上的反应,对企业只能造成伤害。(　　)

7. 提供的产品不良,一般可以从制造商的制造责任、经营者的管理责任和消费者自身的责任加以追究。(　　)

8. 对企业来说,有顾客抱怨,说明企业还是被市场关注的。因此,可以说客户抱怨是企业建立客户忠诚的契机。(　　)

9. 因顾客的投诉原因是不一致的,因此,即便在处理同一类型的投诉时,经办人也应采取不同的方法和态度。(　　)

10. 用户最关心的是产品或服务的质量和价格,因此,企业通过提高质量和降低价格就可以满足消费者需求。(　　)

二、单项选择题

1. 组织和浏览销售信息,如客户、业务描述、联系人、时间、销售阶段、业务额、可能结束时间等,这属于客户关系管理系统的(　　)。

A. 客户信息管理　B. 潜在客户管理　C. 销售管理　D. 联系人管理

2. 企业可以借助于调查问卷每半年或一年进行一次客户满意度调查,最适合的长度是(　　)问题。

A. 20~30 个　B. 15 个　C. 30 个以上　D. 100 个以下

3. 合适的、方便的经营时间的安排是有效衡量服务质量的(　　)因素。

A. 信赖感　B. 责任感　C. 可接近性　D. 交流

4. (　　)是影响顾客满意与否的关键因素。

A. 产品质量　B. 服务好坏

C. 新产品的使用　D. 新材料的使用

5. 当顾客感情冲动,暴跳如雷时,运用(　　)方式比其他方式更起作用。

A. 重视的态度　B. 非语言沟通

C. 移情的方式　D. 拖延方式

6. 员工对待和处理顾客抱怨的基点是(　　)。

A. 以不变应万变　B. 以微笑应对

C. 以重视的态度应对　D. 以拖延方式应对

7. 客户的搬迁和死亡等属于客户(　　)。

A. 报复性被动流失　B. 竞争流失

C. 自然流失　D. 过失流失

8. 电信企业加强对用户的认证监管,并与公安、司法部门联合打击,这是企业通过(　　)打击恶意被动流失客户。

A. 完善的客户资料库　B. 预付费方式

C. 客户信誉度进行评估　D. 法律措施

9. 导致客户流失的主要因素是(　　)。

A. 产品质量与价格　B. 对客户不闻不问

C. 对员工置之不理　D. 不注重企业形象

10. 不会打招呼，不懂得回话，说话没有礼貌，说话口气生硬属于(　　)。

A. 产品不良　　B. 服务不佳

C. 管理不善　　D. 使用不当

三、多项选择题

1. 客户关系管理的意义包括(　　)。

A. 整合企业资源　　B. 促进市场增值

C. 先进企业竞争制胜的法宝　　D. 培育核心竞争力

2. 顾客服务的形式可分为(　　)。

A. 售前服务　　B. 售中服务　　C. 售后服务　　D. 销售服务

3. 企业向顾客提供保障包括(　　)的保障。

A. 人身安全　　B. 尊重　　C. 金融证券　　D. 保密度

4. 下列属于有形服务的是(　　)。

A. 实物投资　　B. 雇员的外表

C. 提供服务的工具设备　　D. 享用服务设施的其他顾客

5. 客户流失一般包括(　　)两种。

A. 主动客户流失　　B. 过失流失

C. 相关性　　D. 被动客户流失

6. 在以(　　)情境可以采用拖延方式应对顾客抱怨。

A. 抱怨缘由不明确　　B. 旁观者少

C. 抱怨不能成立　　D. 抱怨无法解决

7. 面对激烈的市场竞争，企业一般可以采取(　　)作为防止竞争流失的策略。

A. 进攻策略　　B. 防守策略　　C. 撤退策略　　D. 转移策略

8. 建立客户投诉处理系统，包括对每一起客户投诉的(　　)等都要做出详细的记录。

A. 投诉内容　　B. 处理过程　　C. 处理结果　　D. 客户满意度

9. 主动客户流失的原因包括(　　)。

A. 自然流失　　B. 竞争流失　　C. 过失流失　　D. 恶意流失

10. 可以采取以下(　　)措施预防和避免客户的恶意被动流失行为。

A. 建立完善的客户资料库　　B. 对客户信誉度评估

C. 预付费方式　　D. 法律措施

四、简述题

1. 谈谈客户关系管理系统设计的内容。

2. 客户关系管理的意义何在？

3. 如何确定顾客服务的内容？

4. 为了有效地衡量服务质量，应从哪些因素入手？

5. 客户抱怨的原因有哪些？

6. 为什么说客户抱怨是企业建立客户忠诚的契机?
7. 如何巧妙处理客户抱怨?
8. 如何进行客户投诉管理?
9. 客户流失的分类如何?
10. 主动客户流失的原因何在?

五、综合实训

案例分析 1

某日上午,某证券营业厅。一个新的客户在开放式前台开户。

员工:“这是开户协议和表格,请您在这里签字,谢谢!”(将开户资料录入电脑)

员工:“请您输入密码。”(客户输入密码)

员工:“请您再输入一次确认。”(客户再输入一次确认)

员工:“您的资金账号是 * * * * * *,谢谢!”

双手将客户的所有资料装进资料袋并面向客户递过去。

案例思考:您认为这种服务是否有欠缺?应如何改进?

案例分析 2

营业厅引导员小吴见柜台前客户较多,就前来试图分流客户,引导客户到自助服务区自助操作。

小吴:“请问您要办什么业务?”

客户:“我来缴手机欠费。”

小吴:“在我们自助银行区的银联 POS 机上刷卡缴费吧,不用在这里排队了。”

客户:“不方便吧。”

小吴:“很方便啊,你要是不会,我可以教您。”

客户:“我没带卡,怎么刷?”

案例思考:

引导员的“主动”服务却引起顾客的不满,为什么?通过这个案例说明了什么?

案例分析 3

一位阿姨手拿存折满头大汗从银行自助区走过来,大声责问大堂经理。

阿姨:“存折打不出来啊!”

经理:“我们的自助服务终端是三合一多功能的。你要先认真阅读,按操作按钮提示,然后参照提示操作才行啊。”

阿姨:“我年纪大了,你们的操作指南太多,我看不明白,你帮我打一下吧!”

大堂经理:“可以,在操作指南上有详细代码说明,你还是要看。”

阿姨:“唉!太复杂,我看不懂啊!”

案例思考：

如果是你，是否也期望操作指南直观化、明白化？如果你是银行方，你会怎么做呢？

案例分析 4

一天，某药店，一位女士拿着一盒××减肥药来到店内。

女士(出示小票，生气地)："我一个月前从你们这里买了两盒××减肥药。回去吃完一盒才发现第二盒内药品不够，少了一板。而且买的时候你们这的营业员也没有打开检查，你们把这盒药退了，要不然我会向有关部门投诉。"

案例思考：

店员应该怎样处理才能既不引起顾客的投诉，又不对企业造成损失？

参考答案要点

一、判断题

1. √　2. ×　3. √　4. √　5. ×　6. ×　7. √　8. √　9. ×　10. ×

二、单项选择题

1. C　2. A　3. C　4. B　5. B　6. A　7. C　8. D　9. A　10. B

三、多项选择题

1. ABCD　2. ABC　3. ACD　4. ABCD　5. AD　6. ACD　7. ABC　8. ABCD　9. ABC　10. ABCD

四、简述题

1. CRM的基本内容主要包括客户信息管理、联系人管理、时间管理、潜在客户管理、销售管理、电话销售、客户服务、电子商务等。

2. 客户关系管理的意义在于：整合企业资源、促进市场增值、先进企业竞争制胜的法宝、培育核心竞争力。

3. 顾客服务的方式多种多样，内容也很丰富，依照不同的划分标准可以对顾客服务进行不同的分类。按照时间顺序，把顾客服务划分为售前服务、售中服务和售后服务。

4. 为了有效地衡量服务质量，应从有形资产、可信赖感、责任感、保证、感情等因素入手。

5. 客户抱怨的原因有提供的产品不良、提供的服务不佳、使用新产品、新材料不当引起的不满。

6. 客户抱怨是企业建立客户忠诚的契机，是因为：有顾客抱怨，说明企业还是被市场关注的；顾客不满的原因正是企业问题所在，如果及时解决了企业中存在的问题，完善了工作方法，使顾客从不满意转变为满意，就不会失去原来的顾客；长久地积累，这些顾客便成为企业的忠诚的顾客群。

7. 巧妙处理客户抱怨可从以下几方面着手：对客户的抱怨要给予足够的重视；分析抱怨的原因；及时解决问题；做好客户情况记录。

8. 客户投诉管理可从以下方面去做：建立健全各种规章制度；确定受理投诉的标准；一旦出现客户投诉，应及时处理；处理问题时应分清责任，确保问题妥善解决；建立投诉处理系统。

9. 客户流失一般包括两种情况：当客户主动选择转移到另外一个供应商，使用他们的产品或服务，称之为主动流失的客户；而那些由于恶意欠款等原因被企业解除服务合同的客户则是被动流失客户。

10. 主动客户流失的原因主要有以下类型：自然流失、竞争流失、过失流失。

12

市场营销管理

学习目标与要求

- 了解市场营销计划的制定过程与实施环节，具有初步编制市场营销计划的能力
- 了解市场营销部门的历史演变，熟悉几种典型的市场营销组织机构形式及特点
- 理解市场营销控制的概念，了解市场营销控制的程序
- 掌握市场营销控制的主要内容，具有初步市场营销控制的能力
- 理解市场营销审计的概念，熟悉市场营销审计的内容

市场营销计划、组织与控制是市场营销管理过程的重要步骤。计划是管理的最基本的职能，市场营销的各种策略和决策都与计划管理密不可分，而市场营销计划需要借助一定的组织系统来实施，需要执行部门将企业资源投入到市场营销活动中去，需要控制系统考察计划执行情况，诊断产生问题的原因，进而采取改正措施，或改善执行过程，或调整计划本身使之更切合实际。

12.1 市场营销计划

12.1.1 市场营销计划的含义和作用

市场营销计划是关于一项业务产品或品牌在营销方面的具体安排和规划。其内

容主要涉及两个基本问题:一是企业的营销目标是什么?二是如何实现营销目标?也就是说,在企业的营销活动开始以前,首先要明确企业营销活动的目的以及达到这种目的的手段。

没有营销计划,营销管理就是一种盲目活动,就会导致营销活动的混乱和效率低下,正是营销计划的特殊地位,决定了它在营销管理中的特殊作用,具体表现在以下几个方面。

(1)使企业内部各部门、各层次、各方面之间保持协调一致,使多人的努力合成一股合力,从而促使营销目标的实现。

(2)使企业在利用机会的同时,最大限度地减少风险。

(3)使得营销活动变得经济合理。由于营销计划采用共同的目标、均匀的工作流程、深思熟虑的决策,因而可以使营销费用降到最低限度。

(4)有利于企业实现对营销活动的有效控制。营销计划为营销活动提供了标准和依据,营销管理人员按其检查下级完成任务的情况,从而判定营销是否偏离了规定的方向。

12.1.2 市场营销计划的内容

市场营销计划的内容,因管理者提出的要求不同而详略不一。在通常情况下市场营销计划包括八项内容,如图 12.1 所示。下面以麦当劳公司某年市场营销计划书为例,逐一说明。

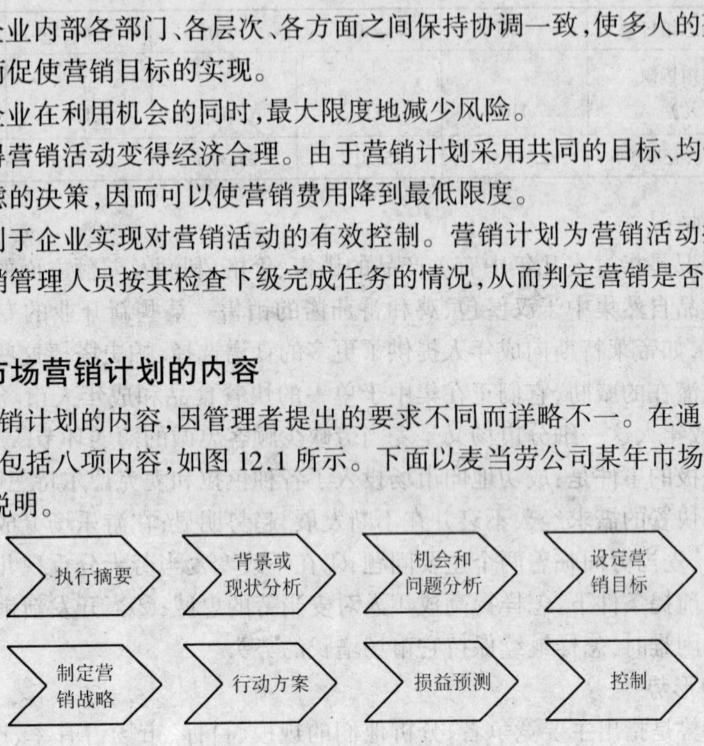

图 12.1 市场营销计划的内容

12.1.2.1 执行摘要

执行摘要是市场营销计划的开端,对主要的营销目标和有关建议间断地给出概述,它是整个市场营销计划的精神所在。为了便于上级主管和有关人员迅速地了解和掌握计划的要求,为了方便有关人员查阅计划书里面的有关部分,还要在它的后面附列整个计划的目录或有关内容在计划书中的页码。

12.1.2.2 背景或现状及其分析

1. 背景与现状的描述

背景与现状描述是为提供与市场、产品、分销以及现实环境有关的背景资料。

1)市场情况

市场情况包括市场规模与增长、不同地区或细分市场的销售、消费者或用户需求、观念及购买行为动态趋势等。如麦当劳快餐食品市场正在缓慢成长。传统的街区和郊区市场已经饱和，当前大多数的销售增长来自非传统销售网点，诸如机场、火车站、办公大楼所在地。另外，通过比竞争对手在广告宣传和促销方面多花钱，麦当劳才得以维持市场占有率，麦当劳每年大的花费 7 亿美元，而柏格王只花 2 亿美元。表 12.1 说明了麦当劳公司近几年销售状况。

表 12.1 麦当劳公司 1986 年～1900 年五年销售状况

年份	1986	1987	1988	1989	1990
快餐业市场总销售额	440	440	450	470	510
麦当劳的销售额（亿美元）	110	111	114	120	131
麦当劳的市场占有率/(%)	25.00%	25.20%	25.30%	25.50%	25.70%

2)产品情况

产品情况是指过去几年中有关产品的销售、价格、利润及差额方面的资料。如麦当劳快餐食品自然集中于汉堡包、鸡和番茄酱的销售。某些新开业的专业化快餐食品销售网点，如帝莱特斯向成年人提供了更多的食谱选择，帕史塔棒这些销售网点对麦当劳形成潜在的威胁，它们正在集中于单一的快餐食品和成年人市场而不是儿童市场，恰恰成年人这一细分市场又是麦当劳缺少顾客忠诚的薄弱环节。

比较积极的事件是：成功地向市场投入了各种色拉和麦克德尔特三明治；儿童们对各种幸福快餐的需求经久不衰并在不断发展，趋势明显；在游乐场上成功地扩大了销售。眼下，麦当劳面临着两个主要问题：①在不改变麦当劳十分重视儿童市场这一传统特征的前提条件下，怎样提高成年人对麦当劳的忠诚；②当开发新销售网点地盘变得越来越困难时，怎样继续保持它市场增长的势头。

2. 竞争形势

竞争形势是指出主要竞争者，分析他们的规模、目标、市场占有率、产品质量、市场营销战略和策略、战术、行为等。如麦当劳面临下列一些对手的强有力的竞争。

柏格。几年来，柏格跌跤不轻。它的广告宣传很不得力，而且没有开发什么特别的新产品，其唯一积极的因素是步麦当劳幸福快餐的后尘，模仿这一产品并增加它的早餐快餐食品的花色品种。

文帝。它是一个奋斗中的快餐食品公司，当文帝中断了有效的“牛排在哪里”的活动之后，顿时失去了它的市场营销发展势头。

肯德基炸鸡。它正前进在增加它的销售网点的大道上，它将三明治加进了它的食谱之中，其广告“只有我们对鸡的烹调才是正确的”这一口号十分有效。估计它会继续增加它的销售网点，而且它会采取更大的广告宣传活动，绝不会满足于已取得的成果。

帝·莱特斯。尽管它还远远不是一个主要竞争对手，但却代表一种思想，而这种思想对麦当劳是有害的。它用帕史塔棒加色拉食谱的办法来吸引成年人，尤其午餐备受欢迎。帝·莱特斯还投成年人所好,向他们提供了更有营养价值的快餐食谱。尽管其在流动资金方面存在问题,但它的很多快餐店却经营得很好。

1)分销情况

分销情况指各分销渠道的销售情况、各条渠道的相对重要性及其变化。如麦当劳成功地向海外进行了扩张发展,但当美国国内的竞争销售网点日益成长时,那些海外的销售网点却丝毫不能帮助麦当劳在美国国内保持增长势头。但是,对麦当劳有利的一个因素是竞争对手在处理扩张发展与保持盈利方面遇到的小麻烦。当它们扩张发展时,便很难保持盈利。但是,每一个新竞争销售网点都给麦当劳销售的稳定增长带来重大的困境。

2)宏观环境

宏观环境是指影响产品(品牌)市场营销的宏观环境的有关因素、它们的现状及未来变化的趋势。

12.1.2.3 机会和问题分析

通过机会与威胁、优势和劣势分析,说明企业资源、能力方面的基本特征,阐述来自外部的能够左右企业未来的因素以及相应措施,指出企业面临的主要问题,从而帮助企业形成有关市场营销的目标、战略与策略。如麦当劳公司发现它面临如下问题:

(1)顾客对麦当劳的新快餐食品评价不同;

(2)适于麦当劳开设新销售网点的潜在地盘十分有限;

(3)帝·莱特斯在经营成年人快餐食品销售力方面表现出极大的潜力;

(4)各竞争对手纷纷向市场投放各种各样的幸福快餐,文帝用土豆王玩具来配合,成功地进行了幸福快餐的促销;

(5)顾客反映麦当劳最近组织的意在以成年人市场为目标的两次游戏性促销活动中的游戏太复杂了;

(6)由于很难雇到合格的工人及随着食谱花色品种的增加给保持质量带来困难,使麦当劳的快餐食品本身的质量和服务质量都在下降。

与此同时,麦当劳公司发现企业存在如下机会:

(1)顾客对麦当劳即将推出的自由挑选全营养小果子面包做出积极地反应;

(2)麦当劳在非传统开店的场所开设的销售网点相当成功,麦当劳的地区合作团体和当地特许经营组织的市场营销能力在同行业中都是最强的;

(3)麦当劳投放市场的各种色拉取得了成功;

(4)所有快餐销售链的产品都正在受到营养学专家的批评。

12.1.2.4 设定营销目标

明确问题之后,需要做出与目标有关的选择,用以制定战略和行动方案,目标不只是概念化,应当尽量以数量表达,转化为便于衡量的指标。如麦当劳1989年所拟达到的营销目标是:销售额120亿美元、毛利43亿美元、毛利率36%、净利13亿美元、市场占有率25.5%。

12.1.2.5 制定市场营销战略

目标可以通过多种途径实现,不仅要找出主要的市场营销战略,做出基本选择,还要对战略加以详细说明。

1. 目标市场战略

目标市场战略是阐明企业及其品牌、产品准备进入的细分市场,并进行市场定位。包括对新快餐食品市场进行研究;对各种新分销选择进行市场试验。如麦当劳将继续在下列地区增设销售网点和特许经销店:受允许的外国;非传统设点场所;提高或恢复各街区的活力场所。

2. 市场营销组合策略

市场营销组合策略是对选定的细分市场,分别制定包括产品、价格、分销和促销等因素在内的一体化战略。如麦当劳市场营销组合策略有四点。①广告宣传活动。麦当劳将继续以重金做广告,费用额将是对手的3~4倍,计划强调两方面:儿童导向型广告将在儿童表演节目中播出;成年人导向型广告将在晚上和周末电视节目中播出,这一广告宣传将按季进行。第一季度,做成年人导向型游戏促销广告。第二季度,在目标城市市场开展向顾客介绍各种全营养小果子面包的宣传活动。第三季度,做另一个成年人导向型游戏促销广告。第四季度,利用人们的怀旧心理,配合三个月前重新推出双层干酪包而开展一场"麦当劳伴我成长"的活动。②促销活动。尽管麦当劳上两次促销提高了销售,但很快又回到一般销售水平。因为今年快餐食品厂没有什么花样翻新,引起销售下降,所以促销必须尽可能使这种潜在的下降不成为现实。促销活动游戏必须比上次简单,以便更多人参与。另外注意两点:其一是店内促销,麦当劳将继续向市场提供幸福快餐,并有计划地逐日稍做更新,麦当劳把其儿童游乐场票价下调35%,以鼓励更多的销售网点售出游乐场票;其二是店堂陈设,主要陈设有旗帜和招贴,招贴应适合于贴放或放在调味品台上和堆放废弃物品容器上。③公关活动。主要有三大公关活动:麦当劳将继续对全国范围的各种竞赛(如网球赛、足球赛等)提供支持;对一个地区合作的团体,都使罗纳德·麦克唐纳露面次数加倍,并给予合作团体的额外支出以资金赞助;发表介绍全营养小果子面包营养成分的文章,使之与批评麦当劳快餐食品缺乏营养的文章辩论。④包装。将更富于营养的信息置于食品外包装之上。

3. 市场营销预算

市场营销预算指执行有关市场营销战略所需的适量费用、用途和理由。如表12.2为麦当劳1月份营销预算。

表12.2 麦当劳1月份营销预算 单位:万美元

活动项目	儿童节目广告	游戏促销广告	促销展览	罗纳德·麦克唐纳露面	新幸福快餐论坛	促销大奖赛
日期	全月	全月	1月2日	1月15日	1月25日	全月
费用	1 500	2 500	100	25	10	500

在制定战略过程中,市场营销部门的一项重要工作是与其他有关部门人员讨论、协商,争取理解、支持与合作。

12.1.2.6 行动方案

要全盘考虑市场营销战略实施过程中涉及的各种因素、每个环节以及所有内容,把具体的战术或行动用图表形式描述出来,标明日期、活动费用和责任人,使整个战术行动方案一目了然,便于执行和控制。如麦当劳设计的行动方案是:

(1)不断加强对儿童的市场营销活动,增强儿童对麦当劳的凝聚力;

(2)以成年人细分市场为目标市场进行促销活动,每六个月组织一次促销性游戏,在成年人中开发出较强的顾客忠诚性的几种新观念;

(3)继续增加在非传统设店的场所开设销售网点的数目。

另外与主要行动相配合,还拟采取下列次要活动:扩大适合于地区合作团体用于它们的广告宣传活动的素材量;增加麦当劳主办的体育活动及有关活动次数;增加罗纳德·麦克唐纳露面次数;发表有关麦当劳快餐食品营养成分及含量的新闻报道。

12.1.2.7 损益预测

决定目标、战略和战术以后,还要编制一份类似损益报告的辅助预算。在预算书的收入栏列出预计的单位销售数量、平均净值,在支出栏列出分成细目的生产成本、储运成本以及各种市场营销费用,收入与支出的差额就为预算的盈利。它将成为有关部门、有关环节安排和进行采购、生产、人力资源以及市场营销管理的依据。

12.1.2.8 控制

控制是营销计划的最后一部分,主要说明如何对计划的执行过程、进度进行管理。

1. 常用的做法

常用的做法是把目标、预算按月或季度分开,便于上级主管及时了解各个阶段的销售实绩,掌握未能完成任务的部门、环节,分析原因,并要求限期做出解释和提出改进措施。

2. 制定和附列应急计划

制定和附列应急计划的目的是事先考虑可能出现的重大危机和可能出现的各种困难。

12.1.3 市场营销计划的实施和问题

12.1.3.1 市场营销计划实施

1. 制定行动方案

必须明确市场营销计划中的关键性环境、措施和任务,并将任务分配到个人或小组。方案还应包括具体的时间表,即每一项行动的确切时间。

2. 调整组织结构

要使组织结构与计划的任务相一致,并同企业自身的特点、环境相适应。也就是说,必须根据企业战略、市场营销计划的需要,适时改变、完善组织结构。

3. 形成规章制度

必须明确与计划有关的各个环节、岗位、人员的责、权、利,各种要求以及衡量、奖惩条件。

4. 协调各种关系

为了有效实施营销计划,计划实施系统的行动方案、组织结构、建章立制、人力资源管理和企业文化五大要素必须协调一致,相互配合。

12.1.3.2 计划实施中的问题与原因

在营销计划的实施中常出现这样的情况,一个好的营销计划并没有带来好的营销业绩,究其原因主要有以下几点:

(1)计划脱离实际。企业的营销战略和营销计划通常是由上层的专业计划人员制定的,而实施则要依靠基层的营销管理人员,两类人员之间的不协调,就会导致计划脱离实际。

(2)长期目标和短期目标相矛盾。计划常常涉及企业的长期目标,但企业对具体实施市场营销计划的企业营销管理人员的评估,往往是根据其短期的工作绩效做出的,如销售量、市场占有率或利润率等,因此,营销人员常选择短期行为,这样就出现了长期目标与短期目标之间的矛盾。

(3)因循守旧的惰性。企业当前的经营活动往往是为了实现既定的战略目标,新的战略如果不符合企业的传统和习惯就会遭到抵制。新旧战略的差异越大,实施新战略可能遇到的阻力也就越大。要想实施与旧战略截然不同的新战略,常常需要打碎企业传统的组织结构和运行流程。

(4)缺乏明确具体的行动方案。许多计划之所以失败,就是因为缺乏一个能够使企业有关部门协调一致作战的具体明确的实施方案。一个详尽的实施方案,能够规定和协调各部门的活动,编出详细周密的项目时间表,明确各部门理应担负的责任。这样的实施方案,是计划顺利实施的前提与保障。

12.2 市场营销组织

企业的市场营销部门是执行市场营销计划,服务市场购买者的职能部门。市场营销部的组织形式,主要受宏观市场营销环境,企业市场营销管理哲学以及企业自身所处的发展阶段、经营范围、业务特点等因素的影响。

12.2.1 市场营销部门的演变

企业的市场营销部门是随着市场营销管理哲学的不断发展演变而来的。大致经历了单纯的销售部门、兼有附属职能的销售部门、独立的市场营销部门、现代市场营销部门、现代市场营销公司五个阶段。

12.2.1.1 单纯的销售部门

20 世纪 30 年代以前,西方企业以生产观念作为指导思想,大部分都采用这种形式。销售部门通常由一位副总经理负责管理销售人员，如图 12.2 所示。在这个阶段，销售部门的职能仅仅是推销生产部门生产出来的产品，生产什么，销售什么；生产多少，销售多少。产品生产、库存管理等完全由生产部门决定，销售部门对产品的种类、规格、数量等问题，几乎没有任何发言权。

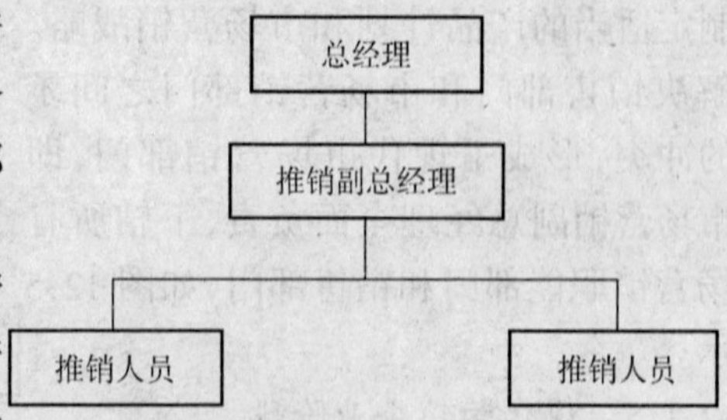

图 12.2 单纯的销售部门

12.2.1.2 兼有附属职能的销售部门

20 世纪 30 年代以后，市场竞争日趋激烈，企业大多以推销观念作为指导思想，需要进行经常性的市场研究、广告宣传以及其他促销活动，这些工作逐渐变成为专门的职能，当工作量达到一定程度时，便会设立一名市场营销主管负责这方面的工作，如图 12.3 所示。

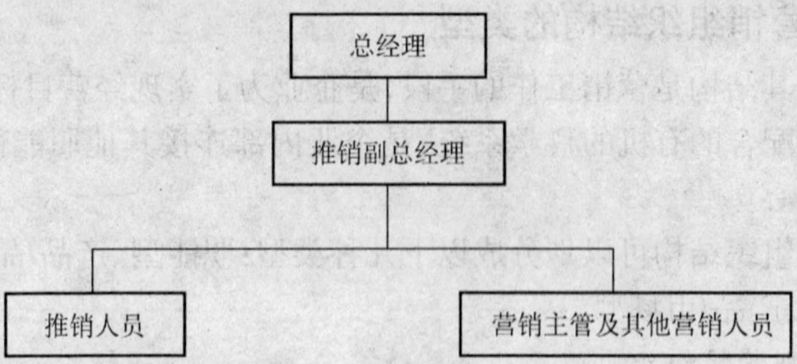

图 12.3 兼有附属职能的销售部门

12.2.1.3 独立的市场营销部门

随着企业规模和业务范围的进一步扩大，原来作为附属性工作的市场营销研究、新产品开发、广告促销和为顾客服务等市场营销职能的重要性日益增强，市场营销部成为一个相对独立的职能部门，作为市场营销部门负责人的市场营销副总经理同销售副总经理一样直接受总经理的领导，销售和市场营销成为平行的职能部门，如图 12－4 所示。

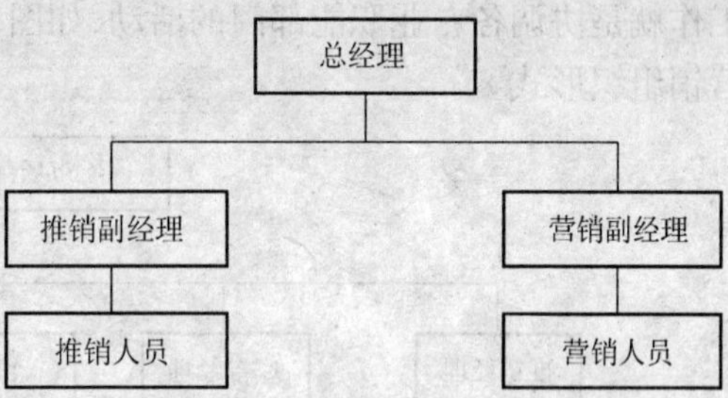

图 12.4 独立的市场营销部门

12.2.1.4 现代市场营销部门

尽管销售副总经理和市场营销副总经理需要配合默契和互相协调，但是他们之间实际形成的关系往往是一种彼此敌对、互相猜疑的关系。销售副总经理趋向于短期行为，侧重于取得眼前的销售量；而市场营销副总经理则多着眼于长期效果，侧重于制定适当的产品计划和市场营销战略。为解决销售部门和市场营销部门之间矛盾的冲突，形成了现代市场营销部门，即由市场营销副总经理全面负责，下辖所有市场营销职能部门和销售部门，如图 12.5 所示。

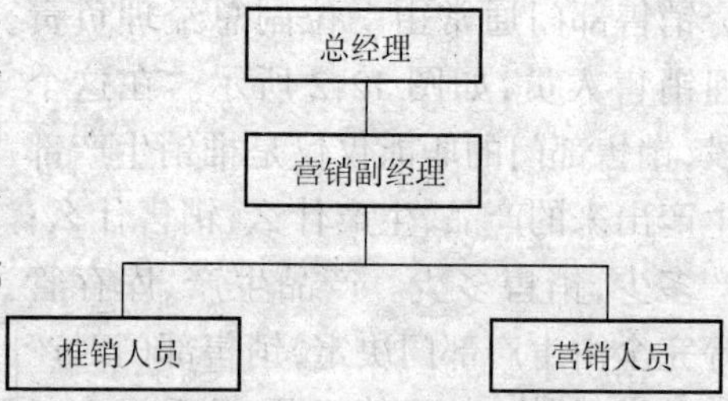

图 12.5 现代市场营销部门

12.2.1.5 现代营销企业阶段

一个公司营销的成败除了需要出色的营销部门外，还取决于公司其他部门对顾客的态度和它们的营销责任，所以公司所有的管理人员都要认识到企业的一切工作是“为顾客服务”的。在观念及组织权责上，市场营销部门的功能并不大于其他部门的功能。其他部门听从及支持市场营销部门，是因为市场营销部门更能较好地传达消费者的需求和更直接地面对消费者，公司上下形成一致的营销理念，企业就可称为现代市场营销公司。

12.2.2 市场营销组织结构的类型

营销组织及其结构是营销工作的手段，是企业为了实现经营目标、发挥营销职能内有关部门协作配合的有机的科学系统，是企业内部连接其他职能部门使整个企业经营一体化的核心。

常见的营销组织结构可以划分成以下几种类型：职能型、产品/品牌型、地理区域型、市场/顾客型、产品/市场型。

12.2.2.1 职能型营销组织

职能型营销组织是指按不同的销售职能分别设立有关营销部门，市场营销经理的工作就是协调各专业职能部门的活动，如图 12.6 所示。这是最古老也最常见的市场营销组织形式。

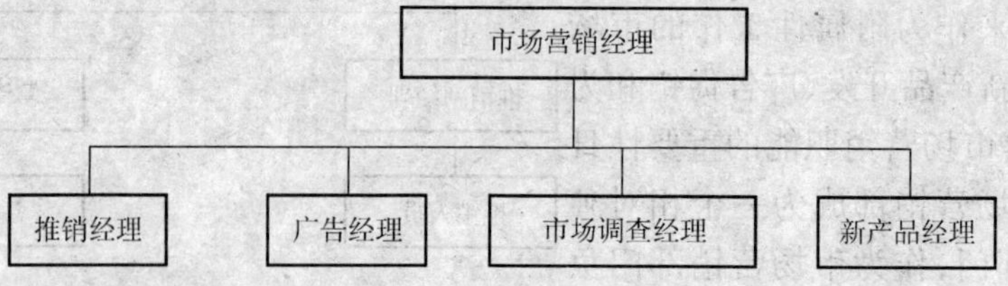

图 12.6 职能型组织

当企业只有一种或很少几种产品，或者企业产品的市场营销方式大体相同时，按照市场营销职能设置组织结构比较有效。

职能型组织形式的优点是：①层次简化，易于管理，可以产生规模效应；②分工明确，可以避免重复劳动。职能型组织形式的缺点为：①各部门常常因为追求本部门目标，而看不到全局的最佳利益；②随着公司业务量的增大职能部门之间的协调难度也会日趋增加；③由于没有一个部门对一项产品或一个市场负全部责任，于是有些产品或市场就容易被忽略。

12.2.2.2 产品/品牌型营销组织

产品/品牌型营销组织是指在营销副总经理下设产品经理;产品经理下按每类产品分别设产品线经理,在产品线经理下,再按每个产品品种分别设产品经理,实行分层管理,如图 12.7 所示。

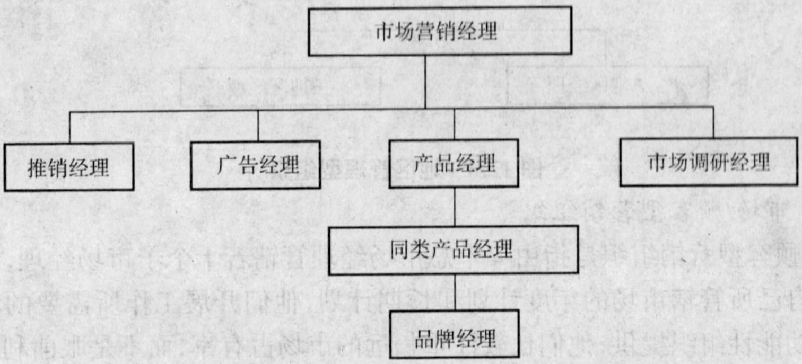

图 12.7 产品管理型组织

在企业所生产的各产品差异很大,产品品种太多,以致按职能设置的市场营销组织无法处理的情况下,建立产品经理组织制度是适宜的。

产品/品牌型营销组织的优点是:①产品经理能够开发某种产品市场协调各方力量;②能够对市场上出现的问题迅速做出反应;③较小的品种或品牌也因有专人负责而不遭忽视。产品/品牌型营销组织的缺点是:①缺乏整体观念,产品经理注重产品的技术方面,而忽视营销的其他功能;②缺乏整体观念,产品经理与其他部门经理协调困难,冲突、摩擦不断发生;③多头领导,由于权责划分不清楚,下级可能会得到多方面的指令。如产品广告经理在制定广告战略时接受产品市场营销经理的指导,而在预算和媒体选择上则受制于广告经理,这就有可能产生不协调。

12.2.2.3 地理区域型营销组织

地理区域型营销组织是指在营销副总经理主管下,按层次设全国销售经理、大区销售经理、地区销售经理、分区销售经理、销售人员,实行层层负责,如图 12.8 所示。

国际上许多大公司都采用这种营销组织,如联合利华、IBM 等。地理区域型营销组织的创始者是金宝汤料公司,它为不同地区推出不同配方的汤料。公司把美国划分为 22 个区域,各区域制定当地的营销方案,并且编制自己的广告等促销预算。

当企业在全国范围进行销售的公司,有广泛的地域性市场时,通常按地理区域设立营销组织,安排其销售队伍。

地理区域型营销组织的优点是:便于地区经理掌握一切关于该地区市场环境的情报,为在该地区打开产品销路制定长、短期计划,并负责贯彻实行。地理区域型营销组织的缺点是:①有可能造成地区割裂和企业内的有害竞争;②容易发生不必要的资源浪费。

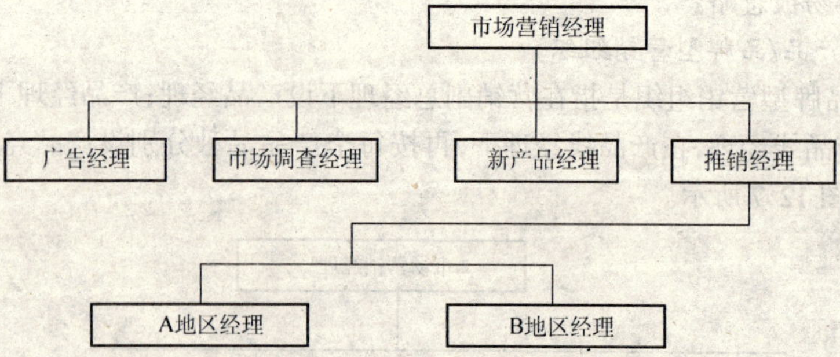

图 12.8 地区管理型组织

12.2.2.4 市场/顾客型营销组织

市场/顾客型营销组织是指由一个总市场经理管辖若干个子市场经理,各子市场经理负责自己所管辖市场的年度计划和长期计划,他们开展工作所需要的功能性服务由其他功能性组织提供,他们比较注重长远的市场占有率,而不是眼前利益。这种营销组织如图 12.9 所示。

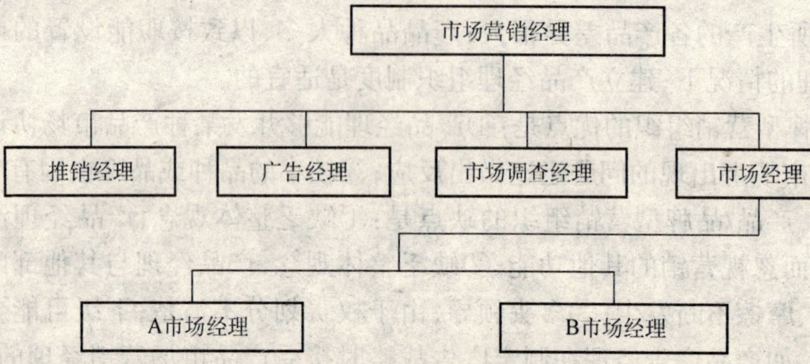

图 12.9 市场管理型组织

当企业面临如下情况时,建立市场型组织是可行的:拥有单一的产品线、市场各种各样(不同偏好和消费群体)、不同的分销渠道。

市场/顾客型营销组织的优点是:企业的市场营销活动是按照满足各类不同顾客的需求来组织和安排的,这有利于企业加强销售和市场开拓。市场/顾客型营销组织的缺点是:存在权责不清和多头领导的矛盾,这与产品型组织类似。

12.2.2.5 产品/市场型营销组织

产品/市场型营销组织是当大型企业生产的各种产品向不同市场出售时,为解决产品经理不太熟悉主管市场,而市场经理又不太熟悉主管产品的矛盾,将产品和市场经理组织形式加以合成的组织形式。这种组织形式的产品经理负责产品的销售利润和计划,为产品寻找更广泛的用途;市场经理负责开发现有的和潜在的市场,着眼于市场的长期需要,而不只是推销眼前的某种产品。产品/市场型营销组织如图 12.10 所示。

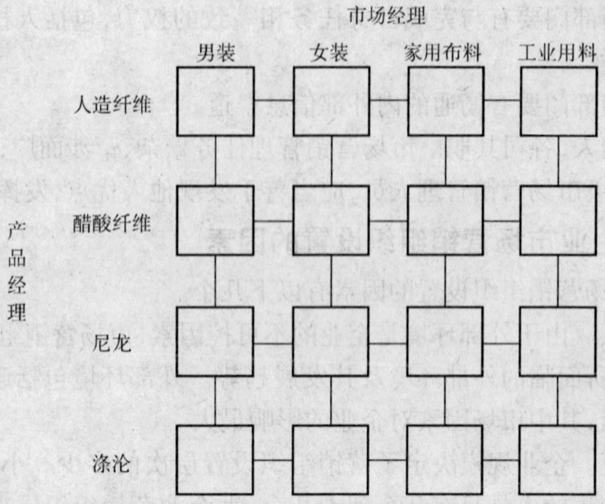

图 12.10 产品/市场管理型组织

当企业规模很大,生产多种不同的产品,又面向不同的市场时,可采用这种方法。

产品/市场型营销组织的优点是在一定程度上弥补了产品管理式和市场管理式的不足,适于多角化经营公司。产品/市场型营销组织的缺点是:冲突多、费用大;时有权力和责任界限不清的问题。

12.2.3 市场营销组织的设置原则

12.2.3.1 整体协调和主导性原则

设置的营销机构,应能有利于企业与外部环境,尤其是与市场、顾客之间关系的协调。还能有利于与企业的其他机构相互协调。营销不仅是营销部门的任务,而是企业各个部门的共同任务。在完成"营销"这一任务的过程中,营销部门是主导性职能部门,而生产管理、研究与开发管理、财务管理、人力资源管理等部门是市场营销的支持性职能部门。市场营销组织内部的人员结构、职位层次设置要相互协调。

12.2.3.2 精简以及适当的管理跨度和层级原则

管理跨度,又称管理宽度和管理幅度,指领导者能够有效地直接指挥部门或员工的数量,这是一个"横向"的概念。管理层次又称管理梯度,指一个组织属下等级的数目,这是一个"纵向"的概念。在管理职能、范围不变的条件下,一般来说,管理跨度与管理层次是互为反比的关系,管理的跨度越大,层次越少;反之,跨度越小,则层次越多。通常情况下,如果管理层次过多,容易造成信息失真和传递速度过慢,从而影响到决策的及时性与正确性;如果管理跨度过大,超出领导者能管辖的限度,又会造成整个机构内部的不协调、不平衡。因此,必须选择适当的管理跨度和管理层次,既能满足工作的要求又能"精兵简政",使所设的市场营销机构既能完成工作任务,组织形式又最为简单。

12.2.3.3 有效性原则

市场营销机构要根据有效性原则,达到工作的高效率,必须具备一些基本条件。

(1)市场营销部门要有与完成自身任务相一致的权力,包括人权、物权、财权、发言权和处理事务权。

(2)市场营销部门要有畅通的内外部信息渠道。

(3)要善于用人,各司其职。市场营销管理任务繁杂、牵涉面广,对人员素质要求也是多样的。各级市场营销管理人员,应当善于发现他人优点,发挥每个人的专长。

12.2.4 影响企业市场营销组织设置的因素

影响企业市场营销组织设置的因素有以下几个。

(1)市场特点。由于外部环境是企业的不可控因素,市场营销组织的设置必须首先考虑当前企业所面临的外部环境及其发展趋势。外部环境包括政治、经济、社会、文化、科技等因素,其中市场因素对企业的影响最大。

(2)企业规模。企业规模决定了营销组织设置层次的多少。小型企业营销组织较为简单,负责销售的人员只有几个到十几个;大企业营销组织层次多,所管理的营销人员多,管理幅度大。

(3)产品类型。企业生产产品的类型也会影响营销组织的设置,尤其是营销工作侧重点的不同。如工业品和消费品生产企业的营销组织都倾向于产品型的组织结构,但工业品多采用人员推广,消费品多用广告和分销。

12.3 市场营销控制

12.3.1 市场营销控制的概念及程序

市场营销控制是指市场营销管理者经常检查市场营销计划的执行情况,看看计划与实际是否一致,如果不一致或没有完成计划,就要找出原因所在,并采取适当措施和正确行动,以保证市场营销计划的完成。市场营销控制的程序如图 12.11 所示。

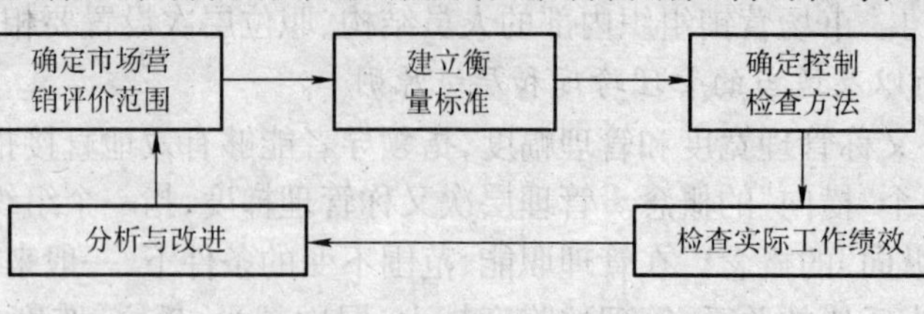

图 12.11 营销控制程序

从图 12.11 可以看出,营销控制的动态性、系统性是市场营销控制程序的基本特征。该程序包含以下具体步骤。

(1)确定应评价的市场营销业务范围。评价不应当是泛泛的,而应当是根据需要各有侧重。

(2)建立衡量标准。评价要有一个总的尺度,用以衡量营销目标和计划的完成情况。企业在制定目标和计划时,要考虑到如何衡量完成工作的好坏。营销控制的衡量标准指企业的主要战略目标以及为达到战略目标而规定的战术目标,如利润、销售量、市场占有率、顾客满意程度等各种指标。评价标准应根据企业的具体需要而设立。

(3)确定控制检查的方法。评价绩效需要建立检查方法。最基本的方法是企业建立并积累营销活动及与此相关的原始资料。另一种重要的检查方法是直接观察法。

(4)依照标准检查工作绩效。这一步需要防止虚报绩效,对完成得好的要予以总结,在以后的实践中加以推广;对完成得较差的要在下一步解决。

(5)提出分析和改进的对策、建议。对工作绩效进行差异分析、对比分析,编写分析报告,提出改进方案。

12.3.2 市场营销控制的内容与方法

市场营销控制主要包括年度计划控制、盈利能力控制、效率控制和战略控制。

12.3.2.1 年度计划控制

年度计划控制是指企业根据本年度的计划要求,检查实际绩效与计划之间是否有偏差,并采取改进措施,以确保市场营销计划的实现和完成。

1. 年度计划控制步骤

年度计划控制步骤是由企业高层管理者和中层管理者负责实施的,其中心是目标管理。控制过程分为四个步骤,如图 12.12 所示。

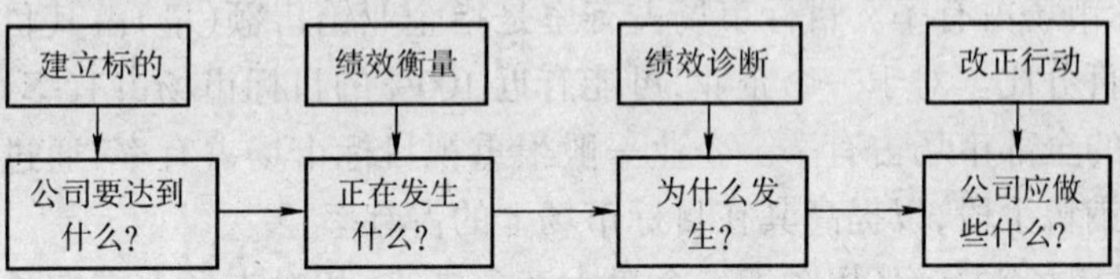

图 12.12 市场营销控制步骤

(1)建立标的,是确定本年度每个季度、每个月的目标,如销售目标、利润目标等。监督任何偏离计划与目标情况的出现。

(2)绩效衡量,是将实际成果与预测成果相比较。监视计划的实际执行情况。

(3)绩效诊断,是判断任何偏离计划的行为产生的原因。

(4)改正行动,是采取改正方案,甚至改变目标本身。

2. 年度计划控制的内容

1)销售分析

销售分析就是对比、衡量和评估实际销售额和计划销售额之间的差,找出产生缺口的各种原因。对比、衡量和评估主要有以下两种方法。

(1)销售差距分析。这种方法是用来衡量不同因素对造成销售差距的影响程度。如一家企业年度计划中规定,某种产品第一季度出售 4 000 件,单价 1 元,总销售额 (4 000×1)=4 000 元。季度实际售出 3 000 件,售价降为 0.80 元,总销售额为

(3 000×0.80)=2 400元,比计划销售额少40%,差距为1 600元。

(2)地区销售量分析。用于衡量导致销售差距的具体地区。如:某企业在A、B、C三个地区的计划销售量,分别为A地1 500件,B地500件,C地2 000件,共4 000件。但是,各地实际完成的销售量是A地1 400件,B地525件,C地1 075件,与计划的差距为-6.67%、+5%和-46.25%。显然差距的主要原因在于C地区销售量大幅度减少。因此,有必要进一步查明原因,加强该地区的市场销售管理。

2)市场占有率分析

销售分析不能反映出企业在市场竞争中的地位,而市场占有率是基本的销售目标之一,其增减变化对销售量和利润水平均有较大的影响,通过市场占有率分析可以揭示出企业同其竞争者在市场竞争中的相互关系。如果企业的市场占有率升高,表明企业的营销绩效的提高,在市场竞争中处于优势;反之,如果企业的市场占有率下降,则说明企业营销绩效的下降,在竞争中失利。市场占有率分析一般采用三种不同的度量方法。

(1)全部市场占有率。全部市场占有率是指企业的销售额(量)占行业销售额(量)的百分比。市场占有率通过销售额(量)计算,可以反映出企业间在争取顾客方面的竞争地位的变化。使用这种方法必须作两项决策:①要以单位销售量或以销售额来表示市场占有率;②正确认定行业的范围,即明确本行业所应包括的产品、市场等。

(2)目标市场占有率。目标市场占有率是指企业销售额(量)占其目标市场总销售额(量)的百分比。对于一个企业,可能有近100%的目标市场占有率,却只有相对较小百分比的全部市场占有率。企业一般很重视目标市场占有率,通过不断开发新产品或强化销售手段,以提高其在目标市场上的占有率。

(3)相对市场占有率(相对于三个最大竞争者)。相对市场占有率是指企业销售额(量)与几个最大竞争者的销售额(量)的百分比。一般来说,相对市场占有率高于33%,即被认为是实力较强的公司。

3)市场营销费用分析

市场营销费用是年度计划控制的任务之一,就是在保证实现销售目标的前提下,控制销售费用开支和营销费用的比率。在生产企业中,营销费用率(如营销费用占销售额30%)主要包括五项细分指标:推销人员费用占销售额之比(15%),广告费用占销售额之比(5%),其他促销费用占销售额之比(6%),营销调研费用占销售额之比(1%),销售管理费用占销售额之比(3%)。对于以上各项费用率,往往规定一个控制幅度(如以上括号中所示的百分数),超过限度,就要查找、分析具体原因了。

4)顾客态度追踪分析

(1)建立听取意见制度。企业对来自顾客的书面的或口头意见应该进行记录、分析,并做出适当的反应。对不同的意见应该分析归类汇编成册,对意见比较集中的问题要查找原因,加以根除。企业应该鼓励顾客提出批评和建议,使顾客经常有机会发表意见，才有可能搜集到顾客对其产品和服务反映的完整资料。

(2)固定顾客样本。有些企业建立由一定代表性的顾客组成的固定顾客样本，定期地由企业通过电话访问或邮寄问卷了解其需求、意见和期望。这种做法有时比听取意见更能代表顾客态度的变化及其分布范围。

(3)顾客调查。企业定期让一组随机顾客回答一组标准化的调查问卷，其中问题包括营销人员态度、服务质量等。通过对这些问卷的分析，企业可及时发现问题，并及时予以纠正。

通过上述分析，企业发现营销实际与年度计划指标差距较大时，则必须采取调整措施：调整市场营销计划指标，使之更切合实际；调整市场营销策略，以利于实现计划指标。

12.3.2.2 盈利能力控制

除了年度计划控制之外，企业还需要衡量不同产品、不同销售区域、不同顾客群体、同渠道以及不同订货规模的获利能力。获利能力的大小，对市场营销组合决策有着直接关系。市场营销成本是指与市场营销活动有关的各项费用支出，它直接影响企业营销的利润。市场营销成本包括的主要内容如下：①直接推销费用，包括直销人员的工资、奖金、差旅费、培训费、交际费等；②促销费用，包括广告媒体成本、产品说明书、印刷费用、赠奖费用、展览会费用、促销人员工资等；③仓储费用，包括租金、维护费、折旧、保险、包装费、存货成本等；④运输费用(包括托运费用等)，如果是自有运输工具，则要计算折旧、维护费、燃料费、牌照税、保险费、司机工资等；⑤其他市场营销费用，包括市场营销管理人员工资、办公费用等。

上述成本连同企业的生产成本构成了企业的总成本，直接影响企业经济效益。然后按地区、产品和营销渠道实际发生额计算、列表分析，最后根据市场状况、采取的营销策略和出现的问题有针对性地采取措施。

12.3.2.3 效率控制

假如盈利能力分析显示出企业关于某一产品、地区或市场所得的利润很差，那么紧接着下一个问题便是分析有没有高效率的方式来管理销售人员、广告、销售促进及分销。

1. 销售人员效率

企业的各地区的销售经理要记录本地区内销售人员效率的几项主要指标，这些指标包括：①每个销售人员每天平均的销售访问次数；②每次会晤的平均访问时间；③每次销售访问的平均收益；④每次销售访问的平均成本；⑤每次销售访问的招待成本；⑥每百次销售访问预订购的百分比；⑦每个期间增加的新顾客数；⑧每个期间流失的顾客数；⑨销售成本对总销售额的百分比。

企业可以从以上分析中，发现一些非常重要的问题，例如，销售代表每天的访问次数是否太少，每次访问所花时间是否太多，是否在招待上花费太多，每百次访问中是否签订了足够的订单，是否增加了足够的新顾客并且保留住原有的顾客。当企业开始正视销售人员效率的改善后，通常会取得很多实质性的改进。

2. 广告效率

企业应该至少做好如下统计：①每一媒体类型、每一媒体工具接触每千名购买者所花费的广告成本；②顾客对每一媒体工具注意、联想和阅读的百分比；③顾客对广告内容和效果的意见；④广告前后对产品态度的衡量；⑤受广告刺激而引起的询问次数。

企业高层管理者可以采取若干步骤来改进广告效率，包括进行更加有效的产品定位、确定广告目标、利用电脑来指导广告媒体的选择、寻找较佳的媒体以及进行广告后效果测定等。

3. 营业推广效率

为了改善营业推广的效率，企业管理者应该对每一营业推广的成本和对销售的影响作记录，注意做好如下统计：①由于优惠而销售的百分比；②每一销售额的陈列成本；③赠券收回的百分比；④因示范而引起询问的次数。

企业还应观察不同营业推广手段的效果，并使用最有效果的促销手段。

4. 分销效率

分销效率主要是对企业存货水准、仓库位置及运输方式进行分析和改进，以达到最佳配置并寻找最佳运输方式和途径。

效率控制的目的在于提高人员推销、广告、营业推广和分销等市场营销活动的效率，市场营销者必须注视若干关键比率，这些比率表明上述市场营销组合因素的功能执行的有效性以及应该如何引进某些资料以改进执行情况。

12.3.2.4 战略控制

战略控制是指市场营销经理采取一系列行动，使实际市场营销工作与原规划尽可能一致，在控制中通过不断评审和信息反馈，对战略不断修正。各个企业都有财务会计审核，在一定期间客观地对审核的财务资料或事项进行考察、询问、检查、分析，最后根据所获得的数据按照专业标准进行判断，做出结论，并提出报告。这种财务会计的控制制度有一套标准的理论、做法。但是市场营销审计尚未建立一套规范的控制系统，有些企业往往只是在遇到危急情况时才进行，其目的是为了解决一些临时性的问题。目前，在国外越来越多的企业运用市场营销审计进行战略控制。

12.3.3 市场营销审计

市场营销审计是对一个企业市场营销环境、目标、战略、组织、方法、程序和业务等作综合的、系统的、独立的和定期性的核查，以便确定问题的范围和各项机会，提出行动计划，提高公司营销业绩。

12.3.3.1 营销审计的特点

1. 全面性

市场营销审计的主要特点是，不限于评价某一些问题，而是对全部活动进行评价。如果它仅仅涉及销售队伍，或者定价，或其他营销活动，那么它便是一种功能性的审计。功能性的审计虽然有用,但它会使管理者迷失方向,以致看不到问题的真实原因。

2. 系统性

市场营销审计包括一系列有秩序的步骤,如营销环境审计、营销战略审计、营销组织审计和其他具体营销活动审计,在审计结果基础上制定调整行动计划,包括长期计划和短期计划,以提高组织的整体营销效益。

3. 独立性

营销审计可以通过6种途径:自我审计、交叉审计、上级审计、公司审计处审计、公司任务小组审计和局外人审计。一般而言,最好的审计来自外界经验丰富的顾问,这些人通常具有必要的客观性和独立性,又有丰富的经验,对本行业颇为熟悉。

4. 定期性

典型的营销审计都是在销售量下降,或其他公司问题发生之后才开始进行。然而公司之所以陷入困境,部分原因正是没有在顺利时检查营销活动。所以营销审计应定期进行,它既有利于业务发展正常的公司,也有利于那些处境不佳的公司。

12.3.3.2 营销审计的基本步骤和主要内容

1. 营销审计的基本步骤

营销审计的基本步骤如图12.13所示。

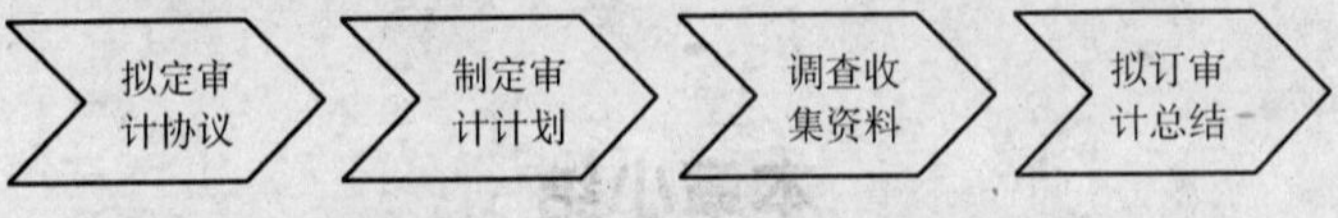

图12.13 营销审计的基本步骤

(1)拟定有关审计协议,包括审计目标、范围、资料来源、报告形式以及时间安排等内容;

(2)制定审计计划,包括要会见哪些人、询问什么问题、接洽的时间和地点;

(3)调查收集资料;

(4)拟定审计总结,对企业存在问题提出合理建议。

2. 营销审计的主要内容

(1)营销环境审计。市场营销必须审时度势,必须对市场营销环境进行分析,并在分析人口、经济、生态、技术、政治、文化等环境因素的基础上,制定企业的市场营销战略。

(2)营销战略审计。企业是否能按照市场导向确定自己的任务、目标并设计企业形象,是否能选择与企业任务、目标相一致的竞争地位,是否能制定与产品生命周期、竞争者战略相适应的市场营销战略,是否能进行科学的市场细分并选择最佳的目标市场,是否能合理地配置市场营销资源并确定合适的市场营销组合,企业在市场定位、企业形象、公共关系等方面的战略是否卓有成效,所有这些都需要经过市场营销战略审计的检验。

(3)营销组织审计。营销组织审计是评价企业的市场营销组织在执行市场营销战略方面的组织保证程度和对市场营销环境的应变能力。包括:企业是否有坚强有力的市场营销主管人员,这些人员是否有明确的责任和权力,是否能按产品、用户、地区等有效地组织各项市场营销活动,是否有一支训练有素的销售队伍,对销售人员是否有健全的激励、监督机制和评价体系,市场营销部门与企业其他部门的沟通情况和合作关系等。

(4)营销系统审计。包括市场营销信息系统、市场营销计划系统、市场营销控制系统和新产品开发系统。对市场营销信息系统的审计。

(5)市场营销盈利能力审计。这是在企业盈利能力分析和成本效益分析的基础上,审核企业的不同产品、不同市场、不同地区以及不同分销渠道的盈利能力,审核进入或退出、扩大或缩小某一具体业务对盈利能力的影响,审核市场营销费用支出情况及其效益,进行市场营销费用—销售分析以及进行资本净值报酬率分析和资产报酬率分析等。

(6)市场营销职能审计。这是对企业的市场营销组合因素(即产品、价格、地点、促销)效率的审计。主要是审计企业的产品质量、特色、式样、品牌的顾客欢迎程度,企业定价目标和战略的有效性,市场覆盖率,企业分销商、经销商、代理商、供应商等渠道成员的效率,广告预算、媒体选择及广告效果,销售队伍的规模、素质以及能动性等。

本章小结

- 市场营销计划是关于一项业务产品或品牌在营销方面的具体安排和规划。它使企业内部各部门、各层次、各方面之间保持协调一致,使企业最大限度地减少风险,使得营销活动变得经济合理,有利于企业实现对营销活动的有效控制。
- 市场营销计划的内容,主要包括八项:执行摘要;背景或现状及其分析;机会和问题分析;设定营销目标;制定市场营销战略;行动方案;损益预测;控制。
- 企业的市场营销部门是随着市场营销管理哲学的不断发展演变而来的。大致经历了单纯的销售部门、兼有附属职能的销售部门、独立的市场营销部门、现代市场营销部门、现代市场营销企业五个阶段。
- 常见的营销组织结构可以划分成以下几种类型:职能型、产品/品牌型、地理区域型、市场/顾客型、产品/市场型。
- 市场营销组织的设计应遵循整体协调和主导性原则、精简以及适当的管理跨度和层级原则、有效性原则的原则。
- 影响企业市场营销组织设置的因素有市场特点、企业规模、产品类型。
- 市场营销控制是指市场营销管理者经常检查市场营销计划的执行情况,看看计划与实际是否一致,如果不一致或没有完成计划,就要找出原因所在,并采取适当措施和正确行动，以保证市场营销计划的完成。

• 市场营销控制的程序为确定应评价的市场营销业务范围；建立衡量标准；确定控制检查的方法；依照标准检查工作绩效；提出分析和改进的对策、建议。

• 市场营销控制的主要内容包括年度计划控制、盈利能力控制、效率控制和战略控制。

• 市场营销审计是对一个企业市场营销环境、目标、战略、组织、方法、程序和业务等作综合的、系统的、独立的和定期性的核查，以便确定问题的范围和各项机会，提出行动计划，提高公司营销业绩。

• 营销审计的主要内容包括营销环境审计；营销战略审计；营销组织审计；营销系统审计；市场营销盈利能力审计；市场营销职能审计。

主要概念

市场营销计划　市场营销组织　市场营销控制　市场营销审计

基本训练和能力实训

一、判断题

1. 市场营销人员与销售人员都是一个群体。(　　)

2. 企业营销目标的实现主要靠营销部门的努力。(　　)

3. 市场营销计划组织和控制是市场营销管理过程中的重要步骤。(　　)

4. 单纯的销售部门产生于 20 世纪 30 年代大萧条以后。(　　)

5. 在市场营销观念下，所有部门都应以“满足消费者”这一原则为中心。(　　)

6. 工程部门关心的是产品的技术质量、制造工艺的简化，而不关心成本费用的节约。(　　)

7. 销售差异分析可以用于决定各个不同的因素对销售线的不同作用。(　　)

8. 一般来说，管理跨度与管理层次互为正比关系。(　　)

9. 通常情况下如果管理层次过少，容易造成信息失真与传递速度过慢。(　　)

14. 最佳的机构是既能完成工作任务、组织形式又最为复杂的机构。(　　)

10. 市场营销组织设置不应该都按一种模式设置市场营销机构。(　　)

11. 组织形式和管理机构只是手段，不是目的。(　　)

12. 生产多种产品或拥有多个品牌的企业，通常设置市场管理型组织。(　　)

13. 效率是衡量一个组织的水平的重要标准。(　　)

14. 市场营销组织常常只是一个机构或科室。(　　)

15. 在正常情况下，市场占有率上升表示市场营销绩效提高，在市场竞争中处于优势。(　　)

16. 制定和附列应急计划，目的是先考虑可能出现的重大危机和可能产生的各种困难。（ ）

17. 市场营销审计是进行市场营销控制的有效工具，其任务是对企业或经营单位的财务状况进行审查。（ ）

18. 必须注意的是，目标不能只是概念化，应当尽量以数量表达，转化为便于衡量的指标。（ ）

19. 在市场营销计划的实施过程中，组织结构起着决定性的作用。（ ）

20. 市场营销审计的最终目的是进行检查。（ ）

二、单项选择题

1. 企业的市场营销组织随着经营思想的发展，大体经历了（ ）典型形式。

A. 六种　B. 四种　C. 五种　D. 七种

2. 战略控制的目的，是确保企业的目标、政策、战略和措施与（ ）相适应。

A. 市场营销环境　B. 市场营销计划　C. 推销计划　D. 管理人员任期

3. 市场营销管理必须依托于一定的（ ）进行。

A. 财务部门　B. 人事部门　C. 主管部门　D. 营销组织

4. 制定实施市场营销计划，评估和控制市场营销活动，是（ ）的重要任务。

A. 市场主管部门　B. 市场营销组织　C. 广告部门　D. 销售部门

5. “组织”就人而言，是指按一定的宗旨和系统建立的（ ）。

A. 集体　B. 计划　C. 任务　D. 部门

6. 设置（ ），能够对企业与外部环境，尤其是与市场、顾客之间关系的协调，发挥积极作用。

A. 市场营销机构　B. 市场营销职能　C. 市场营销企业　D. 市场营销控制

7. 设置市场营销机构需要遵循的第一个原则是整体协调和（ ）原则。

A. 主导性　B. 整体性　C. 完整性　D. 可靠性

8. 满足市场的需要，创造满意的顾客，是企业最为基本的（ ）。

A. 组织形式　B. 宗旨和责任　C. 主要职能　D. 营销观念

9.（ ）是最常见的市场营销组织形式。

A. 职能型组织　B. 产品型　C. 地区型组织　D. 管理型组织

10. 市场营销计划的提要部分是整个市场营销计划的（ ）所在。

A. 任务　B. 精神　C. 标题　D. 目录

11. 市场营销则是企业管理和经营中的（ ）。

A. 主导性职能　B. 辅助性职能　C. 被动性职能　D. 社会分配职能

12. 市场营销组织管理跨度及管理层次的设置，不是一成不变的，机构本身应当具有一定的（ ）。

A. 弹性　B. 灵活性　C. 随机性　D. 选择性

13.（ ）是指一个组织在一定时间内可以完成的工作量。

A. 效果　　B. 效率　　C. 能力　　D. 百分率

14. 销售差距分析主要用来衡量造成(　　)的不同因素的影响程度。

A. 销售差距　　B. 市场营销　　C. 营业总额　　D. 销售数量

15. 年度计划控制要确保企业在达到(　　)指标时,市场营销费用没有超支。

A. 分配计划　　B. 生产计划　　C. 长期计划　　D. 销售计划

三、多项选择题

1. 市场营销计划的实施过程中,涉及相互联系的几项内容是(　　)。

A. 明确战略目标　　B. 制定行动方案　　C. 协调各种关系

D. 形成规章制度　　E. 调整组织结构

2. 推销和市场营销两个职能及其机构之间,需要(　　)。

A. 互相协调　　B. 默契配合　　C. 互不干涉

D. 各自为战　　E. 前者在后者的指导下行动

3. 市场营销控制包括(　　)。

A. 年度计划控制　　B. 盈利控制　　C. 质量控制

D. 效率控制　　E. 战略控制

4. 市场营销计划中的背景或现状部分应提供(　　)以及现实环境有关的背景资料。

A. 市场　　B. 产品　　C. 竞争　　D. 分销

E. 价格

5. 市场营销部门的组织形式有(　　)。

A. 职能型组织　　B. 产品品牌管理型组织

C. 产品/市场管理型组织　　D. 地区型组织

E. 市场管理型组织

6. 市场营销部门还担负着向市场和潜在顾客(　　)的任务。

A. 推荐产品　　B. 引导购买　　C. 分销产品　　D. 建立销售渠道

7. 要发挥市场营销机构自身的整体效应,必须做到(　　)的协调一致。

A. 机构内部　　B. 企业内部　　C. 企业外部　　D. 营销机构

E. 企业目标

8. 影响企业市场营销组织设置的因素有(　　)

A. 市场特点　　B. 企业规模　　C. 产品类型　　D. 分销渠道

9. 一般来说,相对市场占有率高于(　　),即被认为是实力较强的公司。

A.23%　　B.45%　　C.33%　　D.70%

10. 市场管理型组织的缺点是(　　)。

A. 权责不清　　B. 缺乏整体观念　　C. 多头领导　　D. 地域太广

11. 营销系统审计包括(　　)。

A. 营销信息系统　　B. 营销计划系统　　C. 营销控制系统　　D. 新产品开发系统

12. 效率控制主要是对(　　)的控制。

A. 销售人员效率　B. 广告效率　　C. 营业推广效率　D. 分销效率

13. 设定营销目标主要是设定(　　)。

A. 财务目标市场　B. 销售目标　　C. 成本目标　　D. 利润目标

14. 以下有关市场/顾客型营销组织论述正确的是(　　)。

A. 由一个总市场经理管若干子市场经理

B. 各子市场经理不负责自己所管辖市场

C. 比较注重长远的市场占有率

D. 比较注重眼前利益

15. 市场营销控制的程序是(　　)。

A. 确定应评价的市场营销业务范围　B. 建立衡量标准

C. 确定控制检查的方法　　　　　　D. 检查工作绩效,提出建议

四、简述题

1. 举例说明市场营销计划的重要性。
2. 市场营销计划的内容有哪些?
3. 市场营销计划失败的原因有哪些?
4. 市场营销部门的演变经历了哪几种典型形式?
5. 职能型组织的主要特点是什么?
6. 市场营销组织有几种类型,分别是什么?
7. 简述营销控制的概念。
8. 简述营销审计的特点。
9. 市场营销控制的基本方法有哪些?
10. 市场营销审计的主要内容是什么?

五、综合实训

案例分析 1

以下是某公司的营销组织结构图。

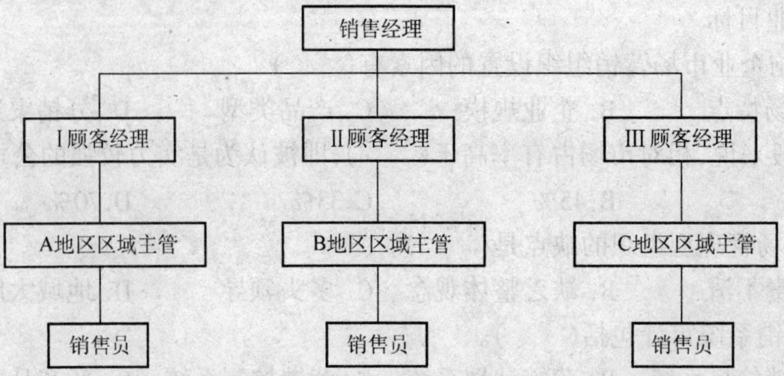

案例思考：

1. 这个公司的营销组织结构是哪种类型？它的优缺点是什？

2. 根据它的营销组织结构图是否能判断出这个市场和产品品种的特点？

案例分析 2

关于销售部门组织机构，理论上有五种结构形成，在现实中，这五种形式往往是不能满足要求的。尤其是大型汽车公司，由于其市场范围、产品种类、职能划分不尽相同，其组织机构的设置也各有特色，于是便又出现了五种形式之外的复合型。各公司的销售结构要视自身特点而定。

如雪铁龙公司销售部按市场专业化设置销售部的第一层机构，再按职能专业化设置第二层机构。雪铁龙公司的市场分为欧洲商务部、国内商务部、国际商务部，各市场又分为整车处、零部件处、配件处、售后服务处。

案例思考：请画出雪铁龙公司销售部门组织机构图。

案例分析 3　对 A 奶粉公司的营销审计

A 集团是一家近年迅速崛起的大型乳制品生产企业，由于其雄厚的奶源保证、高强力度的传播和液态奶市场的准确切入，使其成为中国乳制品行业中举足轻重的企业。其下属三大事业部分别是液态奶事业部、冰激凌事业部和奶粉事业部。奶粉是 A 集团最早的业务，也是最先形成规模和全国销售的产品。应该说奶粉事业部对整个 A 集团发展到今天这个规模是功不可没的。但相比两个兄弟事业部，今天其产品的全国市场地位和销售收入等主要经营指标上已经远远落后。虽然奶粉的发展是一个低速的过程，尤其是近 5 年受到液态奶等替代品的威胁和冲击，在大中城市其销售量甚至呈现畏缩趋势，但中国奶粉总量还是从 1990 年的不到 25 万吨的年销售量成长到今年的接近 52 万吨的水平，特别是以婴儿配方奶粉为主的配方奶粉的销量增长迅速，广大的农村也存在着巨大的市场。

一、A 奶粉面临的外部挑战

预计 2003 - 2005 年度国内奶粉市场会以 10% 以上的速度递增，其中，甜奶粉的整体市场将下降，其他奶粉的容量将增长，婴儿奶粉的增长率将达到 15% 以上。

影响奶粉市场发展的两种因素交替作用，使奶粉市场的未来发展充满不确定性：一方面，人均乳品消费量的提高使奶粉市场有扩大的趋势；另一方面，液体奶的飞速发展又侵蚀着奶粉的市场。

区域发展继续呈现多样化趋势，从东到西、从南到北，消费者对奶粉需求的档次和结构呈现出较大差异；营养、口味、价格、品牌成为消费者购买决策的前几位考虑因素；婴儿奶粉市场集中度相对较高，而其他奶粉集中度偏低；奶粉的营销渠道正在发生深刻变化,一是各厂商开始重视二、三级网络的建设,二是新型零售渠道的作用越来越强大,而批发的作用正逐步缩小;尽管集中化程度越来越高,但领先品牌地位并非固若金汤,各厂商在品牌塑造、产品质量、经营运作水平、营销管理水平及企业实力上都存在着不同程度的问题。都会导致市场动荡不安。

2002年度上半年,A奶粉经过初步组织架构与人员调整和网络运作,完成了 Z 万吨的销售,但同期B公司、C公司分别完成了 X 万吨、Y 万吨以上销售,差距在继续扩大。

二、A奶粉自身业绩表现不佳

(1)A奶粉销售量的增长在进入2001年以后明显放缓,已低于行业发展速度。

(2)利润出现下滑趋势。

(3)品牌表现不尽如人意。A奶粉品牌忠诚度在重要市场的市场表现和品牌表现均不太理想。

(4)在关键细分市场上的表现不佳。普通奶粉成长缓慢,新的配方奶粉的成长与预期的差距较大。

三、A奶粉营销相关环节分析

从目标制定到品牌建设、营销4P策略,到营销队伍管理、客户渠道管理,到内部的组织架构、管理流程,到与其他相关部门配合,再到信息系统、售后服务都存在着或大或小的问题。可以举出的问题多达百条。例如在目标的制定及方法中存在:①制定目标的方法需要提高科学性;②由于关键目标是自上而下的,缺少执行层的参与,其合理性缺乏足够的保证;③没有把关键目标分解为容易控制的经营指标,使得整体目标的实现缺乏运营层面的保证;④指标体系不完善,导致从中期战略到年度计划的断层;⑤指标体系的不完善,导致从整体策略到区域市场策略的断层;⑥目标的分解不科学;⑦由于指标体系的不完善,区域目标与整体战略的要求不匹配;⑧长期目标与短期目标的一致性较差。

案例思考:

1. 按历史如何对A奶粉公司进行营销审计?

2. 对A奶粉公司的营销审计包括哪些内容?

参考答案要点

一、判断题

1. × 2. √ 3. √ 4. × 5. √ 6. × 7. √ 8. ×
9. × 10. √ 11. √ 12. × 13. √ 14. × 15. √ 16. √
17. × 18. √ 19. √ 20. ×

二、单项选择题

1. C 2. A 3. D 4. B 5. A 6. A 7. A 8. B 9. A
10. B 11. A 12. A 13. B 14. A 15. D

三、多项选择题

1. BCDE　2. ABE　3. ABDE　4. ABCD　5. ABCDE　6. ABCDE　7. ABC　8. ABC　9. C　10. AC　11. ABCD　12. ABCD　13. AB　14. AD　15. ABCD

四、简述题

1. 使企业内部各部门各层次各方面之间保持协调一致,使企业在利用机会的同时,最大限度地减少风险。使得营销活动变得经济合理。有利于企业实现对营销活动的有效控制。

2. 市场营销计划的内容包括:执行摘要、背景或现状及其分析、机会和问题分析、设定营销目标、制定市场营销战略行动方案和损益控制。

3. 市场营销计划失败的原因有:①计划脱离实际;②长期目标和短期目标相矛盾;③因循守旧的惰性;④缺乏具体明确的行动方案。

4. 市场营销部门的演变经历以下形式:①单纯的推销部门;②具有辅助性职能的推销部门;③独立的市场营销部门;④现代市场营销部门;⑤现代市场营销企业。

5. 职能型组织的特点是管理简单、方便。但是,没有一个人对一种产品或者一个市场全盘负责,因而可能缺少按产品或市场制定的完整计划,使得有些产品或市场被忽略;市场营销副总经理可能经常处于调解纠纷的"漩涡"之中。

6. 市场营销组织有5种类型:职能型、地理区域型、产品/品牌型、市场/顾客型、产/市场型。

7. 市场营销控制是指市场营销管理者经常检查市场营销计划的执行情况,看看计划与实际是否一致,如果不一致或没有完成计划,就要找出原因所在,并采取适当措施和正确行动,以保证市场营销计划的完成。

8. 营销审计的特点是全面性、系统性、独立性、定期性。

9. 市场营销控制的基本方法有年度计划控制、盈利能力控制、效率控制和战略控制。

10. 市场营销审计的主要内容有营销环境审计、营销战略审计、营销组织审计、营销系统审计、市场营销盈利能力审计和市场营销职能审计。

参考文献

[1] 林昌杰，李国才．市场营销［M］．北京：科学出版社，2004．

[2] 惠碧仙，王军旗．市场营销——基本理论与案例分析［M］．北京：中国人民大学出版社，2004．

[3] 罗文英，等．市场营销学策略与实训［M］．上海：华东理工大学出版社，2004．

[4] 方光罗．市场营销学［M］．大连：东北财经大学出版社，2005．

[5] 吴健安．市场营销学［M］．北京：高等教育出版社，2005．

[6] 吴健安．市场营销学学习指南与练习［M］．北京：高等教育出版社，2006．

[7] 赵洪宝，崔娜．市场营销学自学考试题解［M］．北京：中国审计出版社，2001．

[8] 郭毅，陈洪安．市场营销案例［M］．北京：清华大学出版社，2006．

[9] 范云峰，丁若玉．市场营销［M］．北京：中国经济出版社，2006．

[10] 屈冠英．市场营销学［M］．北京：高等教育出版社，2005．

[11] ［美］阿瑟·汤姆森（Arthur A. Thompson），斯迪克兰德（A. J. Strickland）．战略管理［M］．段盛华，王智慧，主译．北京：北京大学出版社，2004．

[12] ［美］菲利普·科特勒．营销管理［M］．梅汝，梅清豪，周安柱，译．北京：中国人民大学出版社，2003．

[13] 邱斌．中外市场营销经典案例［M］．南京：南京大学出版社，2002．

[14] 王友权．市场营销学［M］．北京：北京师范大学出版社，2006．

[15] ［美］杰克·特劳特（Jack Trout），史蒂夫·里夫金（Steve Rivkin）．与众不同——极度竞争时代的生存［M］．屈陆民，译．北京：华夏出版社，2005．

[16] 吴涛．市场营销管理［M］．北京：中国发展出版社，2005．

[17] 李强．市场营销学教程［M］．大连：东北财经大学出版社，2000．

[18] 何修猛．现代广告学［M］．上海：复旦大学出版社，2005．

[19] 吴勇．市场营销［M］．北京：高等教育出版社，2001．

[20] 黄金火．市场营销学［M］．上海：上海财经大学出版社，2006．

[21] 张欣瑞．市场营销管理．北京：清华大学出版社、北方交通大学出版社，2005．

[22] 李先国．营销管理［M］．大连：东北财经大学出版社，2002．

[23] 肖怡．企业连锁经营与管理［M］．大连：东北财经大学出版社，2006．

[24] 夏春玉．物流与供应链管理［M］．大连：东北财经大学出版社，2004．

[25] 范云峰．营销调研策划［M］．北京：机械工业出版社，2004．

[26] 徐阳，张毅．市场调查与市场预测［M］．北京：高等教育出版社，2005．

[27] 何永祺，张传忠，蔡新春．市场营销学［M］．大连：东北财经大学出版社，2001．

[28] 中国就业培训技术指导中心．营销师［M］．北京：中央广播电视大学出版社，2006．

[29] 徐鼎亚．现代营销理论与实务［M］．上海：立信会计出版社，2007．

[30] 顾青，赵亚翔，姚长佳．市场营销［M］．大连：大连理工大学出版社，2006．

[31] 林长富．市场营销原理［M］．北京：机械工业出版社，2005．

[32] 张晋光，黄国辉．市场营销［M］．北京：机械工业出版社，2005．

[33] 中国就业培训技术指导中心．营销师国家职业资格培训教程［M］．北京：中央广播电视大学出版社，2006．
[34] 夏英．市场营销案例［M］．北京：机械工业出版社，2004．
[35] 郭国庆．市场营销学通论［M］．北京：中国人民大学出版社，2005．
[36] 李世嘉．国际市场营销［M］．北京：高等教育出版社，2005．
[37] 李国冰．客户服务实务［M］．重庆：重庆大学出版社，2005．
[38] 王水贵．客户关系管理［M］．北京：清华大学出版社，2007．
[39] 杨德宏．客户关系管理成功案例［M］．北京：机械工业出版社，2002．